普通高校经济管理类立体化教材·基础课系列

U1075888

宏观经济学

主　编　吴文盛

副主编　田　旭　徐德云　刘海军　王国贞

清华大学出版社

北　京

内 容 简 介

宏观经济学是经济类、管理类本科各专业必修的专业基础课，是教育部规定的经济类、管理类本科各专业的核心课程之一。本书从国民收入核算入手，比较系统地介绍了封闭条件下和开放条件下的国民收入决定理论、国民经济增长、周期性波动、通货膨胀与通货紧缩、失业理论，以及宏观经济政策与主要宏观经济学流派。

本书体系结构合理、内容完整、难度适中，适合作为普通高校经济类、管理类本科生的教学用书，也适合作为其他学科大学生、研究生、各级管理干部、企业有关人员的学习参考书。

图书在版编目(CIP)数据

宏观经济学/吴文盛主编；田旭，徐德云，刘海军，王国贞副主编. —北京：清华大学出版社，2007.9 (2014.9 重印)

(普通高校经济管理类立体化教材·基础课系列)
ISBN 978-7-302-15886-8

Ⅰ. 宏…　Ⅱ. ①吴…　②田…　③徐…　④刘…　⑤王…Ⅲ. 宏观经济学—高等学校—教材　Ⅳ. F015

中国版本图书馆 CIP 数据核字(2007)第 123163 号

责任编辑：李春明　宣　颖
封面设计：杨玉兰
版式设计：北京东方人华科技有限公司
责任校对：李玉萍
责任印制：刘海龙

出版发行：清华大学出版社
网　　址：http://www.tup.com.cn，http://www.wqbook.com
地　　址：北京清华大学学研大厦 A 座　　**邮　　编**：100084
社 总 机：010-62770175　　**邮　　购**：010-62786544
投稿与读者服务：010-62776969，c-service@tup.tsinghua.edu.cn
质 量 反 馈：010-62772015，zhiliang@tup.tsinghua.edu.cn
印 刷 者：清华大学印刷厂
装 订 者：北京市密云县京文制本装订厂
经　　销：全国新华书店
开　　本：185mm×260mm　　**印　张**：21.25　　**字　　数**：512 千字
版　　次：2007 年 9 月第 1 版　　**印　　次**：2014 年 9 月第8 次印刷
印　　数：14501～15500
定　　价：29.00 元

产品编号：026294-01

前　言

宏观经济学是经济类、管理类本科各专业必修的专业基础课，是教育部规定的经济类、管理类本科各专业的核心课程之一，一般安排在大学一年级下学期或大学二年级上学期讲授，安排学时多为 48～60 学时，即 3 学分。本书是针对大部分高校宏观经济学这一课程的设置特点和课程性质而编写。

宏观经济学是采用总量分析的方法研究国民经济总体的运行及其规律的科学。它从国民收入核算入手，介绍封闭条件下和开放条件下的国民收入决定理论，探讨国民经济增长、周期性波动、通货膨胀与通货紧缩、失业等问题的原因，从理论上阐明了宏观经济政策的来源及其效果与不足，为国民经济的持续、稳定增长，提供政策依据。鉴于此，本书的结构安排遵循基础理论——国民收入决定——宏观经济问题——宏观经济政策的顺序。具体安排上，宏观经济学基础理论包括第一章导论、第二章国民收入核算、第三章消费与储蓄理论、第四章投资与货币理论。国民收入决定理论包括第五章简单国民收入决定模型、第六章扩展的凯恩斯宏观经济模型：IS-LM 模型、第七章国民收入决定的 AD-AS 模型和第十三章开放的宏观经济模型：IS-LM-BP 模型。这四章内容分别介绍一个市场(产品市场)均衡、两个市场(产品市场和货币市场)均衡、三个市场(产品市场、货币市场和劳动市场)均衡和四个市场(产品市场、货币市场和劳动市场和国外市场)均衡，其中，由于四个市场均衡属于开放经济条件下，因此放在第十三章。宏观经济问题包括第八章失业理论、第九章通货膨胀与通货紧缩理论、第十章经济周期理论、第十一章经济增长理论，分别研究失业、通货膨胀与通货紧缩、经济周期、经济增长四个宏观经济问题。宏观经济政策部分包括第十二章宏观经济政策和第十四章宏观经济学流派。各流派对宏观经济政策都提出了各自的主张，因此归入本书的第四部分。但宏观经济学流派在内容上相对独立，因此作为第十四章。

本教材的主要特点如下。

(1) 主要介绍凯恩斯主义宏观经济学，也适当介绍非凯恩斯主义宏观经济学。这是因为，凯恩斯主义宏观经济学仍然对世界各国经济与政策产生重要而深远的影响。同时，本书还注重吸收宏观经济学最新的研究成果，比如，增加了新凯恩斯主义经济学、实际经济周期理论、通货紧缩理论、工资粘性与价格粘性理论、菜单成本等。

(2) 更贴近教师和学生，更有利于教与学的有机结合。教材是教与学联系的桥梁。一本好的教材，既能方便教师讲授，又有利于学生理解和掌握教学的基本内容。本书的编写人员均为讲课经验丰富、多年从事宏观经济学或西方经济学教学的高校骨干教师，他们非常清楚授课内容的难点、重点与取舍，了解哪些方面易于学生理解，因此，在本书编写过程中，舍弃了难度较大、不属于本科层次需要掌握的内容，适当增加知识拓展内容，如书中增加了“专栏”、作为立体教材一部分的“知识拓展”(放在网上)，以便教师备课和感兴趣的学生拓展视野。

(3) 吸收国内外同类教材的优点，在结构、层次上更合理。与国内同类教材相比，本教材摒弃内容重复、逻辑关系混乱和语言生涩的缺点，在结构、层次上更合理，在逻辑关系上更清楚；与国外同类教材相比，在概念的定义上更清楚，内容上更简洁，语言表达上更易于中国学生理解和接受。

(4) 注重与中国实际结合。学习宏观经济学，目的是为了解决中国经济的实际问题。因此，本书在写作过程中，在注重介绍宏观经济学基本理论的前提下，专栏内容及案例分析基本采用中国的素材，这样更有易于学生的理解。

本书是多所大学的教师共同合作的成果。石家庄经济学院的吴文盛编写第一、三、四章，河南理工大学的刘海军编写第二、七、八章，河北科技大学的王国贞编写第五、六章，青岛大学的田旭编写第九、十二章，石家庄经济学院的徐德云编写第十、十一、十三章，石家庄经济学院的连季婷编写第十四章。课件制作由各章编写教师完成。另外，石家庄经济学院的牛晓耕、吴文盛编写了知识拓展、“教学大纲”。全书的写作提纲、统稿及教学辅助材料的审定工作由吴文盛完成。

本书在写作过程中，参考了许多专著和教材，书后的参考文献列出了相关书目，在此对其作者表示衷心的感谢！

当然，由于写作的时间比较短，加上作者水平有限，书中疏漏在所难免，恳请读者批评指正，以便再版时予以改正。

编　者

2007 年 6 月

目　录

普通高校经济管理类立体化教材·基础课系列

第一章　导　论

本章导读

也许我们很熟悉身边的事物——汽车、房屋、树木等，因为，这些事物都可以近距离观测到，但是，当你看到从数千公里外的卫星上拍摄的地球照片时，你所熟悉的身边的事物不见了，取而代之的是你不熟悉的大画面：辽阔的海洋像水坑，大陆像肮脏的土墩，山脉像床单的褶皱……

微观经济学是用“显微镜”从近距离局部的角度来看问题，所观察到的是单个个体和单个市场的具体行为，而宏观经济学则是用“望远镜”从远距离全局的角度来看问题，较小事物在宏观经济学的视野里消失了，取而代之的是许多个体单位和市场总体的轮廓、总体的特征。从本章开始，我们将带领大家学会用“望远镜”来观察问题，研究整个国民经济的总体特征与规律，并为国民经济的健康发展提出政策建议。

学习目标

通过对本章的学习，理解宏观经济学的含义与特点，了解宏观经济学的产生和发展、宏观经济学的研究对象和研究方法、宏观经济学的基本内容。

关键概念

宏观经济学(Macroeconomics)
凯恩斯革命(Keynes Revolution)
总量分析(Aggregate Analysis)

第一节　宏观经济学的含义与特点

一、宏观经济学的含义

第二次世界大战以后，西方经济学家逐渐把经济学划分为宏观经济学(Macroeconomics)和微观经济学(Microeconomics)。从字面上看，Macroeconomics 由 Macro 和 economics 两个词组成，Macro 来源于希腊文Μακρο，原意是“大”、“宏大”之意，与 Micro(有“微小”之意)相对应；economics 的意思是“经济学”。因此，Macroeconomics 被译为“宏观经济学”，而 Microeconomics 被译为“微观经济学”。从学科归属上，宏观经济学属于理论经济学。

“宏观经济学”这一概念是挪威经济学家、奥斯陆大学教授拉格纳尔·弗瑞希(Ragnar Frisch)于 1933 年首次提出的。此后，许多学者对宏观经济学给出定义，但基本含义大致相同，比较典型的有以下几种。

保罗·萨缪尔森(Paul A. Samuelson)和威廉·诺德豪斯(William D. Nordhaus)在《经济学》(第 16 版)中指出："宏观经济学是将整个经济运行作为一个整体来进行研究的，考察的是整个国家的产出、就业和价格。"

R.多恩布什(R. Durnbusch)和 S.费希尔(S. Fischer)在其《宏观经济学》中指出："宏观经济学是研究整体经济行为的高涨与衰落、经济中产品与劳务总量的增长、通货膨胀与失业率、国际收支以及汇率。为了研究经济的一般状况，宏观经济学的研究集中在影响经济状况的经济行为与政策上——消费与投资、工资与价格变动的决定因素、货币与财政政策、货币存量、联邦预算、利率、公债。"

因此，宏观经济学可以定义为：采用总量分析方法，研究国民经济总体的运行及其规律的学科。之所以这样定义，是因为：第一，突出宏观经济学的研究方法——总量分析法；第二，突出宏观经济学的研究对象——国民经济总体；第三，表现出社会科学的一般特征，宏观经济学作为一门社会科学，研究国民经济总体的运行及其规律。

二、宏观经济学的特点

与微观经济学相比，宏观经济学有以下几个显著特点。

1. 以国民经济整体为研究对象

微观经济学是以单个经济主体(个人、企业及市场)为研究对象，研究其经济行为及其后果，而宏观经济学是研究国民经济的总体行为、考察经济的总体趋势，通过研究经济总量的决定及其变化，来说明社会资源的充分利用问题。也就是说，宏观经济学所研究的不是经济中的个体单位，而是由这些单位组成的总体；不是研究"树木"，而是研究由这些"树木"组成的"森林"的整体行为。

2. 采取总量分析方法

微观经济学采用个量分析方法，研究经济变量单个数值的决定，而宏观经济学则是采用总量分析方法，对能够反映整个经济状况的经济变量及模型进行分析，在总体上研究国民经济的运行方式与规律。总量是反映国民经济整体运行状况的变量，可分为两类：一是个量的总和，如国民收入、总投资、总消费等；二是平均量，如物价水平、增长率、利率、汇率等。但由于个量之间相互联系、相互影响，因此，不能简单理解为总量就是个量的简单相加。而总量分析则是分析这些总量(国民收入、就业水平、价格水平、经济增长率和国际收支状况)的决定、变动及其相互关系，揭示经济整体的运行状况及其规律，提出应该采取的对策措施。

3. 以市场机制有缺陷、政府可以弥补其不足为前提条件

微观经济学的假设前提是市场出清、完全理性和完全信息，认为市场这只"看不见的手"能够自我调节以实现资源的最优配置。而宏观经济学则假设市场这只"看不见的手"有缺陷，但政府有能力运用这只"看得见的手"来弥补市场机制的不足。

4. 要解决的是资源的利用问题

微观经济学要解决的是资源配置问题，即生产什么、如何生产和为谁生产的问题。厂商从要素市场上获得生产要素，生产出消费者需要的产品，由此，厂商实现利润最大化，消费者实现效用最大化。而宏观经济学则围绕国民收入决定这个核心，研究现有资源未充分利用的原因和实现充分利用的途径，以及如何实现经济的长期增长等问题，从而实现社会福利的最大化。

5. 中心内容是国民收入决定理论

微观经济学的中心内容是价格决定理论，包括消费者行为理论、生产理论、成本理论、分配理论、一般均衡理论和市场理论；而宏观经济学的中心内容是国民收入决定理论，包括通货膨胀与通货紧缩理论、就业理论、经济周期理论、经济增长理论和宏观经济政策等。

当然，宏观经济学与微观经济学并不是决然分开的，而是相互联系的。首先，宏观经济学和微观经济学是经济学两个不可或缺的组成部分，两者互相补充。没有宏观经济学或者微观经济学，经济学都是不完整的。从宏观经济学与微观经济学的研究对象与研究方法来看，宏观经济学是以国民经济整体为研究对象，采用的是总量分析方法，而微观经济学是以个体经济单位为研究对象，采用的是个量分析方法，因此，宏观经济学与微观经济学是整体与个体的关系。其次，微观经济学是宏观经济学的基础。由于一个国家的国民经济，归根到底是由消费者、劳动者、厂商以及市场等无数个个体经济单位组成的，对国民经济整体的分析离不开微观的个体，而对微观经济主体的分析是微观经济学的内容，因此，微观经济学是宏观经济学的基础，宏观经济学是微观经济学的引申与拓展。比如，对国民经济总消费的分析时，可以从家庭的消费函数入手；对总供给的分析，可以从劳动市场均衡入手。

第二节 宏观经济学的产生与发展

和其他任何一门学科一样，宏观经济学也经历了萌芽、产生与发展演变的历程。我们可以把宏观经济学的产生与发展历程大致分为三个阶段：第一阶段，宏观经济学的萌芽。从 17 世纪中叶到 1936 年约翰·梅纳德·凯恩斯(John Maynard Keynes)的《就业、利息和货币通论》(以下简称《通论》)发表以前这段时间，是宏观经济学的萌芽时期。这一时期没有宏观经济学的概念，但出现了对国民经济整体进行研究的宏观经济分析及宏观经济政策，而且，宏观经济理论与微观经济理论没有严格区分开。第二阶段，现代宏观经济学建立。从凯恩斯的《通论》发表以后到 20 世纪 70 年代这段时间，是现代宏观经济学的产生与完善时期，其主要特点是形成了完善的宏观经济体系。第三阶段，宏观经济学的发展。从 70 年代到现在是新宏观经济学的形成与发展时期。70 年代，凯恩斯理论无法解释经济“滞涨”现象，出现了以新自由主义为代表的宏观经济理论。

一、宏观经济学的萌芽

在古典经济学中，尽管没有宏观经济学这个概念，也没有形成宏观经济理论体系，但是，许多经济学家对宏观经济问题进行分析，并做出了重要的贡献。

古典经济学创始人威廉·配第(William Petty)在 1662 年出版的《赋税论》中研究了税收对一个国家的重要作用，并提出了一系列改进税制、增加税收和促进贸易的主张；他在 1690 年出版的《政治算术》中对一个国家国民财富的构成及其增长的原因进行分析；他在 1691 年《献给英明人士》中首次对英国当时的总产出和国民收入进行估算。

重农主义学派代表弗朗索瓦·魁奈(F. Quesnay)在 1758 年出版的《经济表》中从宏观的角度对社会总产品和流通过程进行分析。魁奈的最大贡献是第一次从社会总产品的角度提出了保持生产的协调对经济增长的重要作用。

古典经济学的杰出代表亚当·斯密(Adam Smith)在 1776 年出版的《国民财富的性质和原因的研究》(以下简称《国富论》)中不仅提出了国民财富的概念，而且还分析了社会总资本的再生产以及增加国民财富的方法，并提出了自由放任的政策主张。他的国际分工理论是当代国际贸易理论的学术渊源之一。

古典经济学的完成者大卫·李嘉图(David Ricardo)在 1817 年出版的《政治经济学及赋税原理》中研究了资本主义社会中社会产品在地主、资本家和工人之间进行分配的规律，讨论了资本积累与再生产，并提出了按比较成本原则进行国际贸易的理论。

此外，还有让·巴蒂斯蒂·萨伊(Jean Baptiste Say)在 1803 年出版的《政治经济学概论》中提出的“供给创造需求”定律，西斯蒙第(J. C. Simondi)在 1919 年出版的《政治经济学新原理》，马尔萨斯(T. R. Malthus)在 1798 年出版的《人口原理》和 1827 年出版的《政治经济学定义》中提出的经济危机理论等，都是对宏观经济问题进行研究而取得的重要成果。

“边际革命”出现以后，马歇尔将古典经济学和边际效用理论结合起来，建立了微观经济体系，西方经济学也进入了新古典经济学阶段。尽管经济危机(周期性波动)和失业问题很严重，但新古典经济学并没有把宏观经济问题作为研究的中心，而是把充分就业当作前提，着力于研究资源的优化配置问题，因而，微观经济学得到长足发展。

进入 20 世纪以后，经济危机日益恶化，经济学家们又开始重视宏观经济问题的研究，并取得了一些重大成果。不过，宏观经济理论没有形成体系。这一时期的宏观经济理论比较典型的有：瑞典经济学家克努特·威克塞尔(K. Wicksell)在 1898 年出版的《利息与价格》和 1906 年出版的《国民经济学讲义》中提出了一般价格水平的决定与积累过程理论；瑞典经济学家冈纳·缪尔达尔(G. Myrdal)和罗伯特·林达尔(R. Lindahl)等人提出的动态均衡理论；奥地利经济学家冯·哈耶克(F. Hayek)的经济周期理论和自由主义思想；美国经济学家约瑟夫·熊彼特(J. Schumpeter)的创新理论和周期理论；英国经济学家庇古(A. Pigou)和美国经济学家费雪等人提出的货币数量学说；美国经济学家米切尔(W. Mitchel)等人提出的统计指标与核算理论。

这些经济学家的宏观经济理论为宏观经济学的创立奠定了基础。

二、现代宏观经济学的建立

1929—1933 年西方资本主义世界爆发了严重的经济危机。这次危机持续时间之长，工业生产下降幅度之大，失业人数之多，波及范围之广，是资本主义历史上空前的。然而占统治地位的新古典经济学却无能为力。为了摆脱经济危机的影响，急需新的理论作指导。凯恩斯的宏观经济学正是在这种背景下为挽救资本主义制度而诞生的。

凯恩斯的宏观经济理论是对传统经济学的彻底否定，被称为“凯恩斯革命”。凯恩斯1936 年出版的《通论》被认为是现代宏观经济学诞生的标志，凯恩斯本人也被认为是宏观经济学之父。“凯恩斯革命”主要体现在以下几个方面。

1. 经济理论上的“革命”

传统经济学信奉“萨伊定律”，认为供给能够自动创造需求，经济体系能够通过市场机制的作用自动地实现均衡，因而，否认生产过剩危机的普遍存在；传统经济学认为储蓄永远等于投资，即储蓄能够通过银行的作用，在利率机制的作用下，全部转化为投资，实现储蓄与投资的均衡；传统经济学认为通过市场机制的调节，资源能够得到充分的利用，社会不会存在失业，如果有失业，也只是“摩擦失业”或“自愿失业”，而不存在非自愿失业。

但是，凯恩斯否定萨伊定律，提出了著名的“有效需求创造供给”的“凯恩斯定律”。他否定投资永远等于储蓄，否认传统的失业理论，而承认非自愿失业的存在。他认为，供给和需求并不必然相等，如果收入不是全部用于支出，供给并不等于需求；储蓄与投资来源于不同的主体，储蓄与投资的动机并不相同，又由于影响储蓄的主要因素是收入，影响投资的主要因素是预期利润率与市场利率的差额，因此，单靠市场利率的调节很难实现储蓄与投资的均衡。由于有效需求不足导致非自愿失业的存在，因此，充分就业并不是常态。他认为，有效需求不足是边际消费倾向递减、资本边际效率递减和流动性陷阱综合作用的结果，而市场机制本身没有力量使总需求与总供给在充分就业水平上达到均衡，这必然会导致低水平的非充分就业的均衡。现实资本主义生产过剩的经济危机是由于有效需求不足造成的，因此，要避免经济衰退和失业，必须依靠政府的力量对经济进行干预，在衰退和萧条时期，通过增加政府购买和政府投资来增加有效需求，使之达到充分就业的均衡，这样，资本主义经济危机就可以得到解决。

2. 经济政策上的“革命”

在经济政策上，凯恩斯强调政府干预经济的必要性，否认传统的、自由放任的经济政策。凯恩斯认为，市场机制的作用是有缺陷的，它难以使经济达到充分就业的均衡，因此，必须扩大政府的作用，通过加强政府的干预来使经济实现充分就业水平上的均衡发展。在具体的政策设计上，他坚持以需求管理为中心，主张把财政政策放在首位，而把原来居于主导地位的货币政策放在辅助地位，提出了膨胀性的财政政策和“半通货膨胀”的价格一般理论，反对传统的健全财政原则和稳定物价的政策。

3. 分析方法上的“革命”

在分析方法上，凯恩斯在《通论》中采用了完全不用于微观经济学的总量分析方法，把整个国民经济的运行状态作为研究对象，研究总需求与总供给的均衡、总就业量、总产出、国民收入总量及其波动的原因，这不能不说是经济学分析方法上的一次革命。

总之，“凯恩斯革命”的核心是强调政府对经济的干预。“凯恩斯革命”也促使资本主义经济发展史上的“第二个黄金时期”(第二次世界大战以后)的出现。

凯恩斯的《通论》出版以后，许多追随者做了大量的研究工作，补充和发展了凯恩斯的宏观经济理论，建立起比较完善的现代宏观经济学理论体系与框架。这方面的贡献主要如下。

(1) IS-LM 模型。IS-LM 模型是由英国经济学家希克斯(J. Hicks)在 1937 年建立起来的，后又经美国经济学家汉森(A. Hansen)加以补充完善。IS-LM 模型从理论上概括了凯恩斯的有效需求决定理论，揭示了商品市场和货币市场均衡时总产出与利率的决定机制。该模型还可以分析财政政策与货币政策对宏观经济的影响，从而为凯恩斯的政府干预经济的政策主张提供依据。这一模型被认为是凯恩斯主义宏观经济理论的核心。

(2) 哈罗德-多马模型。美国经济学家罗伊·福布斯·哈罗德(R. F. Harrod)和爱弗赛·多马(E. D. Domar)分别于 1939 年和 1946 年根据凯恩斯的理论建立起来的结论相似的经济增长模型，被称为哈罗德-多马模型。该模型克服了凯恩斯模型侧重于短期和静态分析的不足，使凯恩斯宏观经济理论长期化与动态化。

(3) 乘数-加速数模型。美国经济学家汉森和萨缪尔森于 1939 年发展了凯恩斯投资理论，建立起乘数-加速数模型。该模型克服了凯恩斯投资乘数理论的片面性，用投资、收入和消费三个变量来分析经济周期性波动的原因。

(4) 开放条件下的宏观经济模型。奥地利经济学家弗里兹·马克卢普(F. Machlup)于 1943 年出版的《国际贸易和国民收入乘数》一书中把凯恩斯的乘数理论应用到国际经济与国际贸易理论中，建立起开放经济条件下的宏观经济模型。这一模型弥补了凯恩斯宏观经济模型使用于封闭经济体系的不足。

三、宏观经济学的发展

政府干预经济并不是解决所有经济问题的灵丹妙药。20 世纪 60 年代末西方国家出现的经济“滞胀”现象使凯恩斯的宏观经济学无能为力。所谓的“滞胀”是指经济萧条(失业)与通货膨胀并存的经济现象。按照凯恩斯的宏观经济理论，失业和通货膨胀是可以相互替代的，高失业率和高通货膨胀率是不可能同时并存的。然而，凯恩斯的宏观经济理论不能解释经济“滞胀”的原因，也无法为“滞胀”开出医治的良方。

凯恩斯的宏观经济理论面临的危机为新的宏观经济理论的产生提供了契机。20 世纪 70 年代以来，宏观经济学学派林立，新凯恩斯主义学派、新自由主义思潮复兴，现代货币主义学派、理性预期学派、供给学派、新制度经济学产生并得到发展。尽管这些学派从不同的角度进行分析，提出了各自的政策主张，各学派之间存在严重的分歧与对立，但有一个共同的特点：都是强调“看不见的手”的作用，主张减少政府对宏观经济的干预。

宏观经济学发展的另一个特点是逐步建立起有微观基础的宏观经济学。英国经济学家约翰·希克斯从利率决定理论、IS-LM 分析、预期理论、刚性工资理论等方面论述了凯恩斯理论是微观经济学的一个特例，开创了宏观经济学微观化的先河。新凯恩斯主义者针对凯恩斯主义宏观经济学缺少价格和工资粘性的微观基础问题，从区分名义粘性和实际粘性开始，进而解释粘性的产生原因及其宏观经济意义，提出了有微观基础的政策主张。理性预期学派从微观经济学的市场出清和完全理性这两个基本假设出发，把分析重点放在具有理性预期的公众的行为上，研究这些当事人如何按照理性预期分析各种市场供求的变动、产量、价格和就业的决定，追求其利益最大化的行为。在总量的分析上，理性预期学派从分析微观经济行为和经济变量中归纳和概括出宏观经济行为和宏观经济变量的关系，建立起宏观分析和微观分析的内在逻辑，并建立起一个统一的经济学体系。此外，还有一些经济学家将微观经济学的研究成果，如新制度经济学的交易费用理论、产权理论等，应用到宏观经济分析中，并取得了可喜的成就。

【专栏 1-1】宏观经济学在中国的发展

解放以后，中国经济的发展经历了计划经济体制、计划经济体制向市场经济转变和社会主义市场经济三个阶段。与此相适应，宏观经济学在中国的发展也经历了马克思主义宏观经济理论的继承与发展、马克思主义宏观经济理论向宏观经济学范式转变和宏观经济学“本土化”三个发展阶段。

第一阶段，马克思主义宏观经济理论的继承与发展。这一阶段是从 20 世纪 50 年代到 80 年代初，研究的中心问题是马克思社会再生产理论及其应用。20 世纪 50 年代，在完成经济恢复任务以后，我国开始了社会主义工业化的历程。50 年代，我国经济理论界论证了优先发展重工业的方针符合马克思关于扩大再生产两大部类的关系和列宁关于生产资料优先增长的原理。与此同时，我国讨论了如何使工业和农业、重工业与轻工业、基本建设和人民生活保持一定比例的发展问题，提出了综合平衡、保持经济协调发展的经验标准和数量界限。毛泽东 1956 年的《论十大关系》集中反映了这一时期的研究成果。20 世纪 60 年代，我国老一代经济学家于光远、孙冶方、薛暮桥等组织和发起了再生产、经济核算和经济效果三大问题的讨论，并取得了颇有建树的理论成果。刘国光和董辅礽于 80 年代出版的《社会主义再生产问题》和《社会主义再生产和国民收入问题》反映了当时的研究成果。十一届三中全会以后，我国的工作重心转移到经济建设上来，理论界研究和讨论的中心议题仍然是再生产理论，并且出版了《学习马克思的再生产理论》、《马克思的再生产理论》、《两大部类对比关系研究》和《社会主义再生产有关再生产范畴的分析》等著作。

第二阶段，马克思主义宏观经济理论向宏观经济学范式转变。这一阶段是从 20 世纪 80 年代初到十四大之前。党的十二届三中全会通过的《中共中央关于经济体制改革的决定》确定了社会主义经济是以公有制为基础的有计划的商品经济，我国开始了市场取向的改革之路，理论界积极引进现代经济学。一些中青年经济学家转向宏观经济理论与方法的研究，并取得了许多重要的研究成果。代表性的有戴园晨的《社会主义宏观经济学》(1986 年)，符钢战、史正富、金重仁的《社会主义宏观经济分析》(1986 年)和樊纲、张曙光的《公有制宏观经济理论大纲》(1990 年)。这一阶段，理论研究开始从生产领域转向整个国民经济的研究，并且采用了现代宏观经济学的研究方法，研究的内容涉及宏观经济学的各个方面。

第三阶段，宏观经济学“本土化”。十四大提出《中共中央关于建立社会主义市场经济体制若干问题的决定》，我国经济开始进入社会主义市场经济的轨道。与此同时，中国的宏观经济理论研究经历了 20 世纪 80 年代的引进、消化与吸收以后，也进入了“本土化”的阶段，即根据中国经济的现实特点，采用现代宏观经济学的分析方法，提出了中国特色的宏观经济理论，从而建立起中国版的宏观经济学。这一阶段涌现出了许多创新性的研究成果，代表性的有：吴敬琏的《中国经济改革的整体设计》(1990 年)和《当代中国经济改革：战略与实施》(1999 年)、于光远的《社会主义市场经济的理论与实践》(1992 年)、胡汝银的《低效率经济学：集权体制理论的重新思考》(1992 年)、张曙光的《中国宏观经济理论》、《论争与发展：中国经济理论 50 年》(张卓元主编，1999 年)、樊纲的《体制改革与宏观稳定——中国体制转轨新时期的宏观经济问题研究》(1997 年)；厉以宁的《非均衡的中国经济》(1992 年)、贝纳西的《市场非均衡经济学》(1989 年)与《宏观经济学：非瓦尔拉斯分析方法导论》(1990 年)、吴晓求的《紧运行论——中国经济运行的实证性考察》(1991 年)、《社会主义经济运行分析——从供求角度所作的考察》(1992 年)、杨瑞龙的《宏观非均衡的微观基础》(1992 年)；李拉亚的《通货膨胀机理与预期》(1991 年)、陈学彬的《宏观金融博弈分析》(1998 年)；陈东琪的《强波经济论》(1992 年)、《微调论——走出短缺后的中国经济与政策》(1999 年)；郑超愚的《中国宏观经济分析的理论框架》(1998 年)、李晓西的《宏观经济学(中国版)》(2005 年)，此外还有大量的富有创新性的学术论文。其中，吴敬琏、胡汝银、张曙光、樊纲等从中国经济实践出发确立了宏观经济学的研究对象与分析角度；厉以宁、贝纳西、吴晓求、杨瑞龙等引入非均衡概念，并致力于将宏观经济结论置于合理的微观分析基础之上；樊纲、张曙光、王利民等引入了制度分析；李拉亚、宋国青、薛万祥、陈学彬等引入预期与博弈分析；陈东琪等系统化了在 80 年代末与 90 年代初形成的微调理论；郑超愚、李晓西尝试构造一个一致的宏观经济分析理论框架。

可以说，经过大批经济学家的不懈努力，初步形成了中国特色的宏观经济理论体系或称其为中国版的宏观经济学，为宏观经济调控建立了理论基础。不过，距离成熟的中国版宏观经济学还有很长的路要走。

(资料来源：陈东琪，张亚斌. 中国宏观经济学的理论构架与创新发展[J]. 社会科学战线，2002. 6；张曙光. 宏观经济理论研究的进展与趋势. 财经研究，2002(1))

第三节　宏观经济学的研究对象与研究方法

一、宏观经济学的研究对象

关于宏观经济学的研究对象，美国经济学家爱德华·夏皮罗在其《宏观经济学》中作了较为详细的阐述：“宏观经济学考察的是国民经济作为一个整体的功能，包括国民经济中物品和劳务的总量和资源的总利用量是如何决定的，以及引起这些总量波动的原因是什么。它力图说明：为什么有时候劳动力中的失业人数小到 3%，而另一些时候却大于 9%，甚至 9%以上；为什么有些时候国民经济的生产能力按工人、工厂、设备和技术知识来衡量达到了充分利用，而另一些时候这种生产能力却有很大一部分被白白被浪费掉。它还力图说明：为什么生产出来的物品和劳务总量在某十年当中以年平均 4%的速度增长，而在另一个十年中却以 2%的平均速度增长；为什么有些时期价格水平急剧上升，而另一些时期却保持稳定，甚至下降。一句话，宏观经济学力图回答的是经济生活中确实‘大’的问题——充分就业还是失业，充分开工的生产还是开工不足的生产，一个令人满意的增长率还是不能令人满意的增长率，通货膨胀还是物价水平稳定。”

既然宏观经济学以国民经济总体为研究对象，它就必然要研究衡量国民经济总体活动的总量指标及其变动情况，如国民收入的决定与变动，国民收入与经济增长、经济周期、充分就业、通货膨胀、国际收支、利率与汇率之间的关系，如何通过财政政策与金融政策来对国民经济进行调节等。

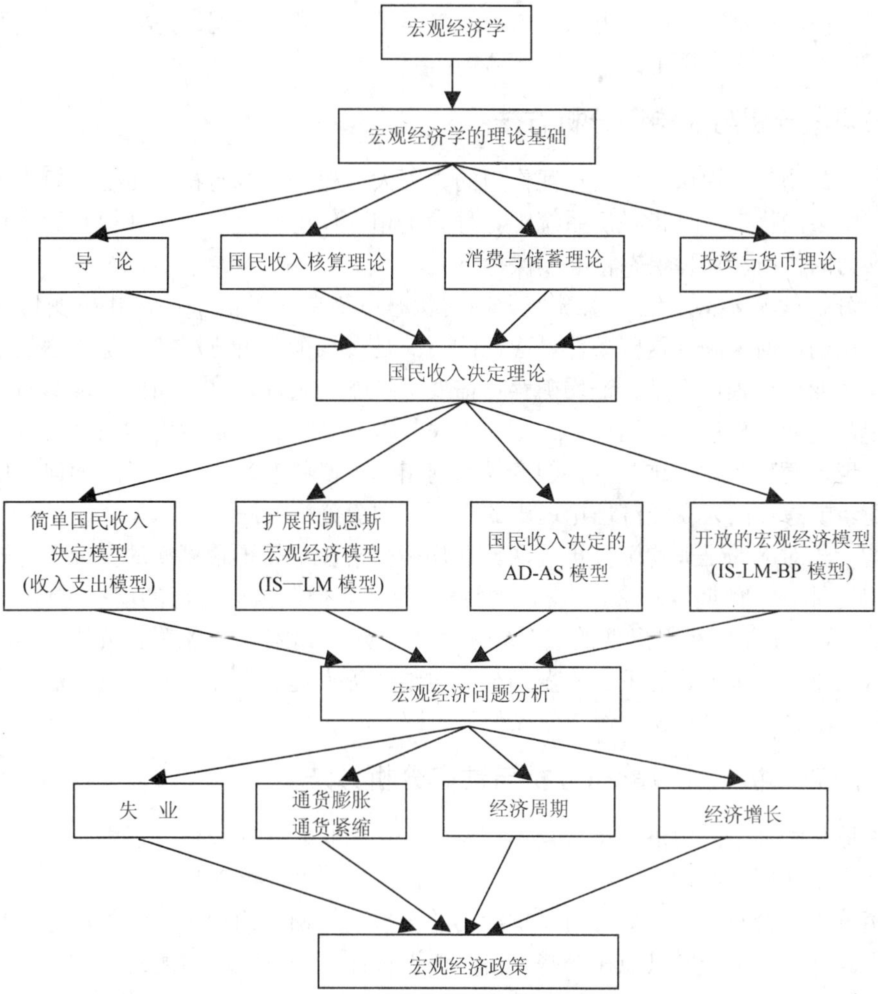

图 1.1　宏观经济学的理论体系

宏观经济学的研究对象决定了宏观经济学涉及的都是国民经济的重大问题。自凯恩斯开始，经济学家们为了解决这些问题，提出了各种理论及模型，形成了庞大的理论体系。不过，从宏观经济学的内在理论逻辑关系来看，宏观经济学可以概括为如图 1.1 所示的基本理论框架。从图中可以看出，宏观经济学由四部分组成：宏观经济学的理论基础、国民收入决定理论、宏观经济问题分析和宏观经济政策。宏观经济学的理论基础包括导论(宏观经济学的定义、研究对象、特点，宏观经济学的产生与发展、研究方法)、国民收入核算理论、消费与储蓄理论、投资与货币理论；国民收入决定理论包括简单国民收入决定模型、IS-LM 模型、AD-AS 模型和 IS-LM-BP 模型；宏观经济问题分析包括失业理论、通货膨胀与通货紧缩理论、经济周期理论、经济增长理论；宏观经济政策包括财政政策、货币政策、收入政策、技术进步政策、鼓励资本形成政策、人力政策、对外贸易政策及宏观经济学流派等。

二、宏观经济学的研究方法

任何一门学科都有其研究方法，宏观经济学也不例外。宏观经济学在对国民经济进行总量分析的同时，还采用了以下一些具体的研究方法。

(一)均衡分析与非均衡分析方法

均衡原是物理学用语，系指相互作用的力因大小相等、方向相反而处于静止不变的状态。经济学中的均衡，是指经济系统中各种力量相互作用而达到的一种相对静止状态。如果没有外力的作用，这种状态将继续保持下去。

均衡分析就是要揭示经济系统处于均衡状态所需要具备的条件，找出变量变动的方向，从而说明如何来满足这些条件。应该注意的是，均衡分析方法并不是描述从不均衡到均衡的具体变化过程，而是论证均衡存在需要具备哪些条件，以及如何实现均衡。在宏观经济学中，均衡分析法广泛运用，比如，国民收入决定理论正是运用均衡分析方法说明国民收入实现均衡的条件，这些条件的变动如何引起均衡状态的变化，以及如何实现国民收入的均衡。凯恩斯的宏观经济理论运用的主要是均衡分析方法。

与均衡相对应的是非均衡分析方法。非均衡分析最早见于希克斯的《价值与资本》，他通过引进计划、预期等概念，分析了经济如何从非均衡走向均衡的动态过程。20 世纪 60 年代，为了重新解释凯恩斯的宏观经济理论，建立起宏观经济学的微观基础，经济学家克罗沃、莱荣霍夫德、巴罗、格罗斯曼、贝纳西等人提出了非均衡分析方法。目前，非均衡分析方法越来越受到宏观经济学家们的青睐。

(二)静态分析、比较静态分析与动态分析方法

静态原是物理学的用语，指事物不再发生变化的状态。在经济分析中，静态分析是指探讨经济变量在同一时期内的相互关系，它不涉及变量在不同时期中的变化。静态分析通常与均衡分析结合起来用，如分析总供给与总需求的均衡、简单国民收入决定等时采用了静态分析。静态分析一般只能在一些严格的假设条件下分析实现均衡的条件。

比较静态分析是指分析在已知条件发生变化以后，均衡状态的变动。值得注意的是，比较静态分析不考察从一种均衡状态转变为另一种状态的过程，而是对两种均衡状态进行对比。如在 IS-LM 模型分析中，当 IS 或 LM 曲线移动时，会引起均衡状态的改变，进而分析 IS 或 LM 移动对国民收入和均衡利率的影响。

动态分析则是探讨宏观经济变量及其均衡在不同时期的变动。其本质是把经济变动过

程中的时间变量考虑在内。比如，弗里德曼的生命周期假说(消费函数)是把时间变量考虑在内，分析一个人一生的收入对消费支出的影响；又如经济周期理论就是把时间因素考虑在内，研究经济增长随着时间变化而周期性变化的规律。

凯恩斯的宏观经济理论主要采用比较静态分析方法，而凯恩斯以后的宏观经济理论则主要采用动态宏观分析方法。

(三)规范分析与实证分析方法

规范分析是以一定的价值判断为基础，对经济问题提出分析和处理的标准，并提出如何才能达到这些标准的对策建议。规范分析回答的是“应该是什么”或“怎么样”(what ought to be)的问题。这里的价值判断指的不是对商品的价值进行的判断，而是对经济事物的社会价值的判断，是对经济事物的赞成或不赞成所作的判断。它受一个社会占统治地位的意识形态的影响，因而所得出的结论无法用经验事实来验证，或者说规范命题没有正误之分。

实证分析是以一定的假设为前提，然后分析其经济行为及效果，并试图对结论进行检验。实证分析回答的是“是什么”(the way things are)。它排除价值判断，只研究经济本身的内在规律，并根据这些规律来分析和预测人们经济行为的效果。

宏观经济学在对国民经济进行总量分析时，既进行实证分析，也进行规范分析。凯恩斯本人在进行宏观分析时主要采用实证分析方法，它力图说明总需求的变动引起收入、就业和价格方面的变动情况；凯恩斯的追随者也大都采用实证分析方法。不过，20 世纪 70 年代以来，规范分析方法越来越受到经济学家的重视。比如，经济学家们认为，要研究经济增长的价值和意义，而不能只为经济增长而经济增长；要研究充分就业、稳定物价和国际收支平衡的福利涵义，而不能只把它们作为行动的目的；要使财政政策和货币政策符合某种价值标准，而不能只主张实行财政政策和货币政策。

(四)边际分析方法

边际分析方法是微观经济学常用的方法，但是，宏观经济学也广泛采用此方法。与微观经济学不同的是：宏观经济学采用边际分析方法来分析经济总量变动之间的关系，比如，在分析收入对消费和储蓄的影响时，采用收入增量对消费增量和储蓄增量的影响，其影响程度，前者称为边际消费倾向，后者称为边际储蓄倾向；又如，在分析乘数和加速数时，也都是采用边际分析方法。

本 章 小 结

本章介绍了宏观经济学的概念、特点，宏观经济学的产生与发展，宏观经济学的研究对象与研究方法。

宏观经济学是采用总量分析方法，研究国民经济总体的运行及其规律的学科。与微观经济学相比，宏观经济学具有以国民经济整体为研究对象，采取总量分析方法，以市场机制有缺陷和政府可以弥补其不足为前提条件，解决的是资源的利用问题和以国民收入决定理论为核心等特点。

宏观经济学的产生和发展经历了萌芽期(从 17 世纪中叶到 1936 年凯恩斯的《通论》发表以前)、现代宏观经济学的建立(从凯恩斯的《通论》发表以后到 20 世纪 70 年代)和宏观经济学的发展(20 世纪 70 年代以后)三个阶段。凯恩斯于 1936 年出版的《通论》被认为是现代宏观经济学诞生的标志，凯恩斯本人也被认为是宏观经济学之父。凯恩斯《通论》的出版掀起了一场“凯恩斯革命”，“凯恩斯革命”主要体现在经济理论上的“革命”、经济政策上的“革命”和分析方法上的“革命”三个方面。从 1936 年到 20 世纪 70 年代，凯恩斯主义宏观经济理论一直占统治地位，但是，凯恩斯主义宏观经济理论对 20 世纪 70 年代西方世界出现的“滞胀”问题无能为力，促使了非凯恩斯宏观经济学的发展。非凯恩斯宏观经济学流派林立，但影响最大的是理性预期学派和货币主义学派。

宏观经济学以国民经济总体为研究对象，它就必然要研究衡量国民经济总体活动的总量指标及其变动情况，如国民收入的决定与变动，国民收入与经济增长、经济周期、充分就业、通货膨胀、国际收支、利率与汇率之间的关系以及如何通过财政政策与金融政策来对国民经济进行调节等。经济学家们为了解决宏观经济问题，提出了各种理论及模型，形成了庞大的理论体系。不过，宏观经济学的理论体系可以概括为四个组成部分：宏观经济学的理论基础、国民收入决定理论、宏观经济问题分析和宏观经济政策。

宏观经济学除了采用总量分析方法外，还采用了均衡分析与非均衡分析、静态分析、比较静态分析和动态分析、规范分析与实证分析、边际分析等研究方法。

复习思考题

1. 名词解释

宏观经济学、总量分析、非均衡分析、凯恩斯革命

2. 简答题

(1) 宏观经济学有什么特点?

(2) 宏观经济学主要研究哪些问题?

(3) 现代宏观经济学是如何产生与演变的?

第二章　国民收入核算

本章导读

在宏观经济学中，国民收入是最重要的概念，它是衡量一定时期内国民收入的产出水平和总量运行状况的指标。因此，学习宏观经济学首先应明确什么是国民收入和如何计量国民收入。

国民收入通过国民收入核算进行定义和计量。现代西方国民收入核算体系是由一套较为复杂和详尽的账户体系构成的。在 20 世纪前半叶，诺贝尔经济学奖获得者库茨涅兹就曾对国民收入进行过详尽考察，因而成为现代第一位对国民收入进行全面核算，并对核算进行详细研究的经济学家。凯恩斯主义理论曾对该体系的发展产生过重大影响，因此，现代西方国民收入核算，不论是核算体系的形式、概念的定义，还是核算方法，都体现了凯恩斯主义理论的特点。

国民收入核算本身是政府部门对一定时期内各种经济中产品流量和收入流量的计量。宏观经济学分析涉及的经济总量，诸如国民生产总值、国内生产总值、国民收入等，均通过核算体系进行定义和计量。不仅如此，国民收入核算还提供了说明经济总量之间关系的各种恒等式和分析经济活动水平的结构，能把各种反映经济活动的杂乱无章的数据汇总成系统的核算资料。借助这些资料，经济学者可以解释在过去的时期中经济总量及相互关系发生了什么变化，并且通过这些变化的分析，可以做出对未来经济状况及其变动趋势的预测。因此，国民收入核算是现代宏观经济学的重要组成部分，是分析宏观经济问题的基础。

学习目标

通过对本章的学习，重点掌握国民收入核算的指标和方法，理解国民收入核算中的恒等关系，正确区分名义 GDP 和实际 GDP 的含义。

关键概念

国内生产总值(Gross Domestic Product，GDP)
国民生产总值(Gross National Product，GNP)
国民收入(National Income，NI)
国内生产净值(Net Domestic Product，NDP)
个人收入(Personal Income，PI)
个人可支配收入(Personal Disposable Income，PDI)
GDP 紧缩指数(GDP Deflator)

第一节　国民收入的核算指标

一、国内生产总值

专题拓展
WWW

国内生产总值(Gross Domestic Product，GDP)是宏观经济中最受关注的经济统计数字，因为它被认为是衡量国民经济发展情况最重要的一个指标。因此，首先有必要弄清什么是国内生产总值。

国内生产总值是指一国或地区在一定时期内(通常为一个季度或一年)，在本国或地区领土上生产的各种最终产品和劳务的市场价值的总和。国内生产总值通常被公认为是衡量国家经济状况的最佳指标。它不但可反映一个国家的经济表现，更可以反映一国的国力与财富。一般来说，国内生产总值共有四个不同的组成部分，即消费、私人投资、政府支出和净出口额。用公式表示为：

$$GDP=C+I+G+NX$$

式中：C 为消费、I 为私人投资、G 为政府支出、NX 为净出口额。正确理解 GDP 这一概念需要注意以下几点。

1. 国内生产总值表示的是一个地域概念

它是指在一国范围内生产的最终产品和劳务的市场价值，包括在本国的外国公民提供的生产要素生产的最终产品和劳务的价值，但不包括本国公民在国外提供生产要素生产的最终产品和劳务的价值。因此，一个在中国工作的美国公民的收入也应计入中国的 GDP，但是一个在美国工作的中国公民的收入则不能计入中国的 GDP。

2. 国内生产总值核算是有一定期限的

国内生产总值是一定时期内(往往为一年)所生产而不是所销售的最终产品和劳务的价值，在核算时不应包括以前所生产的产品的价值，也不应包括本期尚未完成生产的产品的价值，如有存货，则将其视为企业自己买下的存货投资，存货应计入国内生产总值。例如某企业年生产 1000 万元产品，只卖掉 800 万元，所剩的 200 万元产品可看作是企业自己买下来的存货投资，同样应计入国内生产总值。相反，虽然生产 1000 万元产品，然而却卖掉 1200 万元，则计入国内生产总值的仍是 1000 万元，只是库存减少了 200 万元而已。

3. 国内生产总值是一个市场价值概念

国内生产总值是反映各经济主体产出的总量指标，各经济主体生产的产品种类千差万别，不同产品的实物单位无法相加，只能借助于货币作为统一的尺度，把产品的增加值加到一起，以达到反映总量的目的。因此，国内生产总值指的是最终产品和劳务的市场价值的总和，是用产品的现期价格核算的。而价格水平是变化的，所以国内生产总值不仅要受最终产品数量变动的影响，还要受价格水平变动的影响。

4. 国内生产总值核算的是最终产品而不是中间产品的价值总量

社会总产品有中间产品和最终产品之分。国内生产总值核算的是最终产品而不是中间产品的价值总量，否则会造成重复核算。例如一件上衣从生产到消费者最终使用要经过 5 个阶段：种棉、纺纱、织布、制衣和销售。假设棉花价值为 20 元，并假定它都是当年新生产的价值，不再包含为生产棉花所费的肥料、种子等价值。再假定棉花纺织成棉纱销售价为 25 元，于是纺纱厂创造的价值是 5 元，即增值 5 元。价值 25 元的纱织成布售价为 35 元，于是织布厂创造的价值为 10 元，即增值 10 元。价值 35 元的布制成衣服卖给销售商售价为 50 元，于是制衣厂创造的价值是 15 元，即增值 15 元。销售商把衣服卖给消费者售价为 55 元，于是销售商在售卖中增值 5 元。可见，这件上衣在 5 个阶段中的价值创造即增值共计 20+5+10+15+5=55(元)，正好等于这件上衣的最后售价。现在这件上衣不再出售，由其最后使用者即顾客消费了。像这样一种在一定时期内生产的并由其最后使用者购买的产品和劳务就称为最终产品，而棉花、纱、布等则称为中间产品。中间产品是指用于再出售而供生产其他产品用的产品，如表 2.1 所示。如果我们把各个阶段上产品价值加总为 185 元，其中包括了中间产品价值 130 元的重复核算。若用增值法，将各个生产阶段的增值相加，则不会造成重复核算，可得到最终产品价值为 55 元。

表 2.1　国内生产总值的形成过程　　单位：元

生产阶段	产品价值	中间产品价值	增 加 值
棉花	20	—	20
纺纱	25	20	5
织布	35	25	10
制衣	50	35	15
售衣	55	50	5
合计	185	130	55

5. 国内生产总值是流量而非存量

流量是一定时期内发生的变量和，存量是一定时点上存在的变量。借用数学函数的观点，存量表示某点的值，而流量表示一个区域的面值。由于国内生产总值是一年内的最终产品和劳务的市场价值的总和，因而它是流量而非存量。与国内生产总值这一流量对应的是国民财富这个存量，国民财富表示在某一时刻全社会所拥有的财富的总和。

6. 国内生产总值是指市场活动导致的价值

国内生产总值一般仅指市场活动导致的价值，非市场活动提供的最终产品和劳务没有计入国内生产总值，例如家务劳动、自给自足的生产等。家务劳动因为是由家庭成员自己完成的，不属市场活动，因而没有计入国内生产总值；但家务劳动如果是通过家政服务机构雇人来做的，这些服务相对应的价值就应被计入国内生产总值。

【专栏 2-1】国家统计局每年公布的 GDP 数据是怎么得到的？

GDP 核算需要经过以下几个过程：初步估计过程、初步核实过程和最终核实过程。初步估计过程一般在每年年终和次年年初进行。它得到的年度 GDP 数据只是一个初步数，这个数据有待于获得较充分的资料后进行核实。初步核实过程一般在次年的第二季度进行。初步核实所获得的 GDP 数据更准确些，但因仍缺少 GDP 核算所需要的许多重要资料，因此相应的数据尚需要进一步核实。最终核实过程一般在次年的第四季度进行。这时，GDP 核算所需要的和所能搜集到的各种统计资料、会计决算资料和行政管理资料基本齐备。与前一个步骤相比，它运用了更全面、更细致的资料，所以这个 GDP 数据显得就更准确些。此外，GDP 数据还需要经过一个历史数据调整过程，即当发现或产生新的资料来源、新的分类法、更准确的核算方法或更合理的核算原则时，要进行历史数据调整，以使每年的 GDP 具有可比性，这是国际惯例。如美国在 1929—1999 年间就进行过 11 次历史数据调整。

总之，每个时段公布的 GDP 都有其特定阶段的含义和特定的价值，不能因为在不同时间公布的数据不同，而怀疑统计数据存在问题。

(资料来源：艾芳，李隽琼. GDP 值是如何确定的. 经济日报，2007.2.5)

二、国民生产总值

国民生产总值(Gross National Product，GNP)与国内生产总值不同，二者的区别主要体现在核算产出时确定空间范围的原则不同。国民生产总值是按“国民原则”核算的，它以“常住居民”为统计标准，凡是本国居民生产的，不管生产是在哪里进行，都计入国民生产总值。常住居民包括：居住在本国的本国居民、暂住外国的本国居民、常住在本国但未入本国国籍的外国居民。国民生产总值应该包括以上三类居民在国内外所生产的最终产品和劳务的价值总和。所以，国民生产总值是指一国在一定时期内(通常为一年)，按国民原则所生产的最终产品和劳务的市场价值的总和。

而国内生产总值是一年内在本国领土上所生产的最终产品和劳务的市场价值总和，它是按“国土原则”作为统计标准的。这就是说，国内生产总值包括本国与外国公民在本国所生产的最终产品的价值总和。

国民生产总值和国内生产总值之间的关系可用下面的等式表示：

国民生产总值=国内生产总值+本国公民投在国外的资本和劳务所创造的收入−外国公民投在本国的资本和劳务所创造的收入 (2-1)

目前，大多数西方国家都采用 GDP 指标作为国民收入核算基础，其中美国在 1991 年后也采用 GDP 作为核算基础。中国从 20 世纪 80 年代中期开始，逐步引进和采用 SNA 体系即国民账户体系，采用 GDP 总值指标作为考核国民经济发展和制定经济发展战略目标的主要指标。

三、国内生产净值

专题拓展
WWW

国内生产净值(Net Domestic Product，NDP)是指一国新创造的价值，即净增加值。任何产品价值中不但包含消耗的原材料、燃料等的价值，还包含使用的资本设备的折旧。最终产品价值并未扣去资本设备损耗的价值，因此，还不是新创造的价值，因而最终产品市场价值总和只能称国内生产总值。如果在最终产品价值中把生产过程消耗的资本设备的价值也扣除了，就得到了净的增加值，即国内生产净值。国内生产净值与国内生产总值的关系式可用下式表示：

国内生产净值(NDP)=国内生产总值(GDP)−折旧 (2-2)

四、国民收入

国民收入即狭义的国民收入(National Income，NI)，是指一个国家在一定时期内(通常为一年)，用于生产产品和提供劳务的各种生产要素(土地、劳动、资本与企业家才能)所获得报酬(收入)的总和。国民收入与国内生产净值的区别是：从理论上讲前者是从分配的角度考察的，后者是从生产的角度考察的；从数量上讲国民收入等于国内生产净值减去企业间接税再加上政府津贴。间接税从形式上看是由企业负担的，实际上间接税的支出附加在成本上，在销售产品中转移出去了。间接税作为产品的价格附加，既不是任何生产要素提供的，也不能为任何生产要素所获得，因此核算国民收入时要扣除。政府津贴是国家对产品售价低于生产要素成本价格的企业的补贴，目的是弥补企业的损失来维持这种产品的生产。这种补贴可看作是一种负税(即倒付的税)，属于企业生产要素的收入，因此核算国民收入时要从间接税中扣除政府津贴。用公式表示为

国民收入(NI)=国内生产净值-企业间接税+政府津贴
=工资+利润+利息+租金+津贴 (2-3)

五、个人收入

个人收入(Personal Income，PI)，是指一个国家所有个人在一定时期内(通常为一年)，从各种来源所得到的收入的总和。它包括劳动收入、企业主收入、租金收入、利息和股息收入、政府转移支付和企业转移支付等。个人收入的构成可用公式表示为

个人收入=国民收入-(公司未分配利润+公司所得税+公司和个人缴纳的社会保险费)+(政府对个人支付的利息+政府对个人的转移支付+企业对个人的转移支付)+股息和红利
=工资和薪金+企业主收入+个人租金收入+个人利息收入+政府和企业对个人的转移支付-公司和个人缴纳的社会保险费+红利 (2-4)

个人收入与国民收入的不同之处在于：国民收入中有一部分不分配给个人，如公司未分配利润、公司利润税等，这不构成个人收入。而个人收入中通过再分配渠道取得的部分，如政府和企业对个人的转移支付，则不属于国民收入。

六、个人可支配收入

个人收入并不是人们实际得到的、可任意支配的全部款项，它必须扣除个人税和非税支付之后，才能归个人自由支配。

个人可支配收入(Personal Disposable Income，PDI)，是指一个国家所有的个人在一定时期内(通常为一年)所得到的收入总和减去个人或家庭纳税部分，即实际得到的由个人自由使用的收入。个人税包括个人所得税、财产税等；非税支付包括罚款、教育费和医疗费等。

个人可支配收入主要用于两个方面，一是用于个人消费，包括食品、衣物、居住、交通、娱乐等；二是用于个人储蓄，包括个人存款、个人购买债券等。个人可支配收入用公

式表示为：

$$个人可支配收入=个人收入-(个人税+非税支付)$$
$$=个人消费支出+个人储蓄 \quad (2\text{-}5)$$

上述指标是国民收入核算中常用的几个指标，其关系可以在一定范围内相互转化，例如国内生产总值=国内生产净值+资本折旧=国民收入+间接税+资本折旧=雇员佣金+企业支付的利息+个人租金收入+公司利润+非公司企业主收入+间接税+资本折旧。

下面通过一个例子来了解一下以上几个指标的关系。例如某国某年国民收入统计资料如表 2.2 所示。

根据已知资料和有关经济学原理可得

国民收入=雇员佣金+企业支付的利息+个人租金收入+公司利润+非公司企业主收入
=18 663+2649+341+1648+1203=24 504(10 亿美元)

国内生产净值=国民收入+间接税=24 504+2663=27 167(10 亿美元)

国内生产总值=国内生产净值+资本折旧=27 167+3564=30 731(10 亿美元)

个人收入=国民收入-(公司利润+社会保险税)+政府支付的利息+政府的转移支付+红利
=24 504-(1648+253)+3475+1051+664=27 793(10 亿美元)

个人可支配收入=个人收入-个人所得税=27 793-4021=23 772(10 亿美元)

表 2.2　某国的国民收入统计资料　　单位：10 亿美元

项　目	收　入
资本折旧	3564
雇员佣金	18 663
企业支付的利息	2649
间接税	2663
个人租金收入	341
公司利润	1648
非公司企业主收入	1203
红利	664
社会保险税	253
个人所得税	4021
政府支付的利息	1051
政府转移支付	3475
个人消费支出	19 919

【专栏 2-2】 为什么美国原来采用 GNP，而现在则改用 GDP 作为总产出的主要测量指标？

1991 年以前，美国一直采用 GNP 作为总产出的主要测量值，从 1991 年起改为 GDP。GNP 测量一国的总产出，从收入角度看，包括居民从国外取得的收入(工资、利润、利息)，但要减去支付给国外的同类报酬。与 GNP 不同，GDP 不考虑从国外获得的报酬和支付给国外的报酬，它是一国在国内实际生产的产品和劳务的测量值。GDP 是大多数欧洲国家采用的产出衡量标准，因为这些国家的对外贸易在传统上要比美国重要得多。近年来，由于国际贸易对美国变得越来越重要，因此，美国也开始采用 GDP 作为衡量总产出的主要测量标准，这种转变也可以使美国对其他国家的经济比较更加容易。一般来说，一个国家对外经济往来的开放程度越大，采用 GDP 作为测量收入的重要性也越大。此外，由于来自国外的要素收入的数据较难获得，而 GDP 的数据较易获得。加上相对于 GNP，GDP 是一国经济中就业潜力的一个较好的测量指标。例如，外国人来美国投资，解决的是美国的就业问题。因此，把 GDP 作为经济中产出的基本测量指标更合理。

第二节　国民收入的核算方法

一、总产出、总收入与总支出

从理论上说，国民收入的核算可以通过将所有的最终产品分别乘以各自的价格，然后加总得到，但是一个经济社会在一定时期内生产的最终产品不仅千千万万，而且每种产品又有不同的规格，不同规格的产品又有不同的价格，所以，这种方法没有实际操作意义。实际上，核算一国在一定时期内的总产出(国内生产总值)的方法可以分为两大类：一类是直接法，即直接将各种产品和劳务的增量与其价格相乘再加总起来，这是从生产的一方出发来核算的，即生产法。另一类是间接法，间接法又分两种方法，一是从人们获得收入的角度入手，称为收入法；二是从人们对当期生产出来的产品和劳务的支出入手，称为支出法。也就是说，可以分别按照国民收入的形成、形成以后的使用以及所生产的收入分配的统计来核算国民收入。

理解这三种方法的等价性，需要说明总产出与总收入和总支出的恒等关系。

假定某经济社会有两家企业，其中一家生产汽车发动机，另一家生产汽车。发动机生产商投入劳动力和机器设备生产汽车发动机，然后将发动机卖给汽车制造商，假设其中间品投入为零。汽车制造商投入劳动力和机器设备生产汽车，最后卖给消费者。两家企业的数据如表 2.3 所示。

表 2.3　汽车发动机厂商与汽车厂商的假设数据　　单位：万元

汽车发动机厂商		汽车厂商	
销售收入	500	销售收入	1000
工资支出	150	工资支出	250
利息	50	利息	50
租金	100	租金	100
中间品投入支出	0	中间品投入支出(发动机)	500
利润	200	利润	100

显然，最终产品是汽车，其价值为 1000 万元，在这个假设的例子中，GDP 就是 1000 万元。汽车发动机生产商的销售收入分解为四部分，向劳动者支付的工资 150 万元、利息

50 万元、租金 100 万元以及获得的利润 200 万元。汽车制造商的销售收入分解为五部分，向劳动者支付的工资 250 万元，利息 50 万元，租金 100 万元，向汽车发动机生产商购买发动机支付 500 万元，利润 100 万元。这个社会的总收入为所有的要素收入和利润之和，为 150+50+100+200+250+50+100+100=1000(万元)，与最终产品价值是相同的，总收入等于总产出。当生产环节以及产品种类更多时，中间产品价值总可以分解成为生产要素所获得的报酬，将这些报酬加总起来形成的总收入就是国内生产总值。

总产出与总收入的恒等关系的关键在于，企业销售收入扣除其支付的工资、利息和租金之后的所有剩余都称为利润，利润是一种剩余物或平衡项，因此，总产出和总收入二者之间就是恒等关系。上述说明可表示如下：

$$利润=销售收入(产品价格\times产品数量)-工资-利息-租金 \tag{2-6}$$

因此，有

$$销售收入(产品价格\times产品数量)=利润+工资+利息+租金 \tag{2-7}$$

从人们对当期生产的产品的支出角度看，企业销售产品和劳务的总销售收入必然等于人们的总支出水平。不过，需要注意一点，在国内生产总值核算中，通常把期末厂商的库存看作企业自己销售给自己的，称为存货投资。存货投资实际上也起着平衡项的作用，能够保证总产出与总支出之间保持恒等关系。

二、生产法

生产法又称部门法或增加价值法，它是按提供产品和劳务的所有部门的增加值来核算国内生产总值的一种方法。用生产法核算时，各物质生产部门要把所使用的中间产品价值扣除，只核算本部门的增加值。商业和服务业等部门也按增加值方法核算，卫生、教育、行政、家庭服务等部门用工资收入核算服务的价值。

按照生产法核算国内生产总值，包括的部门有：①林业、渔业；②采掘业；③建筑业；④制造业；⑤交通运输通信和公用事业；⑥商业；⑦金融保险、不动产；⑧服务业；⑨政府服务和政府企业。以上各部门增加值的总和即为国内生产总值。生产法用公式可表示为

$$\text{GDP}=\sum(某部门总产出-该部门中间消耗)=\sum某部门增加值 \tag{2-8}$$

例如表 2.1 中，国内生产总值的核算采用的就是生产法，把棉花在各环节的增加值加总就为国内生产总值，即 20+5+10+15+5=55(元)。

三、收入法

收入法又称生产要素法或要素支出法。这种方法是从收入的角度出发，把生产要素在生产中所得到的各种收入相加，即把劳动所得到的工资、土地所得到的地租、资本所得到的利息和企业家才能所得到的利润相加，来核算国内生产总值。从生产角度看，国内生产总值包括对各种投入要素的支付，这些构成了产品和劳务的成本，所以这种方法也叫成本法。

收入法在核算国内生产总值时应包括以下一些项目。

(1) 工资、利息和租金等这些生产要素的报酬。工资包括所有对工作的酬金、津贴和

福利费，也包括工资收入者必须缴纳的所得税及社会保险税。利息在这里指人们给企业提供的货币资金所得到的利息收入，如银行存款利息、企业债券利息等，但政府公债利息及消费者信贷利息不包括在内。租金除包括出租土地、房屋等租赁收入外，还包括专利、版权等收入。

(2) 非公司企业主收入，即不受人雇佣的独立生产者的收入，如医生、律师、农民和小店铺主的收入。他们使用自己的资金，自我雇佣，其工资、利息、利润、租金常混在一起作为非公司企业主收入。

(3) 公司税前利润，包括公司所得税、社会保险税、股东红利及公司未分配利润等。

(4) 企业转移支付及企业间接税。这些虽然不是生产要素创造的收入，但要通过产品价格转嫁给购买者，故也应视为成本。企业转移支付包括对非营利组织的社会慈善捐款和消费者呆账，企业间接税包括货物税、消费税、周转税等。

(5) 资本折旧。它虽不是要素收入，但包括在总投资中，也应计入国内生产总值。这样，按收入法核算的国内生产总值用公式可表示为：

$$GDP=\text{工资}+\text{利息}+\text{利润}+\text{租金}+\text{间接税和企业转移支付}+\text{折旧}+\text{非公司企业主收入} \tag{2-9}$$

四、支出法

支出法又称最终产品法或产品流动法。这种方法是从产品的使用角度出发，把一年内购买各项最终产品的支出加总，核算出该年内生产出来的最终产品与劳务的市场价值总和。如果用 Q_1，Q_2，…，Q_n 来代表各种最终产品与劳务的数量，用 P_1，P_2，…，P_n 来代表其价格，则用支出法核算的公式是：

$$GDP = P_1Q_1 + P_2Q_2 + \cdots + P_nQ_n = \sum_{i=1}^{n} P_iQ_i \tag{2-10}$$

上述产品总支出如果按最终使用去向分类，则主要有消费、投资、政府购买和净出口等四个方向，因此，按支出法核算的 GDP，也可表示为核算一定时期内消费、投资、政府购买和净出口的总和。其表达公式也可相应表示为：

$$GDP=C+I+G+(X-M)$$

或

$$GDP=C+I+G+NX \tag{2-11}$$

式中，C 表示消费支出，I 表示私人国内总投资支出，G 表示政府购买支出，X 表示出口，M 表示进口，NX 表示净出口。

1. 消费支出

指居民个人购买消费品和劳务的支出。主要包括：购买耐用消费品支出、购买非耐用消费品支出和购买劳务支出，但不包括建造住宅的支出。

2. 私人国内总投资支出

投资支出是指增加或更换资本资产的支出，是用于购买可供长期使用的资本品的支出，如机器设备、厂房、存货和住宅等的投资。用于投资的物品之所以也被归入最终产品是因为资本品和中间产品有重大区别，中间产品在生产过程中一次性全部被消耗掉，但资本品在生产过程中只是逐渐地被消耗。例如，一座汽车制造厂若使用 40 年，则每年只耗费 1/40 的价值。资本品由于损耗而造成的价值减少称为折旧。

投资包括固定资产投资和存货投资两大类。固定资产投资是指新增厂房、设备、商业用房以及新建住宅的投资。住宅之所以是投资而不是消费，是因为它像固定资产一样长期使用，慢慢地被消耗。存货投资是企业掌握的存货价值的增加或减少，即存货的净变动额，等于一定时期期末存货减去期初存货(如年末存货减年初存货)。存货投资可能是正值，也可能是负值，还可能为零。存货之所以也算作投资，是因为企业把卖不出去的产品算作了自己对自己的投资。存货投资有意愿存货投资和非意愿存货投资之分，企业拥有一定数量存货以避免市场需求波动的影响，这部分存货变动称为意愿存货投资；而由于原材料市场和产品市场发生了未预料的变化而引起的库存的变动，称为非意愿存货投资。因此，从核算平衡原则出发，卖不出去的产品只能作为企业的存货投资处理。所以存货投资也应计入按支出法核算的国内生产总值中。

投资还可分为净投资和重置投资，重置投资是指当年以前资本品的折旧，而净投资等于投资减去重置投资。例如，某地区在 2006 年投资 1000 亿元，由于机器设备和产房等会不断磨损，假定每年要消耗即折旧 400 亿元，则上述 1000 亿元投资中就有 400 亿元要用于补偿资本消耗，净增加的投资只有 600 亿元。上述 400 亿元由于是用于重置资本设备的，所以称之为重置投资。净投资加重置投资称为总投资。用支出法核算 GDP 时的投资指的是总投资。

3. 政府购买支出

政府购买支出是指各级政府部门购买产品和服务的支出，包括政府在国防、法制建设、基础设施建设、开办学校等方面的支出。政府购买只是政府支出的一部分，政府支出的另一部分如转移支付、公债利息等都不能计入国内生产总值。这是因为，政府购买时通过雇请公务人员、教师，建立公共设施、建造舰队等为社会提供了服务。而转移支付只是简单地把收入从一些人或一些组织转移到另一些人或另一些组织，没有相应的物品或劳务交换发生。如政府给残疾人发放的救济金，不是因为这些人提供了服务，创造了价值，而是因为他们丧失了劳动能力，需要救济，因此这部分支出不能计入国内生产总值。

4. 净出口

净出口是指进出口的差额。用 X 表示出口，用 M 表示进口，则$(X-M)$就是净出口。一国经济在一定时期内所生产的产品，除了被国内购买外，还会有一部分被国外所购买，这部分称为出口，也是社会最终产品的组成部分，所以，在用支出法核算国内生产总值时也应加上这部分价值。另一方面，国内经济主体购买的消费品和投资品中，又有一部分是从国外进口的，在核算 GDP 时应该将进口部分扣除，因为这不是“国内”生产的。因此，在用支出法核算 GDP 时，必须加上净出口这一项。净出口可能是正值，也可能是负值。

表 2.4 为美国 2001 年的 GDP 和需求构成情况。从表中可以看出，2001 年，美国 GDP 中个人消费支出占 GDP 的 69.3%，居于首位，其次是政府购买的产品和劳务支出，国内私人投资占 15.7%。

表 2.4 2001 年美国 GDP 和需求的构成

构 成	金额 10 万美元	百分比/%
个人消费支出	6987.0	69.3
私人国内总投资	1586.0	15.7
政府对产品和劳务的购买	1858.0	18.4
产品和劳务的净出口	−348.9	−3.4
国内生产总值	10028.1	100.0

(资料来源：[美]商务部经济分析局，转引自高鸿业. 西方经济学. 第 3 版. 宏观部分. 第 428 页)

以上介绍的三种国民收入核算方法，核算的对象都是 GDP，所得出的结果，从理论上说应该是一致的，因为它们只不过是从不同的角度核算同一 GDP。国民经济运行本身包括了生产、分配、使用各个环节，形成了一个完整的循环过程。生产创造了收入，收入成为支出的源泉，支出又使生产得以最终完成。所以，在社会生产各环节上所表现出的经济总量应该是相等的。这就是所谓的“国内生产总值三方等价原则”。但在实际核算中，由于各种原因，用这三种方法核算的国内生产总值结果可能并不完全一致，在实际操作种，通常是以支出法为主，其后运用收入法和生产法进行修正。

五、国民收入核算的缺陷与纠正

国民收入核算包括了国民经济的各个部门、上层建筑各个部门的收入和支出状况，因而能够比较全面地反映一个国家国民经济各部门的发展水平和速度，进而能够比较综合地反映一个国家在一定时期的经济活动水平。但是，随着宏观经济的进一步发展，现行国民收入核算体系的不足之处也逐渐明显，即国民收入核算的结果，如 GDP，并不能完全反映一个国家经济发展的真实状况，主要表现在以下几个方面。

1. GDP 指标难以衡量一国经济的全部

由于 GDP 指标只核算最终产品的和劳务的市场价值，因此，不经过市场交易的产品和劳务，如家务劳动、自给性的生产活动、地下经济等并没有在 GDP 中反映出来，即它漏掉了一国经济中的非市场交易活动，难以衡量一国经济的全部，GDP 可能被低估。

2. GDP 指标不能反映一国福利水平的高低

西方 GDP 核算中即使把所有的市场交易活动都包括进来，也不能真实反映一国的经济发展水平，更无法反映人们从物品和劳务消费中获得的福利状况。例如，赌博、贩毒等，也许 GDP 很高，但并不说明该国国民得到的福利也很高。

3. GDP 指标不能反映社会为经济增长和经济发展所付出的代价

GDP 指标不能反映社会为经济增长和经济发展所付出的代价，例如，它无法反映闲暇增加给人们带来的福利改善、无法反映环境污染的程度等。

4. GDP 不能反映产品结构与市场价格的差异

由于 GDP 不能反映产品结构与市场价格的差异，因此，两国 GDP 难以进行精确比较。例如两国 GDP 相同，甲国军事活动费用庞大，乙国用于文教设施花费较多，由于 GDP 构成的差别会给甲乙两国人民生活带来不同的影响。此外，在社会经济中生产的技术进步能够降低产品与劳务的市场价格，但 GDP 指标中则体现不了劳动生产率的提高。

鉴于以上问题，从 20 世纪 70 年代以来，一些经济学家从不同角度提出了对 GDP 指标的修改。例如托宾和诺得豪斯提出了经济福利标准，提出应计入闲暇、家庭主妇的劳务，扣除环境污染等造成的损失。萨谬尔森也提出了以纯(或净)经济福利来衡量经济发展最终给公民带来多少实际收入或实际福利，提出应从 GDP 中扣除许多影响生活水平的因素，如交通拥挤、环境变坏等。

最近，有越来越多的人提出应该用绿色 GDP 指标来衡量一国的国民财富。所谓绿色 GDP，就是指用以衡量各国扣除自然资产损失后新创造的真实国民财富的总量核算指标。简单地讲，就是从现行统计的 GDP 中，扣除由于环境污染、自然资源退化、教育低下、人口数量失控、管理不善等因素引起的经济损失成本，从而得出真实的国民财富总量。采用绿色 GDP 指标，不仅能反映经济增长水平，而且能够体现经济增长与自然保护和谐统一的程度，可以很好地表达和反映可持续发展观的思想和要求。因此，绿色 GDP 占 GDP 的比重越高，表明国民经济增长的正面效应越高，负面效应越低。绿色 GDP 用公式可表示为

$$\text{绿色 GDP}=\text{GDP 总量}-(\text{环境资源成本}+\text{环境资源保护服务费用}) \tag{2-12}$$

然而，到目前为止，绿色 GDP 核算只涉及自然意义上的可持续发展，包括环境损害成本、自然资源的净消耗量。这主要因为是绿色 GDP 核算是一个庞大的系统工程，在实际核算中存在很大难度，主要表现为以下四点。

第一，污染损失难以量化。例如，绿色 GDP 核算的一个重要内容是对污染损失的估算。然而，各种污染物和受害体之间的定量反应比较难，例如，大气中二氧化硫增加与人们患呼吸道疾病之间的关系还无法准确估算，大气污染而增加的疾病成本、死亡的生命价值很难量化。

第二，统计指标连续性不够。这给污染的治理成本核算带来困难，例如，目前的统计体系里，只有污水的排放量，没有污水的产生量，则无法算出污水的处理量。

第三，农村地区出现核算盲点。农村地区是我国现有的环境监测网的薄弱地区，在某些领域甚至出现盲点。

第四，相关法规不完善。

此外，绿色 GDP 核算是一个系统工程，需要环保、统计、卫生、农业、城建等多个相关部门之间的通力合作，这也增加了实施的难度。

【专栏 2-3】中国绿色 GDP 核算体系框架解析

不久前，由国家环保总局和国家统计局联合发布的中国第一份经环境污染调整的 GDP 核算研究报告———《中国绿色国民经济核算研究报告 2004》，确立了环境实物量核算、环境价值量核算、环境保护投入产出核算以及经环境调整的绿色 GDP 核算四个具

体的表式核算框架。这意味着环境污染造成的损失将被纳入 GDP 的核算之中，标志着中国绿色 GDP 核算体系框架已初步建立。

多年以来，我国的经济发展一直没有摆脱高投入、高消耗、重污染、低产出的传统模式，单位产值的矿产资源消耗与能源消耗是世界平均值的 3 倍。资料显示：2003 年我国能源消耗的增长是经济增长的 1.3 倍，但 2004 年却升至 1.6 倍。2004 年每 1 万元 GDP 所使用的能源相当于燃烧 2.6 吨煤，这个数字是世界平均水平的 10 倍。

有关部门和世界银行联合研究结果表明，中国的生态环境问题虽然有其自然环境脆弱、气候异常的客观原因，但主要还是不合理的经济行为和粗放型的资源开发方式导致的。多年核算的平均结果显示，经济增长的 GDP 中至少有 18%是靠资源和生态环境的"透支"实现的，有相当一部分是靠牺牲后代的发展机会获得的。

正是在这样的背景下，提高能源效率成为我国"十一五"发展规划的重要目标。按照"十一五"规划要求，到"十一五"后期，单位 GDP 的能源消耗将比去年降低 20%。在今后 5 年中，能源消耗将平均每年减少 4%。每 1 万元 GDP 的能源消耗到 2010 年必须降至 2.1 吨。

有分析指出，能源消耗的增长超过了 GDP 的增长，意味着宝贵资源的浪费和污染日益严重，能源效率日益降低的问题是盲目追求 GDP 迅速增长的结果。因而，探寻绿色 GDP 成为人们的新期望。

绿色 GDP 就是从传统的 GDP 中扣除资源耗减和环境退化成本，将环境要素纳入国民经济核算体系。绿色 GDP 核算综合了经济与环境核算，是一种全新的国民经济核算体系。它既能反映经济增长的数量，更能反映经济增长的质量，能更科学地衡量一个国家和区域的真实发展和进步，能从政策导向上鼓励全社会走可持续发展道路，是落实科学发展观的必然选择。

《中国绿色国民经济核算研究报告 2004》显示：2004 年中国因环境污染造成的损失为 5118 亿元，占当年 GDP 的 3.05%。目前排放到环境中的污染物，按照现行的治理技术和水平全部治理，所需要的支出的虚拟治理成本也将高达 GDP 的 1.8%。

据了解，此次公布的 2004 年的数据仅扣除了环境污染造成的损害的一部分。在共计 20 多项污染成本中，此次被核算的只是其中的 10 项，一些类似地下水、土壤污染的成本均未被计入。比如，2004 年全国因环境污染造成的经济损失为 5118 亿元，但在健康损失方面仅仅核算了大气污染、水污染等造成的部分健康损失。由于缺乏必要的数据和方法支持，生态破坏损失、室内空气污染和臭氧造成的健康损失等内容都没有纳入此次核算。再比如，水污染引起的传染和消化道疾病的患病人数及其门诊和住院医疗、误工损失也未计入。

环境污染造成的损失到底有多大？仅核算 10 项污染损失就占到了 2004 年 GDP 的 3.05%。虚拟治理成本 1.8%换算为环保投资，大约为当年 GDP 的 6.8%，实际投资欠账高达 80%。如果把没有核算的内容加进去，环境污染造成的经济损失将会多么惊人！

(资料来源：高慧斌. 中国绿色 GDP 核算体系框架解析. 辽宁日报，2006.11.8)

第三节　国民收入核算中的恒等关系

如前所述，国内生产总值可以用支出法进行衡量，也可以用收入法进行衡量，而且两种方法核算的结果必然相等。实际上，各国的经济都处于循环流动过程之中，在这种不间断的循环中，存在一些非常重要的恒等关系。例如，从支出角度看，社会总支出实际上是全社会购买产品与劳务时支出的货币总额，也就是社会对国民产出的总需求；从收入角度看，社会总收入是社会居民因提供生产要素而相应取得的货币收入总额，它实质上就是社会在一定时期中的总供给。因此，一个稳定运行的经济社会的总支出与总收入应是恒等的，由此可以进一步得出如下的恒等关系：

总需求=总供给　　(2-13)

如果按照由简单到复杂的顺序，我们可以对一个国家国民收入的恒等关系作以下分析。

一、两部门经济中的投资-储蓄恒等式

专题拓展
WWW

两部门经济是指只有居民户和厂商这两种经济单位组成的经济，没有政府的作用，也不存在对外贸易。在这种经济中，居民户向厂商提供生产所必需的各种生产要素，如劳动、资本、土地等，得到相应的收入，并用这些收入购买所需要的各种消费品和劳务；与此同时，厂商则不断地向居民户购买生产要素进行生产，然后向居民户提供各种产品和劳务。这个简单经济的循环过程可以用图 2.1 来描述。

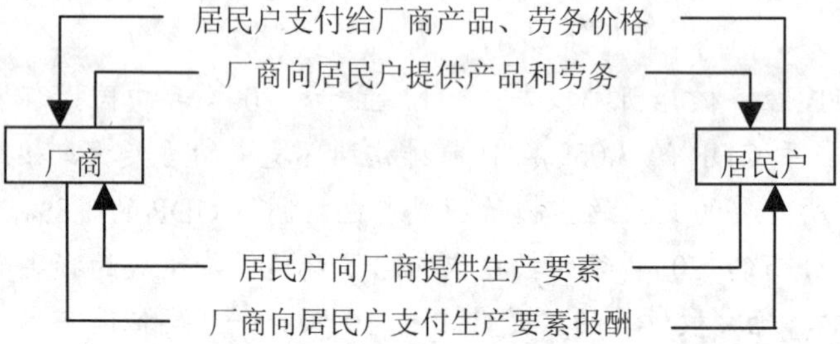

图 2.1　两部门经济循环

图 2.1 包含了两类经济循环过程。其中内圈循环表示实物循环，即生产要素与产品和劳务的交换。居民户向厂商提供劳动、资本、土地和企业家才能等各种生产要素；企业运用所得到的生产要素，将生产出来的产品和劳务提供给居民户。外圈表示与实物循环相对应的价值循环。厂商向居民户支付工资、利息、地租和利润等生产要素的报酬，这些构成了厂商的生产成本；居民户用从提供生产要素获得的收入去购买厂商生产的产品和劳务。

从另一个角度看，图 2.1 还包含两个市场的交换活动。其中上半部分为产品市场，即厂商向居民户提供产品和劳务，而居民户向厂商购买这些产品和劳务；下半部分为要素市场，即居民户向厂商提供生产要素，同时厂商支付给居民户各种要素报酬。

以上两个循环与两个市场表明，居民户向厂商提供生产要素并取得要素报酬后，将收

入全部用于购买产品和劳务；厂商将全部产品和劳务提供给居民户并取得收入后，也要以全部收入向居民户购买生产所需要的生产要素。显然，在这个封闭的经济系统中，无论是从生产要素还是从产品的角度来看，卖者的收入都必然等于买者的支出，因此这个经济就处于均衡的循环状态中。如果用 Y 表示国民收入，用 C 表示消费者支出或消费者收入，则上述关系可用公式表示为

$$Y=C \tag{2-14}$$

但在现实生活中，居民户并不是将全部收入都用于消费，而只用一部分收入购买厂商生产的消费品和劳务，另一部分形成储蓄；厂商也不只是生产消费品和劳务，厂商为了维持生产的持续进行，必须生产一部分投资品。因此，企业除了用销售消费品的收入维持消费品的正常生产之外，还需要一定量的资本用于投资品的生产，其资本来源可以是居民户的储蓄。为了使居民户的储蓄顺利地转化为厂商的投资资金，则需要有银行等金融中介机构的介入。增加了储蓄和投资两个变量的两部门经济循环模型如图 2.2 所示。

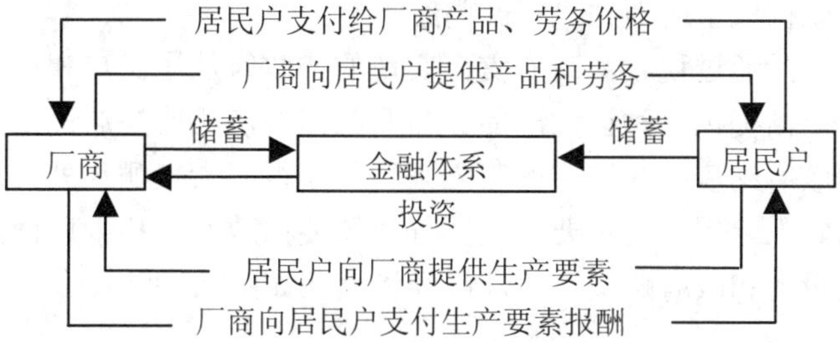

图 2.2 改进的两部门经济循环

在图 2.2 中，储蓄用 S 表示，它为漏出量；投资用 I 表示，它为注入量。所谓漏出量是指居民户的收入中没有作为支出(购买本国企业的产品)付给企业的那一部分，以及企业得到的收入中没有作为支出(购买生产要素的费用)付给居民户的那一部分，具体包括厂商和居民户的储蓄。所谓注入，是指居民户或企业得到的收入中，不是相互由对方付给的那一部分收入，具体是指厂商的投资。如果金融体系能把储蓄全部转化为投资，这个经济体系仍能正常运转下去，并实现总供给(AS)与总需求(AD)的均衡。

以 Y 表示产出的价值，以 C 表示消费，以 I 表示投资，则有

$$Y=C+I \tag{2-15}$$

这个等式意味着一个经济社会的全部产出用于社会的投资与消费，没有产品的积压。在现实中，有些厂商的产品确实无法售出，但我们将其看作厂商存货的增加，而存货增加又被视为投资的一项内容，因此在这个意义上，社会上的全部产出自然都被用于消费与投资，或者说社会总产出全部都被社会的总需求所消化了。

换一个角度来看，Y 表示社会总产出的价值，它在数值上应与居民户提供的要素价值相等，因而也就与居民户取得的货币收入总额相等。居民户收入的使用无非有两大方向　一部分收入用于消费，另　部分收入用来储蓄。由此，若以 S 表示储蓄，可得出以下公式：

$$Y=C+S \tag{2-16}$$

由于在这一公式中 Y 等于要素报酬，也就与社会总供给的价值相等，因此要使经济平

稳地运行下去，就要满足总需求等于总供给这一条件，即

$$C+I=C+S \tag{2-17}$$

等式左侧说明社会总需求，包括消费需求与投资需求；等式右侧说明居民户取得的要素报酬被用来消费与储蓄。将等式两侧数值相等的 C 同时减掉，便得出了两部门经济的恒等式，即两部门经济的均衡条件

$$I=S \tag{2-18}$$

这个结论与我们前面所讨论的情形是一致的，即如果能将居民户的储蓄全部转化为厂商的投资，这个经济体系便可以持续平稳地运行下去。

二、三部门经济中的投资-储蓄恒等式

在现代经济活动中，政府的经济作用不仅是十分重要的，而且其经济行为又与居民户和企业有很大的不同。因此在分析国民经济运行时，应把政府作为一个与居民户、企业并列的独立部门，这就构成了所谓的“三部门经济”。

政府的经济职能是通过税收和政府支出实现的。政府从居民户和厂商征得各种税收，同时也为居民户和厂商提供各种公共产品。与两部门经济相比，居民户的收入除了用于消费及储蓄外还要向政府纳税；居民户的收入来源除获得要素报酬之外，还有政府的转移支付。同样，厂商的收入除用于支付要素报酬外，还要向政府纳税；厂商的收入来源扩大为消费者支出、私人投资和政府购买。三部门经济循环如图 2.3 所示。

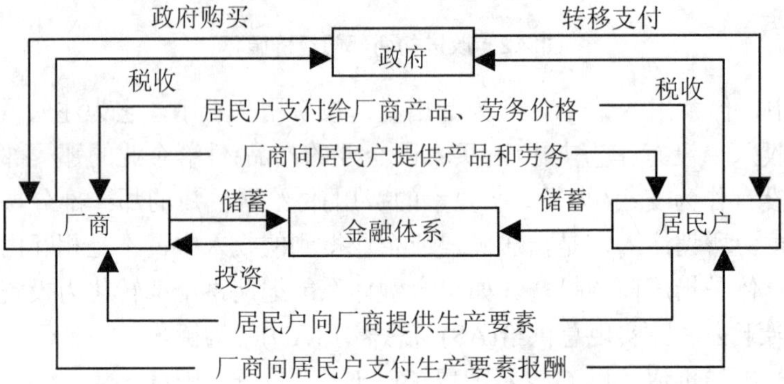

图 2.3　三部门经济循环

如果以 G 表示政府支出，则从需求角度分析的三部门经济的社会总产出价值可表示为

$$Y=C+I+G \tag{2-19}$$

这个等式说明，经济社会在一定时期所创造的总产品，除分别提供给居民户和厂商用于消费和投资外，还有一部分被政府所购买。如果这一经济社会出现消费不足、私人投资不旺的情况，政府通过加大政府购买手段便可以在一定程度上减少厂商的存货增加，为社会再生产的顺利进行创造条件。

由于社会总供给的数值与居民户取得的要素报酬总和相等，若以 T 表示政府税收，则从供给角度可以写出以下等式

$$Y=C+S+T \tag{2-20}$$

该等式表明，社会总供给除了包括居民户提供给厂商的生产要素之外，还包括了由政府提供的公共物品；居民户提供的要素价值与他们取得的报酬相等；政府提供的公共物品的价值，则与政府为此取得的收入——税收相等。

在三部门经济中，储蓄与税收表现为经济循环的漏出量，而投资与政府支出则表现为注入量。要使三部门经济正常运行，仍然需要社会总供给等于社会总需求，三部门经济的恒等式为

$$C+I+G=C+S+T \tag{2-21}$$

两边消去 C，变为

$$I+G\equiv S+T \tag{2-22}$$

可见，三部门经济的正常运行，不再要求储蓄一定等于投资、税收一定等于政府支出，只要储蓄与税收之和等于投资与政府支出之和即可，也就是整个经济循环的漏出量与注入量相等，经济循环就可以持续下去。

三、四部门经济中的投资-储蓄恒等式

尽管三部门经济较之两部门经济更接近现实社会，但它仍然是封闭型经济，与实际经济生活仍有差距。在现代经济社会，国与国之间必然要发生各种经济联系，为了更准确地描述经济运行的实际过程，通常把与本国发生进出口业务的经济活动也视为一个部门，即“国外部门”，这样就构成了所谓的“四部门经济”。

在四部门经济中，国外部门的经济功能体现在两个方面：一是进口，向国内各经济主体提供产品和劳务，构成社会总供给的一部分；二是出口，把国内生产的产品和劳务提供给国外，构成社会总需求的一部分。其中进口吸纳了国内的收入，将促使 GDP 的收缩，对整个经济运行所起的作用与储蓄和税收相同，所以它也是漏出量；而出口为国内经济部门带来了收入，将促进 GDP 的扩张，对经济运行来说等同于投资和政府支出，所以它是注入量。因此，四部门经济循环可用图 2.4 表示。

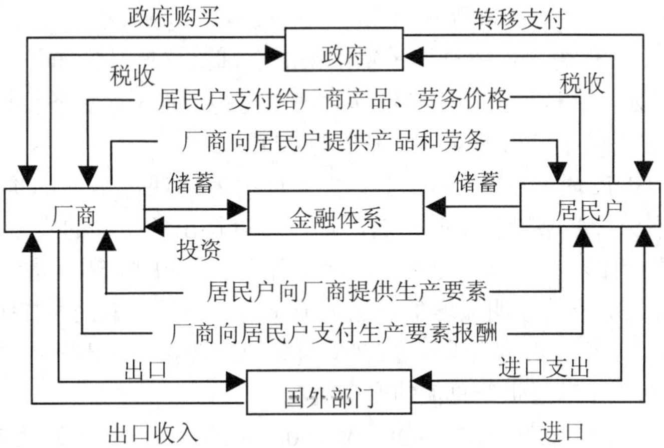

图 2.4　四部门经济循环

若以 X 表示本国的出口，则从总需求角度分析的四部门经济的社会总产出价值可表示为

$$Y=C+I+G+X \tag{2-23}$$

同时从供给的角度来看，社会总供给既包括居民户向厂商提供生产要素生产的产品，又包括由政府提供的公共物品，此外还包括国外的要素所有者对本国提供的产品，即本国的进口。这也可以理解为本国居民户取得的全部收入除用于消费本国产品和劳务、进行储蓄和向政府纳税外，还有一部分被用于购买国外生产的产品和劳务。这样，用 M 表示本国从国外部门的进口，我们便可以从收入的角度写出以下等式：

$$Y=C+S+T+M \tag{2-24}$$

四部门经济正常运行的条件，仍然是总供给等于总需求，四部门经济的恒等式为

$$C+I+G+X=C+S+T+M \tag{2-25}$$

即

$$I+G+X\equiv S+T+M \tag{2-26}$$

在上述经济模型中，四部门经济是最接近现实的。上述分析说明，国民经济正常运行，并不一定要求各对漏出量与注入量分别相等，只要漏出量之和与注入量之和相等，就能实现国民经济的稳定。

第四节　名义 GDP 与实际 GDP

一、名义 GDP 和实际 GDP

GDP 是指一国或地区在一定时期内(通常为一个季度或一年)，在本国或地区领土上生产的各种最终产品和劳务的市场价值的总和，即 GDP 是所有产品和劳务产量与其市场价格的乘积。因此，从核算上看，无论是产品和劳务产量的变动，还是产品和劳务价格的变动，将引起 GDP 的变动。为了弄清楚 GDP 的变动究竟是由产量变动还是由价格变动引起的，需要区分名义 GDP 和实际 GDP。

名义 GDP 是用生产物品和劳务的当年价格核算的全部最终产品的市场价值。实际 GDP 是用从前某一年作为基期的价格核算出来的全部最终产品的市场价值。也就是说，名义 GDP 是以当期价格核算的、没有消除生产期内物价水平、劳务价格的变动对它的影响。而实际 GDP 是消除了价格变动的影响后的 GDP。

在核算实际 GDP 时，首先要确定某一个时期为基期，基期的价格便是“不变价格”。用基期的不变价格乘以各个时期的产量，可以得出各时期的实际 GDP。对不同时期的实际 GDP 进行比较，可以较为真实地反映各个时期物质产品产量的增加情况。例如一段时期中，实际 GDP 持续明显增加，这个国家的经济运行就处在扩张时期；而一旦实际 GDP 的增幅很小，甚至出现下降，则这个国家的经济就正处于衰退时期。表 2.5 反映的是美国 2000—2003 年国内生产总值的变动情况。

从表 2.5 可以看出，美国名义 GDP 从 2000 年的 98 170 亿美元增加到 2003 年的 109 879 亿美元，增幅达 11 709 亿美元，年均增长率为 3.98%；但若以 2000 年的价格核算，其 GDP 增幅只有 5810 亿美元，年均增长率仅为 1.97%。可见，未经价格调整的名义

GDP 将经济增长的成果放大，而消除了价格上涨因素的实际 GDP，则能更好地说明由产品和劳务数量增长所带来的真实的经济增长状况。

表 2.5　美国国内生产总值变动情况　　单位：亿美元

年份	2000	2001	2002	2003	2001—2003 年均增长率/%
名义 GDP	98 170	101 008	104 808	109 879	3.98
实际 GDP(以 2000 年价格核算)	98 170	98 666	100 830	103 980	1.97

(资料来源：美国商务部经济分析局网站 http://www.bea.doc.gov)

二、GDP 紧缩指数

在考察一个国家名义 GDP 和实际 GDP 的基础上，还可以核算出 GDP 紧缩指数(GDP Deflator)。

所谓 GDP 紧缩指数，又称 GDP 平减指数折算指数，是指没有扣除物价变动的 GDP 增长率与剔除物价变动的 GDP 增长率之比，即名义 GDP 与实际 GDP 的比。用公式可表示为

$$\text{GDP 紧缩指数}=(\text{某一时期名义 GDP}\div\text{该时期实际 GDP})\times 100\% \quad (2\text{-}27)$$

GDP 紧缩指数也是 GDP 的“价格”。它与生产者价格指数(PPI)、消费者价格指数(CPI)一样，是衡量一个国家平均物价水平变化的一个常用指标。它的核算基础比 CPI 广泛得多，涉及全部产品和服务，除消费外，还包括生产资料和资本、进出口产品和劳务等。因此，这一指数能够更加准确地反映一般物价水平走向。经济专家们之所以关注 GDP 紧缩指数，主要就是因为与投资相关的价格水平在这一指标中具有更高的权重。例如，我国 2004 年 GDP 紧缩指数上涨 6.9%，高出 CPI 涨幅 3 个百分点，说明投资价格的上涨远远高于消费价格的上涨。

【专栏 2-4】何谓生产者价格指数和消费者价格指数？

生产者价格指数，也称工业品出厂价格指数(Producer Price Index，PPI)，是反映不同时期或不同年份全国或地区工业品出厂价格总水平变动趋势和程度的相对数。在我国工业统计中，通常用总产值指数除以总产量指数的办法，核算生产者价格指数。

生产者价格除包括工业企业售给商业、外贸、物资部门的产品外，还包括售给工业和其他部门的生产资料，以及直接售给居民的生活消费品。据此核算的指数，以分析出厂价格的变动对工业总产值的影响。目前，工业总产值是按现价和不变价格核算的。按不变价格核算的工业总产值的发展速度，即为扣除了出厂价格变动因素的产品物量指数。其核算公式为

$$\text{生产者价格指数}=\frac{\text{工业总总产值指数}}{\text{工业总产量指数}}\times 100\%$$

消费者价格指数(Consumer Price Index，CPI)，是对一个固定的消费品篮子价格的衡量，主要反映消费者支付产品和劳务的价格变化情况，也是一种度量通货膨胀水平的工

具，以百分比变化为表达形式。在美国构成该指标的主要产品共分七大类，其中包括：食品、酒和饮品住宅，衣着，交通，医药健康，娱乐，其他产品及服务。在美国，消费物价指数由劳工统计局每月公布，有两种不同的消费物价指数。一是工人和职员的消费物价指数，简称 CPIW；二是城市消费者的消费物价指数，简称 CPIU。

本 章 小 结

本章主要介绍了国民收入核算的有关概念及其方法。

国民收入核算的核心指标是国内生产总值(GDP)，它是一国或一地区在一定时期内(通常为一年)，在本国领土上生产的各种最终产品和劳务的市场价值的总和。

国民收入核算的方法有三种：收入法、支出法和部门法。最常用的方法是前两种。用收入法核算的国内生产总值=工资+利息+利润+租金+间接税和企业转移支付+折旧；用支出法核算的国内生产总值=消费(C)+投资(I)+政府购买(G)+净出口($X-M$)。

国民收入是衡量社会经济活动的一个广泛的概念，它实际上包括国内生产总值、国内生产净值、国民生产总值、国民收入、个人收入和个人可支配收入，这些概念通过一定的关系相互关联着。

国民经济核算体系中存在着储蓄和投资的恒等式。两部门、三部门、四部门经济中的恒等式分别是：$S\equiv I$；$S+T\equiv G+I$；$S+T+M\equiv I+G+X$。

复习思考题

1. 名词解释

GDP、GNP、NDP、NI、PI、PDI、名义 GDP、实际 GDP、GDP 紧缩指数

2. 选择题

(1) 下列(　　)项目应计入 GDP。

A. 政府转移支付　　B. 购买一辆用过的卡车

C. 购买普通股票　　D. 购买一块地产

(2) 已知某一经济中的消费额为 6 亿元，投资额为 1 亿元，间接税为 1 亿元，政府用于物品和劳务的支出额为 1.5 亿元，出口额为 2 亿元，进口额为 1.8 亿元，则(　　)。

A. NDP=8.7 亿元　　B. GDP=7.7 亿元

C. GDP=8.7 亿元　　D. NDP=5 亿元

(3) 所谓净出口是指(　　)。

A. 出口减进口　　B. 进口减出口

C. 出口加进口　　D. GNP 减出口

(4) 在三部门经济中，如果用支出法来衡量，GDP 等于(　　)。

A. 消费+投资

B. 消费+投资+政府支出

C. 消费+投资+政府支出+净出口

D. 消费+投资+进出口

(5) GDP 与 NDP 之间的差别是(　　)。

A. 直接税　　B. 折旧　　C. 间接税　　D. 净出口

(6) 按最终使用者类型，将最终产品和劳务的市场价值加总起来核算 GDP 的方法是(　　)。

A. 支出法　　B. 收入法　　C. 生产法　　D. 增加价值法

(7) 在统计中，社会保险税增加对(　　)有影响。

A. GDP　　B. NDP　　C. NI　　D. PI

3. 简答题

(1) 指出下列各项中，哪些是中间产品，哪些是最终产品。

① 小王购买一本杂志；

② 某电脑公司购买一批英特尔公司生产的芯片；

③ 某政府机构购买一批红旗轿车；

④ 旅游时付给入住酒店的房租；

⑤ 律师支付租用办公室的房租；

⑥ 家庭支付的水电费；

⑦ 美国公司向中国购买的农产品。

(2) GDP 的统计口径是否忽视了对中间产品生产的核算？

(3) 在证券市场购买股票和债券属于经济学意义上的投资活动吗？

(4) 为什么政府转移支付不能计入 GDP？

(5) 为什么间接税应该计入 GDP？

(6) GDP 指标有哪些缺陷或不足？

(7) 为什么要区分名义国内生产总值和实际国内生产总值？

(8) 国内生产总值与国民生产总值关系如何？

4. 计算题

(1) 若某国 GDP 为 8800 单位，总投资为 1150 单位，净投资为 292 单位，消费为 5800 单位，政府购买的产品和劳务价值为 1500 单位，间接税为 620 单位，政府财政盈余为 44 单位，求该国 NDP、净出口、个人可支配收入、个人储蓄各为多少。

(2) 假设一个简单经济体中只发生了面包的生产，有关面包价格和产量的数据如表 2.6 所示。

表 2.6　计算题数据

年　份	面包价格/元	面包数量/个
2002	1.0	100
2003	1.5	200
2004	2.0	220

试核算：

① 以 2002 年为基年，核算每年的名义 GDP、实际 GDP 和 GDP 平减指数；

② 核算 2003 年、2004 年同上年相比的名义 GDP 与实际 GDP 变动的百分比。

第三章　消费与储蓄理论

本章导读

甘蔗应该从哪头开始吃？有人说，甘蔗应该从根部开始吃，每一口都吃最甜的部分；也有人说，甘蔗应该从末梢开始吃，每吃一口，都有更甜的在后头；还有人说，甘蔗既不是从根部开始吃，也不是从末梢开始吃，而是应该将甘蔗分成几段，从中间开始吃。假如把一生的收入看成是一根甘蔗，那么，你准备怎么吃这根甘蔗？是倾向于“及时行乐，赚多少花多少”，或者倾向于“先苦后甜”，还是“及早安排，谋划好人生”？

居民的收入有两个用途：一是用于消费，另一个是用于储蓄。在一定时间内，消费的多了，储蓄的就少了；反之，储蓄的多了，消费的就少了。本章首先介绍凯恩斯的消费理论、储蓄理论以及消费与储蓄的关系。凯恩斯的消费理论被称为绝对收入假说，它是从静态的角度来考虑收入与消费的关系，但是，后来的经济学家研究发现，消费支出在短期内波动较大，而在长期内则相当稳定，这一现象用凯恩斯的绝对收入假说难以解释，经济学界称之为“消费函数之谜”。为了解决这一问题，许多经济学家做了大量的研究工作，并提出了许多理论，比较有代表性的是杜森贝利的相对收入假说、弗里德曼的持久收入假说和莫迪利安尼的生命周期假说。本章第三节将介绍这三个代表性的假说(消费函数理论)。

学习目标

通过本章的学习，重点掌握平均消费倾向和平均储蓄倾向、边际消费倾向和边际储蓄倾向的含义及其关系，理解影响消费和储蓄的因素，了解消费函数理论的发展，了解相对收入假说、持久收入假说和生命周期假说的含义及其对现实消费的解释力。

关键概念

消费(Consumption)
储蓄(Saving)
消费函数(Consumption Function)
储蓄函数(Saving Function)
边际消费倾向(Marginal Propensity to Consume)
平均消费倾向(Average Propensity to Consume)
边际储蓄倾向(Marginal Propensity to Save)
平均储蓄倾向(Average Propensity to Save)
绝对收入假说(Absolute Income Hypothesis)
相对收入假说(Relative Income Hypothesis)
持久收入假说(Permanent Income Hypothesis)
生命周期假说(Life Cycle Hypothesis)

第一节 消费与消费函数

一、消费的含义

消费(Consumption)是人类社会的一项基本经济活动，是决定一国总需求水平的重要因素。在宏观经济学中，消费是指人们为了满足需要而花费在最终消费品和劳务上的总支出。按照联合国的定义：“经济体中的最终消费，从支出角度来看，可以定义为常住户、为住户服务的非盈利机构和一般政府单位在个人及公共消费品和服务上所支出的价值；从实际最终消费来看，可定义为常住户获得的所有货物和服务的价值加上一般政府提供给社会或社会中某些部分的公共服务的价值。”国家统计局对最终消费的定义是：常住户在一定时期内对于货物和服务的全部最终消费支出。消费分为家庭消费和政府消费两部分。家庭消费是指家庭在一定时期内对消费品和劳务的最终消费支出总额。政府消费是政府部门为社会提供公共服务的消费支出，以及免费或以较低价格向居民住户提供的货物和服务支出。

对于消费的涵义应注意以下两点。

(1) 宏观经济学中的消费指最终消费，不包括生产性消费。

(2) 宏观经济学中的消费理论所研究的是居民家庭的消费总支出，包括耐用消费品(如小汽车、电视、电冰箱、洗衣机等)的消费，也包括非耐用消费品(如食品、服装等)的消费，还包括劳务(如医疗、教育、旅游等)消费，但不包括住房消费和政府消费。政府的消费主要提供公共产品，因此，政府的消费包含在政府支出中。按西方人的习惯，居民租住房屋的支出属于最终消费，但用于购买住房或建造住房的支出则属于投资支出，其理由是，消费者购买或建造住房一般都是使用银行的贷款，而且住房也像企业固定资产一样，一次购买，长期使用，逐渐消耗，因而把这种支出归并到投资支出中。

二、消费支出及其影响因素

居民消费在国内生产总值中占有相当大的份额。比如，2006 年美国个人消费支出在国内生产总值中约占 70%，其中，耐用品消费支出占 8.1%，非耐用消费品支出占 20.5%，劳务费支出占 41.4%，而居民个人消费支出占个人可支配收入的比例高达 97%(见表 3.1)。

统计资料表明，任何两个家庭消费支出的内容不可能完全相同，但居民的消费支出构成呈现出规律性，这就是著名的恩格尔定律所描述的：低收入水平的家庭，食品支出占家庭总支出的比重较高，随着家庭收入水平的提高，食品支出在家庭总支出的比重随之下降，而用于服装、汽车、娱乐、旅游等的开支所占的比重逐渐增加。比如，美国食品支出占家庭支出的比重由 1950 年的 28%下降到 2006 年的 13.8%，而劳务支出占居民消费总支出的比重由 1950 年的 32.9%上升到 2006 年的 59.2%。

表3.1　2006年美国个人消费的主要构成　　单位：10亿美元

项　目	2006年	所占比重/%
GDP	13 253.9	100
个人消费支出	9 270.8	69.9
耐用品	1 071.3	8.1
汽车及配件	445.3	
家具和家用设备	404.9	
其他	221.0	
非耐用品	2 716.0	20.5
食品	1 281.7	
服装和鞋	358.6	
汽油、燃油和其他能源	338.7	
其他	737.1	
劳务	5 483.6	41.4
住房	1 382.2	
家务劳动	505.8	
交通	337.1	
医疗	1 589.1	
娱乐	379.5	
其他	1 289.9	

注：表中数据以现价计算。

(资料来源:美国商务部经济分析局 www.bea.gov)

影响消费的因素很多，主要有以下几个方面的因素。

1. 收入水平

收入水平是影响消费的最主要因素。收入水平对消费的影响可分为当前收入和预期收入两部分。从当前收入来看，随着收入水平的提高，消费水平也在不断地提高。以美国为例，1950—2006年美国居民的消费水平与可支配收入成正相关关系，即随着居民收入水平的提高，消费支出也随之增加，两者具有同步变动的趋势(见图3.1)。

从预期收入来看，一般来说，如果消费者预期收入增加，其后顾之忧少，则消费者会增加当前的消费，从而消费支出会增加；反之，如果消费者对未来的收入预期不乐观，即使当前的收入不错，他们会增加储蓄以备不测，因而当前的消费支出会减少。

2. 物价水平

物价水平的高低及其变动影响消费。在其他条件不变的情况下，物价水平越高，消费者为了保持生活水平不变，货币支出越多；反之，物价水平越低，消费者的货币支出越少。如果物价涨幅大于货币收入涨幅，消费者的实际收入下降，消费支出会减少；如果物价涨幅小于货币收入涨幅，消费者的实际收入上升，消费支出会增加；如果物价增长幅度和货币收入增长幅度相同，消费者的实际收入水平不变，但如果消费者只注意货币收入的增加而忽略物价上涨，即存在“货币幻觉”，则会导致消费支出增加。

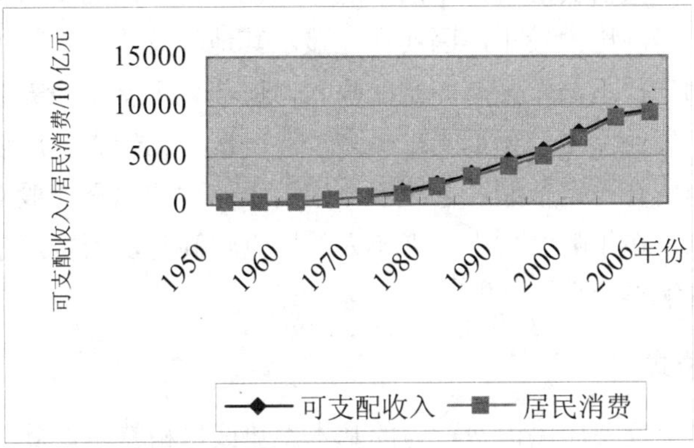

图 3.1　1950—2006 年美国居民消费与可支配收入关系

(资料来源：美国商务部经济分析局(www.bea.gov))

3. 家庭财产

消费者拥有的财产数量也是影响消费的重要因素。一般来说，拥有较多财产的家庭，其消费档次较高，从而消费支出较高。这被称为财富效应。即使收入水平相同或收入水平暂时下降，拥有较多财产的家庭也能把过去积累的财产转为当前的消费。反之，拥有较少财富的家庭，消费水平较低。当出现收入暂时下降时，由于过去积累的财产较少，其消费支出会出现大幅度下降。

4. 利率水平

利率的变动对消费具有重要的影响。在一定时期，消费者的收入既定，对于既定收入，消费者要么用于当前的消费，要么用于未来的消费(即储蓄)，储蓄多了，当前的消费就少了；反之，储蓄少了，当前的消费便多了。当利率提高，消费者当前消费的机会成本增大，即增加储蓄更有利，于是，消费者会减少当前的消费；反之，利率下降，消费者当前消费的机会成本降低，即增加当前消费更有利，于是，消费者会增加当前的消费。

5. 消费信贷

消费信贷有利于增加消费。消费信贷具有刺激消费者提前消费、用“未来的钱圆今天的梦”的作用。因此，消费信贷市场越发达，机制越健全，消费者越可能得到消费信贷的支持，消费者越可能以未来的收入为担保，增加当前的消费支出。

6. 收入分配状况

收入分配影响居民的消费。一般地，一个国家收入分配越平均，消费支出水平越高，因为，收入水平越低，每 1 元收入中用于消费的比重越高，因而总消费支出就越多；反之，收入分配差距越大，高收入家庭每 1 元收入中用于消费的比例越小，因而总消费越少。

7. 消费者年龄构成

不同的年龄阶段，其消费的特点不同。老年人在保健方面的支出比较多；中年人的地位、收入达到高峰，经济压力较小，因而在能显示其地位及旅游、精神消费等方面的支出较多；青年人刚参加工作不久，虽有一定的收入，但养育子女、赡养老人、购买住房、养老保险、医疗保险和失业保险等预期支出较多，经济压力比较大，所以，婚后的青年家庭自然会注重节约，消费有一定节制，家庭收入中用于储蓄的比重一般都较高；而少年、儿童纯粹是消费。所以，在年龄结构中，老年人的比重较高时，消费水平较低；而少年、儿童比重较高时，消费水平较高。

8. 传统的消费模式

消费模式从总体上反映居民消费行为的基本态势或风格特点，其基本内容包括消费观念、消费动机、消费方式与消费习惯等。一个国家或民族的消费模式是由历史、文化、制度、生产力发展水平、地理环境以及资源禀赋等因素长期积淀而成的。它一旦形成，便相对稳定，并对居民的消费观念和消费行为产生影响。比如日本人的消费模式和美国人的消费模式有很大的差别，日本人储蓄率比较高，而美国人的储蓄率很低。

三、消费函数

(一)消费函数与消费曲线

为了反映消费支出对国民收入的影响，这里引入消费函数(Consumption Function)的概念。消费函数是反映消费支出与其影响因素之间的依存关系，用公式表示为

$$c = f(x_1, x_2, x_3, \cdots) \tag{3-1}$$

式中，x_1——收入水平；

x_2——物价水平；

x_3——家庭财产；

…——其他影响消费的因素。

不过，凯恩斯认为，影响消费的最主要因素是收入。因此，仅考虑收入对消费的影响，其他因素视为固定不变，这时，式(3-1)可以改写为

$$c = f(y) \tag{3-2}$$

式中，y——收入水平。

上述公式是消费函数的一般表达式。一般地，y 是当前收入且为可支配收入，而且满足 $\frac{dc}{dy}>0$，表明消费 C 是收入 y 的增函数，两者之间成同方向变动关系。通常情况下，为了分析的方便，把消费函数看成是线性函数，则函数可以写成

$$c = a + by \tag{3-3}$$

式中，a 为自发性消费(Autinomous Consumption)，居民的消费不随收入的变化而变化，其

值为常数。其经济含义是：即使收入为零，但为了维持基本的生存需要，也要有一部分支出，其来源可能是居民以往的储蓄，也可能是向银行或其他人的借款。b 为边际消费倾向(有关边际消费倾向问题，将在下面专门介绍)，其数值大小反映居民消费受收入影响程度，数值越大，居民消费受收入的影响越大，其值为 $0<b<1$ 的常数，by 为引致消费(Induced Consumption)，指的是居民的消费随着收入变化而变化的部分。线性消费函数可用线性消费曲线来表示，如图 3.2 所示。

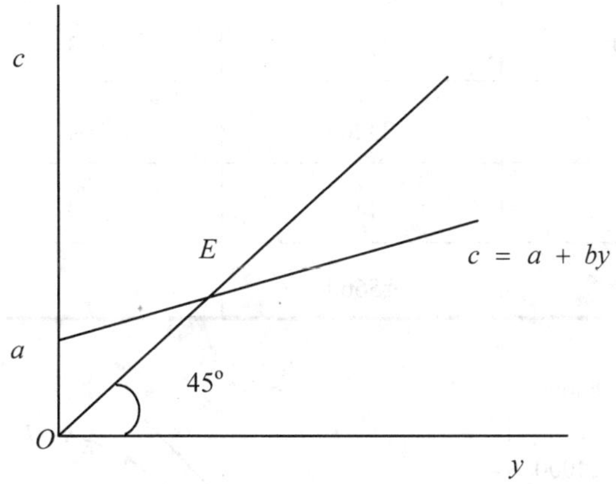

图 3.2 线性消费曲线

在图 3.2 中，横轴表示收入，纵轴表示消费，从原点出发的 45°线表示收入全部用于消费，即收支相等。消费曲线表示消费随着收入的增加而增加。消费曲线在纵轴上的截距 a 表示收入为零时的自发性消费。消费曲线与 45°收支相等线的交点 E 表示全部收入用于消费，收支相等。在 E 点左侧，消费曲线高于收支相等线，表明消费大于收入，入不敷出；在 E 点右侧，消费曲线位于收支相等线下方，表明消费小于收入。但线性消费曲线的斜率是固定值。

实际上，现实生活中，消费函数为非线性的。这里以某个家庭的消费和收入为例。表 3.2 是某个家庭的消费表。表中的数据表明：当可支配收入为 18 000 美元时，消费为 18 200 美元，消费者入不敷出；当可支配收入为 20 000 美元时，收支相抵；随着收入的增加，消费也不断地增加。不过，从表中的数据可以看出，可支配收入增加的幅度都是 2000 美元，但消费支出增加的幅度 1800 美元、1750 美元、1450 美元、1280 美元和 1180 美元，呈现递减的趋势。

把表 3.2 中可支配收入与消费支出数据画成图，便可得到非线性的消费曲线(如图 3.3 所示)。从图 3.3 可以看出，在 A 点，消费大于收入；在 B 点，消费等于收入；C、D、E、F 点连成的消费曲线越来越平缓，消费曲线与 45°线的距离越来越大，表明随着收入的增加，消费支出也增加，但消费增加的幅度越来越小。

表 3.2　某家庭消费表　　　单位：美元

年 份	可支配收入	消费支出	边际消费倾向	平均消费倾向
A	18000	18200	0.90	1.01
B	20000	20000	0.88	1.00
C	22000	21750	0.73	0.99
D	24000	23200	0.64	0.97
E	26000	24480	0.59	0.94
F	28000	25660		0.92

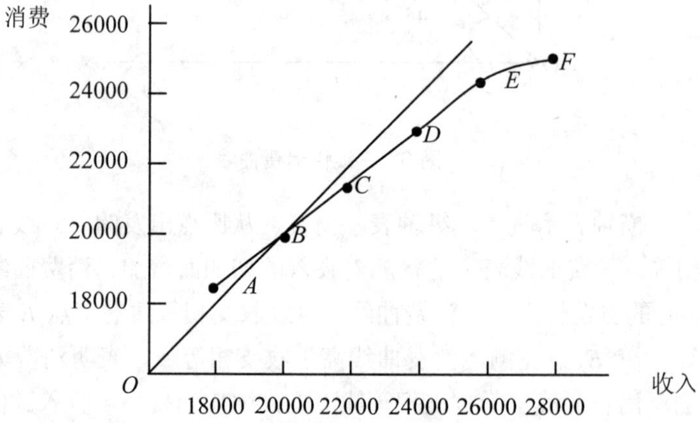

图 3.3　非线性消费曲线

(二)边际消费倾向和平均消费倾向

为了进一步分析消费与收入之间的关系，宏观经济学引入边际消费倾向和平均消费倾向概念。所谓边际消费倾向(Marginal Propensity to Consume， MPC)是指收入增量中用于增加消费支出的比例，或者增加 1 个单位可支配收入中用于消费的比例。如果用 Δc 表示消费的增量，用 Δy 表示收入增量，边际消费倾向的公式是

$$MPC = \frac{\Delta c}{\Delta y} \quad 或 \quad b = \frac{\Delta c}{\Delta y} \tag{3-4}$$

当收入的变化量趋近于零时，边际消费倾向还可以表示为

$$MPC = \lim_{\Delta Y \to 0} \frac{\Delta c}{\Delta y} = \frac{dc}{dy} \quad 或 \quad b = \lim_{\Delta Y \to 0} \frac{\Delta c}{\Delta y} = \frac{dc}{dy} \tag{3-5}$$

由于收入不是用于消费就是用于储蓄，因此，假设储蓄增量用 Δs 表示，$\Delta s > 0$，那

么，收入增量 $\Delta y = \Delta c + \Delta s$ ，则 $MPC = \frac{\Delta c}{\Delta y} = \frac{\Delta y - \Delta s}{\Delta y} < \frac{\Delta y}{\Delta y} = 1$ 。由于 $\Delta c > 0$，于是有 $0 < MPC < 1$。实际上，边际消费倾向就是消费曲线上点的斜率。如果知道消费函数，就可通过对消费函数求导求得。

凯恩斯在《就业、利息和货币通论》中指出，存在这样一条心理规律：随着收入水平的提高，消费也会增加，但消费的增加不及收入的增加。这就是边际消费倾向递减规律。从表 3.2 可以看出：随着收入水平的提高，边际消费倾向呈现递减的趋势。

平均消费倾向(Average Propensity to Consume，APC)是指收入中用于消费的比例，或单位收入中用于消费的比例，平均消费倾向的公式为

$$APC = \frac{c}{y} \tag{3-6}$$

由于收入可以全部或部分用于消费，甚至收入不足于消费时，借钱也要维持正常的消费，因此，c 可以大于、等于或小于 y，从而 APC 可以大于、等于或小于 1。

将 $c = a + by$ 代入式(3-6)，则 $APC = \frac{c}{y} = \frac{a+by}{y} = \frac{a}{y} + b$ 。由于 $b>0$，$a>0$，所以，$APC>b$。而且随着收入水平的增加，$\frac{a}{y}$ 越来越小，APC 逐渐趋近于 b。

平均消费倾向就是消费曲线与原点连线的斜率，因此，随着收入水平的提高，平均消费倾向也呈现出递减的趋势。从图 3.4 中可以看出，消费曲线上 A、B 两点的平均消费倾向分别是 A 点和 B 点到原点连线 OA 和 OB 的斜率，显然，B 点的斜率比 A 点的斜率小，而 B 点的收入水平 y_2 比 A 点的收入水平 y_1 高，这说明：随着收入水平的提高，平均消费倾向下降。

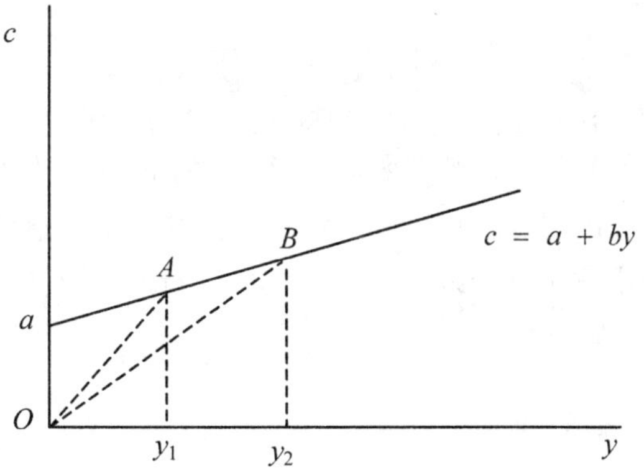

图 3.4 平均消费倾向递减

从 $APC = \frac{c}{y} = \frac{a+by}{y} = \frac{a}{y} + b$ 可以看出，由于 $a>0$，$y>0$，当 b 递减时，APC 递减；即使 b 不变，但随着收入水平的提高，$\frac{a}{y}$ 越来越小，APC 也是递减的。表 3.2 的数据也证实了这一递减规律的存在。

(三)社会消费函数

以上讨论的是家庭消费函数，但宏观经济学关心的是总消费与总支出的关系，即整个社会的消费函数。西方经济学家认为，社会消费函数是家庭消费函数的总和，但不是家庭消费函数的简单加总，还需要考虑一系列因素，如国民收入的分配状况、政府税收政策、公司未分配利润在利润中所占比例等。不过，在考虑各种影响因素之后，社会消费函数的基本形状仍与家庭消费曲线的形状相似。

(四)短期消费函数与长期消费函数

凯恩斯的消费函数理论提出以后，许多经济学家收集资料进行验证。但研究的结果表明：存在短期消费函数和长期消费函数，即短期内的数据支持凯恩斯的消费函数，但是长期内的数据则不符合凯恩斯的消费函数。

1. 短期消费函数

经济学家根据 1929—1976 年美国个人可支配收入与消费支出的时间序列数据，分四个阶段(剔除 1941—1946 年第二次世界大战期间的数据)进行回归，得出四个短期的消费函数(单位：10 亿美元)。

1929—1940 年：c=33.9+0.80y

1947—1956 年：c=41.2+0.82y

1957—1966 年：c=15.3+0.89y

1967—1976 年：c=8.0+0.96y

根据上述四个时期的数据所做的消费函数可以看出，短期内(10 年)符合凯恩斯的线性消费函数 $c=a+by$ 。

2. 长期消费函数

经济学家库兹涅茨在 1946 年发表的《1869 年以来的国民产品》一书中指出，从 1869—1938 年长达 70 年的时间内，消费函数的形式为：$c=by$，b 为常数，也就是说，从长期来看，平均消费倾向 APC 从而也是边际消费倾向 MPC 是很稳定的。

短期消费函数和长期消费函数的关系可从图 3.5 中看出。短期消费曲线与纵轴的截距为 a，而长期消费曲线从原点出发。

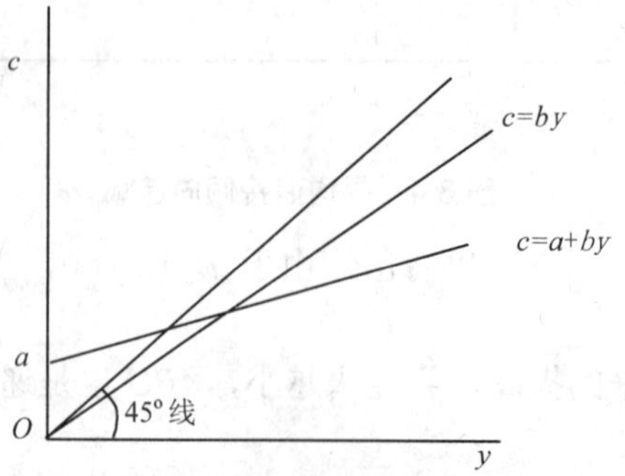

图 3.5　短期消费函数与长期消费函数

【专栏 3-1】我国居民平均消费倾向和边际消费倾向

表 3.3 是我国城镇居民和农村居民 1990—2005 年人均可支配收入、人均消费支出以及平均消费倾向和边际消费倾向的数据，从表中数据可以看出：城镇居民的平均消费倾向略高于农村居民，但边际消费倾向农村居民略高于城镇居民；从 20 世纪 90 年代中后期开始，城镇居民平均消费倾向从 0.8 以上降到 0.8 以下，这与我国当时内需不足的经济形势相吻合。

表 3.3　1990—2005 年我国居民平均消费倾向和边际消费倾向表

年　份	人均可支配收入/(元/人)		人均生活消费支出/(元/人)		平均消费倾向		边际消费倾向	
	城镇	农村	城镇	农村	城镇	农村	城镇	农村
1978	343.4	133.6	311.6	116.1	0.907	0.869	-	-
1990	1510.2	686.3	1278.9	584.6	0.847	0.852	0.498	0.580
1995	4283.0	1557.7	3537.6	1310.4	0.826	0.831	0.872	0.823
1996	4838.9	1926.1	3919.5	1572.1	0.810	0.816	0.687	0.751
1997	5160.3	2090.1	4185.6	1617.2	0.811	0.774	0.828	0.275
1998	5425.1	2162.0	4331.6	1590.3	0.798	0.736	0.551	−0.374
1999	5854.0	2210.3	4615.9	1557.4	0.789	0.714	0.663	−0.266
2000	6280.0	2253.4	4998.0	1670.1	0.796	0.741	0.897	2.152
2001	6859.6	2366.4	5309.0	1741.0	0.774	0.736	0.536	0.630
2002	7702.8	2475.6	6029.9	1834.3	0.783	0.741	0.855	0.851
2003	8472.2	2622.2	6510.9	1943.3	0.769	0.741	0.625	0.743
2004	9422.0	2936.0	7182.1	2185.0	0.762	0.744	0.707	0.770
2005	10493.0	3255.0	7906.6	2547.0	0.754	0.790	0.676	1.253

说明：边际消费倾向一般大于 0 小于 1，表中出现大于 1 的原因是当年的消费中包含了非当年的收入。

(资料来源：中国统计年鉴. 2006)

第二节　储蓄与储蓄函数

一、储蓄的含义

储蓄(Saving)是指一个国家或地区一定时期内居民收入中未用于消费的部分，或个人可支配收入中扣除最终消费后的余额。宏观经济学注重的是储蓄总体，即总储蓄。储蓄、消费与收入之间的关系为

$$s = y - c \tag{3-7}$$

应该注意的是，宏观经济学所讲的储蓄概念与货币银行学和日常生活中所讲的储蓄概

念有很大的区别。宏观经济学所讲的储蓄是广义的储蓄，是指可支配收入中未用于消费的那一部分。无论是用于银行存款，还是手持现金、购买股票、债券，还是购买机器设备，只要未用于消费，都属于储蓄范畴。更广义的储蓄还包括公司未分配利润。货币银行学所讲的储蓄一般仅指银行或金融机构从社会上吸收的各类储蓄存款，那是一种狭义的储蓄。日常生活中所讲的储蓄就是指银行存款，是狭义的范畴。

由于在一定时期，居民的收入既定，收入减去消费便是储蓄，因此，不利于消费的，则有利于储蓄；反之，有利于消费的，则不利于储蓄。从这个意义上说，影响储蓄的因素与影响消费的因素一致。

二、储蓄函数

(一)储蓄函数与储蓄曲线

储蓄函数(Saving Function)反映储蓄与影响储蓄各因素之间的依存关系。如果用 s 表示储蓄，用 x_1，x_2，x_3，…代表影响储蓄的因素，则储蓄函数可以写成

$$s = f(x_1, x_2, x_3, \cdots) \tag{3-8}$$

不过，宏观经济学认为，居民的收入是影响居民储蓄的最主要因素。如果用 y 表示收入，则储蓄函数可以写成

$$s = f(y) \tag{3-9}$$

为了进一步说明储蓄与收入的关系，这里列出某家庭的储蓄表(见表 3.4)。表 3.4 的数据显示，储蓄与消费成互补关系，当可支配收入为 18 000 美元时，消费是 18 200 美元，此时是借债消费，储蓄为负值，当收入为 20 000 美元时，消费为 20 000 美元，储蓄为零。此后，随着收入水平增长至 22 000 美元、24 000 美元、26 000 美元和 28 000 美元时，储蓄额分别为 250 美元、800 美元、1520 美元和 2340 美元。可见，随着收入水平的提高，储蓄额逐渐提高。

表 3.4　某家庭储蓄表　　单位：美元

年 份	可支配收入	消费支出	储　蓄	边际储蓄倾向	平均储蓄倾向
A	18 000	18 200	−200		−0.11
B	20 000	20 000	0	0.1	0
C	22 000	21 750	250	0.13	0.01
D	24 000	23 200	800	0.28	0.03
E	26 000	24 480	1520	0.36	0.06
F	28 000	25 660	2340	0.41	0.08

如果将表 3.4 中收入与储蓄的这种组合数据描绘在坐标图上，便可得到储蓄曲线。如图 3.6 所示，B 点是储蓄曲线和横轴的交点，表示收支平衡。B 点的左侧为负储蓄，B 点的右侧为正储蓄。随着收入的增加，储蓄额逐渐增加，储蓄曲线越来越远离横轴。

(二)边际储蓄倾向和平均储蓄倾向

边际储蓄倾向(Marginal Propensity to Save，MPS)是指储蓄增量与收入增量的比例，或者每增加 1 个单位可支配收入中用于储蓄的比例。用公式表示为

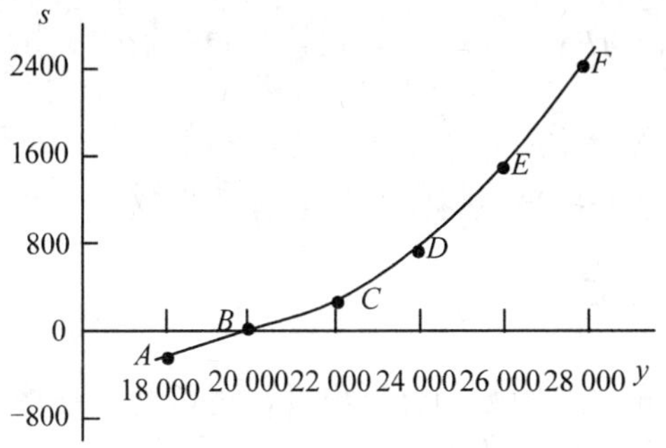

图 3.6　非线性储蓄曲线

$$MPS = \frac{\Delta s}{\Delta y} \tag{3-10}$$

当 Δy 趋近于零时，MPS 还可以表示为

$$MPS = \lim_{\Delta Y \to 0} \frac{\Delta s}{\Delta y} = \frac{\mathrm{d}s}{\mathrm{d}y} \tag{3-11}$$

可见，边际储蓄倾向是储蓄函数的一阶导数，或者说，边际储蓄倾向是储蓄曲线上点的斜率。从表 3.3 和图 3.5 的数据可以看出，随着收入水平的提高，边际储蓄倾向呈递增的趋势。

表 3.4 和图 3.6 表示的是储蓄与收入之间的关系是非线性的。当消费函数为线性时，根据储蓄的定义，储蓄函数也为线性函数。由于 $s=y-c$，且 $c = a + by$，因此有

$$s = y - c = y - a - by = -a + (1-b)y \tag{3-12}$$

上式线性的储蓄函数可以用图 3.7 来表示。在图 3.7 中，线性储蓄曲线的斜率即边际储蓄倾向 $MPS=1-b$，为常数。由于 $0<b<1$，因此，$0<MPS<1$。$(1-b)y$ 表示引致储蓄，即居民的储蓄随收入变化而变化的部分。储蓄曲线的纵轴截距为 $-a$，表示当自发性消费 a 为正值时，自发性消费只能来自于过去的储蓄或借款。

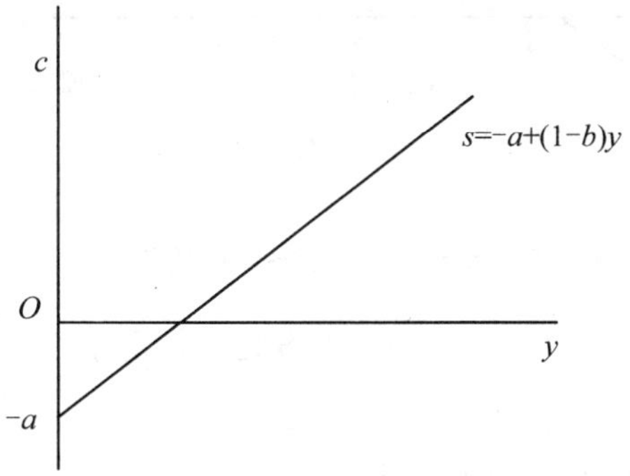

图 3.7　线性储蓄曲线

平均储蓄倾向(Average Propensity to Save，APS)是指储蓄额与收入的比值，或单位收入中用于储蓄的比例。用公式表示为

$$APS = \frac{s}{y} \tag{3-13}$$

由于$s=y-c$，所以，$APS=\frac{s}{y}=\frac{y-c}{y}=1-\frac{c}{y}=1-APC$，$APC$可以大于1、等于1和小于1，因此，$APS$可以为小于零、等于零和大于零的正数。从表3.4也可以看出，平均储蓄倾向具有递增的趋势，其取值可以是负数、零和正数。

三、消费与储蓄的关系

从前面关于消费函数和储蓄函数的分析出发，可以得出消费与储蓄之间的三个重要关系。这里以线性消费函数和储蓄函数来说明。

1. 储蓄与消费成互补关系，两者之和等于总收入

由于

$$c=a+by\text{，}s=-a+(1-b)y$$

则有

$$c+s=a+by-a+(1-b)y=y$$

消费函数和储蓄函数的这种关系，可以用图3.8来表示。从图3.8可以看出：在A点左侧，消费曲线位于45°线之上，表明消费大于收入，储蓄为负值；在A点右侧，收入大于消费，则储蓄为正；A点消费正好等于收入，储蓄为零。因此，储蓄等于45°线到消费曲线的垂直距离。

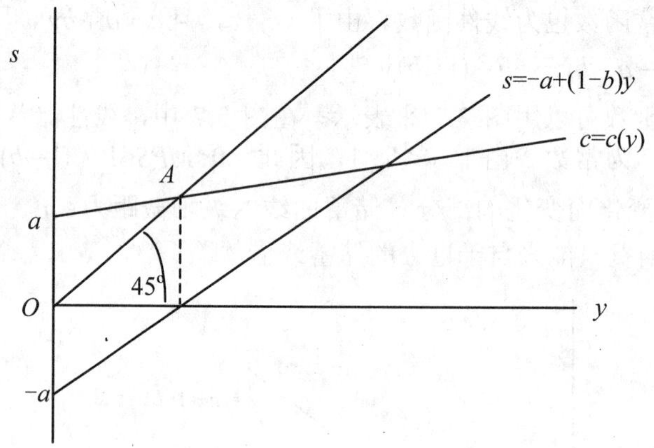

图3.8　消费曲线与储蓄曲线的关系

2. *APC*和*APS*之和恒等于1，*MPC*和*MPS*之和恒等于1

证明如下：

由于$c+s=y$，两边同除以y，可以得到

$$\frac{c}{y}+\frac{s}{y}=\frac{y}{y}=1$$

即：

$$APC+APS=1 \tag{3-14}$$

由于$\Delta c+\Delta s=\Delta y$，两边同除以$\Delta y$，可以得到

$$\frac{\Delta c}{\Delta y}+\frac{\Delta s}{\Delta y}=\frac{\Delta y}{\Delta y}=1$$

即

$$MPC+MPS=1 \tag{3-15}$$

3. 如果 APC 和 MPC 都随收入水平的增加而递减，但 APC>MPC，则 APS 和 MPS 都随收入水平的提高而递增，但 APS<MPS

在图形表现为：消费曲线上任何一点与原点连线的斜率大于消费曲线的斜率；在储蓄曲线上的零储蓄点(图 3.8 中的 *A* 点)右侧，储蓄曲线上任何一点与原点连线的斜率小于储蓄曲线的斜率。

【专栏 3-2】我国居民平均储蓄倾向和边际储蓄倾向

表 3.5 是我国居民 1978—2005 年平均储蓄倾向和边际储蓄倾向的数据。从表中可以看出：平均储蓄倾向随着居民收入水平的提高而增加；20 世纪 90 年代中后期开始，平均储蓄倾向超过 0.2；农村居民的平均储蓄倾向略大于城镇居民的平均储蓄倾向。边际储蓄倾向可以小于、大于或等于 1。整体来讲，城镇居民的边际储蓄倾向略大于农村居民的边际储蓄倾向。

表 3.5　1978—2005 年我国居民平均储蓄倾向和边际储蓄倾向表

年份	人均可支配收入/(元/人)		人均储蓄/(元/人)		平均储蓄倾向		边际储蓄倾向	
	城镇	农村	城镇	农村	城镇	农村	城镇	农村
1978	343.4	133.6	31.8	17.5	0.093	0.131	—	—
1990	1510.2	686.3	231.3	101.7	0.153	0.148	0.048	0.167
1995	4283.0	1557.7	363.5	247.3	0.085	0.159	1	0.290
1996	4838.9	1926.1	919.4	354.0	0.190	0.184	0.172	0.725
1997	5160.3	2090.1	974.7	472.9	0.189	0.226	0.449	1.374
1998	5425.1	2162.0	1093.5	571.7	0.202	0.264	0.337	1.681
1999	5854.0	2210.3	1238.1	652.9	0.212	0.295	0.103	-1.615
2000	6280.0	2253.4	1282	583.3	0.204	0.259	0.463	0.373
2001	6859.6	2366.4	1550.6	625.4	0.226	0.264	0.145	0.146
2002	7702.8	2475.6	1672.9	641.3	0.217	0.259	0.375	0.256
2003	8472.2	2622.2	1961.3	678.9	0.232	0.259	0.293	0.230
2004	9422.0	2936.0	2239.9	751.0	0.238	0.256	0.324	-0.135
2005	10 493.0	3255.0	2586.4	708.0	0.247	0.218	0.048	0.167

说明：边际储蓄倾向一般小于 1，表中的边际储蓄倾向大于 1，是由于居民减少当年的消费所致。

(资料来源：中国统计年鉴)

第三节　消费理论的发展

凯恩斯的消费理论被称为绝对收入假说(Absolute Income Hypothesis)。这一假说受到西方经济学家的高度重视，很多人对此进行了实证检验，但结果表明：绝对收入假说理论在说明消费和储蓄、收入方面，存在某种矛盾和不一致。因此，许多经济学家进行了进一步研究和探讨，涌现出相对收入假说、持久收入假说和生命周期假说等消费函数理论，对凯恩斯的消费理论进行了补充或修正。

一、相对收入假说

相对收入假说(Relative Income Hypothesis)是由美国经济学家詹姆斯·杜森贝利(James S. Duesenberry)提出的。杜森贝利于1949年出版的《收入、储蓄与消费者行为理论》一书中指出，凯恩斯理论隐含着两个基本假设：一是假设消费者是以自身利益最大化为基础进行决策，不受其他个人或家庭的影响，也就是说，消费者在消费时不考虑其他个人或家庭的横向关系。二是假设收入变化后，消费支出可以迅速改变，但这两个基本假设都存在错误。他从个人偏好的相互依赖性出发，提出了相对收入假说，认为消费者的消费支出不是取决于消费者当前的绝对收入，而是取决于相对收入水平，即取决于消费者过去的收入水平和其他人的收入水平，因此，人们的当前消费是相对地决定的。

杜森贝利认为，短期的消费曲线则是有正截距的曲线，但在长期内，消费和收入保持一个相对固定的比率，即长期消费曲线是从原点出发的直线。由于示范效应和棘轮效应的存在，使得消费者的消费支出水平在长期内保持相对稳定状态。

1. 棘轮效应

棘轮效应(Ratchet Wheel Effect)是指从时间序列的角度来看，消费水平随收入的增加而提高，但不易随收入的减少而降低的消费行为或者是指消费行为的不可逆性。

杜森贝利指出，消费者在做出消费决策时，有五个方面的考虑。

(1) 纯粹出于生理需要，即为了生存或者满足起码的享受。

(2) 便于参与适应本人所属文化习俗系统的活动。

(3) 为了便于获取其他物品。

(4) 为了取得或维持社会地位。

(5) 为了享乐需要。

因此，按照人们的消费习惯，增加消费容易，减少消费难。也就是说，过去的消费习惯和消费水平会影响现在的消费，收入水平提高，消费支出增加，从而使消费水平不断提高。但一向过惯高消费水平生活的人，如果收入水平降低，消费者不会马上改变消费习惯而降低消费水平，而是继续维持高消费水平。这样，在短期中，家庭的消费水平随着当前收入水平的提高而增加，但收入下降，家庭仍然企图维持较高收入时的消费水平，使得消费水平的降低相当有限，从而形成了不同于长期消费函数的短期消费函数。这可以用图3.9来说明。

在图 3.9 中，假设经济在长期内是稳定增长的，消费支出将按照一个固定的比例b稳定增长，则长期消费函数为 $C_L = bY$。但由于经济出现周期性波动，因此出现了不同形态的短期消费函数。假如某一经济周期的最高收入为 Y_1，对应的消费为 C_1，当经济衰退，使收入减少到 Y_{t1} 时，根据长期消费函数，消费应沿着 C_L 降低到 C_1'，但由于“棘轮效应”，消费者努力维持已经达到的消费水平，使消费尽可能地减少移动，结果消费沿着短期的消费曲线 C_{s1} 减少到 C_{t1}。当经济开始复苏，消费会沿着 C_{s1} 直到恢复原来的消费水平 C_1 为止。当经济稳定增长时，消费又沿着 $C_L = bY$ 移动，消费又成为长期消费。当经济进入下一个经济周期并且在达到最高收入 Y_2 以后进入衰退期，消费又沿着短期消费曲线 C_{s2} 移动。这样继续变动的结果，实际上就可以看到短期消费函数与长期消费函数的区别：短期消费函数为 $C = a + bY$，短期消费曲线与纵轴有正的截距，而长期消费函数为 $C_L = bY$，长期消费曲线是从原点出发的直线。

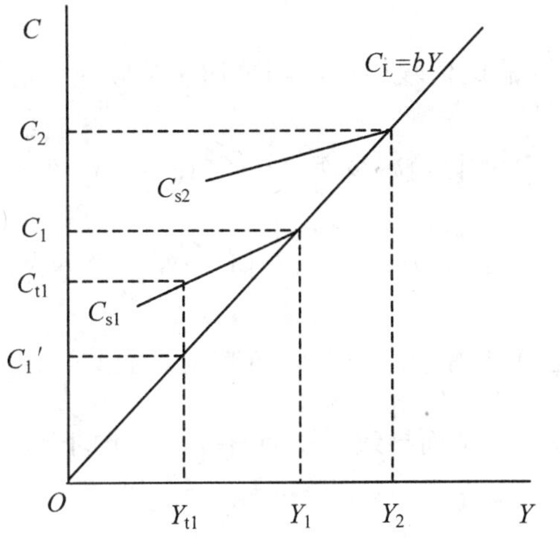

图 3.9 消费曲线与储蓄曲线

2. 示范效应

示范效应(Demonstration Effect)，又称“攀比效应”，是从横截面的角度来看，消费者的消费受周围的人消费水平的影响。杜森贝利认为，一个家庭的消费水平部分地取决于他的收入与其邻居或相同社会阶层家庭的消费水平和消费结构。消费者不会偏离同一社会阶层的平均消费支出水平太远，因为，消费者在作出与其收入水平不相适应的消费决策时，会受到自身和周围家庭的无形压力，这种限制使得消费者失去了脱离所处阶层的“既定轨道”的动力。也就是说，当一个家庭的收入与其邻居同比例增加，每个家庭的消费支出会与其收入同比例增加，以保持与邻居的相对地位。当一个家庭的收入增长速度超过邻居的收入增长速度时，消费支出增长速度会低于邻居消费的增长速度，这个家庭的消费在收入中的比例将降低；反之，当一个家庭的收入增长低于邻居的收入增长速度时，其消费支出的增长速度会高于邻居消费的增长速度，这个家庭的消费在收入中的比例将提高。

杜森贝利还从储蓄的角度提出了特殊的消费函数，认为平均储蓄倾向是当前收入(Y_t)对过去最高收入(Y_0)之比率 $\left(\dfrac{Y_t}{Y_0}\right)$ 的函数。如果是线性的消费函数，可以写成

$$APS = \frac{S_t}{Y_t} = c\frac{Y_t}{Y_0} + d \tag{3-16}$$

式中，S——储蓄；

Y——收入；

Y_t——当前收入；

Y_0——过去最高收入；

$\frac{S_t}{Y_t}$——平均储蓄倾向 APS；

c、d——常数。

公式(3-16)的经济含义是：平均储蓄倾向$\frac{S_t}{Y_t}$是当前收入对过去最高收入之比$\left(\frac{Y_t}{Y_0}\right)$的函数。当经济稳定增长时，$\frac{Y_t}{Y_0}$的比值较稳定，则平均储蓄倾向相对稳定不变；当经济出现衰退时，当前的收入减少，$\frac{Y_t}{Y_0}$的比值减少而且小于 1($Y_t<Y_0$)，但平均消费倾向增大；当经济开始复苏时，在收入未达到 Y_0 之前，$\frac{Y_t}{Y_0}<1$，但 APS 已经增大，在收入大于 Y_0 以后，$\frac{Y_t}{Y_0}>1$，APS 逐渐增加，这意味着平均消费倾向减少。由此，消费受收入相对变动的影响，与收入不成固定比例变动，从而导致了短期消费函数不同于长期的消费函数。

二、持久收入假说

持久收入假说(Permanent Income Hypothesis)是由现代货币主义学派代表人物美国经济学家米尔顿·弗里德曼(Milton Friedman)提出的。弗里德曼在 1957 年出版的《消费函数理论》一书中指出，家庭消费主要取决于持久收入，而不是当前收入。

为了说明这个问题，弗里德曼提出了三个基本命题。

(1) 家庭现期的收入由持久收入 Y_p 和暂时收入 Y_t(Transitory Income)组成，与此相对应，家庭消费也由持久消费 C_p 和暂时消费 C_t 组成。这里，持久收入，指消费者可以预计他一生可得到的收入的期望值，比如，一个受过高等教育的人的收入比一个只受过高中教育的人的收入高，则其较高的收入来自于持久收入；暂时收入是意料之外的收入，比如，农民由气候原因丰收或歉收而增加或减少的收入；持久消费，指由持久收入决定的消费支出；暂时消费是暂时收入引起的，比如受商品降价等原因而购买或因缺货而推迟购买。因此有

$$Y=Y_p+Y_t$$

$$C=C_p+C_t$$

弗里德曼把家庭的收入来源分为人力资本和非人力资本，那么，持久收入是人力资本和非人力资本预期收入的现值。他认为，任何一年的持久收入包含有未来的收入，无法直接计算出来，但可以用当前和过去 17 年的现实收入的加权平均求得。其计算方法是：当

年的收入按权数 33%计算，上一年的收入按权数 22%计算，依次类推。越远离计算年份，权数越来越小。其计算公式为

$$Y_{pt}= Y_{t-1}+\theta(Y_t-Y_{t-1})$$
$$=\theta Y_t+(1-\theta)Y_{t-1} \quad (0<\theta<0) \tag{3-17}$$

式中，Y_{pt}——持久收入；

Y_t——当前收入；

Y_{t-1}——过去收入；

θ——权数，$0<\theta<1$。

公式(3-17)说明，持久收入等于当前收入和前期收入的加权平均数。

从收入的持续性来看，暂时收入是不能持续的，而持久收入是能够持续到未来的收入，因此，持久收入是平均收入，而暂时收入则是对平均数的偏离。

(2) 持久消费取决于持久收入，两者之间存在着固定的比例关系。用公式表示为

$$C_p = bY_p \tag{3-18}$$

式中，C_p——持久消费；

Y_p——持久收入；

b——平均消费倾向，也是边际消费倾向，$0<b<1$。

弗里德曼认为，b 在所有不同收入的家庭都是一样的。因为，每个家庭的储蓄是为了将来的消费，或者说储蓄使其消费在长期内出现“拉平效应”(均匀变化)，从而避免大起大落。这就意味着高收入家庭和低收入家庭在其持久收入中以相同的比例储蓄。弗里德曼根据美国 1905—1951 年的资料(去除第二次世界大战期间的资料)，得出持久消费与持久收入之间关系的长期消费函数：$C_p = 0.88Y_p$。

(3) 暂时消费与暂时收入无关；暂时消费与持久收入无关；暂时收入也与持久消费无关。这意味着，暂时收入的边际消费倾向为零，暂时收入会全部表现为储蓄的增加。

弗里德曼认为，全社会实际收入的平均数 $\overline{Y}$ 应与持久收入的平均数 $\overline{Y_p}$ 相等，但实际上，现实收入与持久收入、现实支出和持久支出不一致。对此，他基于上述三个命题，做出了解释，并从持久消费函数推导出现实消费和现实收入之间关系的周期性消费函数。

图 3.10 中，自原点出发的消费曲线 $C_p=b Y_p$ 表示持久收入与持久消费的线性关系。曲线 $c=\delta+\gamma y$ 表示由现实收入决定的消费曲线。在 F 点处现实收入与持久收入相等，均等于 Y_0，此时，暂时收入为零。假如 Y_2' 代表经济繁荣时期顶峰时的收入，根据持久收入假说，持久收入 $Y_{p2}<Y_2'$，即暂时收入大于零，但因暂时收入与消费无关，正的暂时收入不会增加消费支出，这时，现实消费与持久收入决定的持久消费 C_p 相等($C=C_{p2}$)。因此，G 点就代表短期消费函数在经济周期顶峰时期的收入及其消费。这时，$\dfrac{C_{p2}}{Y_{p2}}>\dfrac{C}{Y}$，即现实的平均消费倾向 APC 小于持久的平均消费倾向 APC，现实的平均储蓄倾向大于持久的储蓄倾向。相反，Y_1' 代表经济萧条时期“谷底”的收入，$Y_1'<Y_{p1}$，即暂时收入小于零，但因暂时收入与消费无关，负的暂时收入不会减少消费支出，这时，现实消费与持久收入决定的持久消费 C_{p1} 相等($C=C_{p1}$)，因此，E 点代表短期消费函数在经济周期“谷底”时期的收

入及与其对应的消费。这时，$\frac{C_{p1}}{Y_{p1}}<\frac{C}{Y}$，即现实的平均消费倾向大于持久的平均消费倾向，现实的平均储蓄倾向小于持久的储蓄倾向。由此可以得出结论：正是现实的消费决定于持久收入，因此，在经济繁荣与经济周期交替出现的短期内，边际消费倾向小于长期的持久消费曲线的斜率，即短期的消费曲线比持久消费曲线要平缓一些。

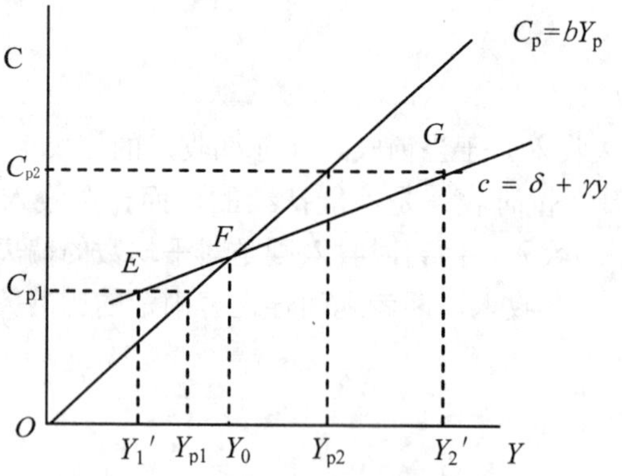

图 3.10　持久消费函数与周期消费函数

于是，弗里德曼得出了平均消费倾向：

$$APC=\frac{C_p}{Y}=\frac{bY_p}{Y} \tag{3-19}$$

其经济含义是：平均消费倾向取决于持久收入和当前收入的比率。在当前收入高于持久收入时，平均消费倾向递减；在当前收入低于持久收入时，平均消费倾向上升。

三、生命周期假说

生命周期假说(Life Cycle Hypothesis)是美国经济学家弗朗科·莫迪利安尼(Franco Modigliani)、艾伯特·安多(Albert Ando)及里查德·布龙伯格(Richard Brumberg)为了揭开凯恩斯消费函数与现实不一致时在 20 世纪 50 年代提出来的。莫迪利安尼及其合作者继承了费雪的观点：消费取决于一个人一生的收入，认为消费不是取决于现期收入，而是取决于一生的收入；消费者能够根据效用最大化原则来安排一生的消费与储蓄，把一生中的较高收入转移到较低收入时期使用，使一生中的收入等于消费，从而实现效用最大化。用数学语言来表达是

$$U=U(c_1,c_2,\cdots,c_T) \tag{3-20}$$

$$\sum_1^T\frac{Y_t}{(1+r)^{t-1}}=\sum_1^T\frac{C_t}{(1+r)^{t-1}} \tag{3-21}$$

式中，U——效用函数；

C——消费支出；

r——利息率；

T——人一生中的预计寿命。

公式(3-21)表示人一生总消费支出的现值不超过他一生总收入的现值。消费者是在

式(3-21)的约束条件下，实现公式(3-20)的最大值。

莫迪利安尼及其合作者把人的一生分为三个阶段：青少年期、中年期和老年期。青少年期是指没有工作、没有收入或较少收入时期；成年期是指有工作并获得较高收入时期；老年期指退休以后收入较少或没有收入时期。从收入的角度来看，人的一生要经历由无收入、较低收入到高收入，再到较少收入或无收入的过程。在青少年期，无收入或收入偏低，其消费可能大于收入，这时要举债消费；而到中年期，收入日益增加，收入大于消费，不但可以偿还青少年期欠下的债务，而且还可以储蓄余钱，以备养老；但到老年期，由于退休，收入减少或无收入，消费可能大于收入，形成负储蓄。因此，消费者为了一生平平安安生活，就会根据生命周期的收入变化规律来安排其消费与储蓄。假如一生中的消费随着时间的推移稍有提高，则人生全过程的收入与消费的关系如图 3.11 所示。在青少年期和老年期，消费大于收入，有负储蓄，而中年期收入高于消费，有正储蓄，正储蓄正好弥补负储蓄。

实践中，青少年期往往是由父母来供养，中年期则要供养老人和子女，这实际上是代际之间收入的调节。供养父母相当于偿还青少年期求学阶段的借贷，养育子女可以看成是为了将来自身处于老年期的储蓄。

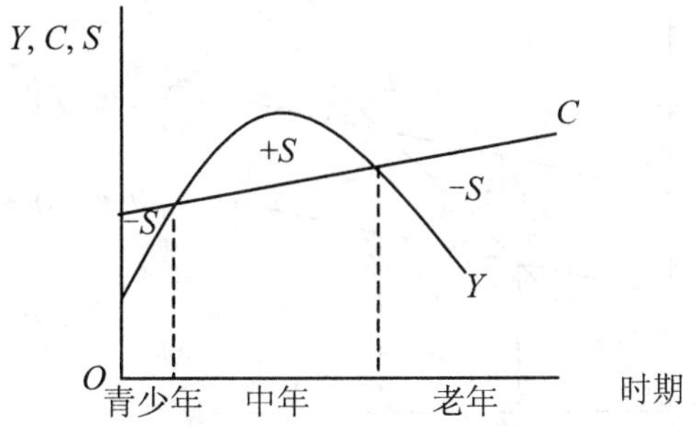

图 3.11 生命周期假说

假如一个人的年龄为 t，初始财富为 W，全部工作年限为 R，那么，他工作所赚的收入为 RY，再假设利息率为零(即不考虑收入的利息)，则消费者他一生的资源(财富和收入)分配到 $T-t$ 年中，则每年的消费为

$$C=\frac{W+(R-t)Y}{T-t}$$

可以把上式改写成

$$C=\left(\frac{1}{T-t}\right)W+\left(\frac{R-t}{T-t}\right)Y$$

则

$$C=aW+bY \tag{3-22}$$

式中，a——财富的边际消费倾向，即每年消费掉的财富的比例，$a=\frac{1}{T-t}$；

b——工作收入的边际消费倾向，即每年消费掉工作收入的比例，$b=\frac{R-t}{T-t}$。

公式(3-22)表示一生的收入和财富决定其消费水平，则消费支出取决于终生收入和财富数量。当财富既定，公式(3-22)便成为与凯恩斯的消费函数相类似的短期消费函数，其纵向截距为aW；当收入降为零时，消费并不像凯恩斯消费函数一样是固定值，而是决定于财富，财富越多，消费支出越多。

如图3.12所示，C_1、C_2为短期消费函数，$C=b'Y$为长期消费函数，在短期中，消费者的财富存量不会发生明显的变化，即W为常数，因此，$APC=\dfrac{C}{Y}=a\left(\dfrac{W}{Y}\right)+b$，随着收入的增加而递减。但在长期中，消费者的财富随着Y的增大而增大，且W与Y之间一般存在某种比例关系，这样，APC就可能不变。

生命周期假说的意义在于：

(1) 一个国家的消费、储蓄与该国的年龄结构有关。如果这个国家的青少年和老年人的比重提高，则消费倾向会增大；而当中年人的比重比较高时，消费倾向会下降，相反，储蓄倾向增大。

(2) 当出现收入意外增加时，能够增加储蓄，积累财富，但不会使消费产生多大的影响。

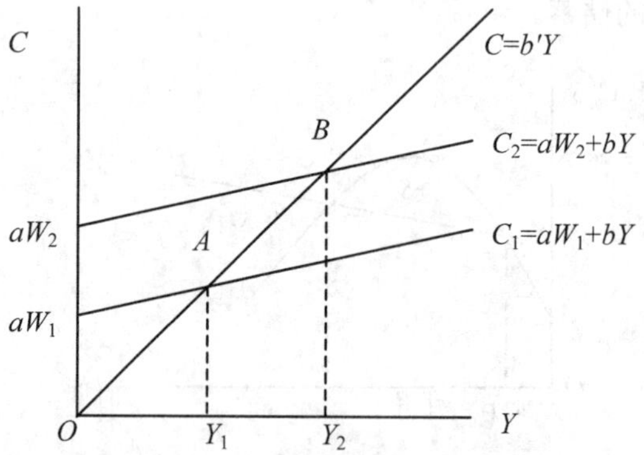

图3.12　生命周期假说中短期与长期消费函数

本章小结

本章介绍了凯恩斯的消费函数与储蓄函数理论，以及消费函数理论的发展。

凯恩斯的消费函数理论把收入看成是决定消费的最主要因素，因此，消费是收入的函数。随着收入水平的提高，平均消费倾向和边际消费倾向递减。由于居民的收入不是用于消费，就是用于储蓄，因此，消费+储蓄=收入；平均消费倾向+平均储蓄倾向=1；边际消费倾向+边际储蓄倾向=1。凯恩斯研究消费函数理论是从家庭消费函数开始的，不过，社会消费函数(又称国民消费函数)不是家庭消费函数的简单相加。考虑各种因素以后，社会消费函数与家庭消费函数的形状相似。

凯恩斯的消费函数理论被称作绝对收入假说，即消费是当前收入绝对量的函数。但是，凯恩斯的消费函数理论在解释居民长期的消费行为时却遇到困难。为了解决这一难题，经济学家们提出了许多消费函数理论。本章第三节介绍了杜森贝利的相对收入假说、弗里德曼的持久收入假说和莫迪利安尼的生命周期假说。

相对收入假说认为，消费者的消费支出不是取决于消费者当前的绝对收入，而是取决于相对收入水平，即取决于消费者过去的收入水平和其他人的收入水平。由于“棘轮效应”和“示范效应”的共同作用，导致了短期消费函数与长期消费函数的区别，短期的消费函数为$C=a+by$，而长期的消费函数为$C_{\mathrm{p}}=by$。

持久收入假说认为，消费主要取决于持久收入(按照弗里德曼的解释，持久收入实际上是平均收入)，而不是当前收入。弗里德曼认为，家庭现期的收入由持久收入 Y_{p} 和暂时收入 Y_{t} 组成，家庭消费也由持久消费 C_{p} 和暂时消费 C_{t} 组成，暂时消费与暂时收入无关，暂时消费与持久收入无关，暂时收入也与持久消费无关，而持久消费与持久收入之间存在着固定的比例关系，即$C_{\mathrm{p}}=bY_{\mathrm{p}}$。

生命周期假说认为，消费不是取决于现期收入，而是取决于一生的收入。莫迪利安尼认为，消费者为了一生平平安安生活，会根据生命周期的收入变化规律来安排其消费与储蓄。他将人的一生分为三个阶段：青少年期、中年期和老年期。青少年期是指没有工作、没有收入或较少收入时期；中年期是指有工作并获得较高收入时期；老年期指退休以后收入较少或没有收入时期。从收入的角度来看，人的一生要经历由无收入、较低收入到高收入，再到较少收入或无收入的过程。在青少年期，无收入或收入偏低，其消费可能大于收入，这时要举债消费；而到中年期，收入日益增加，收入大于消费，不但可以偿还青少年期欠下的债务，而且还可以储蓄余钱，以备养老；但到老年期，由于退休，收入减少或无收入，消费可能大于收入，形成负储蓄。

复习思考题

1. 名词解释

消费、储蓄、边际消费倾向、平均消费倾向、边际储蓄倾向、平均储蓄倾向、棘轮效应、示范效应、持久收入、暂时收入

2. 选择题

(1) 凯恩斯的消费函数主要是将家庭消费与(　　)相联系。

A. 当前收入　　B. 利率

C. 未来收入　　D. 永久收入

(2) 假设 M 等于边际消费倾向与边际储蓄倾向之和，N 为平均消费倾向和平均储蓄倾向之和，那么(　　)。

A. M=1，N=1　　B. M=1，N<1

C. M<1，N=1　　D. M<1，N<1

(3) 根据边际消费倾向递减规律，下列叙述不正确的是(　　)。

A. 消费曲线不是一条直线

B. 消费曲线是一条向右上方上升但斜率越来越小的曲线

C. 随着收入的增加，人们的消费增量占收入增量的比重越来越小

D. 随着收入的增加，人们的消费越来越少

(4) 在消费和收入的分析中，消费曲线的纵轴(消费轴)的截距和斜率分别为(　　)。

A. 自主消费，边际消费倾向　　B. 引致消费，平均消费倾向

C. 自主消费，平均消费倾向　　D. 引致消费，边际消费倾向

(5) 根据持久收入假说，当人们预期未来收入水平提高时，则(　　)。

A. 增加其消费　　B. 对其消费的影响不确定

C. 对其消费没有影响　　D. 增加其储蓄

(6) 根据生命周期假说，退休期生活水平(　　)。

A. 提高　　B.下降　　C. 不变　　D. 不确定

3. 简答题

(1) 影响消费的因素有哪些？各因素与消费之间的关系如何？试结合现实加以说明。

(2) 试述相对收入假说中的“棘轮效应”，并分析它对消费者的影响。

(3) 能否说边际消费倾向和平均消费倾向都是大于 0 而小于 1？

(4) 预期收入变化和当年收入变化对消费的影响是否相同？为什么？

第四章　投资与货币理论

本章导读

在分析产品市场和货币市场均衡之前，需要先了解投资理论和货币供求理论。那么，投资由什么决定，或者说，投资受哪些因素的影响？在进行投资决策时，一方面要考虑投资的预期利润率，另一方面要考虑利息率，当投资的预期利润率大于市场的利息率时，项目的投资才是可行的。而预期利润率如何确定？本章是从资本的边际效率的计算入手来确定预期利润率的。

在货币市场上，货币的价格——利率由货币的供给与货币的需求共同决定。从货币的供给来看，货币的供给量由中央银行控制并调节，中央银行控制基础货币的供给量和法定准备率，中央银行可以通过公开市场业务来调节流通中的货币量。但是，商业银行体系和公众会对货币供应量产生重要影响。因为，商业银行体系起着存款货币创造的作用，即商业银行吸收的初始存款(活期存款)会由于银行体系存款创造的“放大效应”而创造出多倍的货币供给量。不过，商业银行的超额准备率则会影响存款货币创造的货币供给量，超额准备率越高，所创造的货币供给量越小。而公众持有现金则会在一定程度上降低货币创造乘数的作用。本章的第二节将讨论货币的供给理论。

从货币需求来看，如果货币的供给量一定，那么，市场的均衡利率决定于货币的需求，货币的需求越大，利率越高；反之，利率越低。凯恩斯认为，货币需求的大小由交易性动机、预防性动机和投机性动机共同决定。货币的交易性需求和预防性需求随着收入水平的提高而增加，而货币的投机性需求与利率成反方向变动关系，利率越低，投机性需求越大；反之，货币的投机性需求越小。本章的第三节将讨论货币需求理论。

学习目标

通过对本章的学习，要求学生掌握资本边际效率递减规律、流动偏好规律、流动偏好陷阱、货币创造乘数的公式及其计算、货币需求理论，掌握贴现率、资本边际效率、投资边际效率、货币需求、货币供给的含义，理解资本边际效率曲线和投资边际效率曲线的关系，了解投资量、货币供给量及需求量的决定因素、投资需求曲线及货币的计量、银行体系的构成及其功能。

关键概念

投资需求(Investment Demand)
资本边际效率(Marginal Efficiency of Capital，MEC)
投资边际效率(Marginal Efficiency of Investment，MEI)

贴现率(Discount Rate)
资本边际效率递减规律(The Law of Diminishing Marginal Efficiency of Capital)
货币供给(Supply for Money)
货币需求(Demand for Money)
交易动机(Transaction Motive)
预防性动机(Preventive Motive)
投机动机(Speculative Motive)
流动偏好陷阱(Liquidity Trap)

第一节 投资理论

西方经济学中，投资是指新资本的形成，即社会资产的增加，包括厂房、机器设备、存货的增加和新住宅的建造。其中，厂房、机器设备的增加，有别于日常生活意义上的投资，如购买土地、证券和其他资产，后者只是财产权的转移，并没有实际物品的增加，因而不能算作投资，而前者是一次投入，逐渐消耗。投资与资本是两个不同的概念，投资是流量的概念，而资本是存量的概念，正如蓄水池一样，池里的水量是存量，而流进或流出蓄水池的水量则是流量。

一、投资的决定因素

影响投资的因素很多，但决定投资的主要因素有实际利率、预期收益率、不确定性、股票价格等。

(一)实际利率

从成本的角度来看，企业是否进行一项新的实物资本如机器、设备、厂房、仓库等的投资，取决于这些新投资所借款项的利息率。在其他条件不变的情况下，利息率越高，表明新投资所花费的成本越大，利润空间越小，因而投资量会越小；反之，利息率越低，投资成本越小，投资量会越大。可见，投资量与利率之间呈反向变动关系。

利率是决定投资的首要因素，但应该注意的是，这里的利率是指实际利率而不是名义利率。如果某年的名义利率为 10%，而通货膨胀率为 5%，则实际利率为 5%(名义利率−通货膨胀率=10%−5%=5%)。

(二)预期利润率

从收益的角度来看，企业投资的目的是未来获得尽可能多的收益，因而，决定投资的主要因素是利润率。在其他条件不变的情况下，投资的预期利润率越高，越有利于投资，投资量就会越大，换句话说，投资量与预期利润率成同方向变动关系。

(三)未来不确定性

不确定性是指时间发生的概率和带来的不利影响无法确定。由于投资是当前发生的，而收益是未来形成的，因此，未来的不确定性必然造成未来收益的不确定性即投资的风险。不确定性越大，投资风险越高，投资意愿越小，投资水平越低；反之，不确定性越小，投资风险越低，投资意愿越大，投资水平越高。

由于人认识的有限性和客观世界的变化性，未来的变化总是呈现出不确定性的特点，因而投资的风险总是存在的。不过，一般情况下，当经济处于繁荣时期，企业对未来的预期看好，投资者会认为投资的风险较小，因而投资会增加；反之，当经济处于衰退时，企业对未来的预期看淡，预期投资风险增大，因而投资会减少。如果企业预测投资的收益不能补偿风险带来的损失，则企业不会增加投资。

(四)托宾“q”说

美国经济学家诺贝尔经济学奖获得者詹姆斯·托宾(J. Tobin)提出了股票价格影响投资的理论，被称为托宾“q”说。托宾把企业的市场价值与其重置成本的比值称作“q”，并认为“q”是衡量企业是否投资的标准。这里，企业的市场价值就是这个企业股票的市场价格总额，等于股票总数乘以每股的市场价格；企业的重置成本是指建造这个企业所需要的成本。当 $q<1$ 时，表明买旧的企业比建造新的企业更便宜，于是，不会有新的投资；当 $q>1$ 时，表明建造新企业比买旧企业更便宜，所以会有新的投资。因此，托宾的“q”说实际上是说股票的价格上涨，投资会增加。

二、投资函数

如果把投资与其影响因素之间用函数关系来表述，就是投资函数。前面已经说明，投资量是利率的函数，如果用 i 表示投资，r 表示利率，则投资与利率的函数关系可以表述为 $i=i(r)$。投资量与实际利率呈反向变动关系，如果投资量与实际利率是线性的关系，则投资函数可以表述为

$$i=e-dr \tag{4-1}$$

式中，i——企业的投资需求；

e——自发性投资，即不随利率变化而变化的投资；

d——利率弹性，利率对投资的影响程度，表示利率每变动一个百分点，引起投资数量变动的大小，这里 d 为正值，$-d$ 表示利率对投资的影响是相反方向，即利率上升，投资减少，利率降低，投资增加；

r——表示实际利率。

投资与利率的关系可用图 4.1 表示。在图 4.1 中，横轴代表投资需求，纵轴代表利率，投资曲线是一条向右下方倾斜的直线，表示利率越高，投资量越小；当利率水平下降，投资规模将不断扩大。

如果投资量与实际利率是非线性的关系，则投资曲线可用图 4.2 表示。当利率为 r_1 时，投资需求为 i_1；当利率下降到 r_2 时，投资需求增加到 i_2，但投资规模变化和利率变化的比例不是固定的。

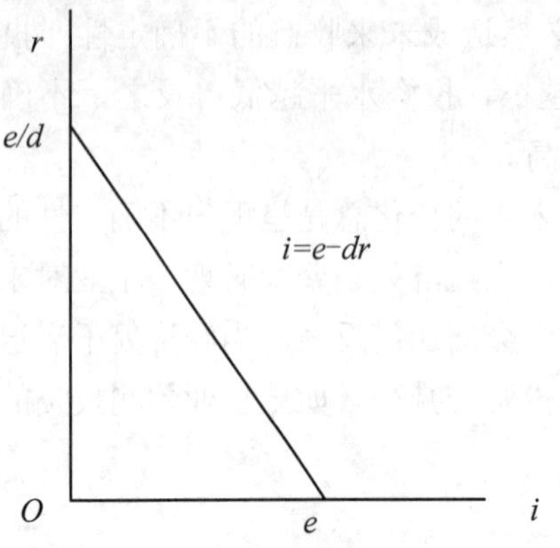

图 4.1　线性投资需求曲线

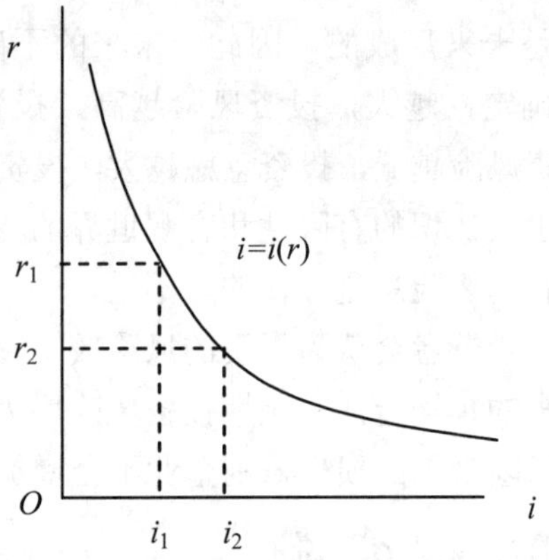

图 4.2　非线性投资需求曲线

三、资本边际效率

(一)资本边际效率的含义

资本边际效率(Marginal Efficiency of Capital，MEC)是由凯恩斯首先提出的。它是指使一项资本物品在使用期内各年预期收益的现值之和等于资本品的供给价格或者重置成本的贴现率。

所谓现值，就是现在的价值；所谓贴现，就是把未来的价值折算为现在的价值的做法。那么，这个折算的比率就是贴现率。

【例 4-1】有一张债券，每年票息 100 元，第 3 年到期，那么，这张债券现在值多少钱？假设今后三年的年利率都是 5%，那么，这张债券的现值就是

$$R_0=\frac{100}{(1+5\%)}+\frac{100}{(1+5)^2}+\frac{100}{(1+5\%)^3}$$
$$=95.24+90.70+86.38$$
$$=272.32$$

那么，5%就是贴现率。

现在假设，资本品的供给价格(即现值)R_0 和市场利率 r 已知，R_1、R_2、R_3、…、R_n 分别表示第 1 年、第 2 年、第 3 年、……、第 n 年的本利和(未来价值)，则各年的价值分别为

$$R_1=R_0(1+r)$$
$$R_2=R_0(1+r)^2$$
$$R_3=R_0(1+r)^3$$
$$\vdots$$
$$R_n=R_0(1+r)^n$$

现在反过来，如果 r 和 R_n 已知，则可以求出资本品的供给价格 R_0，即

$$R_0=\frac{R_n}{(1+r)^n}$$

如果已知资本品的供给价格 R_0、未来各年的预期收益 $R_i(i=1，2，3，…，n)$和残值

J，则可以求出贴现率 r，即

$$R_0=\frac{R_1}{(1+r)}+\frac{R_2}{(1+r)^2}+\frac{R_3}{(1+r)^3}+\cdots+\frac{R_n}{(1+r)^n}+\frac{J}{(1+r)^n} \tag{4-2}$$

此时的贴现率就是资本的边际效率，它表明一个投资项目应按照贴现率 r 取得收益才能实现预期的收益目标，因此，资本边际效率实际上也代表该项目投资的预期利润率。从式(4-2)可以看出，r 的数值取决于资本品的供给价格和预期收益。当预期收益既定，供给价格越大，r 越小；反之，供给价格越小，r 越大。当供给价格既定，预期收益越大，r 越大；反之，预期收益越小，r 越小。

现实生活中，某项目投资的资本品价格(或重置成本)选定以后，由预期收益计算出来的资本边际效率越高越好。

由于 $r=\frac{\text{总收益}-\text{成本支出}}{\text{成本支出}}=\frac{\text{净收益}}{\text{成本支出}}$，所以，$MEC$ 是一个百分率，可以直接与利息率进行比较。如果资本的边际效率 MEC 大于实际市场利率 i，即净收益率大于 0，则投资可行；否则，该项投资不可行。为什么呢？

理解这个问题要从机会成本的角度入手。假如现有 100 元钱，市场利率为 5%，那么，把钱存入银行，1 年后可得到按 5%计算的利息收入。但如果把 100 元拿去购买资本品，即进行投资，可以得到预期收益。那么，如果由此计算出的资本边际效率 $MEC>5\%$，则这项投资比把钱存入银行有利，否则，还不如把钱存入银行划算，因为，投资还有风险。另外，如果资本品投资是靠银行贷款，那么，资本边际效率必须大于市场利率，否则不划算。

(二)资本边际效率递减规律

资本边际效率递减规律是凯恩斯在《通论》中提出的影响有效需求的第二条心理规律。从前面的分析可以看出，资本的边际效率与资本品价格(重置成本)成反向变动关系，即资本品投资越多，资本边际效率越小，这实际上是凯恩斯的资本边际效率递减规律，通常又翻译为资本边际收益递减规律。

凯恩斯认为，在技术和其他条件不变的情况下，任何一类资本的边际效率，因对其投资的增加而呈递减趋势。为什么会出现资本边际效率递减呢？凯恩斯认为：①由于投资增加，新增加的资本品的供给价格会随着投资的增加而增加，从而新增投资的预期收益(即预期利润率)会降低；②由于投资增加，所生产出来的产量增加即市场供给增加，从而这些产品的市场价格会下跌，这样，投资的预期利润率会降低。所以，资本的边际效率必然会随着投资的增加而递减。

(三)资本的边际效率曲线

由于资本边际效率递减规律的作用，资本边际效率曲线是一条向右下方递减的曲线，如图 4.3 所示。图 4.3 中，横坐标代表投资总量，纵坐标代表资本边际效率，资本边际效率曲线是随着投资量的增加而呈现出递减的趋势，即投资总量越大，资本边际效率越小；反之，投资总量越小，资本边际效率越小。

资本边际效率曲线也可以从整个社会的所有投资项目中求得。假如某企业有可供选择的四个投资项目，每一个投资项目的资本边际效率是不一样的。A 项目的投资额为 100 万元，资本的边际效率为 10%；B 项目的投资额为 50 万元，资本的边际效率为 8%；C 项目的投资额为 150 万元，资本的边际效率为 6%；D 项目的投资额为 100 万元，资本的边际效率为 4%。我们可以据这些数据绘出某企业的资本边际效率曲线，如图 4.4 所示。在图 4.4 中，横坐标代表投资额，纵坐标代表资本的边际效率，则该企业的资本边际效率曲线是一条阶梯形的折线。显然，当资本边际效率为 10%时，该企业的投资需求为 100 万元；当资本的边际效率降低到 8%时，该企业的投资需求增加到 150 万元；当资本的边际效率进一步下降到 6%时，该企业的投资需求增加到 300 万元；当资本的边际效率再降低到 4%时，该企业的投资需求增加到 400 万元。资本边际效率与投资总量之间表现出反向变动的关系。

一个企业的资本边际效率是阶梯形的，但整个社会所有企业的资本边际效率曲线如果加总在一起，则整个社会的资本边际效率就是一条图 4.3 所示的平滑曲线而不是折线。

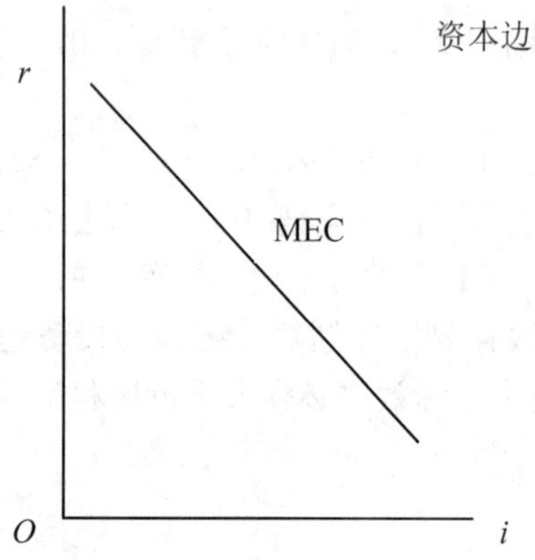

图 4.3　资本边际效率曲线

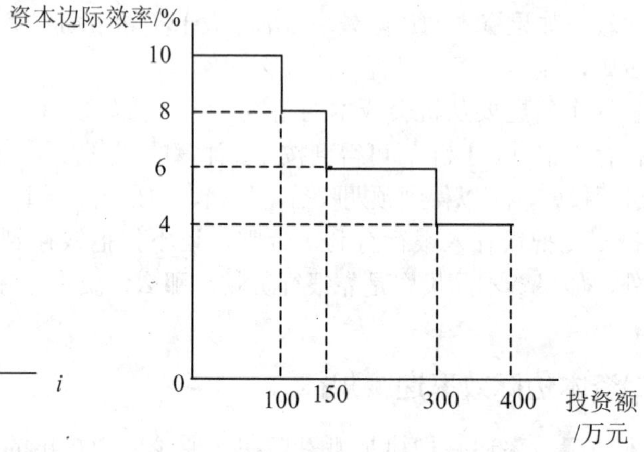

图 4.4　某企业的资本边际效率曲线

(四)资本边际效率曲线与投资边际效率曲线

实际上，资本的边际效率还不能准确地表现企业的投资需求，因为，当市场利率下降时，投资成本(利息)降低。如果每个企业都增加投资，则使整个社会的投资额增加，从而使资本品的价格上涨，在预期收益不变的条件下，则公式(4-2)中的贴现率(投资收益率)必然下降。下降了的投资收益率称为投资边际效率(Marginal Efficiency of Investment，MEI)。也就是说，在相同的预期收益条件下，$MEI<MEC$，如图 4.5 所示。图 4.5 中，在相同的 i_0 下，投资边际效率 r_1 小于资本边际效率 r_2。

应该指出的是，资本的边际效率曲线是在技术和其他条件如资本品价格不变的条件下(即在资本边际效率递减规律的作用下)得出的，而投资的边际效率曲线则是在考虑到利率的变动引起资本品价格反向变动的情况下得出的。因此，MEI 与 MEC 有一定的差别。不过，MEI 和 MEC 一样，能反映利率与投资量的反向变动关系，而且 MEI 比 MEC 能更精确地表示投资与利率的关系，因此，一般的经济学著作中，采用 MEI 曲线来表示利率与投资的变动关系。MEI 曲线就是前面介绍的投资需求曲线。

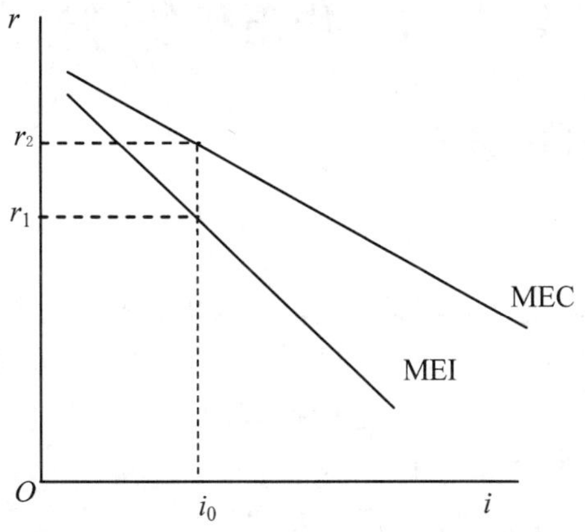

图 4.5　资本的边际效率曲线(MEC)和投资边际效率曲线(MEI)

四、投资需求曲线的移动

除了利率以外，还有其他许多因素影响投资的变动。在图 4.2 中，随着利率的变化，投资规模将沿着同一条投资曲线 i 移动。但是，当利率水平 r_0 不变时，其他因素对投资的影响将使投资需求曲线移动。如图 4.6 所示，当政府对企业征收的税收增加时，将抑制投资，在其他条件不变的条件下，意味着投资净收益减少，企业会减少投资量，因而，投资需求曲线将向左移动至 i''，投资规模由 i_0 减少到 i_2；当市场需求增加时，产出水平(GDP)就会相应提高，进而要求一定量的投资设备来提供产出，于是投资需求曲线向右移动至 i'，投资规模将由 i_0 增加到 i_1；同样，当投资者的预期看好时，投资者的投资热情增加，投资需求也增加，投资需求曲线将向右移动至 i'。

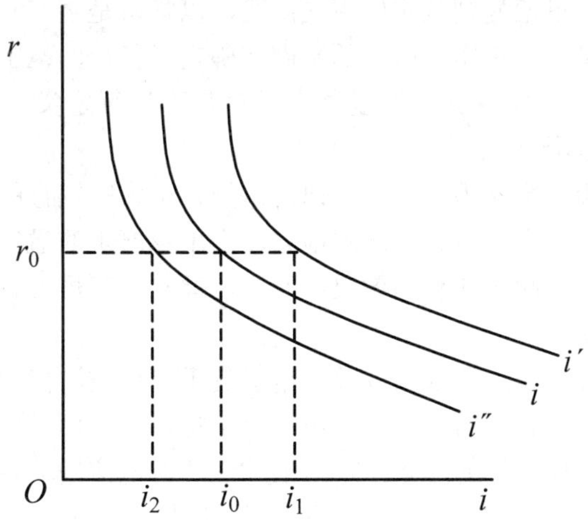

图 4.6　投资需求曲线的移动

第二节　货币供给理论

一、货币的定义及其计量

(一)货币的定义

关于货币，目前还没有统一的定义。对其含义的理解，理论与现实的差别比较大。现实生活中，人们往往把货币与“钱”等同起来，但“钱”的含义很宽泛，也很模糊。“钱”在现实生活中有多种含义，一是指拥有的“财富”的量，比如，说“这家很有钱”；二是指“工资收入”，如“王某这个月赚了 1000 元钱”；三是指“利润”，如“企业以赚钱为目的”；四是指“价格”，如“这件商品卖 1 元钱”；五是指“现金或通货”，如“你今天带多少钱”。

理论上，学者们对货币的定义也不一。在十六、十七世纪形成的重商主义思想理论体系中，货币就是贵金属，就是财富。这种观点认为，货币必须有实质价值，其价值由其金属价值决定，货币的实体必须以贵金属构成，只有金、银才是一个国家的真正财富。马克思在《资本论》中把货币定义为充当一般商品等价物的特殊商品。马克思在分析货币的起源时指出，货币是由商品在交换过程中逐渐演变成一般等价物的。货币是商品，但又不是普通商品，而是特殊的商品。其特殊性表现在：第一，货币能够表现一切商品的价值；第二，货币可以和一切商品相交换。马克思创立的货币理论是建立在金本位制基础上的，但在金本位制解体以后，货币就不再具有价值，不再是特殊商品了。

哈佛大学年轻的经济学家曼昆(N. Gregory Mankiw)把货币定义为：“货币是经济中人们经常用于购买其他人的物品与劳务的一组资产。”显然，曼昆是从货币功能的角度来定义的。

货币主义代表人物弗里德曼则从实用主义出发，以货币是否有利于讨论各种经济关系为依据，来给货币下定义。他在实证研究的基础上确定了货币的范围，将货币定义为现金和商业银行的全部存款。其实，弗里德曼并不是对货币进行定义，而是从货币计量的角度，确定货币量的计量范围。

此外，法律上，货币被定义为：“是法律规定的、由国家发行的、具有无限法定偿付能力的事物。”但是，这一定义也有片面的地方，当出现严重的通货膨胀时，即使是国家法律规定强制执行，但未必起到应有的效果；而且，像支票等虽没有无限偿付的能力，但却可以起到交易媒介和支付手段的作用。

随着信用的发展，现在，除了纸币以外，电子货币等也被法律规定为货币。货币的形式也由原来的金属货币扩大到纸币、电子货币等信用货币。信用货币已成为货币的主要形式。但是，货币无论采取什么样的形式，本质上体现的都是信用关系。因此，货币可以定义为：货币是指在商品、劳务交换或债务偿还中用于支付的信用工具，包括通货和活期存款。

(二)货币的职能

货币是国民经济运行的血液，对国民经济的健康运行起着重要的作用。货币的作用是由于其功能的发挥而表现出来。一般认为，货币有交换媒介、价值尺度、储藏手段和延期支付四种职能。

1. 交换媒介

货币的交换媒介职能又被称为流通手段职能，是指货币充当商品买卖的媒介。货币的交换媒介职能是其最基本、最重要的职能。在货币出现之前，商品交换采取物与物交换的方式，但这种交换方式由于需要供求商品的巧合、交易时间的巧合和交换比例与数量的巧合，才能实现交易，极大地限制了商品经济的发展。货币出现以后，人们可以货币为媒介进行交换，而不用依靠买卖双方在商品类型、交易时间和交易数量与比例的巧合，大大方便了商品的交换，因而极大地促进了商品经济的发展。

2. 价值尺度

货币的另一个重要职能是价值尺度或称为价值标准，它是指人们用来表现和衡量一切商品价格的标准。有了这个共同的标准，人们就可以像用“米”来测量长度、用“千克”来测量质量一样，用货币来衡量一切商品(产品和劳务)的价格，并对各种不同商品的价格进行比较，从而使会计核算成为可能。

3. 储藏手段

储藏手段是指货币可以作为财富的一般代表被人们储存起来。现实生活中，由于货币被人们普遍接受，绝大部分人把货币当作是财富的代表储存起来，货币越多，代表越富有。同时，货币代表着普遍的购买力，能够保证人们在适宜的时候买到合适的商品，因此，在买卖分离和收支不同步的条件下，人们也需要在一段时期内储藏购买力，来维持正常的生活。

需要注意的是，能够作为财富的代表储藏起来的并不是只有货币，其他金融资产，如股票、债权，以及一些实物资产，如古董、字画、珠宝等，都可以作为财富的代表储藏起来。但是，货币具有其他金融资产和实物资产无法比拟的强的流动性。

4. 延期支付

延期支付是指人们在赊销或赊购过程中用来延期支付货款或债务的手段。随着商品经济的发展，出现了赊销或赊购行为，货币在赊销或赊购的交易中，不再发挥交易媒介的职能，而是延期支付的职能。有了延期支付的职能，交换双方可以就未来的交易签订合约，记下账目，延期付款，这样，大大方便了交换。

上述四种职能中，交换媒介职能是基本的职能，其他三种职能是交换职能的延伸。

(三)货币的计量

任何一项资产，都是流动性、安全性和收益性的组合。流动性是指这项资产转换为现金(通货，Currency)的速度和成本，转换速度快，转化成本低，则流动性就高；反之，流动性就低。因此，从计量的角度来看，根据流动性的高低，可以将货币分为狭义的货币 M_1，广义的货币 M_2，和更广义的货币 M_3，计量的范围不同，计算出的货币供应量大小也不同。

1. 狭义货币(M_1)

M_1=通货+活期存款

=纸币+硬币+活期存款=M_0+活期存款

这里，狭义的货币 M_1 由银行之外处于流通中的通货和活期存款构成。通货 M_0，又称为现金，包括纸币和硬币，是流动性最强的资产。这里，纸币是由国家依照法律发行并强制接受的法定货币，它本身没有价值，也不能兑换黄金，但却是国家规定和发行的，可以作为商品和劳务费的交换媒介，可以作为价值尺度或计量单位来衡量商品或劳务的价值，可以作为财富的代表储存起来，还可以支付延期付款的债务；硬币作为辅币，所代表的价值总额不大，一般为铜质或镍质，通常用于小额交易或交易中的找零。而银行的活期存款，又称支票存款，包括银行和其他金融机构中的支票存款。由于其所有者可以据此开出支票来偿付所购买的商品或劳务，也可以随时提取现金，因此，活期存款的流动性与现金无异。而从数量来看，银行的活期存款比现金更重要，因为，从安全性的角度考虑，各国的中央银行一般都限制现金交易的额度，要求交易采用支票来偿付。

应该注意的是，宏观经济学所使用的货币供应量指的就是 M_1。由于 M_1 与我们的日常生活联系密切，所以，M_1 是各国货币当局严密控制的货币量。

2. 广义货币(M_2)

M_2=M_1+小额定期存款+短期储蓄存款+货币市场互助账户

这里，小额定期存款是指额度小于 1 万美元的存款；短期储蓄存款是指所有金融机构 1 年以下的定期存款；货币市场互助账户是指商业银行之间的存款准备金的贷款。前两项虽不能直接开出支票，但通常只要通知银行就可以变现为现金，因而流动性较强，而最后一项因对银行的“货币创造”有重大影响，通常把它包括在 M_2 中。

3. 更广义货币(M_3)

M_3= M_2+长期大额定期储蓄+其他流动性较差的金融资产

这里，其他流动性较差的金融资产包括国债、商业票据、银行承兑汇票、储蓄券等。当然，不同国家对货币供应量的计算口径有所不同。

【专栏 4-1】美国、英国和我国货币供应量计算的比较

美国在计算货币供应量时包括以下内容。

(1) 通货，即流通中的硬币和纸币；

(2) 活期存款，指商业银行的无息支票账户，但不包括其他银行、政府、外国政府存款；

(3) 旅游支票，由非银行机构(如美国快运公司)发行，而银行发行的旅行支票包括在活期存款中；

(4) 其他支票存款额，指生息支票账户，包括 NOW 和 ATS 账户。在 ATS 账户中，存款持有者以储蓄账户形式持有财产，当需要进行支付时，银行自动将其转入支票账户中；

(5) 隔夜回购协议(RP 或 REPO)，是指银行今天通过向客户出售债券(如国库券)的方式从非银行客户那里借款，并保证明天以固定价格买回债券，即银行可以使用 1 天的借款；

(6) 隔夜欧洲美元，是指支付利息并且明天到期的存款，由美国银行的加勒比支行持有；

(7) 货币市场共同基金(MMMF)股份，是指投资于短期资产的共同基金中的生息支票存款，某些 MMMF 股份不包括在 M_2 中，但包括在 M_3 中；

(8) 货币市场存货账户(MMDA)，由银行经营，最高保险金额可达 10 亿美元；

(9) 储蓄存款，是指在银行或其他储蓄机构的存款，它不能转换为支票，但通常记录在储蓄者持有的独立存折上；

(10) 小额定期存款，是指能生息的存款并有特定的到期日，在到期日之前提取现金必须支付罚金的存款，一般存款额度在 1 万美元以下；

(11) 大额定期存款，是指额度大于 1 万美元的生息存款(这一总量不包括由 MMDA 持有的数量，以确保不重复计算)；

(12) 定期回购协议，是指由储蓄机构出售的定期回购协议，一般要在时间上长于隔夜回购协议。

美国联邦储备委员会计算货币供应量用 M_0，M_1，M_2，M_3 的口径是：

M_0=通货

$M_1= M_0+(2)+(3)+(4)$

$M_2= M_1+(5)+(6)+(7)+(8)+(9)+(10)$

$M_3=M_2+(11)+(12)+$由金融机构持有的 MMMF

英国货币供应量的计算口径为：

M_0=在英格兰银行之外流通的纸币和硬币(由公众和银行持有)+银行在英格兰银行中的可操作性(清算)存款；

M_1=非银行私人部门持有的纸币和硬币+英国的非银行私人部门在英国的银行中持有的无息即期英镑存款；

M_2=非银行、非建房互助协会的私人部门持有的流通中的纸币和硬币+由英国的私人部门在英国银行和建房互助协会持有的小额英镑存款；

M_4=公众持有的流通中的纸币和硬币+所有由非银行和非建房互助协会的私人部门在英国银行和建房互助协会的大额或小额的英镑存款(包括银行和建房互助协会提供的初始期限不超过 5 年的大额可转让存单和其他票据)；

$M_4C=M_4$+私人部门外币银行存款和建房互助协会存款；

$M_3H=M_4C$+英国上市公司在英国的银行和建房协会中的所有英镑和外币；

$M_5=M_4$+私人部门持有的银行票据、财政部债券、地方当局存款、纳税存单和国民储蓄单。

我国货币供应量的计算口径为：

M_0–现金

$M_1= M_0$+单位活期存款

$M_2= M_1$+储蓄存款+单位定期存款+其他存款

其中，M_1 为狭义货币，是中国人民银行管理和调控货币流通的重点目标；M_2 是广义货币，(M_2-M_1)为储蓄存款、定期存款和其他存款，是潜在的货币供应，被称为准货币。

(资料来源：段进朋. 宏观经济学. 北京：中国政法大学出版社，2005；孙斌艺. 现代经济学. 上海：立信会计出版社，2005)

二、货币的供给

所谓货币供给，指一定时期内一国银行系统向经济中投入、创造、扩张(或收缩)货币的行为。具体地讲，货币供给首先是一个经济过程，即银行系统向经济中注入货币的过程。其次，货币供给必然形成一定的货币量，即货币供给量，它是货币供给的结果。货币供给量有狭义和广义之分，狭义的货币供给量是指 M_1，广义的货币供给量是指 M_2。现代宏观经济学中，货币的供给量是指 M_1，M_1=通货+活期存款。

在现代市场经济条件下，中央银行控制着货币的发行，而商业银行则起着存款货币创造的作用。

(一)现代银行体系

现代市场经济条件下，货币的供给任务是由银行体系来承担。银行体系由中央银行、商业银行和其他金融机构三部分组成，其中，中央银行在银行体系中居于核心地位。

1. 中央银行

中央银行是国家拥有的，用于控制、管理银行体系的银行，是一国最高的金融机构。如美国的联邦储备局、德国的联邦银行、英国的英格兰银行、法国的法兰西银行、日本的日本银行、我国的中国人民银行。个别国家或地区没有中央银行，如香港，履行金融监管职能的是香港金融管理执行局，而货币发行则由汇丰银行、渣打银行和中国银行来执行。

中央银行一般具有三个功能。

(1) 发行的银行。中央银行是一国的发行银行，垄断着一国的货币发行。

(2) 银行的银行。作为银行中的银行，中央银行既负责集中管理商业银行的存款准备金，又负责向商业银行提供贷款(用票据贴现和抵押贷款等)，同时，还为商业银行集中办理银行间的结算业务，大大方便了商业银行间的业务往来。

(3) 国家的银行。作为国家的银行，中央银行代理国库，即经办政府的收支、提供政府所需的资金、制定并执行货币政策、监督银行体系、管理国家的黄金与外汇、办理国际收支结算。

2. 商业银行

商业银行是经过国家有关部门批准成立的、专门经营货币信贷业务的特殊企业。商业银行是一国银行体系的主体，其主要职能有三：一是吸收存款。存款是商业银行吸收外来资金的负债业务，主要包括活期存款、定期存款和储蓄存款、可转让存单、资金回购协议和信用卡业务。二是发放贷款和证券投资。发放贷款是银行向企业提供的短期贷款，包括票据贴现和抵押贷款；证券投资是指银行利用存款购买有价证券以获得利息收入。三是办理中间业务。中间业务是指银行代为顾客办理支付业务和其他委托事项，并从中获得手续费。

3. 其他金融机构

随着金融业的发展，各种非银行金融机构相继出现，例如，储蓄机构、投资机构、保险公司(各种保险公司、人寿保险公司、养老基金等)和信托机构(信托投资公司、信托贸易公司、信托商店、贸易货栈等)，并且，由于市场的激烈竞争，非银行金融机构与银行之间的界限越来越不明显。

(二)存款货币的创造

1. 基本概念

(1) 存款准备金与法定准备金率

由于银行吸收的活期存款不用事先通知就可以随时提取，因此，银行在吸收的存款中要留出一部分以满足储户日常提款的需要。银行预留的这部分资金就是存款准备金。这部分准备金占存款总额的比例称为存款准备金率。不过，通常情况下，很少会出现所有储户同时取款的现象，所以，银行吸收储蓄以后，只需留下一小部分的资金就足以应付储户的提款，而把绝大部分的存款用以发放贷款或进行短期证券投资。

在现代银行制度中，中央银行通常以法令形式规定商业银行提取准备金的比率，这一比率称为法定准备金率。按法定准备率提取的准备金称为法定准备金。比如，中央银行规定法定准备率为 10%，那么，某银行吸收存款 1000 万元，则必须提取法定准备金为 100 万元。如果用 r_{d} 表示法定准备率，用 R_{d} 表示法定准备金，D 表示存款总额，则用公式来表示的法定准备率为

$$r_{\mathrm{d}} = \frac{R_{\mathrm{d}}}{D} \tag{4-3}$$

如果银行有超额准备金，用 r_{e} 表示超额准备金率，用 R_{e} 表示超额准备金，则超额准备金率为

$$r_{\mathrm{e}} = \frac{R_{\mathrm{e}}}{D} \tag{4-4}$$

(2) 基础货币

基础货币，是指流通中的通货和银行体系的准备金之和。由于基础货币会派生出货币，因此是一种高能量或者说是活动力很强的货币，通常称为高能货币。而银行的准备金又包括两部分：一是法定准备金，保存在中央银行，没有利息；二是商业银行的超额准备金，保留在商业银行的金库中，是商业银行的库存现金。因此，如果用 H 表示基础货币，C 表示流通中(非银行部门持有)的通货，那么，基础货币的公式为

$$H = C + R_{\mathrm{d}} + R_{\mathrm{e}} \tag{4-5}$$

基础货币是一个国家货币扩张的基础，基础货币的变化将引起货币供给成倍地变化。

(3) 通货比率

通货占活期存款的比率，称为通货比率。假如用 C 表示流通中的通货，r_{c} 表示通货比率，则通货比率为

$$r_{\mathrm{c}} = \frac{C}{D} \tag{4-6}$$

2. 货币创造乘数

货币创造乘数是指货币供给量 M 与基础货币 H 的比率。它是反映基础货币每变动 1 个单位，货币供应量变动多少单位的指标。如果用 k 表示货币创造乘数，则货币创造乘数的公式可以写成

$$k=\frac{M}{H}=\frac{C+D}{C+R_{\mathrm{d}}+R_{\mathrm{e}}}$$

分子、分母同除以 D 得到

$$k=\frac{M}{H}=\frac{C+D}{C+R_{\mathrm{d}}+R_{\mathrm{e}}}=\frac{\dfrac{C}{D}+1}{\dfrac{C}{D}+\dfrac{R_{\mathrm{d}}}{D}+\dfrac{R_{\mathrm{e}}}{D}}=\frac{r_{\mathrm{c}}+1}{r_{\mathrm{c}}+r_{\mathrm{d}}+r_{\mathrm{e}}} \tag{4-7}$$

式(4-7)表明，法定准备金率和超额准备金率越高，货币创造乘数越小，因为，法定准备金和超额准备金分别存放在中央银行的金库和商业银行的金库里，作为应付储户日常提款的需要，不会在商业银行之间产生存款创造，增加货币供给量。

如果商业银行没有超额准备金留存，则货币创造乘数的公式可以写成

$$k=\frac{M}{H}=\frac{C+D}{C+R_{\mathrm{d}}}=\frac{\dfrac{C}{D}+1}{\dfrac{C}{D}+\dfrac{R_{\mathrm{d}}}{D}}=\frac{r_{\mathrm{c}}+1}{r_{\mathrm{c}}+r_{\mathrm{d}}} \tag{4-8}$$

如果银行没有超额准备金留存，而且没有现金漏出，即客户将一切货币收入存入银行，支付完全以支票形式，则货币创造乘数的公式可以写成

$$k=\frac{M}{H}=\frac{D}{R_{\mathrm{d}}}==\frac{1}{r_{\mathrm{d}}} \tag{4-9}$$

则货币供给量

$$M=k\times H$$

3. 存款货币的创造过程

【例 4-2】法定准备金率为 15%，超额准备金率为 5%，没有现金漏出，即通货比率为零。中央银行在公开市场上向甲客户购进 100 万元债券，甲客户将 100 万元存入 A 银行，A 银行扣除 15%的法定准备金和 5%的超额准备金共计 20 万元后，将 80 万元贷给一家公司，该公司用于购买乙公司的机器设备，乙公司得到这笔 80 万元货款后以支票形式存入 B 银行，B 银行得到 80 万元存款后，扣除 15%的法定准备金和 5%的超额准备金共计 16 万元后，向另一家公司发放 64 万元的贷款，该公司用于购买丙公司的产品，丙公司得到 64 万元货款后以支票形式将其存入 C 银行，C 银行扣除 15%的法定准备金和 5%超额准备金共计 12.8 万元后向另一家公司发放贷款 51.2 万元。如此不断循环下去，则各银行的存款总额为

$$\begin{aligned}D&=100+100\times(1-0.15-0.05)+80\times(1-0.15-0.05)+64\times(1-0.15-0.05)+\\&\quad 64\times(1-0.15-0.05)+\cdots\\&=100+100\times(1-0.15-0.05)+100\times(1-0.15-0.05)^2+100\times(1-0.15-0.05)^3+\cdots\\&=100\times[1+(1-0.15-0.05)+(1-0.15-0.05)^2+(1-0.15-0.05)^3+\cdots+(1-0.15-0.05)^{n-1}]\end{aligned}$$

$$=100\times\frac{1}{1-(1-0.15-0.05)}$$

$$=500(万元)$$

上述例子中，中央银行向市场投放 100 万元的原始货币，经过商业银行系统的存款创造，使活期存款总和扩大到 500 万元，即扩大了 $\frac{1}{0.15+0.05}=5$ (倍)。

而贷款总和为

$$D-100$$

$$=100+100\times(1-0.15-0.05)+80\times(1-0.15-0.05)+64\times(1-0.15-0.05)+64\times(1-0.15-0.05)+\cdots-100$$

$$=100+100\times(1-0.15-0.05)+100\times(1-0.15-0.05)^2+100\times(1-0.15-0.05)^3+\cdots-100$$

$$=100\times(1+0.8+0.8^2+0.8^3+\cdots+0.8^{n-1})-100$$

$$=400(万元)$$

上例中，如果现金的漏出比率为 5%，则货币创造乘数为

$$k=\frac{r_c+1}{r_c+r_d+r_e}=\frac{0.05+1}{0.05+0.15+0.05}=\frac{1.05}{0.25}=4.2$$

那么，银行体系的活期存款总额为：100×4.2=420(万元)。

值得注意的是，货币创造乘数是一把“双刃剑”，即如果中央银行增加基础货币的投放，则银行存款将以乘数的比例递增；反之，如果中央银行减少基础货币的投放，则银行存款也将以乘数的比例减少。

(三)货币供给量的决定因素

从货币创造的过程可以看出，货币的供给量由基础货币量、法定准备金率、超额准备金率以及公众留存现金的意愿与倾向共同决定。

从中央银行来看，中央银行控制的基础货币数量和法定准备金率的高低会对货币供给量产生决定性的影响。当经济出现衰退时，中央银行一方面会通过证券市场投放货币，即购入证券，以增加市场中的货币量；另一方面会降低法定准备率，以增加商业银行的贷款。

从商业银行来看，商业银行的超额准备率影响货币的供给。商业银行以法定准备金率为下限，决定自己的准备金率(包括法定准备率和超额准备金率)的大小。商业银行在经营中要考虑资金的盈利性、安全性和流动性，当商业银行更重视资金的盈利性时，超额准备率会降低；反之，当商业银行更重视资金的安全性时，超额准备率就会上升。超额准备率与市场利率成反向变动关系，当市场的利率水平上升时，商业银行更愿意发放贷款，因而超额准备率下降；当公众提款的变动性越小，超额准备率越低，反之，超额准备率越高；当中央银行的再贴现率(中央银行对商业银行因准备金不足而向其借款银行收取的利息率)越低，商业银行的准备金不足时，可以到中央银行贴现，因而超额准备率越低。

从公众来看，公众手持现金的比率将对货币供给量产生影响。对公众而言，市场利率越高，手持现金越少；收入越高，手持现金的数额越多；对银行越有信心，公众更愿意用支票来支付，因而手持现金就越少；政府的利息税越高，活期存款的利息收入就越少，因

而手持现金的比例增大。

【专栏 4-2】中国的中央银行体系

中国的中央银行是中国人民银行，它是在合并原华北银行、北海银行和西北农民银行的基础上，于 1948 年 12 月 1 日在河北省石家庄市成立的，并于当天发行了人民币。直到 1982 年 7 月，国务院才授权中国人民银行行使中央银行的职能，中国人民银行一家独揽全国的金融管理和经营业务。但由于多种原因，它并未真正发挥中央银行的作用。1986 年 1 月，国务院发布了《中华人民共和国中国人民银行法》，明确规定：中国人民银行是国务院领导和管理全国金融事业的国家机关，是国家的中央银行。从法律上把中国人民银行作为中央银行的地位固定下来。20 世纪 90 年代以后，中国人民银行开始真正发挥对金融进行宏观调控的作用。

我国中央银行的职能是由《中华人民共和国中国人民银行法》规定的。中国人民银行在国务院的领导下，制定和实施货币政策，对金融业实施监督管理。中国人民银行就年度货币供给量、利率、汇率和国务院规定的其他重要事项作出规定，报国务院批准后执行。中国人民银行在国务院领导下依法独立执行货币政策，履行职责，开展业务，不受地方政府、各级政府部门、社会团体和个人的干涉。

中国人民银行履行以下职责：①依法制定和执行货币政策；②发行人民币，管理人民币流通；③按照规定审批、监督、管理金融机构；④按照规定监督金融市场；⑤发布有关金融监管和业务的命令与规章；⑥持有、管理、经营国家外汇储备、黄金储备；⑦代理国库；⑧维护支付、清算系统的正常运行；⑨负责金融业的统计、调查、分析和预测；⑩作为国家的中央银行，从事有关的国际金融活动；⑪国务院规定的其他职责。

(资料来源：范金，朱强，王艳. 中级宏观经济学. 北京：经济管理出版社，2004)

第三节 货币需求理论

一、传统的货币需求理论

货币需求，是指人们宁肯牺牲利息收入而将不能生息的、流动性最强的货币保存在身边的心理倾向。由于人们在不同的条件下，对货币有着不同的需要，因此，这些需要便构成了人们对货币的需求。货币需求有两个方面的含义：一是指人们有哪些需求，二是指决定货币需求的因素有哪些。对这两个问题的不同回答，便形成了不同的货币需求理论。

(一)马克思的货币需求理论

货币需求理论早就有之。马克思在《资本论》中关于货币流通规律的论述是早期货币需求理论的杰出代表。马克思指出，流通中所需的货币量与商品的价格总额成正比，与货币的流通速度成反比。如果用 M 表示流通中所需的货币量，V 表示同名货币的流通次数，即货币的流通速度，P 表示一般物价水平，Q 表示商品总额，则商品的价格总额为 PQ，货币的流通公式可以表示为

$$M = \frac{PQ}{V} \tag{4-10}$$

应该指出的是：①马克思的货币需求理论中，人们对货币的需求主要是交易性需求，即货币主要作为商品流通的媒介；②商品的价格水平独立于货币流通，或者说，商品的价格水平不受货币流通的影响。这种认识与马克思当时所处的时代背景有关。

(二)费雪方程式与剑桥方程式

凯恩斯主义的货币需求理论是在以往货币理论的基础上建立起来的，因此，在研究凯恩斯的货币需求理论之前，先介绍一下比较有代表性的费雪交易方程式和庇古的剑桥方程式。

1. 费雪方程式

美国经济学家欧文·费雪认为，货币是社会经济生活中主要的一种交易、支付工具，货币均衡的要求就是全社会货币交易、支付总额应等于全部出售商品的价格总额。因此，他在 1911 年出版的《货币的购买力：其决定因素及其与信贷、利息和危机的关系》一书中提出了著名的货币需求方程式，该方程式被称为费雪方程式或费雪交易方程式，即

$$MV = PT \text{或} M = \frac{PT}{V} \tag{4-11}$$

式中，M——名义货币需求量，即流通中的现金数量；

V——一年中单位货币平均的流通速度；

P——商品的平均价格水平即物价的一般水平；

T——实际国民收入(产出)；

PT——商品交易总额；

MV——流通中的货币总量。

从形式上看，费雪方程式与马克思的货币流通公式没什么区别，但实际上，两者却存在着本质的不同。其区别在于：他们对公式右边分子的商品价格总额 PQ(或 PT)的看法不同。马克思把价格水平 P 看成是由流通领域以外的生产过程决定的，与货币流通没有直接关系，而费雪方程式中，价格水平 P 完全是由流通规模所决定的内生变量。由于 P 为内生的，则公式(4-11)可以写成

$$\frac{M}{P} = \frac{T}{V} \tag{4-12}$$

公式(4-12)的左边$\frac{M}{P}$表示的是“货币的购买力”或者说是实际的货币需求量。费雪认为，公式右边的实际产出 T 取决于：①技术状况和可供利用的资源的开发利用程度。实际产出越多，所需求的货币量就越大。②分工和专业化程度。分工越细，实际产出越大。③商业信心。人们对经济的前景看好，交易量就越多。④消费者的欲望和偏好。但这些因素大体上保持稳定，因而 T 可以看作固定的。

货币流通速度 V 取决于：①社会的支付制度，包括收入和支出的规则性。一定时间内交易的时距越短，交易次数越多，交易速度越快，则流通中所需的货币量就越少；反之，流通中所需的货币量就越多。②金融制度与习惯。金融机构越发达，使用支票越普遍，货

币的需求量越小。③个人习惯、财富及对未来的预期等。由于这些影响因素变化缓慢，在短期内，它们对货币需求的影响不大，可视为常数，在长期中又不受 M 的影响，因而可以假定 V 给定不变。

费雪方程式所隐含的意义是：由货币购买力决定的货币需求量与名义货币供应量成正比，与价格水平成反比，或者说，货币在宏观经济运行中的唯一作用是决定一般物价水平的高低，两者成同方向、同比例变化。

费雪方程式也存在许多局限：①把货币的交换媒介职能看成是货币的唯一职能，把交换看成是货币需求的唯一原因，而忽略了货币的其他职能；②在商品运动和货币运动的关系上，片面地强调货币运动的主导作用，并用货币量的变动来解释经济循环，颠倒了两者之间的关系；③在分析货币流通速度上，未考虑货币的储藏手段职能，认为货币全部进入流通领域，从而影响价格水平，使其对货币流通速度的分析带有不确定性。

2. 剑桥方程式

英国剑桥大学经济学家教授庇古(A. C. Pigou)在 1917 年出版的《货币的价值》一书中提出了“货币的价值”如何决定的方程式，通常称为剑桥方程式。其方程式为

$$M^{d}=kPY \text{ 或 } \frac{M^{d}}{P}=kY \tag{4-13}$$

式中，P——一个国家的价格水平；

M^{d}——名义货币需求量；

$\frac{M^{d}}{P}$——实际货币需求量；

k——人们以现金形式保留的资产占总资产的比率；

kY——全部资产中以现金形式保留的货币总量。

从形式上看，剑桥方程式与费雪方程式的差别在于 k 只不过是费雪方程式 V 的倒数，但是，剑桥方程式与费雪方程式的主要区别在于：①费雪方程式强调货币流通手段职能，而剑桥方程式则强调货币作为一种资产的职能。②费雪方程式把 M 与支出流量联系在一起，重视货币支出数量与速度，而剑桥方程式则是从用货币形式保有资产存量的角度考虑 M^{d}，重视该存量占收入的比例，认为除了价格水平外，k 也是影响货币需求的重要因素。③费雪方程式从宏观角度用货币数量的变动来解释价格，反过来也得出一定价格水平 T 的名义货币需求量的结论：$M=PT/V$，而剑桥方程式则从微观角度分析——保留货币最为方便，但要付出代价。

但剑桥方程式也存在局限性：①剑桥方程式只反映个人的货币需求，而未包括法人的货币需求；②剑桥方程式在对人们保留货币的原因进行分析时未引入利率因素；③未联系社会再生产过程来分析货币需求；④在货币需求分析中未考虑政府干预因素。

二、货币需求

(一)货币需求的影响因素

影响货币需求的因素很多，主要有以下几个方面。

1. 收入水平

收入水平是影响货币需求的最主要因素。一般地，收入水平与货币需求之间呈同方向变动关系，即收入水平越高，对货币的需求越大；反之，收入水平越低，对货币的需求越小。当然，收入水平一定，取得收入的时间间隔越短，对货币的需求越小；反之，取得收入的时间间隔越长，对货币的需求越大。

2. 物价水平

物价水平对货币需求的影响，主要表现为物价水平的变化改变了实际的货币需求水平，在其他条件不变的情况下，货币需求量与物价水平成正比，即物价水平越高，对货币的需求量越大；反之，物价水平越低，对货币的需求量越小。

3. 利率水平

利率水平与货币的需求量成反向变动关系。利率水平越高，持有货币的机会成本越高，因而人们不愿意大量持有货币；反之，利率水平越低，人们持有货币的机会成本较小，因而更愿意持有货币。

4. 信用制度

一个信用制度比较完善的社会，信用工具多样，人们可以比较容易地得到贷款和现金，或者通过信用工具来支付，尤其是当前大力推行电子化货币的条件下，居民手持现金的数量会减少；反之，在信用制度不健全的社会，人们需要现金是不容易取得或比较麻烦，居民手持现金的数量就会增加，因而货币需求量就会增加。

5. 货币流通速度

在其他条件不变的情况下，货币需求量与货币的流通速度成反比，即货币的流通速度越快，对货币的需求量越少；反之，货币流通速度越慢，对货币的需求量越大。

6. 商品供给总量

在其他条件不变的情况下，货币需求量与整个社会商品的供给总量成正比，即商品可供量越大，商品流通对货币的需求就越多；反之，商品可供量越少，商品流通对货币的需求量就越少。

7. 偏好与预期

居民的心理预期与偏好也是影响货币需求的重要因素。比如，有些人偏好手持货币，因而增加了货币需求，而另一些人则偏好其他金融资产，因而减少了货币需求。当人们预期物价下降，则会增加货币需求，因为，预期物价下跌，购买支出会增加，对货币的需求增加；当人们预期市场利率将上升，出于赢利的目的，对货币的需求将增加。

此外，宏观经济政策、货币制度的变动以及居民的消费倾向等也会影响货币需求。

(二)货币需求的三个动机

凯恩斯在《通论》中提出了影响有效需求的第三条规律：流动偏好规律，即人们对货币使用上的灵活性有一种偏好，宁肯牺牲利息收入，也要把不生息的货币保存在手中。凯恩斯把货币需求称为流动偏好性。他认为，人们之所以宁肯把不生息的货币保存在手中，是因为，同其他资产相比，货币具有使用上的灵活性和便利性，而手持货币可以满足交易动机、预防动机和投机动机。

1. 交易动机

交易动机(Transaction Motive)，又称交易需求(Transaction Demand)，是指企业和个人出于正常交易的需要而产生的持有货币的愿望。这里的交易是指个人为了维持正常的生活而进行购买的活动，以及企业为了维持正常的生产活动而购买原材料、劳动力等的活动。凯恩斯认为，由于收入与支出在时间上的不同步，因此，企业和个人为了正常的生活和生产活动，必须持有足够的货币。企业和个人的收入与支出的时间间隔越长，为了满足正常交易所需要手持的货币量就越大；反之，收入与支出的时间间隔越短，为了满足正常交易所需要手持的货币量就越小。

按照凯恩斯的说法，企业和个人用于交易的货币需求量取决于收入水平和收入与支出的时间间隔，而收入与支出的时间间隔通常在短期内是稳定的，因此，出于交易动机的货币需求主要取决于收入水平。一般地，收入水平越高，所购买的产品与劳务数量越多，从而为应付日常开支所需的货币量就越大。如果在短期内，假设收入与支出的时间间隔既定，那么交易动机对货币的需求量与收入水平的关系可以用线性的函数关系表示为

$$L_1 = k_1 y \tag{4-14}$$

式中，L_1——交易动机对货币的需求；

k_1——每1元国民收入中用于满足交易需求的货币量，$0<k_1<1$；

y——实际国民收入。

于是，交易货币需求曲线如图4.7所示。

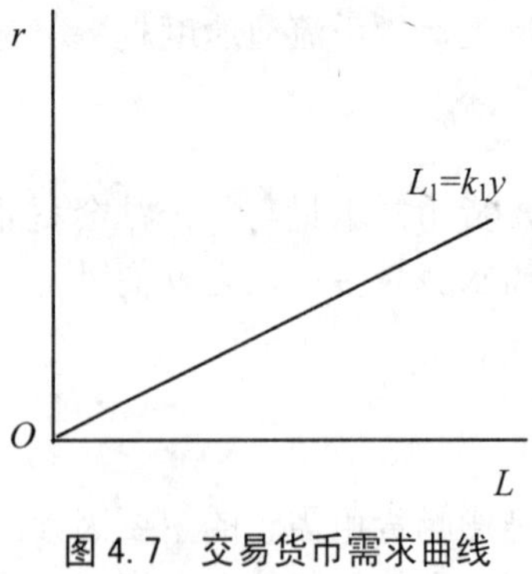

图 4.7　交易货币需求曲线

2. 预防性动机

预防性动机(Preventive Motive)，又称谨慎动机(Precautionary Motive)，是指为应付意外事故或紧急情况的支出而持有一部分货币的愿望。现实生活中，由于不确定性因素的存在，如事故、疾病、失业等需要临时用钱，临时性购买支出以及收入的不确定性，因此需要事先持有一部分货币以备不测。一般地，预防性动机对货币的需求，也是主要取决于收入，即大企业和高收入家庭，用于应付意外事故或紧急情况的货币需求量就越多；反之，

小企业和低收入家庭，用于应付意外事故或紧急情况的货币需求量就越少。因此，预防性动机的货币需求量与收入水平的函数关系，可以表述为

$$L_p = k_2 y \tag{4-15}$$

式中，L_p——预防性动机对货币的需求；

k_2——每 1 元国民收入中用于满足预防性需求的货币量，$0<k_2<1$；

y——实际国民收入。

值得注意的是，无论是出于交易动机还是出于预防性动机，货币需求在一定程度上还受利息率的影响。因为，持有货币而不持有生息债券，货币持有者将损失利息收入，利率越高，持有货币的利息损失越大，因而对货币的需求将越少。不过，由于交易动机对货币的需求量公式(4-14)和预防性动机对货币的需求量公式(4-15)形式相同，在其他条件不变的情况下，为了分析的方便，可以将公式(4-14)和公式(4-15)合并表述为

$$L_1 = L_1(y) = k_1 y + k_2 y = ky(0 < k < 1) \tag{4-16}$$

式中，L_1——交易动机和预防性动机对货币的需求量；

k——出于交易动机和预防性动机对货币的需求量与实际收入的比例，$k = k_1 + k_2$；

y——实际国民收入。

例如，实际收入为 10 000 万元，交易动机和预防性动机所需的货币占实际收入的25%，则这两种动机对货币的需求量为 L_1=10 000×0.25=2500(万元)。

把公式(4-16)这一函数关系用图形来表示，则交易和预防性货币需求曲线如图 4.8 所示。

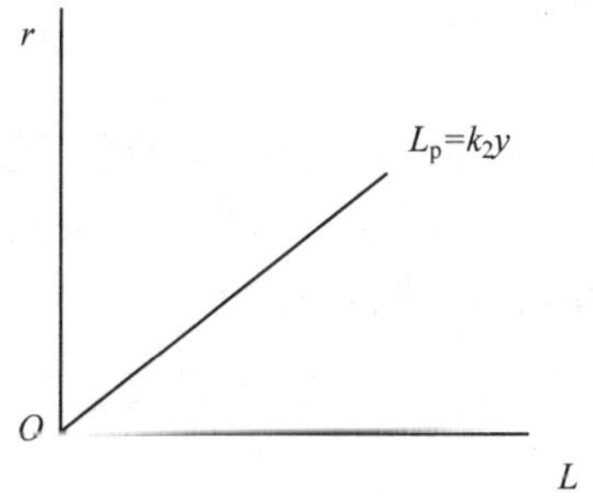

图 4.8　交易和预防性货币需求曲线

3. 投机动机

投机动机(Speculative Motive)是指企业或个人出于购买有价证券的投机利益而手中持有货币的愿望。货币的投机需求是凯恩斯首先提出的。凯恩斯认为，人们之所以宁肯持有不生息的货币，还因为持有货币可供投机性债券买卖之用。他把人们一时不用的财富资产分为两类：一类是货币；另一类是有价证券。他认为，人们要么持有货币而放弃购买债券来获得收益的机会，要么购买债券获得收益而放弃持有货币。那么，人们为什么既不是全部持有债券而获得收益，又不是全部持有货币，而是在持有债券和货币两者之间进行选择？原因是人们还想利用市场利率的变化或有价证券价格的波动来投机获利，在低价时用货币买进有价证券，而在有价证券价格上涨以后卖出，手持货币。

股票、债券等有价证券的价格随利率的变化而变化，当利率下降时，有价证券的价格上涨；反之，当利率上升时，有价证券的价格下跌。如果投机者预期未来的利率下降，有

价证券的价格将上升，出于赢利的目的，他会在较低价格时购进有价证券，则他手中持有的货币将减少；反之，当投机者预期未来利率上升，有价证券的价格将下跌，则他出于赢利的目的，会在较高价位时卖出有价证券，而持有货币。因此，投机动机对货币的需求与利率成反向变动关系，两者之间的关系可表述为

$$债券价格=\frac{债券固定的利息收益}{市场利率} \tag{4-17}$$

假如某面值 1000 元、年利率为 5%固定票息的债券，在市场利率为 5%时

$$债券价格=\frac{1000\times 5\%}{5\%}=1000(元)$$

当市场利率上升为 6%时，债券价格将变为

$$\frac{1000\times 5\%}{6\%}=833.3\,(元)$$

当市场利率下降为 4%时，债券的价格变为

$$\frac{1000\times 5\%}{4\%}=1250\,(元)$$

可见，证券价格与利息率成反向变动关系。凯恩斯认为，利息率对投机动机的货币需求具有决定性的作用。货币需求与利息率的反向变动关系可以表述为

$$L_2=L(r)$$

或

$$L_2=-hr \tag{4-18}$$

式中，L_2——投机动机对货币的需求量；

r——实际利率；

h——货币投机需求的利率弹性，即利率变动一个百分点时货币投机需求量的变化，负号表示货币投机需求与利率成反向变动关系。

货币投机需求与利率的关系可以用图 4.9 表示。

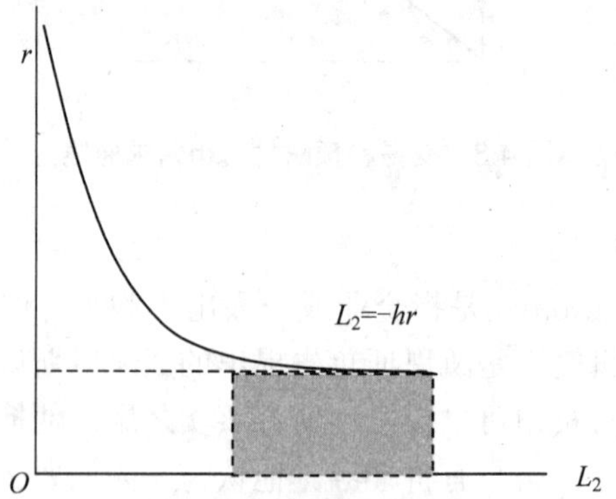

图 4.9 投机货币需求曲线

在图 4.9 中横轴代表投机性货币需求，纵轴代表市场利息率，向右下方倾斜的曲线 L_2 表示投机性货币需求与市场利息率之间成反向变动关系，利率越高，货币需求量越小；反之，利率越低，货币需求量越大。而当利率很高时，投机性货币需求走向一种极端，即 L_2 为零，因为，这时人们会认为，利率不可能再上升，或者说，有价证券的价格不可能再

降低，于是会将持有的货币全部购买证券；而当利率很低时，投机性货币需求走向另一种极端，即 $L_2 \to \infty$，因为，当利率极低时，人们会认为利率不可能再下降或有价证券的价格不可能再上升，于是会把全部的证券卖出，换回货币(这符合购买者购买有价证券的低进高出的投机规则)。此时，不论手头有多少货币，人们都不愿去购买有价证券，而是作为储藏手段保留在身边，这种现象被称为“流动偏好陷阱”或“凯恩斯陷阱”(Liquidity Trap，图中阴影部分)。

(三)货币的需求函数

对货币的需求是人们满足交易动机、预防性动机和投机动机对货币需求的总和，即人们对货币的交易需求、预防性需求和投资需求的总和。货币的交易需求、预防性需求与收入成同方向变动关系，货币的投机需求与利息率成反向变动关系。因此，凯恩斯把三种动机对货币的需求综合起来，便形成了对货币的总需求 L，货币总需求函数可以表述为

$$L = L_t + L_p + L_2 = L_1 + L_2 = L_1(y) + L_2(r) = ky - hr \tag{4-19}$$

公式(4-19)是著名的凯恩斯需求函数或流动偏好函数。

应该注意的是，公式(4-19)中的 L、y 和 r 均为扣除价格变化的实际值，因此，L、L_1 和 L_2 均为实际的货币需求量，即具有不变购买力的实际货币需求量。它有别于名义的货币需求量。实际货币需求量是考虑了通货膨胀因素，而名义货币需求量则是仅指货币的票面价值。实际货币需求量与名义货币需求量的关系可以表述为

$$m = \frac{M}{P} \text{或} M = mP \tag{4-20}$$

式中，M——名义货币需求量；

m——实际货币需求量；

P——价格指数。

例如，名义货币需求量为 1200 亿元，价格指数为 1.2，则实际货币需求量为：1200/1.2=1000(亿元)。

由于 $L = ky - hr$ 表示的是对货币的实际需求量，因此，名义的货币需求函数可以表示为

$$L = Pky - hr \tag{4-21}$$

凯恩斯流动偏好函数也可以用图形来表示，如图 4.10 所示。

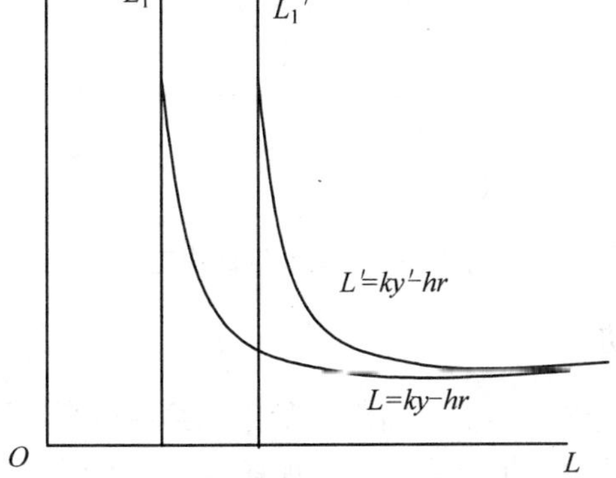

图 4.10　货币需求曲线

图 4.10 中，横轴表示货币需求量 L，纵轴表示利率 r，L 表示包括 L_1 和 L_2 在内的全部货币需求曲线。由于交易动机和预防性动机对货币的需求 L_1 与利率 r 无关，因此 L_1 垂直于横轴。L 曲线的形状与 L_2 相同，只是向右移动了 L_1 距离。当收入水平提高，交易需求和预防性需求增加时，L_1 向右移动到 L_1'，此时，货币总需求曲线向右移动至 L'。

三、利率由货币供求决定

(一)均衡利率的决定

凯恩斯认为，利率不是由投资与储蓄决定，而是由货币的供给量与需求量所决定。因此，均衡利率是指在一定时期、整个货币市场上，当货币需求量和货币供给量相等时的利率。由于货币的供给量一般由中央银行用货币政策来调节，因而是一个外生变量，其大小与利率高低无关，因此，均衡利率决定时，需要分析的是货币的需求量。

如图 4.11 所示，由于实际的货币供给量是外生的，因此货币供给曲线 m 是一条垂直于横轴的直线。这条供给曲线与向右下方倾斜的需求曲线 L 相交于 E 点，E 点就是均衡点，与均衡点 E 相对应的利率 r_0 就是均衡利率，L_0 就是均衡的货币供求量，$L_0=m$。

既然货币的实际供给量是既定的，那么，均衡利率就由货币的需求量决定。当货币市场失衡时，只有通过货币需求的变化来决定。比如，当货币的需求量 L_1 小于货币的供给量 m 时，如图 4.11 的 A 点，表明货币有超供给，这时，人们普遍感到手中的货币太多，于是会把手中的余钱用于购买证券，导致证券价格上升，这种变化过程持续到利率下降到 r_0、货币需求量减少到 L_0 为止。利率的下降会使货币的需求量增加到 L_0。相反，当货币的需求量 L_2 大于货币的供给量 m 时，如图 4.11 的 B 点，表明货币有超需求，这时，人们普遍会感到手中持有的货币不足，于是会把手中的证券卖出换回货币，导致证券价格下跌，这种变化过程持续到利率上升到 r_0、货币需求量减少到 L_0 为止。

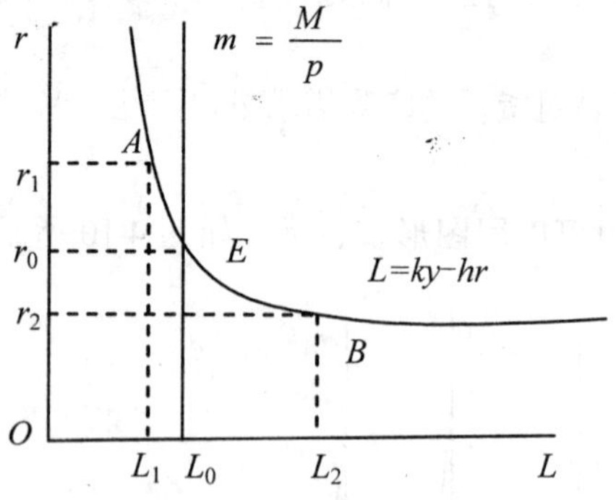

图 4.11　均衡利率的决定

(二)均衡利率的变动

均衡利率不是固定不变的。当货币需求和货币供给发生变动而引起货币需求曲线和供给曲线移动时，均衡利率就相应地发生变动。如图 4.12 所示，开始时货币供给曲线 m 和货币需求曲线 L 相交于 E_0 点，均衡利率为 r_0，货币的均衡需求量为 $L_0=m$。当货币供给曲线不变而需求曲线向右上方移动至 L' 时，货币需求大于供给，导致市场利率上升，其新的均衡点为 m 和 L'的焦点 E_1，均衡利率为 r_1；如果货币需求不变而中央银行增加货币供给，即供给曲线 m 向右移动至 m'，这时，货币的供给超过货币的需求，导致市场利率下降，此时的均衡点为 E_2，其均衡利率为 r_2；当供给曲线和需求曲线都向右移动时，新的供给曲线 m'和新的需求曲线 L'相交于 E_3 点，此时的均衡利率为 r_3。

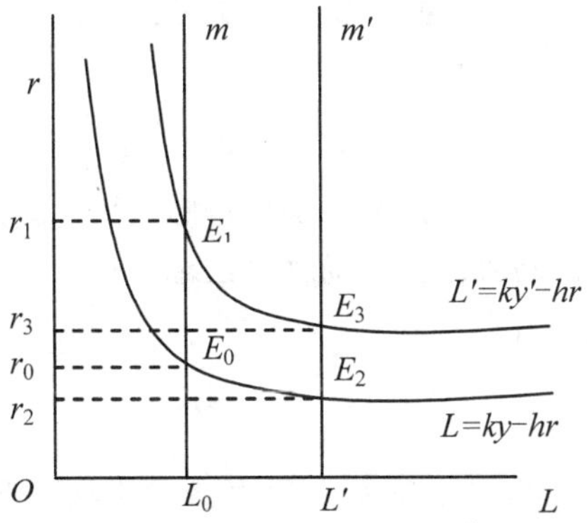

图 4.12　货币需求曲线

本 章 小 结

专题拓展：货币需求理论的发展
WWW

本章介绍了投资理论、货币的供给理论和货币的需求理论。

投资理论主要分析了投资的决定因素及投资函数、凯恩斯的第二条心理规律——资本边际效率递减规律，并说明了只有当资本的边际效率大于市场利率时，投资才是划算的。

货币的供给理论主要阐述货币的功能、货币供给主体、货币供给量的计算以及商业银行体系如何进行存款货币的创造。货币是国民经济运行的血液，对国民经济的健康运行起着重要作用。货币具有交换媒介、价值尺度、储藏手段和延期支付的职能。货币供给量有狭义和广义之分，狭义的货币供给量是指 M_1，包括通货和活期存款；广义的货币供给量是指 M_2。现代宏观经济学中，货币的供给量指的是 M_1。现代市场经济条件下，货币的供给任务是由银行体系来承担的。银行体系由中央银行、商业银行和其他金融机构三部分组成，其中，中央银行在银行体系中居于核心地位，控制和调节基础货币，规定法定存款准备率；而商业银行体系则起着存款货币创造的作用，公众手持现金的意愿也会影响货币的供给量。

凯恩斯的货币需求理论是建立在流动偏好规律基础之上。凯恩斯认为，货币需求受交易性动机、预防性动机和投机性动机的影响。交易性需求和预防性需求随着收入水平的提高而增加，而投机性货币需求与市场利息率之间成反向变动关系，利率越高，货币需求量越小。

均衡利率是货币市场供给和需求双方力量的相互作用达到均衡的产物，当货币的供给量和需求量达到均衡时所确定的利率就是均衡利率。但是，均衡利率也会发生变动，当中央银行变动货币供给量，或者是影响货币需求的因素发生变动从而引起货币需求曲线移动，都可能导致均衡利率发生变动。

复习思考题

1. 名词解释

投资、投资边际效率、资本边际效率、资本边际效率递减规律、流动偏好规律、流动偏好陷阱、交易动机、预防性动机、投机动机、基础货币、法定准备率、货币创造乘数、货币需求、货币供给的含义

2. 选择题

(1) 假定货币供给量和价格水平不变，货币需求为收入和利率的函数，则收入增加时，(　　)。

A. 货币需求增加，利率上升　　B. 货币需求增加，利率下降

C. 货币需求减少，利率上升　　D. 货币需求减少，利率下降

(2) 按照凯恩斯的货币理论，如果利率上升，货币需求将(　　)。

A. 上升　　B. 不变　　C. 下降　　D. 不能确定

(3) 货币创造乘数与多个变量有关，这些变量是(　　)。

A. 法定准备率　　B. 现金存款比率

C. 超额准备率　　D. 以上都是

(4) 当法定准备率为 20%，商业银行最初吸收的存款为 3000 亿元，没有超额准备金和现金漏出，则银行所能够创造的货币总量为(　　)亿元。

A. 20 000　　B. 80 000

C. 15 000　　D. 60 000

(5) 货币供给量一般是指(　　)。

A. 流通中的现金量

B. 活期存款量

C. 流通中的现金量和活期存款量之和

D. 流通中的现金量和活期存款量之差

3. 简答题

(1) 影响投资的主要因素有哪些？

(2) 影响货币供给和货币需求的因素有哪些？

(3) 什么是货币需求？货币需求有哪些动机？

(4) 如何理解“流动偏好陷阱”？

4. 计算题

(1) 假如货币的交易与预防性需求 $L_1=0.2Y$，货币投机性需求 $L_2=2000-500r$。求：

① 货币总需求函数；

② 当利率 $r=6\%$，收入 $Y=10\ 000$ 亿元时，货币需求量是多少？

③ 假如货币供给量 $M_s=2500$ 亿元，国民收入 $Y=6000$ 亿元时，可满足投机性需求的货币是多少？

④ 当国民收入 $Y=10\ 000$ 亿元，货币供给量 $M_s=2500$ 亿元，货币市场的均衡利率是多少？

(2) 假定法定准备率 $r_d=0.1$，提取的现金占新增存款的比例 $r_c=0.4$，那么，货币创造乘数是多少？若增加基础货币 1500 亿元，货币供给将增加多少？

第五章　简单国民收入决定模型

本章导读

宏观经济学所要解决的核心问题是资源的充分利用，换言之，就是国民收入决定问题。在宏观经济学中，有关国民收入决定的理论包括两个方面：一是在假定技术水平和资本存量不变条件下研究国民收入如何决定的短期国民收入决定理论；二是在资源和技术水平变动条件下研究国民收入变动与资源、技术变动关系的长期国民收入决定理论，即经济增长理论和经济周期理论。从本章起，我们将讨论短期国民收入如何决定，即在短期中，经济社会的产出或收入水平是怎样决定的。而关于经济增长理论和经济周期理论的讨论，将在第十章和第十一章进行介绍。

一个经济社会国民收入的决定取决于众多复杂的因素，概括地说，包括宏观经济活动中，由产品市场、货币市场、劳动市场和国外市场达到均衡时所决定的诸多经济变量。在凯恩斯主义关于国民收入决定的理论体系中，把只考察产品市场而忽略其他市场对国民收入决定影响的理论模型，称为简单国民收入决定模型。

简单国民收入决定模型属于凯恩斯的总需求决定均衡国民收入理论之一。凯恩斯认为，在非充分就业状态下，均衡国民收入水平取决于社会总需求水平。因此，本章主要讨论产品市场条件下，两部门、三部门和四部门经济的均衡国民收入的决定，并从总需求的角度分析消费、投资、政府支出和净出口等经济变量对均衡国民收入的影响。

学习目标

通过对本章的学习，使学生了解和掌握短期内一个经济社会均衡国民收入的决定条件，以及影响国民收入的因素发生变动对国民收入产生的影响；掌握均衡国民收入及各种乘数的计算，理解乘数发挥作用的有效性。

关键概念

均衡国民收入(Equilibrium National Income)
总需求(Aggregate Demand)
计划投资(Planed Investment)
计划储蓄(Planed Saving)
乘数理论(Multiplier Theory)

第一节 两部门经济的国民收入决定

一、两部门经济的收入支出

(一)两部门经济的假设条件

在讨论一个国家的国民收入如何决定之前，我们需要作些假设：

(1) 假设分析的经济不存在政府，也不存在对外贸易，只有家庭(居民户)和企业(厂商)两部门。消费行为和储蓄行为发生在家庭部门，生产和投资行为发生在企业部门。还假定企业投资是自主投资，不随利率和产量的变化而变化(或者说投资是外生变量)，由产品创新、技术进步、政府政策等其他因素决定。

(2) 假设社会经济能在现行的价格水平下提供所需的任意数量的产品和劳务，即社会需要多少就能生产多少。也就是说，社会总需求变动时，只会引起产量和收入变动，而不会引起价格变动，这就是西方经济学中的凯恩斯定律(即需求创造供给)。由于凯恩斯写作《就业、利息和货币通论》时，面对的是 1923—1933 年的经济大萧条、工人大批失业、资源大量闲置。在这种情况下，社会总需求的增加，只会使闲置的资源得到利用，使生产增加，而不会使资源的价格上升，从而产品成本和价格大体上能保持不变。

(3) 假设企业的折旧和公司未分配利润为零。

在以上假设条件下，两部门经济中的 GDP、NDP、NI、PI 和 DPI 均相等，所以，在下面的讨论中，我们用 y 表示国民收入。

(二)均衡国民收入的概念

均衡国民收入是宏观经济学中的一个关键变量，均衡国民收入的决定是宏观经济学的核心内容之一。从凯恩斯定律可以得出：经济社会的产出或者说国民收入就决定于总需求。均衡国民收入也叫均衡产出，是指和总需求相等时的产出，或者说是总需求和总供给相等时的国民收入。和微观经济学中的均衡一样，均衡是指一种不再变动的情况。当产出水平(总供给)等于总需求水平时，企业生产就会稳定下来；当产出水平低于总需求水平时，企业非意愿存货减少，市场销售前景看好，厂商就会增加生产，从而导致国民收入增加；当产出水平高于总需求时，企业非意愿存货增加，为了减少亏损，厂商就会减少生产，从而造成国民收入下降。总之，在自由市场经济条件下，企业是根据市场的销售状况来安排生产的，因而会把生产定位在和产品需求一致的水平上。

(三)收入支出分析

按照上面均衡国民收入的定义，均衡国民收入取决于总需求，即计划支出。由于两部门经济中总需求(或称计划支出)只由居民消费支出和企业投资支出构成，于是，均衡国民收入可用公式表示为

$$y = c + i \tag{5-1}$$

式中，y——实际产出或国民收入；

c、i——计划(意愿)消费和计划(意愿)投资数量。

计划消费和计划投资不同于上一章国民收入核算中的事后的实际消费和实际投资(实际投资包括计划投资和非计划存货投资)。例如，假设企业部门生产了 3000 亿美元的产品，但市场实际只需要 2500 亿美元的产品，于是有 500 亿美元的产品成为企业的非意愿投资。这部分存货投资在国民收入核算中是投资支出的一部分。因此，在国民收入核算中实际产出等于计划需求(或称计划支出)加非计划存货投资，即 3000 亿美元。但在国民收入决定理论中，均衡国民收入指与计划需求相一致的产出。在均衡水平上，计划支出 2500 亿美元正好等于计划产出，非计划存货投资等于零。

当消费函数为$c=a+by$，计划投资 i 为外生变量时，由均衡条件$y=c+i$可得到两部门经济的均衡国民收入：

$$y=\frac{a+i}{1-b} \tag{5-2}$$

可见，如果已知消费函数和投资量，就可求得均衡国民收入。例如，假设消费函数为$c=100+0.8y$，自发性计划投资 i 为 50 亿美元，则均衡国民收入为

$$y=\frac{100+50}{1-0.8}=750(\text{亿美元})$$

下面用图来说明均衡国民收入的决定。

将式(5-1)$y=c+i$的关系用图 5.1 表示。在图中，横轴表示国民收入，纵轴表示总需求(计划支出)，从原点出发的 45°线上的各点都表示支出和收入相等。在图中总需求曲线$c+i$与 45°线相交于均衡点 E_0，此时与均衡点 E_0 相对应的总需求和总收入(即总产出)相等，均为 750 亿美元，说明生产数额正好等于需要支出(消费和投资)的数额。若产出为 800 亿美元，大于均衡国民收入 750 亿美元，说明企业生产出来的产量大于它们的销售量，非意愿存货投资(图中用 IU 表示)大于零，企业就会削减生产，使收入重新向均衡国民收入 750 亿美元靠拢；反之，当产出为 700 亿美元，小于均衡国民收入 750 亿美元，非意愿存货投资 IU 小于零，企业存货出现意外减少，这时企业会扩大生产，增加产量，使收入向均衡收入靠拢。因此，只有当国民收入为 750 亿美元时，所决定的总需求水平等于总收入水平，非意愿存货投资为零，国民收入才会处于稳定的均衡状态。

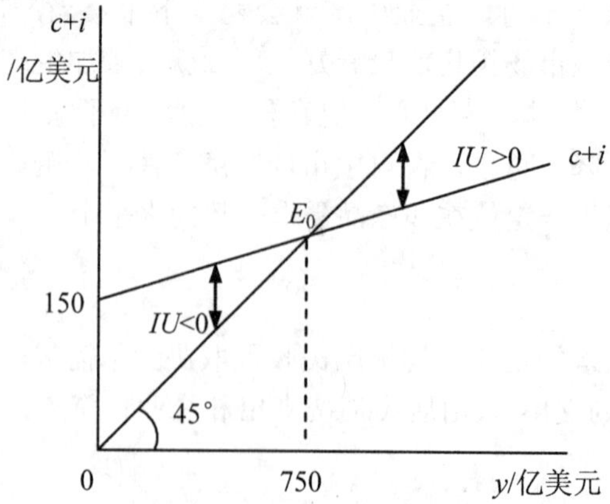

图 5.1　总需求曲线和 45°线相交决定均衡国民收入

二、投资储蓄分析

均衡国民收入的条件 $y=c+i$ 也可用 $i=s$ 来表示。因为生产创造的收入等于计划消费加计划储蓄，即 $y=c+s$ (其中，y、c、s 都是剔除了价格变动的实际收入、实际消费和实际储蓄)，因此有 $c+i=c+s$，等式的两边消去 c，则得

$$i=s \tag{5-3}$$

上式中，投资等于储蓄，是指经济要达到均衡时计划投资必须等于计划储蓄，这一均衡条件不同于在国民收入核算中的 $I=S$。在国民收入核算中，$I=S$ 是指实际发生的投资(包括计划投资和非计划存货投资在内)始终等于实际储蓄。但在国民收入决定理论中，计划投资不一定总是等于计划储蓄，只有二者相等时，国民收入才处于均衡状态。

由于储蓄函数为 $s=-a+(1-b)y$，计划投资 i 为外生变量，于是将储蓄函数和投资 i 代入均衡条件 $i=s$ 得到两部门经济均衡国民收入为

$$y=\frac{a+i}{1-b} \tag{5-4}$$

上例中，当 $c=100+0.8y$ 时，$s=-100+(1-0.8)y=-100+0.2y$，$i$=50，代入均衡条件 $i=s$ 有，$50=-100+0.2y$，解之得均衡国民收入为 $y=750$ (亿美元)。

用计划投资等于计划储蓄方法来决定均衡国民收入，可用图 5.2 来说明。

图 5.2 中横轴表示收入，纵轴表示储蓄和投资，s 代表储蓄曲线，i 代表投资曲线。在产品市场上，由于投资被假定为不随收入而变化的自发投资，因此，投资曲线与横轴平行，其间距始终等于 50 亿美元。储蓄随收入变动而变动，由直线 $s=-a+(1-b)y$ 表示。投资曲线与储蓄曲线相交于 E_0，与 E_0 对应的收入为均衡国民收入 750 亿美元。若实际产出小于均衡国民收入 750 亿美元，表明投资大于储蓄，社会生产供不应求，企业存货减少，企业就会扩大生产，使收入水平向右移动，直到均衡国民收入为止。相反，当实际生产大于均衡国民收入 750 亿美元，表明投资小于储蓄，社会生产供大于求，企业非计划存货增加，企业就会减少生产，使收入水平减少并向左移动，直到均衡国民收入 750 亿美元为止。只有在均衡收入水平上，企业才会稳定下来。

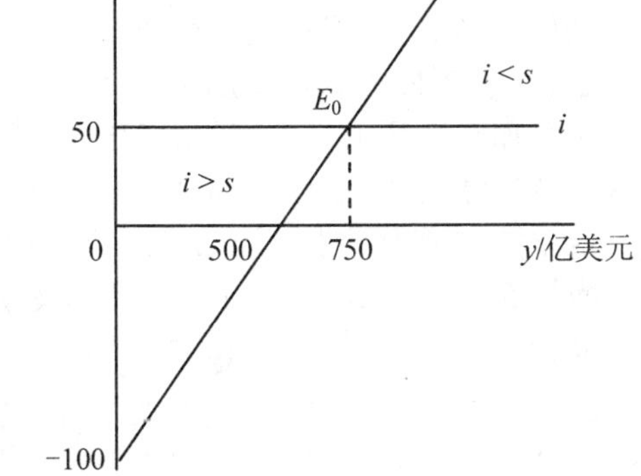

图 5.2　储蓄曲线和投资曲线相交决定均衡国民收入

利用以上讨论的收入支出分析和投资储蓄分析求得的均衡国民收入相同(见式(5-2)和式(5-4))，因为储蓄函数是从消费函数中派生出来的。

三、乘数原理

在 1931 年 6 月的《经济学杂志》上，当时作为英国剑桥大学学生的卡恩(R.F.Kahn)发表了《国内投资与失业的关系》一文，文中率先推出乘数理论，主要阐述国家公共工程开支与总就业量之间的乘数关系(称就业乘数)。1936 年，凯恩斯在《就业、利息与货币通论》一书中沿用了卡恩的观点，并通过引入边际消费倾向概念，系统阐述了投资乘数原理。经济生活中一定规模的投资增加，在一定程度上对就业和国民收入产生积极的影响，有效地促进生产和消费的扩大，这就是国民收入乘数理论的雏形。国民收入乘数原理是凯恩斯需求管理的主要支柱之一。

通过上一节的例子可以看到，当自发性投资为 50 亿美元时，均衡国民收入是 750 亿美元；若自发性投资现在增加到 60 亿美元，则根据式(5-2)计算的均衡国民收入就会增加到 800 亿美元。可见，投资增加会引起国民收入增加，但是一定量投资的增加会使国民收入增加多少，即投资增加与国民收入增加之间的数量关系如何呢？凯恩斯通过投资乘数来说明投资变动与国民收入变动量之间的数量关系。

乘数是指自发总需求(如自发性投资、自发性消费、政府支出的变动、税收的变动、净出口的变动等)的增加所引起的国民收入增加的倍数，或者说是国民收入增加量与引起这种增加量的自发总需求增加量之间的比率。从上述例子中，我们看到投资只增加 10 亿美元，均衡国民收入却增加了 50 亿美元，增加的国民收入是增加的投资的 5 倍。这个倍数 5 就是投资乘数。可见，投资乘数是国民收入变化的增加量与引起这种增加量的投资增加量之间的比率。如果用 k_i 表示投资乘数，Δi 表示投资增加量，Δy 表示国民收入增加量，则投资乘数的计算公式为

$$k_i = \frac{\Delta y}{\Delta i} \tag{5-5}$$

现在举例说明投资乘数的作用过程。假设某一经济社会投资增加 Δi=10 亿美元，并假设边际消费倾向为 b=0.8。当投资增加 Δi 后，总需求会立即增加 Δi，从而使国民收入也增加 Δi，这 10 亿美元是投资对国民收入的第一轮增加。在两部门经济中，国民收入增加即为居民户收入增加，因此，在边际消费倾向为 b 的条件下，居民户收入增加 Δi 后，又会引起消费需求增加 $b\Delta i$=8 亿美元，使国民收入再增加了 8 亿美元，这是收入的第二轮增加。收入的第一轮增加与第二轮增加在性质上是不同的。第一轮增加是由经济体外生性投资变动引起的，因此属于收入的外生性增加，第二轮增加是由经济体内生性收入增加引起的，属于收入的内生性增加。根据同样道理，收入还会经历第三轮、第四轮……的内生性增加。最后，使均衡国民收入增加 50 亿美元，大于初始投资的变动 10 亿美元。由初始投资增加 Δi 所带来的国民收入增加量 Δy 这一过程可以表示为

$$\begin{aligned}\Delta y &= \Delta i + b\Delta i + b^2\Delta i + b^3\Delta i + \cdots \\ &= \Delta i(1+b+b^2+b^3+\cdots) \\ &= \frac{1}{1-b}\Delta i\end{aligned}$$

案例解读：我国扩张财政政策与投资乘数
WWW

$$=\frac{1}{1-0.8}\times 10=50\,(\text{亿美元})$$

于是，投资乘数

$$k_i=\frac{\Delta y}{\Delta i}=\frac{1}{1-b}=\frac{1}{1-0.8}=5$$

由于此处 b 为边际消费倾向 MPC，所以，投资乘数的公式又可表示为

$$k_i=\frac{1}{1-MPC}=\frac{1}{MPS} \tag{5-6}$$

可见，乘数的大小与边际消费倾向有关。边际消费倾向越大，或者边际储蓄倾向越小，则乘数就越大。这是因为边际消费倾向越大，增加的国民收入中就有更多的部分用于消费，从而使总需求和国民收入增加得更多。

另外，从乘数的式(5-6)还可以看出，因为边际消费倾向是小于 1，所以，乘数一定是大于 1 的。这也反映了国民经济各部门之间存在着密切的联系。某一部门自发性投资的增加，不仅会使本部门收入增加，而且会在其他部门引起连锁反应，从而使这些部门的需求与收入也增加，最终是国民收入的增加数倍于最初自发性投资的增加。

乘数效应也可以用图 5.3 来表示。在图中，$c+i$ 代表原来的总支出线，$c+i'$ 代表新的总支出线，$i'=i+\Delta i$，原来的均衡收入为 $y_0=750$ 亿美元，新的均衡收入为 $y'=800$ 亿美元，$\Delta y=y'-y_0=k_i\Delta i=50$(亿美元)。这说明上例中投资从 50 亿美元增加到 60 亿美元，即 Δi=10 亿美元，均衡国民收入从 750 亿美元增加到 800 亿美元，即 Δy=50 亿美元，投资乘数 k_i =5。

应该承认，国民经济各部门之间确实存在着乘数原理所反映的这种连锁反应，国民收入的增加大于最初自发性投资的增加，但乘数发生作用是需要有一定条件的。这就是说，只有在社会上各种资源没有得到充分利用时，总需求的增加才会使各种资源得到利用，产生乘数作用。如果社会上各种资源已经得到充分利用，或者某些关键部门(如能源、原材料或交通)存在着制约其他资源利用的“瓶颈”状态，乘数也无法发挥作用。此外，乘数的作用是双重的，即当自发性投资增加时，所引起的国民收入的增加大于最初投资的增加量；当自发性投资减少时，所引起的国民收入的减少也会大于最初自发性投资的减少量。所以，经济学家形象地把乘数称为一把“双刃剑”。

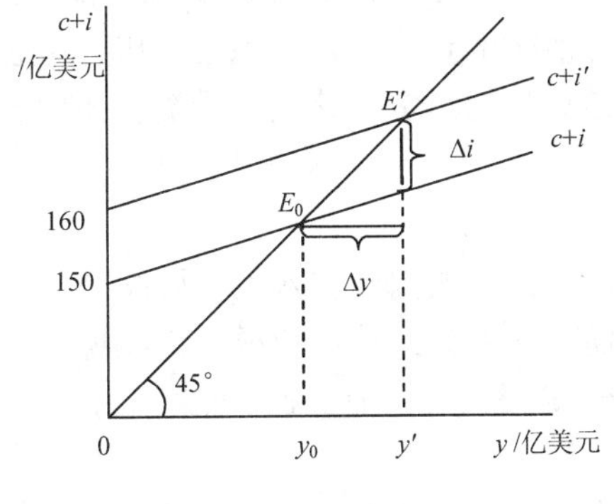

图 5.3 乘数效应

第二节　三部门经济的国民收入决定

一、三部门经济的国民收入

(一)三部门经济的假设条件

在三部门经济中，除了厂商和居民户外，还有政府部门。讨论加入政府活动后的三部门经济的国民收入决定，需要再做出以下假设。

(1) 经济社会是封闭的，不存在进出口。

(2) 撇开折旧，只讨论国内生产净值 NDP 的决定，所以投资仍指净投资。

(3) 政府的收入只有个人所得税，间接税、社会保险税和公司所得税均为零。

(4) 公司利润全部分配，不存在未分配利润。

根据这些假设条件，NDP、NI 和 PI 都相等，但 DPI(y_d)却小于个人收入 PI(或国内生产净值)，因为个人可支配收入是扣除个人所得税后的收入，即 $y_d = y - t + tr$，其中，t 表示税收，tr 表示政府转移支付。

(二)三部门经济国民收入决定条件

在以上假设条件下，均衡国民收入的决定条件仍然是总支出(总需求)等于总收入(总供给)。只不过总支出和总收入的内容有所变化。在三部门经济中，从总支出角度看，国民收入包括消费支出、投资支出和政府购买支出。需要注意的是，产品市场上政府购买支出和政府支出并不相同。因为政府支出既包括政府的购买支出，又包括政府的转移支付。政府的转移支付并不直接形成对产品市场最终产品和劳务的需求，而是通过政府的转移支付行为形成其他部门的收入，间接地形成其他部门的需求。所以，三部门经济中政府需求不包括政府的转移支付，只包括政府的购买支出。如果用 g 表示政府的购买支出，则三部门经济的总支出可以表示为

$$AE = c + i + g$$

在宏观经济学中，一般假定政府购买支出 g 是一个外生变量，即政府购买支出水平不由经济体内部因素决定，而是由政府行政和立法部门单方面决定的。

三部门经济中总收入(总供给)用 y 表示，按照总支出等于总收入原则，则三部门经济的均衡国民收入可决定条件是计划的消费、计划的投资和计划的政府购买之总和等于总收入，即

$$y = c + i + g \tag{5-7}$$

根据国民收入核算理论，三部门的国民收入包括居民的可支配收入和政府税收。居民可支配收入可分解为消费和储蓄两部分；政府的税收指净税收，即总税收减去政府转移支付后的税收净额。如果用 t 表示净税收，则总收入可表示为

$$y = c + s + t \tag{5-8}$$

因此，三部门经济国民收入决定条件式(5-7)也可以表示为

$$c + i + g = c + s + t \tag{5-9}$$

式(5-9)表示均衡国民收入是由计划的消费、投资和政府购买之和与计划的消费、储蓄

和净税收之总和相等来决定的。

消去上式等号两边的消费 c，得

$$i+g=s+t \tag{5-10}$$

式(5-10)是三部门经济中均衡国民收入的决定条件。

在这里，政府的税收可分为两种情况，一种为定量税，即税收不随收入而变动，用 t 表示；另一种为比例税，即税收随收入变化而变化，可以用 $t=t(y)$ 来表示。在这两种不同情况下，所得的均衡国民收入并不相同。下面先来分析定量税制度下的均衡国民收入决定与变动。

(三)定量税制度下的三部门经济国民收入决定

在三部门经济中，决定消费需求的不再是总收入，而是居民的可支配收入 DPI。居民的可支配收入等于人们的税后收入再加上政府的转移支付，其中政府转移支付也被看作由政府所决定的外生变量。用 $y_{\rm d}$ 代表可支配收入，t 代表定量税收额，tr 代表政府转移支付，则 $y_{\rm d}=y-t+tr$，相应的消费函数可以写成

$$c=a+by_{\rm d}=a+b(y-t+tr) \tag{5-11}$$

于是，完整的三部门国民收入决定模型可以写成

$$\begin{cases} y=c+i+g & \text{均衡条件} \\ c=a+b(y-t+tr) \\ i=\bar{i} \\ g=\bar{g} \\ tr=\overline{tr} \end{cases} \tag{5-12}$$

解方程组(5-12)得到三部门经济的均衡国民收入：

$$y=\frac{1}{1-b}(a+i+g-bt+btr) \tag{5-13}$$

由上式可以看出，均衡国民收入受自发消费 a、边际消费倾向 b、私人企业投资 i、政府购买支出 g、定量税 t 和政府转移支付 tr 等因素的影响。其中，自发消费 a、边际消费倾向 b、私人企业投资 i、政府购买支出 g 和政府转移支付 tr 的变化会导致国民收入增加，而定量税 t 的增加却导致国民收入减少。

【例 5-1】假设三部门经济社会的消费函数为 $c=100+0.8y_{\rm d}$，投资 i=50，政府购买性支出 g=200，政府的转移支付 tr=62.5，定量税 t =250(单位为 10 亿美元)，求均衡国民收入。

解：根据已知条件得可支配收入 $y_{\rm d}=y-t+tr=y-250+62.5=y-187.5$。于是，消费函数 $c=100+0.8y_{\rm d}=100+0.8y-150=-50+0.8y$。

将 c、i、g 代入三部门经济均衡国民收入决定条件 $y=c+i+g$ 得

$$y=-50+0.8y+50+200$$

解上式得 $y=1000$，即均衡国民收入为 1000 亿美元。

除了以上使用收入支出分析方法讨论均衡国民收入的决定，在三部门经济条件下我们也可以使用投资储蓄分析方法，即均衡条件为

$$i+g=s+t \tag{5-14}$$

但要特别注意，这里的储蓄函数为

$$s=-a+(1-b)y_{\mathrm{d}}=-a+(1-b)(y-t+tr)=-100+0.2(y-250+62.5)=-137.5+0.2y$$

将储蓄函数代入 $i+g=s+t$ 即可求得均衡国民收入，其结果与式(5-13)相同。

三部门均衡国民收入的决定可以用图 5.4 来表示。图 5.4(a)反映总支出等于总收入，即支出收入分析。横轴代表国民收入，纵轴代表总需求(总支出)。三部门经济时总支出曲线与 45°线相交于均衡点 E_1，E_1 对应的均衡国民收入为 1000 亿美元。当政府支出从 200 亿美元增加到 300 亿美元时，总支出曲线为 $c+i+g'$，新的均衡点为 E_2，均衡国民收入由原来的 1000 亿美元增加到 1500 亿美元。

图 5.4(b)反映投资等于储蓄决定均衡国民收入。横轴代表国民收入，纵轴表示储蓄加税收或者投资加政府购买。图中 $i+g=250$ 亿美元，表示投资加政府购买支出所形成的支出线，而 $s+t=0.2y-137.5$，表示储蓄加定量税所形成的曲线。$i+g$ 曲线与 $s+t$ 曲线相交于 E_1，和 E_1 相对应的收入为均衡国民收入 $y=1000$ 亿美元。当政府支出从 200 亿美元增加到 300 亿美元时，支出曲线为 $i+g'=350$ 亿美元，新的均衡点为 E_2，均衡国民收入由原来的 1000 亿美元增加到 1500 亿美元。从图中可以看出，如果想使国民收入提高，可以通过增加政府购买支出即提高 $i+g$ 曲线的位置，或通过政府减少税收即使 $s+t$ 曲线向右下方平移达到目的。

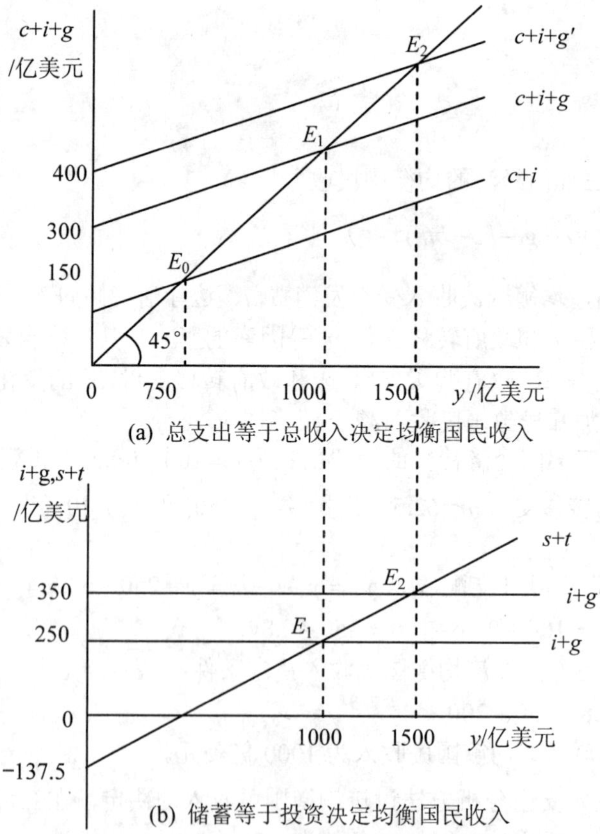

(a) 总支出等于总收入决定均衡国民收入

(b) 储蓄等于投资决定均衡国民收入

图 5.4　定量税制下均衡国民收入的决定与变动

(四)比例税制度下的三部门经济国民收入决定

在比例税制下，政府税收随收入变化而变化。假定政府税收分为两部分：一部分是不受收入影响的自发性税收，自发性税收为一常数，是固定税收；另一部分是随收入变化而变化的比例税收。用 t 表示政府税收，t_0 表示固定不变的定额税部分，t' 表示边际税率，这时税收函数可以写成

$$t = t_0 + t'y \tag{5-15}$$

可支配收入的公式为

$$y_d = y - t + tr = y - t_0 - t'y + tr \tag{5-16}$$

于是，消费函数可以写为

$$c = a + by_d = a + b(y - t_0 - t'y + tr) \tag{5-17}$$

这样，比例税制条件下，三部门经济中均衡国民收入的决定模型为

$$\begin{cases} y = c + i + g & \text{均衡条件} \\ c = a + b(y - t_0 - t'y + tr) \\ i = \bar{i} \\ g = \bar{g} \\ tr = \overline{tr} \end{cases} \tag{5-18}$$

解方程组(5-18)可得到比例税制下三部门经济的均衡国民收入为

$$y = \frac{1}{1 - b(1 - t')}(a + i + g - bt_0 + btr) \tag{5-19}$$

前面已了解了政府购买支出和定量税条件下税收变化对国民收入的影响。现在通过图形来说明比例税制条件下均衡国民收入的决定，以及税率变动对国民收入的影响。

图 5.5 中，边际税率 t'的大小决定 $s+t'y$ 曲线的斜率大小。当边际税率为较高的 t_0'时，均衡国民收入为 E_0 点对应的 y_0；当边际税率降低到 t_1' 时，均衡国民收入增加到 E_1 点对应的 y_1。由此可见，税率上升，均衡国民收入减少；税率下降，均衡国民收入增加。这是由于税率上升，居民的可支配收入减少，消费支出下降，引起总需求减少，从而导致国民收入下降。

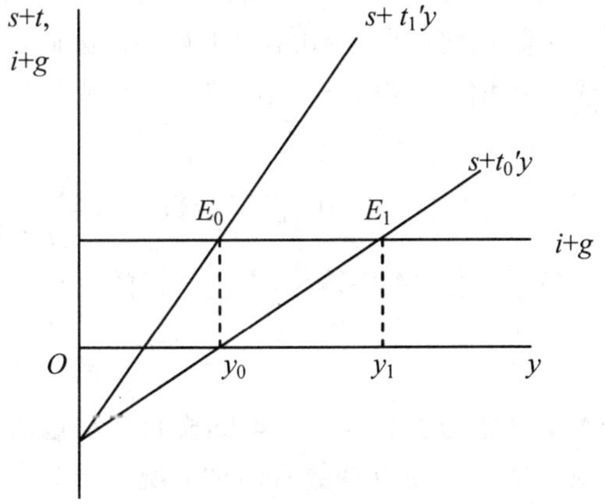

图 5.5 税率变动对均衡国民收入的影响

二、三部门经济中的乘数

西方经济学认为，不仅投资支出变动对国民经济变动产生乘数效应，政府的各项收支活动同样会有乘数效应。这是因为政府的购买性支出、税收、转移性支出都会影响居民的消费需求，从而影响国民收入。

(一)定额税制下的各种乘数

在三部门经济中，除了前面提到的投资乘数，其他乘数还包括政府购买支出乘数、税收乘数、政府转移支付乘数和平衡预算乘数。下面分别说明各种乘数的含义和计算公式。

1. 政府购买支出乘数

所谓政府购买支出乘数，是指国民收入变动与引起这种变动的政府购买支出变动的比率。以 Δg 表示政府购买支出变动量，Δy 表示收入变动量，则政府购买支出乘数 k_g 为

$$k_g=\frac{\Delta y}{\Delta g} \tag{5-20}$$

在式(5-13)中，$y=\frac{1}{1-b}(a+i+g-bt+btr)$，假设影响国民收入的变量自发性消费、自主投资、定量税和政府转移支付等均保持不变，分别为 a_0、i_0、tr_0 和 t_0，只有政府购买支出 g 变动，则当政府购买支出从 g_0 变化为 g_1 时，相应的均衡国民收入分别为

$$y_0=\frac{1}{1-b}(a_0+i_0+g_0-bt_0+btr_0)$$

$$y_1=\frac{1}{1-b}(a_0+i_0+g_1-bt_0+btr_0)$$

于是 $$\Delta y=y_1-y_0=\frac{1}{1-b}(g_1-g_0)=\frac{\Delta g}{1-b}$$

$$k_g=\frac{\Delta y}{\Delta g}=\frac{1}{1-b} \tag{5-21}$$

可见，k_g 为正值，它等于 1 减边际消费倾向(b)的倒数。经济含义是：在其他条件不变的情况下，政府购买支出增加 1 单位，所带来的均衡国民收入的变化量。

举例来说，如消费者的边际消费倾向 b=0.8，则 k_g=5。因此，若政府改变购买支出，增加 100 亿美元，则国民收入可增加 500 亿美元，政府购买支出减少 100 亿美元，国民收入也要减少 500 亿美元。

使用同样方法，可以求得三部门经济中的投资乘数 $k_i=\frac{\Delta y}{\Delta i}=\frac{1}{1-b}$。可见，政府购买支出变动对国民收入的影响效果与投资的影响是完全一样的。

2. 税收乘数

税收乘数是指国民收入变动量与引起这种变动的税收变动量的比率，反映每增加 1 单位的税收会导致国民收入减少多少。税收乘数有两种情况，一种是税率变动对国民收入的影响，另一种是税收绝对量变动对总收入的影响。这里只考虑税收绝对量变动对国民收入产生影响的乘数。

以 k_t 表示税收乘数，Δt 表示税收变动额，则税收乘数可以写成 $k_t=\dfrac{\Delta y}{\Delta t}$。假定其他条件不变，只有税收从 t_1 变动为 t_2，则通过式(5-13)可以求得

$$k_t=\frac{\Delta y}{\Delta t}=\frac{-b}{1-b} \tag{5-22}$$

税收乘数为负值，表明国民收入随税收增加而减少，随税收减少而增加。原因是税收增加，导致人们可支配收入减少，从而消费会减少，因而税收变动和国民收入变动方向相反。税收乘数的绝对值等于边际消费倾向与 1 减边际消费倾向之比，或边际消费倾向与边际储蓄倾向之比。

举例来说，如消费者的边际消费倾向 b=0.8，则 k_g=−4，因此，若政府增加定量税 100 亿美元，则国民收入就减少 400 亿美元；相反，政府减税 100 亿美元，国民收入增加 400 亿美元。

3. 政府转移支付乘数

政府转移支付乘数指国民收入变动量与政府转移支付变动量的比率。用 k_{tr} 表示政府转移支付乘数，Δtr 表示政府转移支付变动量，则政府转移支付乘数可以表示为 $k_{tr}=\dfrac{\Delta y}{\Delta tr}$。在其他条件不变，只有政府转移支付 k_{tr} 变动的情况下，可以通过式 $y=\dfrac{1}{1-b}(a+i+g-bt+btr)$ 求得

$$k_{tr}=\frac{\Delta y}{\Delta tr}=\frac{b}{1-b} \tag{5-23}$$

政府转移支付乘数为正值，这是因为政府转移支付增加，会使人们的可支配收入增加，因而消费也会增加，导致国民收入增加。其数值等于边际消费倾向与 1 减边际消费倾向之比，或边际消费倾向与边际储蓄倾向之比。政府转移支付乘数与税收乘数的绝对值相同，但符号相反。

举例说明，假如消费者的边际消费倾向 b−0.8，则 k_{tr}−4，因此，若政府转移支付增加 100 亿美元，则国民收入可增加 400 亿美元，政府转移支付减少 100 亿美元，国民收入也要减少 400 亿美元。

对比上面所讲的政府购买支出乘数、税收乘数和政府转移支付乘数的绝对值，可以发现 $|k_g|>|k_t|$，$|k_g|>|k_{tr}|$，这是因为政府购买支出增加 1 美元，从一开始就会使总支出(总需求)增加 1 美元。但是，减税 1 美元，只会使可支配收入增加 1 美元，而这 1 美元中只有一部分，即上例中的 0.8 美元用于增加消费，其余增加了储蓄(0.2 美元)。因此，减税 1 美元仅是总需求增加 0.8 美元，减税对收入变化的影响没有增加政府支出 1 美元对收入变化的影响大。

正是由于政府购买支出乘数大于税收乘数和政府转移支付乘数。西方学者认为，改变政府购买支出水平对宏观经济活动的效果大于改变税收和转移支付的效果；改变政府购买支出水平是财政政策中最有效的手段。

4. 平衡预算乘数

从上面可以看出，政府购买支出增加会导致国民收入增加，税收增加又会导致国民收

入减少。那么，政府的税收和购买支出同时变动一个相同的数额，国民收入又会如何变动呢？为了说明这个问题，西方经济学引入了平衡预算乘数这个概念。

所谓平衡预算乘数是指政府购买支出和税收同时以一个相同的数额变动所引起的国民收入变动额与政府购买支出变动额(或税收变动额)的比率。以 Δg 、 Δt 分别表示政府购买支出和税收变动额，且 $\Delta g=\Delta t$ ，平衡预算乘数 k_b 可以表示为

$$k_b=\frac{\Delta y}{\Delta g}=\frac{\Delta y}{\Delta t}$$

下面是平衡预算乘数计算公式的推导：

以 Δy_g 和 Δy_t 分别表示由于政府购买支出和税收变动导致的国民收入变动额，Δy 表示政府购买支出和税收同时变动一个相同的数额所引起的国民收入变动额。于是有

$$\Delta y=\Delta y_g+\Delta y_t=k_g\Delta g+k_t\Delta t=\frac{1}{1-b}\Delta g+\frac{-b}{1-b}\Delta t$$

由于假定 $\Delta g=\Delta t$ ，因此有

$$\Delta y=\frac{1}{1-b}\Delta g+\frac{-b}{1-b}\Delta g=\frac{1-b}{1-b}\Delta g=\Delta g$$

或

$$\Delta y=\frac{1}{1-b}\Delta t+\frac{-b}{1-b}\Delta t=\frac{1-b}{1-b}\Delta t=\Delta t$$

可见

$$k_b=\frac{\Delta y}{\Delta g}=\frac{\Delta y}{\Delta t}=\frac{1-b}{1-b}=1 \tag{5-24}$$

式(5-24)说明，当政府购买支出和税收同时变动一个相同的数额时，国民收入会同方向变动，且变动数额等于政府购买支出变动额或税收变动额。例如，政府购买支出增加100 亿美元带来国民收入增加 500 亿美元，税收增加 100 亿美元，导致国民收入减少 400 亿美元。因此，政府购买支出和税收同时增加 100 亿美元时，政府从预算看是平衡的，但均衡国民收入却增加了 100 亿美元。

(二)比例税制下的各种乘数

在比例税制下，投资以及政府的各项收支活动的变动同样会影响到国民收入的变动。只不过描述二者之间变动关系的乘数的数值发生了变化。下面以政府购买支出乘数为例，比例税制条件下均衡国民收入的决定式(5-19)，即 $y=\frac{1}{1-b(1-t')}(a+i+g-bt_0+btr)$ 来说明政府购买支出乘数的计算。

前面讲过，在其他条件均保持不变的情况下，政府购买支出增加会导致均衡国民收入增加。根据式(5-19)，政府购买支出分别为 g_0 和 g_1 时，相应的均衡国民收入为

$$y_0=\frac{1}{1-b(1-t')}(a+i+g-bt_0+btr)$$

$$y_1=\frac{1}{1-b(1-t')}(a+i+g_1-bt_0+btr)$$

则均衡国民收入的变动量为

$$\Delta y=y_1-y_0=\frac{1}{1-b(1-t')}(g_1-g_0)=\frac{\Delta g}{1-b(1-t')}$$

政府购买支出乘数为

$$k_g = \frac{\Delta y}{\Delta g} = \frac{1}{1-b(1-t')} \tag{5-25}$$

同理，可以推导出比例税制下其他各种乘数：

投资乘数

$$k_i = \frac{\Delta y}{\Delta i} = \frac{1}{1-b(1-t')} \tag{5-26}$$

税收乘数(指定额税收乘数)

$$k_t = \frac{\Delta y}{\Delta t_0} = \frac{-b}{1-b(1-t')} \tag{5-27}$$

专题拓展：边际税率乘数 WWW

政府转移支付乘数

$$k_{tr} = \frac{\Delta y}{\Delta tr} = \frac{b}{1-b(1-t')} \tag{5-28}$$

在比例税制下，平衡预算乘数仍旧等于 1。这是因为，在税收随收入变化的情况下，国民收入的变化为政府购买支出变化 Δg 加消费支出变化，而消费支出的变化为可支配收入的边际消费倾向 b 和可支配收入变动量 Δy_d 之乘积，即 $\Delta y = \Delta g + b\Delta y_d$，可支配收入会随税收增加而减少，其变动量 $\Delta y_d = \Delta y - \Delta t$。因此，$\Delta y = \Delta g + b\Delta y_d = \Delta g + b(\Delta y - \Delta t)$。在平衡预算情况下，$\Delta g = \Delta t$，因此，有

$$\begin{aligned}\Delta y &= \Delta g + b\Delta y_d = \Delta g + b(\Delta y - \Delta t)\\ &= \Delta g + b(\Delta y - \Delta g)\\ &= \Delta g + b\Delta y - b\Delta g\end{aligned}$$

整理上式得

$$(1-b)\Delta y = (1-b)\Delta g$$

因此得

$$k_b = \frac{\Delta y}{\Delta g} = \frac{1-b}{1-b} = 1 \tag{5-29}$$

k_b 即为平衡预算乘数。

下面举例说明三部门经济中比例税制下均衡国民收入及各种乘数的计算。

【例 5-2】假设三部门经济社会的消费函数为 $c = 100 + 0.8y_d$，投资 i=50，政府购买性支出 g=200，政府的转移支付 tr=62.5，定额税为 $t_0 = 0$，比例税税收为 $t = 0.25y$ (单位为 10 亿美元)。求：

(1) 均衡国民收入和消费；

(2) 投资乘数、政府购买支出乘数、政府转移支付乘数和平衡预算乘数的数值。

解：(1) 根据三部门经济下的国民收入决定条件 $y = c + i + g$ 可得均衡国民收入为

$$\begin{aligned}y &= \frac{1}{1-b(1-t')}(a + i + g - bt_0 + btr)\\ &= \frac{1}{1-0.8(1-0.25)}(100 + 50 + 200 + 0.8\times 62.5) = 1000\ (10亿元)\end{aligned}$$

此时的消费为 $c = 100 + 0.8y_d = 100 + 0.8(1000 - 0.25\times 1000 + 62.5) = 750$ (10 亿美元)

(2) 根据乘数公式可以求得各种乘数的数值如下：

投资乘数 $k_i = \dfrac{\Delta y}{\Delta i} = \dfrac{1}{1-b(1-t')} = \dfrac{1}{1-0.8(1-0.25)} = 2.5$

政府购买支出乘数 $k_g = \dfrac{\Delta y}{\Delta g} = \dfrac{1}{1-b(1-t')} = \dfrac{1}{1-0.8(1-0.25)} = 2.5$

政府转移支付乘数 $k_{tr} = \dfrac{\Delta y}{\Delta tr} = \dfrac{b}{1-b(1-t')} = \dfrac{0.8}{1-0.8(1-0.25)} = 2$

平衡预算乘数 $k_b = \dfrac{\Delta y}{\Delta g} = \dfrac{1-0.8}{1-0.8} = 1$

通过以上分析可以看出，和定额税制下的各种乘数相比，比例税制下的乘数数值变小了。这是因为在比例税制下，税收是收入的函数，由投资和政府支出增加所增加的国民收入中，一部分转化为政府的税收，相对于定额税制，居民的可支配收入减少了，从而消费需求增加减少，导致国民收入增加数量减少。

【专栏 5-1】边际税率乘数

均衡国民收入还受到税率的影响。设边际税率为 t' 时，均衡国民收入为 $y = \dfrac{1}{1-b(1-t')}(a+i+g-bt_0+btr)$。若令 $A = a+i+g-bt_0+btr$，则均衡国民收入变为

$$y = \frac{1}{1-b(1-t')}A$$

边际税率乘数是指在其他条件不变的情况下，边际税率变化 1 单位所引起均衡国民收入的增加量。若边际税率由 t' 变化为 $t'+\Delta t'$，在其他条件不变时，均衡国民收入变化 Δy。于是，边际税率乘数定义为 $k_{t'} = \dfrac{\Delta y}{\Delta t'}$，当 $\Delta t' \to 0$ 时，则 $k_{t'} = \dfrac{\mathrm{d}y}{\mathrm{d}t'}$。

下面对式(5-13)即 $y = \dfrac{1}{1-b}(a+i+g-bt+btr)$ 求全微分，可以得到

$$\mathrm{d}y = \mathrm{d}\{[1-b(1-t')]A\} = -\frac{bA}{[1-b(1-t')]^2}\mathrm{d}t'$$

于是有

$$\frac{\mathrm{d}y}{\mathrm{d}t'} = -\frac{b}{[1-b(1-t')]^2}A$$

由此可见，税率上升，均衡国民收入减少。税率下降，均衡国民收入增加。这是由于税率上升时，人们的可支配收入减少，消费支出下降，引起总需求下降，致使均衡国民收入减少。

第三节　四部门经济的国民收入决定

一、四部门经济的国民收入

在前面考察两部门和三部门经济均衡国民收入的决定时，是把宏观经济作为一个封闭的体系来考虑的。但在现实中，各国都存在着不同程度的对外开放，与外国有着不同程度

的经济交往和联系。如果把外国作为经济的一个部门，则一国经济就成为包括家庭、企业、政府和国外四部门构成的开放经济。在四部门经济中，均衡国民收入仍然取决于总需求(总支出)水平。所不同的是，四部门经济中总需求的内容发生了一些变化。

首先，在四部门经济中，对本国产品的总需求除了本国居民户的消费、厂商的投资和政府的购买支出外，还有外国对本国产品的需求。这一需求的数额可以用本国对外国的出口来表示。因此，在总需求中应加上本国的出口；其次，在存在对外贸易的条件下，本国居民、厂商和政府的购买支出不一定全部形成对本国最终产品和劳务的需求。企业可能购买外国设备，政府可能购买外国武器，家庭可能购买外国的消费品。对外国产品和劳务的需求数额可以用本国从外国的进口来表示。而这一部分需求不会对本国国民收入产生影响。因此，应从总需求中减去。如果用 x 表示本国出口额，用 m 表示进口额，则对本国产品的总需求可以写成

$$AD = c + i + g + nx$$

式中，AD 为总需求；c 为计划消费；i 为计划投资；g 为政府的购买支出；nx 指净出口，为出口与进口之差额：$nx = x - m$。

在净出口 nx 中，由于出口是由外国的购买力和购买要求决定的，本国难以左右，因而一般假定出口是一个外生变量，即 $x = \overline{x}$。而进口却是由本国收入决定的，随本国收入的提高而增加。所以，进口可以写成本国收入的函数，具体形式如下：

$$m = m_0 - \gamma y$$

式中，m_0 为自发性进口，即与收入没有关系或者不取决于收入的进口部分；γ 是边际进口倾向，是进口增加量与收入增加量之比，即 $\gamma = \dfrac{\Delta m}{\Delta y}$。

加入外国部门以后，四部门经济条件下的均衡国民收入决定模型可以表示如下：

$$\begin{cases} y = c + i + g + x - m & \text{均衡条件} \\ c = a + by_{\mathrm{d}} \\ y_{\mathrm{d}} = y - t + tr \\ t = t_0 + t'y \\ i = \overline{i} \\ g = \overline{g} \\ tr = \overline{tr} \\ x = \overline{x} \\ m = m_0 + \gamma y \end{cases} \tag{5-30}$$

解上述方程组可以得到四部门经济时的均衡国民收入为

$$y = \frac{1}{1 - b(1 - t') + \gamma}(a + \overline{i} + \overline{g} - bt_0 + b\overline{tr} + \overline{x} - m_0) \tag{5-31}$$

由式(5-31)可知道，当自发性消费 a、边际消费倾向 b、企业投资 i、政府的购买支出 g、政府转移支付 tr 和出口 x 增加时，都会引起国民收入的增加；而定量税 t_0、边际税率 t' 和边际进口倾向 γ 和自发性进口 m_0 的变化却会导致国民收入与其反方向变化。

【例 5-3】某经济社会的消费函数为 $c = 1600 + 0.75y_{\mathrm{d}}$，投资为 $i = 1000$ 亿美元，政府

购买性支出 $g=2000$ 亿美元，定量税 $t_0=800$ 亿美元，比例税税率为 $t'=0.2$，政府转移支付为 $tr=60$ 亿美元，出口 x=100 亿美元，进口函数为 $m=10+0.1y$，求均衡国民收入。

解：根据四部门经济时均衡国民收入式(5-31)得

$$y=\frac{1}{1-0.75(1-0.2)+0.1}(1600+1000+2000-0.75\times 800+0.75\times 60+100-10)$$
$$=8270(\text{亿元})$$

即均衡国民收入为 8270 亿美元。

四部门经济下均衡国民收入的决定条件也可使用 $i+g+x=s+t+m$，由此式求得的均衡国民收入与式(5-31)的结果相同。

二、四部门经济中的乘数

由式(5-31)可以得到四部门经济中的各种乘数，分别是

$$\text{政府购买支出乘数 } k_g=\frac{\Delta y}{\Delta g}=\frac{1}{1-b(1-t')+\gamma} \tag{5-32}$$

$$\text{投资乘数 } k_i=\frac{\Delta y}{\Delta i}=\frac{1}{1-b(1-t')+\gamma} \tag{5-33}$$

$$\text{税收乘数(特指定额税) } k_t=\frac{\Delta y}{\Delta t}=\frac{-b}{1-b(1-t')+\gamma} \tag{5-34}$$

$$\text{政府转移支付乘数 } k_{tr}=\frac{\Delta y}{\Delta tr}=\frac{b}{1-b(1-t')+\gamma} \tag{5-35}$$

$$\text{平衡预算乘数 } k_b=\frac{\Delta y}{\Delta g}=\frac{1-b}{1-b(1-t')+\gamma} \tag{5-36}$$

除了上面提到的各种乘数之外，在开放经济中还有重要的对外贸易乘数。所谓对外贸易乘数，是指由出口变动所带来的国民收入变动量与出口变动量的比率。用 k_x 表示对外贸易乘数，$k_x=\frac{\Delta y}{\Delta x}$。由式(5-31)进一步可求得

$$k_x=\frac{\Delta y}{\Delta x}=\frac{1}{1-b(1-t')+\gamma} \tag{5-37}$$

对外贸易乘数反映的是出口增加 1 单位引起国民收入变化多少。由于上式中的 $0<t'<1$，$0<\gamma<1$，因此，有

$$\frac{1}{1-b}>\frac{1}{1-b(1-t')}>\frac{1}{1-b(1-t')+\gamma}$$

可见，有了对外贸易以后，不仅出口的变动，而且投资、政府支出和税收变动对于国民收入变动的乘数效应都变小了。这主要是由于增加的收入中的一部分现在被用于购买进口商品，并没有形成对国内产品的需求。

从本章内容可以看出，凯恩斯认为，由于总需求决定均衡国民收入，当均衡的国民收入低于充分就业水平时，为了增加总产出，提高经济运行和就业水平，国家可以采取刺激总需求的措施，如政府可以通过增加政府支出、减税、刺激出口和增加投资等来达到预期目标。但是，本章除了涉及边际消费倾向递减造成消费需求不足外，并没有解释凯恩斯所

说的供给未必创造自己的需求，资本主义市场机制自发调节往往造成有效需求不足等重要命题。这一点在第六章中，通过货币市场的考察可以得到说明。

本章小结

本章主要介绍了产品市场条件下均衡国民收入的决定问题，即简单国民收入决定。均衡国民收入是指与总需求相等时的产出，或者说总需求和总供给相等时的国民收入。

凯恩斯认为，均衡国民收入取决于总需求。国民收入达到均衡的基本条件是总需求等于总供给。由于总需求包括消费、投资、政府购买支出和净出口。于是，本章分三节分别考察了在资源存在闲置、价格水平固定和利率不变假设条件下，产品市场上两部门、三部门和四部门经济中均衡国民收入的决定问题，并揭示了影响国民收入水平的主要因素。

在两部门经济条件下，均衡国民收入的决定条件是：$y=c+i$或$i=s$；三部门经济条件下的均衡国民收入决定条件是$y=c+i+g$或$i+g=s+t$；四部门经济条件下均衡国民收入的决定条件是$y=c+i+g+x-m$或$i+g+x=s+t+m$。

总需求的变动会引起均衡国民收入变动，而且总需求变动对国民收入的变动具有乘数效应。当消费、投资、政府购买支出、政府转移支付和出口增加时，导致均衡国民收入成倍增加；当储蓄、税收和进口增加，边际税率和边际进口倾向提高时，导致均衡国民收入成倍减少。本章分别考察了定量税制和比例税制下，总需求的不同部分变动对国民收入变动的乘数问题，涉及投资乘数、政府购买支出乘数、税收乘数、政府转移支付乘数、平衡预算乘数和对外贸易乘数。

乘数的作用具有两面性，既可以导致国民收入倍增，也可以导致国民收入倍减。乘数发挥作用的前提是存在着闲置的资源，投资和储蓄相互独立，货币供给量增加能适应支出的需要。

复习思考题

1. 名词解释

均衡国民收入和均衡产出、投资乘数、政府购买支出乘数、税收乘数、转移支付乘数、平衡预算乘数、对外贸易乘数

2. 选择题

(1) 在两部门经济中，均衡发生于(　　)之时。

A. 实际储蓄等于实际投资　　B. 实际的消费加实际的投资等于产出值

C. 计划储蓄等于计划投资　　D. 总支出等于企业部门的收入

(2) 在产品市场两部门经济模型中，如果边际消费倾向值为 0.8，那么自主消费乘数值为(　　)。

A. 1.6　　B. 2.5　　C. 5　　D. 4

(3) 存在闲置资源的条件下，如果政府购买支出增加，那么 GDP 将(　　)。

A. 减少，但其减少量小于政府购买支出的增加量

B. 减少，但其减少量多于政府购买支出的增加量

C. 增加，其增加量小于政府购买支出的增加量

D. 增加，其增加量多于政府购买支出的增加量

(4) 假定其他条件不变，税收增加将引起国民收入(　　)。

A. 增加，但消费水平下降　　B. 增加，同时消费水平提高

C. 减少，同时消费水平下降　　D. 减少，但消费水平上升

(5) 在产品市场四部门收入决定模型中，政府同时等量地增加购买支出与税收，则GDP(　　)。

A. 将下降，且下降量等于税收的增加量

B. 将下降，但下降量少于税收的增加量

C. 将增加，且增加量等于政府购买支出的增加量

D. 将增加，但增加量少于政府购买支出的增加量

(6) 在产品市场收入决定模型中，如果净出口增加，则 GDP(　　)。

A. 将下降，且下降量等于净出口的增加量

B. 将下降，但下降量多于净出口的增加量

C. 将增加，且增加量等于净出口的增加量

D. 将增加，且增加量多于净出口的增加量

(7) 在短期内，实际 GDP 可能(　　)潜在 GDP。

A. 等于　　B. 大于　　C. 小于　　D. 等于，也可能大于或小于

(8) 在产品市场收入决定模型中，实际 GDP 低于均衡 GDP，意味着(　　)。

A. 储蓄大于实际投资　　B. 储蓄小于实际投资

C. 储蓄大于计划投资　　D. 储蓄小于计划投资

(9) 已知某个经济社会充分就业的收入是 4000 亿美元，实际均衡收入是 3800 亿美元。假定边际储蓄倾向为 25%，增加(　　)投资将使经济达到充分就业。

A. 200 亿美元　　B. 50 亿美元　　C. 100 亿美元 D. 40 亿美元

(10) 产品市场两部门经济中的投资乘数(　　)三部门经济中的投资乘数。

A. 等于　　B. 大于　　C. 小于　　D. 既可以大于也可以小于

(11) 产品市场三部门经济中的投资乘数(　　)四部门经济中的投资乘数。

A. 等于　　B. 大于　　C. 小于　　D. 既可以大于也可以小于

(12) 若其他情况不变，所得税税率提高时，投资乘数(　　)

A. 将增大　　B. 将缩小　　C. 不变　　D. 可能增大也可能缩小

3. 简答题

(1) 在均衡产出水平上，是否计划存货投资和非计划存货投资都必然为零？

(2) 为什么说 $i=s$ 是简单收入决定模型中的基本均衡条件？应当怎样看待这一均衡条件？

(3) 简述乘数原理及乘数发挥作用的前提。

(4) 在低于充分就业经济中，为什么均衡收入水平随着总需求的变动而变动？在收入的变动过程中，一般价格水平为什么常常保持不变？

4. 计算题

(1) 假设两部门经济中，社会消费函数 $y = 100 + 0.75y$，投资为 $i = 50$ (单位均为 10 亿美元)。求：

① 均衡收入;

② 如果当时实际产出(即收入)为 1000，试求企业非计划存货投资。

(2) 假设社会消费函数 $c = 100 + 0.8y_{\mathrm{d}}$ (y_{d} 为可支配收入)，投资支出为 $i = 50$，政府购买支出为 g=200，政府转移支付为 tr=62.5，定额税收为 t_0=250(单位均为 10 亿美元)。求：

① 均衡收入。

② 投资乘数、政府购买乘数、税收乘数、转移支付乘数与平衡预算乘数。

③ 假定该社会的充分就业所需要的国民收入为 1200，试问：A.增加政府购买；B.减少税收；C.以同一数额增加政府购买和税收(以便预算平衡)来实现充分就业，这一数额是多少？

第六章　扩展的凯恩斯宏观经济模型：IS-LM 模型

本章导读

根据前面两章的分析，均衡国民收入水平取决于产品市场的总需求水平，而总需求中的投资支出水平又决定于利率水平，因此，要决定收入，先要决定利率。另一方面，利率决定于货币市场的货币供给与货币需求的均衡状况，当货币供给量既定时，利率水平决定于货币需求，其中货币的交易需求又决定于收入水平。正如凯恩斯所说的，产品市场中收入的变化影响到货币市场中的货币需求，货币需求的变化会影响利率，利率的变化要影响到私人部门的投资支出，而投资支出的变化又会影响到产品市场的总需求，进而改变收入，收入的变化又会影响货币需求……因此，产品市场和货币市场并非相互独立，而是相互影响、相互依存的。均衡国民收入不但取决于产品市场的均衡，还取决于货币市场的均衡。英国的经济学家 J. R. 希克斯和美国的经济学家 A. H. 汉森同时考察了产品市场和货币市场的均衡，提出了著名的“汉森-希克斯模型”，即 IS-LM 模型，以说明在产品市场与货币市场同时均衡时，国民收入与利率之间的相互关系。这一模型分析基本勾勒出了凯恩斯主义的整体思想体系，因而长期以来被看作是对凯恩斯理论的标准解释。

本章在分别描述产品市场和货币市场均衡的基础上，通过 IS-LM 模型这一分析工具来说明两个市场的一般均衡如何决定均衡国民收入，以及均衡国民收入与其影响因素之间的关系，并为宏观经济政策提供一个理论模型和分析工具。

在介绍 IS-LM 模型之前，我们先进行以下假设：

第一，假定经济资源，包括人力资源，存在着大量的闲置或失业，即本章研究的仍然是非充分就业之前的国民收入的决定。

第二，假设社会经济能在现行的价格水平下提供所需的任意数量，即社会需要多少就能生产多少。也就是说，社会总需求变动时，只会引起产量和收入变动，而不会引起价格水平变动。价格水平是外生变量。另外，IS-LM 模型考察的是经济变量的实际值，而不是名义值。

第三，假定投资仅仅是市场利率的函数。虽然投资要受到利润预期和资本设备成本的影响，但在本章暂时不考虑。

第四，不考虑汇率变化问题。

在以上假设条件下我们来讨论 IS-LM 模型。

学习目标

通过本章的学习，使学生了解 IS 曲线、LM 曲线的含义及其移动，掌握产品市场和货币市场是如何达到均衡的，以及 IS-LM 模型的政策含义，为学习宏观经济政策效应及开放经济条件下的宏观经济模型打下基础。

关键概念

IS 曲线(IS Curve)
LM 曲线(LM Curve)
IS-LM 模型(IS-LM Model)

第一节 产品市场均衡与 IS 曲线

一、IS 曲线的推导

专题拓展 WWW

(一)两部门经济的 IS 曲线

本节延续第五章的内容，讨论当利率发生变化，投资是利率的函数时，产品市场的均衡问题。所谓产品市场的均衡是指产品市场上总需求等于总供给时的状态。在简单国民收入决定中已经讲过，两部门经济中的总需求等于总供给即$c+i=c+s$，均衡条件是$i=s$。在这里，投资i是作为外生变量参与均衡国民收入的决定。

现在，我们进一步说明投资由利率决定的情况下产品市场的均衡。由第四章内容已知，在其他条件不变时，当利率发生变化，投资仅仅是利率的函数，即 $i=e-dr$。当投资是利率函数时，两部门经济中产品市场的均衡模型可表示为

$$\begin{cases} i=s & \text{均衡条件} \\ i=e-dr & \text{投资函数} \\ s=-a+(1-b)y & \text{储蓄函数} \end{cases} \tag{6-1}$$

于是，均衡国民收入为

$$y=\frac{a+e-dr}{1-b} \tag{6-2}$$

从式(6-2)可以看出，在其他条件不变的情况下，产品市场达到均衡时，均衡国民收入与利率之间存在着反方向的变化关系。在通常情况下，随着利率上升，投资将会减少，从而导致国民收入减少；反之，随着利率的下降，投资将增加，总需求增加，从而导致国民收入增加。

【例 6-1】假设两部门经济中的投资函数为$i=200-50r$，消费函数为$c=100+0.8y$，即储蓄函数$s=y-\mathrm{c}=-100+0.2y$，则由均衡条件$i=s$可得

$$y=\frac{a+e-dr}{1-b}=\frac{100+200-50r}{1-0.8}=1500-250r$$

当$r=1$时， $y=1250$

当$r=2$时， $y=1000$

当$r-3$时， $y-750$

当$r=4$时， $y=500$

⋮

如果以纵轴代表利率，横轴代表国民收入，则可在图上画出一条向右下方倾斜的曲

线，如图 6.1 所示。曲线上任一利率与收入的对应点，都符合产品市场的均衡条件$i=s$，故此曲线为 IS 曲线。因此，IS 曲线是描述产品市场达到均衡时，利率与收入之间关系的曲线。

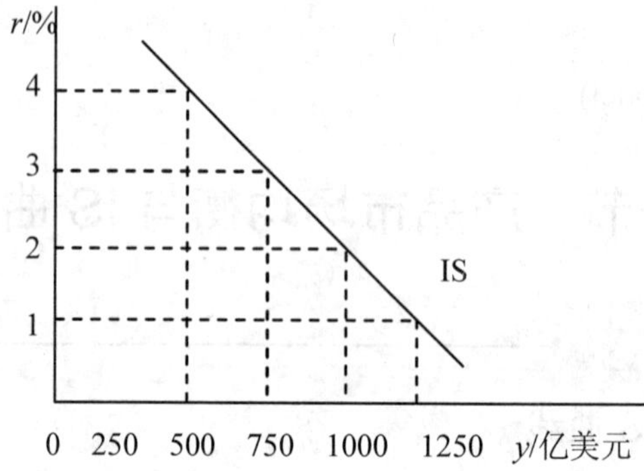

图 6.1 IS 曲线

从上例可以看出，IS 曲线是从投资与利率的关系(投资函数)、储蓄与收入的关系(储蓄函数)以及储蓄与投资的关系(储蓄等于投资)中推导出来的。西方学者常常用包含有四个象限的图(见图 6.2)来描述这个推导过程。

图 6.2(a)的纵轴表示利率 r，横轴表示投资量 i。图中曲线表示投资是利率的减函数，该曲线是根据投资函数$i=200-50r$画出的。

图 6.2(b)表示产品市场的均衡条件，纵轴表示储蓄 s，横轴表示投资量 i。45°线上任意一点到横轴与纵轴距离相等，表示储蓄等于投资，即$i=s$。

图 6.2(c)中纵轴表示储蓄，横轴表示收入，图中曲线表示储蓄是国民收入的增函数，是根据上例中的储蓄函数$s=y-c=-100+0.2y$画出的。例如，在图 6.2(a)中，当利率 r=2%时，投资 i=100 亿美元；在图 6.2(b)中，由于$i=s$，所以必然有 100 亿美元的储蓄；在图 6.2(c)中，根据储蓄函数$s=-100+0.2y$计得，应该有 1000 亿美元的收入才能有 100 亿美元的储蓄。如果利率下降到 1%，投资上升到 150 亿美元，因此均衡的储蓄也变为 150 亿美元，从而均衡国民收入是 1250 亿美元。

最后，在图 6.2(d)中，便得到了产品市场的均衡点，即当利率 r=2%时，使储蓄与投资相等的国民收入是 1000 亿美元；若利率下降到 1%，投资和相应的储蓄将上升到 150 亿美元，从而均衡国民收入必须是 1250 亿美元；若利率上升到 3%，则投资和相应的储蓄下降为 50 亿美元，从而均衡国民收入一定是 750 亿美元。总之，当利率分别是 1%、2%和 3%时，只有国民收入分别是 1250、1000 和 750 亿美元时，才能满足$i=s$这一产品市场的均衡条件。将满足产品市场均衡条件的利率和国民收入的各个组合点连接起来，就得到一条向右下方倾斜的 IS 曲线。可见，IS 曲线上的每一点所对应的利率和国民收入组合都能够使投资等于储蓄，都满足产品市场的均衡条件。换言之，所有满足产品市场均衡条件的利率与国民收入的组合点都在 IS 曲线上。而在 IS 曲线以外的所有利率与国民收入的组合点均为产品市场的非均衡点，如图 6.2(d)中的 A 点和 B 点，A 点对应的国民收入与利率组合为(750，2%)。很显然，利率为 2%时的投资为 100 亿美元，大于国民收入为 750 亿美元时的储蓄为 50 亿美元，投资不等于储蓄，产品市场不能达到均衡。此时，投资大于储蓄，意味着总需求大于总供给，国民收入会增加。B 点对应的国民收入与利率组合为(1250，3%)。利率为 3%时的投资为 50 亿美元，小于国民收入为 1250 亿美元时的储蓄为 150 亿美元，储蓄不等于投资，产品市场没有实现均衡，此时，储蓄大于投资，意味着总需求小于总供给，国民收入将会减少。由此，得出更为一般性的结论：所有位于 IS 曲线右上方的点都是投资小于储蓄的利率与国民收入的组合，国民收入会减少；所有位于 IS 曲线左下方的点都是投资大于储蓄的利率与国民收入的组合，国民收入会增加。

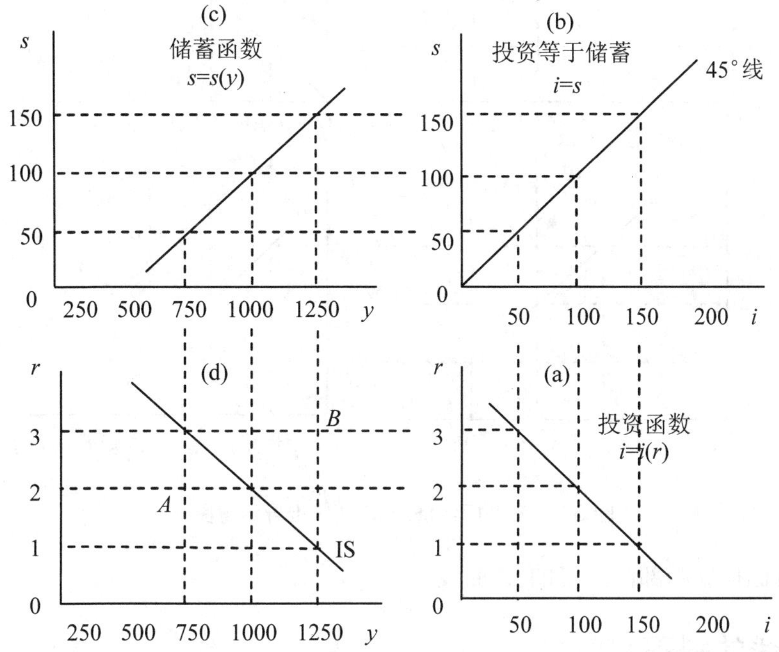

图 6.2 两部门经济的 IS 曲线推导示意图

(二)三部门经济的 IS 曲线

以上我们说明了两部门经济中 IS 曲线的形成过程，同样地可以推广到三部门、四部门经济中的 IS 曲线的推导。

当其他条件不变，投资是利率函数时，三部门经济中产品市场的均衡模型可表示为

$$\begin{cases} i+g=s+t & \text{均衡条件} \\ i=e-dr \\ g=\overline{g} \\ s=-a+(1-b)y \\ t=t_0+t'y \end{cases} \tag{6-3}$$

解上述方程组，得三部门经济的均衡国民收入为

$$y=\frac{a+e+g-bt_0}{1-b(1-t')}-\frac{dr}{1-b(1-t')} \tag{6-4}$$

或

$$r=\frac{a+e+g-bt_0}{d}-\frac{1-b(1-t')}{d}y \tag{6-5}$$

式(6-4)和式(6-5)均为 IS 曲线的代数表达式。

三部门经济的 IS 曲线同样可以通过图形转换的方法求得，如图 6.3 所示。

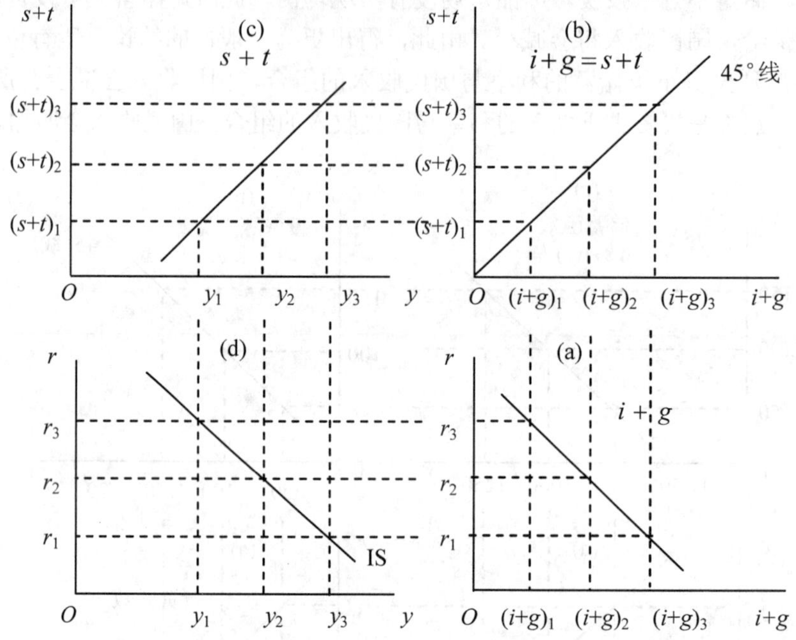

图 6.3　三部门经济的 IS 曲线推导示意图

请读者自己推导四部门经济的 IS 曲线。

二、IS 曲线的斜率

IS 曲线表示产品市场达到均衡时，利率与国民收入之间的关系。从 IS 曲线的推导过程中可知，利率与国民收入之间成反方向变动关系，即利率下降，均衡国民收入会增加；反之，利率上升，均衡国民收入会下降。如果均衡收入水平小于充分就业状态，说明资源未得到充分利用，为了提高国民收入和资源利用程度，增加就业，可以采取降低利率的政策。但是，降低利率能够在多大程度上达到上述目的，即利率变动对国民收入的影响程度，取决于 IS 曲线的斜率的大小或 IS 曲线倾斜的程度。由于 IS 曲线的斜率为负值，所以在后面讨论中将使用 IS 曲线的斜率绝对值来说明利率与国民收入之间的关系。当 IS 曲线的斜率绝对值较小时，利率变动对国民收入的影响大；反之，则利率变动对国民收入的影响小，如图 6.4 所示。

在图 6.4 中，IS_0 较陡峭，斜率绝对值较大，IS_1 较为平缓，斜率绝对值较小。利率从 r_0 降低到 r_1 之后，在两条曲线上对收入的影响是不同的。在 IS_0 曲线上，收入从 y_0 增加到 y_1；在 IS_1 曲线上，收入从 y_0 增加到 y_2。造成这一结果的原因可以通过对影响 IS 曲线斜率的因素的分析中得到解释。

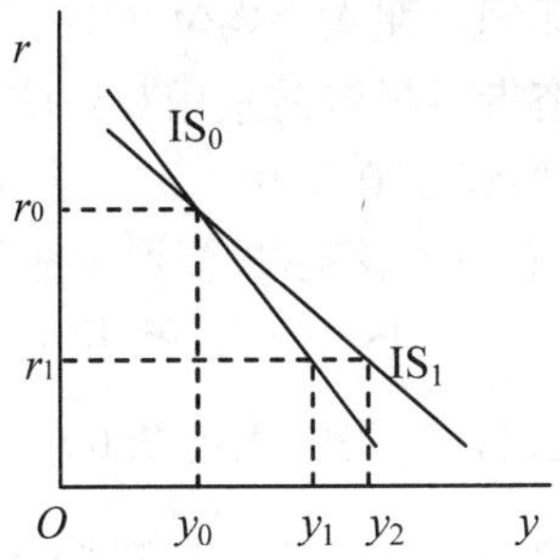

图 6.4　IS 曲线斜率与利率变动对收入的影响

由公式(6-4)，即 $y=\frac{a+e+g-bt_0}{1-b(1-t')}-\frac{dr}{1-b(1-t')}$，或公式(6-5)，即 $r=\frac{a+e+g-bt_0}{d}-\frac{1-b(1-t')}{d}y$ 可知，三部门经济的 IS 曲线的斜率为 $-\frac{1-b(1-t')}{d}$。显然，IS 曲线的斜率既取决于 b，又取决于 d 和 t'。

d 是投资的利率系数，或者说是投资的利率弹性，说明投资需求对利率变化的反应程度。在其他条件不变的情况下，如果投资对利率的变化越敏感，即 d 的值越大，IS 曲线的斜率绝对值就越小，IS 曲线越平缓，这是因为投资对利率变动越敏感，利率较小的变动就会引起投资需求较大的变动，从而引起收入较大幅度的变化；反之，如果投资对利率的变化不敏感，即 d 的值越小，IS 曲线的斜率绝对值就越大，IS 曲线就陡峭。

b 是边际消费倾向，b 值越大，IS 曲线的斜率绝对值越小，利率变动对国民收入的影响就越大。因为在其他条件不变的情况下，b 值越大，各项支出乘数(如投资或政府购买支出的乘数 $\frac{1}{1-b(1-t')}$)就越大，从而当利率变动引起投资变动时，会导致国民收入发生较大幅度变动；反之，如果 b 值越小，各项支出乘数就越小，IS 曲线的斜率绝对值就越大，IS 曲线越陡峭。

t' 是税率，在其他条件不变时，t' 越大，IS 曲线的斜率绝对值越大，IS 曲线越陡峭，利率变动对国民收入的影响越小。这是因为在边际消费倾向一定时，税率越大，各项支出乘数就越小；税率越小，各项支出乘数就越大。

西方学者认为，影响 IS 曲线斜率大小的因素，主要是投资的利率系数 d，原因据说是边际消费倾向比较稳定，税率也轻易不会变动。

三、IS 曲线的移动

专题拓展
WWW

导致 IS 曲线移动的因素主要有以下 4 个。

1. 投资需求的变动，即投资函数变动

如果其他条件不变，而投资者由于某种原因(如投资边际效率提高，或出现技术革新，或企业家对经济前景预期乐观等)，使自发性投资 e 增加，则在每一利率水平上，投资需求就会增加，IS 曲线相应右移，在每一利率水平上的国民收入也相应增加，增加的

幅度为投资乘数乘以投资需求增加额，即 $\Delta y = k_i \Delta i$ 。

下面用图 6.5 来说明。当投资者对投资前景乐观，信心增加，使在同样的利率水平 r_1 上自发性投资 e 由 200 亿美元增加到 250 亿美元时，上例中的投资函数由 $i = 200 - 50r$ 变为 $i = 250 - 50r$ ，投资需求曲线向右上方移动(投资增加额为 $\Delta i = 50$ 亿美元，投资由 50 亿美元变为 100 亿美元)，于是，IS 曲线就相应向右上方移动，移动量为 $\Delta y = \dfrac{1}{1-0.8_i} \times 50 = 250$ (亿美元)(此时，国民收入由 750 亿美元变为 1000 亿美元)。在图 6.5 中表现为，投资需求曲线由 i_1 移动到 i_2 ，这时，使得产品市场达到均衡的利率与收入的组合发生变化。如在同样的利率水平 r_1 上，投资需求增加之前，利率与国民收入的组合为(r_1，y_1)，对应于(d)图中 C 点；但当投资增加后，利率与国民收入的组合变为(r_1，y_2)，见(d)图中的 C' 点。同样当利率为 r_2 时，投资需求的增加导致利率与国民收入的组合由(r_2，y_2)变为(r_2，y_3)，分别对应于(d)图中的 D 和 D' 点，结果导致 IS 曲线由 IS_1 向右上方移动到 IS_2。

因此，投资增加会导致 IS 曲线向右上方移动；投资减少会导致 IS 曲线向左下方移动。

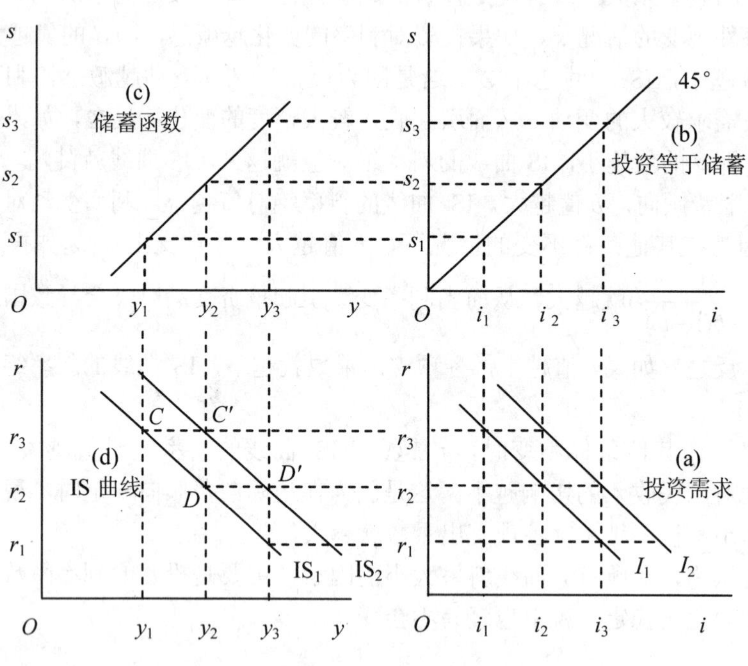

图 6.5 投资需求变动使 IS 曲线移动

2. 储蓄函数变动

在其他条件不变时，假定人们的储蓄意愿增加了，即人们更节约，自发性消费 a 下降，则每一储蓄水平所需要的国民收入就会少些。因此，IS 曲线相应地就会向左移动，移动的水平距离为 $\Delta y = k_i \Delta s$ 。

3. 政府支出及税收的变动

如果其他条件不变，政府增加支出或减免税额，使得总需求增加，国民收入增加，导致 IS 曲线向右上方移动；反之，政府减少支出或增加税收额，使得总需求减少，国民收入减少，从而 IS 曲线向左下方移动。其移动的距离分别是政府支出或税额的变动量乘以相应的支出乘数。如政府购买支出的增加，导致均衡国民收入的变化量为 $\Delta y = k_g \Delta g$；政府一笔税收的增加，如果是增加了企业的负担，就会使投资相应减少，于是会使 IS 曲线向左下方移动；同样，一笔税收的增加，如果是增加了居民个人的负担，则会使他们的可支配收入减少，从而使他们消费支出相应地减少，最终导致 IS 曲线向左下方移动，移动的幅度为 $\Delta y = k_t \Delta t$。

4. 净出口额变动

在其他条件不变时，如果净出口额增加，使总需求增加，国民收入增加，导致 IS 曲线向右上方移动；反之，如果净出口额减少，则 IS 曲线向左移动。其移动的距离为净出口额的变动量乘以相应的乘数。如只有出口增加时，移动距离为 $\Delta y = k_x \Delta x$；而只有进口增加时，其移动的距离为 $\Delta y = k_m \Delta m$。

以上讨论的是 IS 曲线的移动，既可能是斜率既定的平行移动，也可能是斜率发生变化的非平行移动。无论是平行移动还是非平行移动，其推理过程基本是一致的。

四、产品市场的失衡

专题拓展
WWW

IS 曲线是所有产品市场均衡时国民收入与利率对应点的连线，因此，IS 曲线外的任一点，都代表了产品市场的失衡。

如图 6.6 中所示，*A* 点为 IS 曲线右边的任意一点，*B* 点为 IS 曲线左边的任意一点，由于 *A*、*B* 两点均不在 IS 曲线上，所以为非均衡点。

在 *A* 点，与 *A* 点对应的国民收入为 y_A，当收入为 y_A 时，*A* 点的利率 r_A 高于市场的均衡利率 r_E，即 $r_A > r_E$。这说明，*A* 点的投资 i_A 小于市场均衡时的投资 i_E，即 $i_A < i_E$。又因为均衡条件为 $i_E = s$，所以在 *A* 点有 $i<s$。同理，IS 曲线右边的每一点均有 $i<s$。此时，产品市场出现供给过剩，在市场机制本身的作用下，将导致产出(国民收入)下降，直至最终恢复到 IS 曲线上的 *A′* 点。

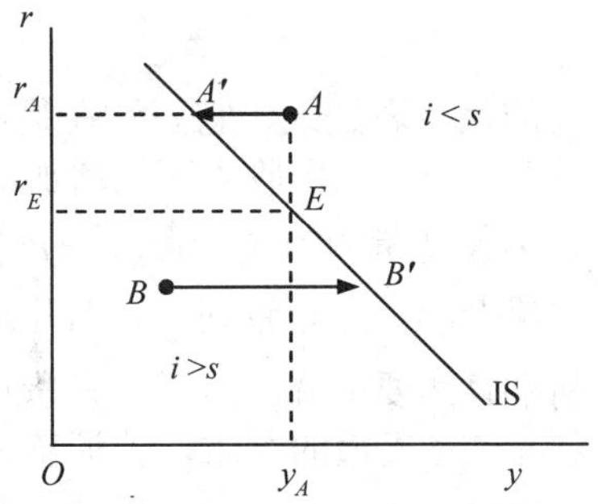

图 6.6　产品市场的失衡及调整

同样，在 *B* 点，利率低于均衡利率，因此，*B* 点的投资大于均衡时的投资，即 $i_B < i_E$，所以在 *B* 点有 $i>s$。同理，IS 曲线左边的每一点均是 $i>s$。此时，产品市场出现超额产品需求，在市场机制的作用下，将导致产出(国民收入)增加，直至最终恢复到IS 曲线上的B'点。

第二节　货币市场的均衡与LM曲线

一、LM曲线及其推导

凯恩斯认为，利率由货币市场上的供给与需求所决定。货币市场的均衡是指货币市场上货币需求等于货币供给的状态。根据第四章的分析，已经得到如下结论。

第一，货币市场的均衡条件为货币需求量等于货币供给量。如果以 L 表示货币需求量，m 表示实际货币供给量，则货币市场的均衡条件为$L=m$。

第二，货币需求函数可以表示为$L=L_1(y)+L_2(r)$。其中，$L_1(y)$是货币的交易需求函数(由交易动机和预防性动机引起)，它随收入增加而增加，是国民收入的增函数；$L_2(r)$是货币的投机需求函数，它随利率上升而减少，是利率的减函数。

第三，在一定的价格水平下，一定时期内的实际货币供给量 m 是由货币当局所控制，即由代表政府的中央银行通过实施货币政策来决定的，因此，与利率没有关系，是一个外生变量。当价格水平(价格指数)不变($P=1$)时，名义货币供给量 M 与实际货币供给量$m=\dfrac{M}{P}$相等。

于是，货币市场均衡的模型可以表示为

$$\begin{cases} L=m & \text{均衡条件} \\ L=L_1(y)+L_2(r)=ky-hr & \text{货币需求} \\ m=\dfrac{M}{P}(P=1) & \text{货币供给} \end{cases} \tag{6-6}$$

解上述方程组得

$$y=\frac{hr}{k}+\frac{m}{k} \tag{6-7}$$

或

$$r=\frac{ky}{h}-\frac{m}{h} \tag{6-8}$$

式(6-7)或式(6-8)是LM 曲线的代数表达式，它表示在货币市场实现均衡时，国民收入与利率之间的关系。在一般情况下，随着国民收入 y 的增加，货币的交易需求L_1将增加，在货币供给量m不变的条件下，为保持货币市场均衡($L=m$)，货币的投机需求L_2必须减少；而L_2是利率的减函数，L_2减少，必然导致利率r上升。因此，国民收入增加，利率上升；反之，国民收入减少，利率必然要下降。这样，在货币供给量既定条件下，通过使y和r保持同方向变化的关系来调整对货币的需求，使调整后的货币需求等于既定的货币供给，以保持货币市场的均衡。所以，在货币市场均衡时，利率与国民收入之间存在同向变化关系。

【例 6-2】假定某经济社会的货币交易需求函数为 $L_1 = 0.5y$，货币投机需求函数为 $L_2 = 1500 - 125r$，货币的名义供给量 $M = 1750$ 亿美元，价格指数 $P = 1$，则由货币市场均衡条件可得

$$0.5y + 1500 - 125r = 1750$$

$$y = 500 + 250r \text{ 或 } r = 0.004y - 2$$

当 $r = 1$ 时，$y = 750$ 亿美元

当 $r = 2$ 时，$y = 1000$ 亿美元

当 $r = 3$ 时，$y = 1250$ 亿美元

⋮

如果以纵轴代表利率，横轴代表国民收入，则根据上面的数据，可在坐标图上画出一条向右上方倾斜的曲线，如图 6.7 所示。在图 6.7 的 LM 曲线上，利率与国民收入的组合点，都满足货币市场的均衡条件 $L = m$，故称此曲线为 LM 曲线。因此，LM 曲线是描述货币市场达到均衡时，利率与国民收入之间关系的曲线。

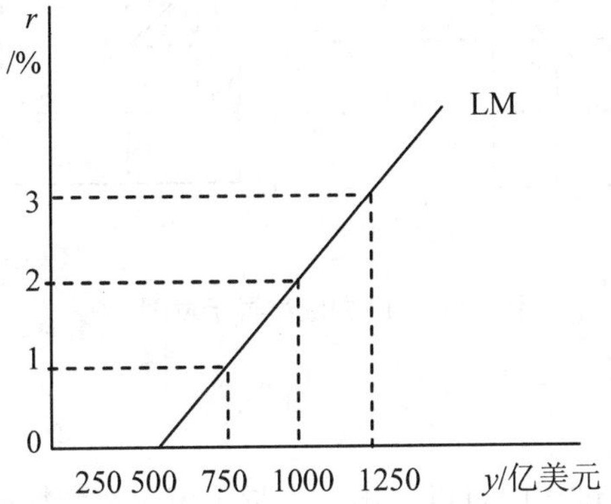

图 6.7　LM 曲线

从上例中可以看出，LM 曲线实际上是从货币的投机需求与利率的关系，货币的交易需求与收入的关系以及货币需求与货币供给相等的关系中推导出来的。下面用包含有四个象限的图 6.8 来说明 LM 曲线的一般推导过程。

图 6.8 的象限(a)中向右下方倾斜的曲线表示货币投机需求 $L_2 = L_1(r)$，L_2 与利率 r 成反方向变动。象限(b)表示货币供给，实际货币供给量为 m，用于满足 L_1 的货币供给量为 m_1，用于满足 L_2 的货币供给量为 m_2。直线 $m = m_1 + m_2$ 的斜率为 45°线的斜率，表明 m_1 和 m_2 互为余数。图(c)表示货币交易与预防需求 L_1，L_1 与收入 y 成同方向变动。

当利率为 r_1 时，货币投机需求为 L_{21}，在货币供给量为 m 的情况下，用于满足交易和预防需求的货币量为 L_{11}，此时要保持货币市场均衡，要求相应地国民收入为 y_1。于是，我们得到一个使货币市场均衡的利率与收入的组合(r_1，y_1)，即象限(d)中的 A_1 点；同样，当利率为 r_2 时，货币投机需求为 L_{22}，在货币供给量 m 不变的情况下，用于满足交易和预防需求的货币量为 L_{12}，此时要保持货币市场均衡，相应地要求国民收入需增加到 y_2，于是又得到一个使货币市场达到均衡的利率与收入的组合(r_2，y_2)，即象限(d)中的 A_2 点。同样，可以得 A_3 点，坐标是(r_3，y_3)。连接 A_1、A_2、A_3 等一系列使货币市场均衡的利率

和收入组合点就可得到 LM 曲线。LM 曲线上的每一点对应的利率与国民收入的组合都表示货币供给等于货币需求，都使货币市场保持均衡。

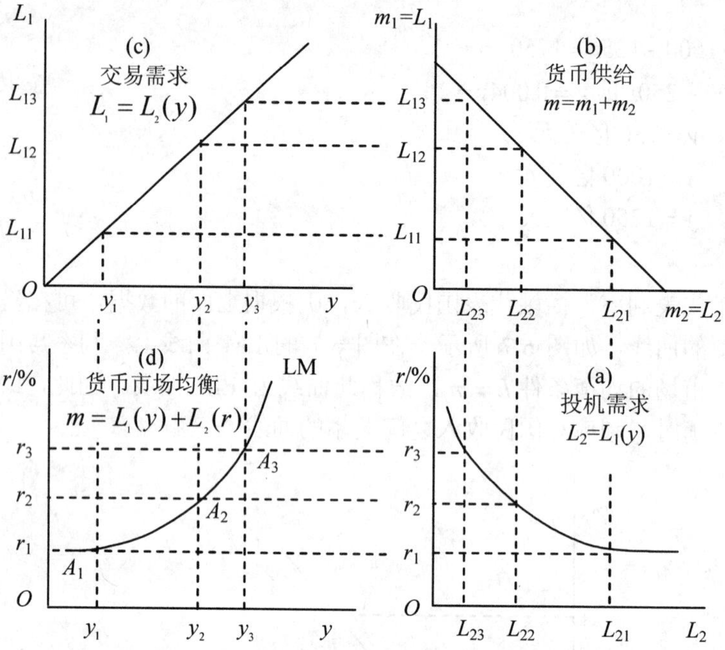

图 6.8 LM 曲线推导示意图

二、LM 曲线的斜率

从上面 LM 曲线的推导过程中可以看出：当货币市场达到均衡时，利率与国民收入成正向变动关系，LM 曲线的斜率为正值。而利率变动对国民收入的影响程度，则取决于 LM 曲线斜率的大小。由 LM 曲线的公式(6-8) $r=\frac{ky}{h}-\frac{m}{h}$ 可知，LM 曲线的斜率为 $\frac{k}{h}$，它取决于 k 和 h 两个因素，而 k 和 h 分别是货币交易需求曲线和投机需求曲线的斜率。当 k 既定时，h 值越大，即货币投机需求对利率变动的敏感度越高，则 LM 曲线的斜率 $\frac{k}{h}$ 越小，于是，LM 曲线越平缓，即利率变动一定幅度，国民收入需要变动较大幅度，才可保持货币市场的均衡；反之，h 值越小，LM 曲线的斜率 $\frac{k}{h}$ 越大，LM 曲线越陡峭，即利率变动一定幅度，国民收入只需要变动较小幅度，就可保持货币市场的均衡。当 h 既定时，k 值越大，即货币需求对收入的变动敏感度越大，则 $\frac{k}{h}$ 越大，LM 曲线越陡峭；反之，k 值越小，$\frac{k}{h}$ 越大，LM 曲线越陡峭。从图 6.9 可以看出，h 值越大，象限(a)中的货币投机需求曲线越平缓，则 LM 曲线的斜率 $\frac{k}{h}$ 越小，LM 曲线越平缓。而 k 值越大，象限(c)中的货币交易需求曲线越陡峭，则$\frac{k}{h}$越大，LM 曲线越陡峭。

西方学者认为，在实际经济生活中，由于货币交易需求比较稳定，所以一般认为 LM 曲线的斜率主要取决于货币投机需求。根据不同利率水平下货币投机需求的大小，可将 LM 曲线划分为三个区域，如图 6.9 象限(d)所示。

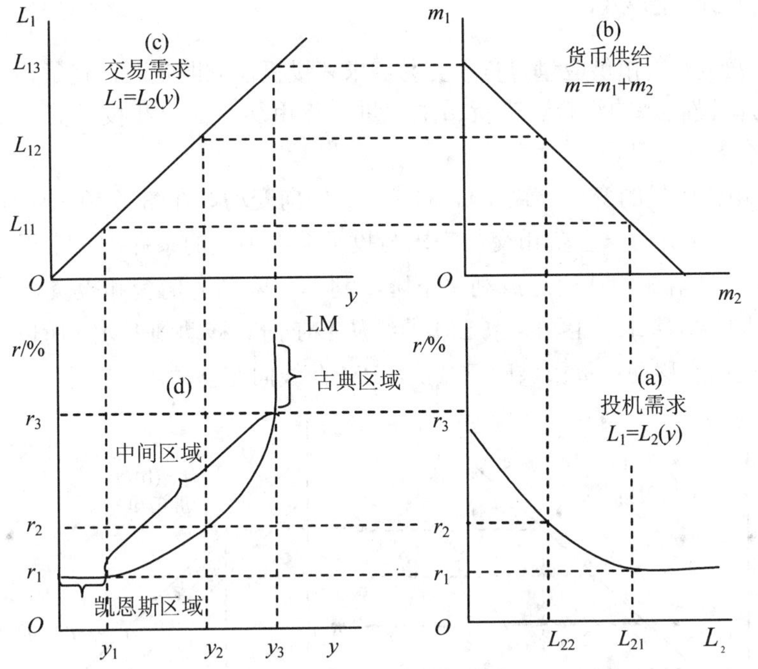

图 6.9　LM 曲线的三个区域

在第四章第三节讲过，当利率降得很低时，货币的投机需求将成为无限的，这就是“凯恩斯陷阱”或“流动性偏好陷阱”。由于在这一极低的利率水平上(比如 1%)货币的投机需求量已成为无限大，货币的投机需求曲线是一条水平线，因此，导致 LM 曲线也成为水平线。如图 6.9 中，当利率降低到r_1时，象限(a)中的货币投机需求曲线成为一条水平线，因而，LM 曲线也相应有一段水平状态的区域，这一区域称为“凯恩斯区域”或“萧条区域”，如象限(d)所示。在这一区域，对应这一极低的利率，可以有不同的国民收入与其对应。

相反，当利率上升到很高水平如r_3时，货币的投机需求量为零，只有货币的交易需求量，因此，图 6.9 象限(a)中的货币投机需求曲线表现为从利率为r_3以上是一条与纵轴相平行的垂直线，不管利率上升到r_3以上多高，货币投机需求量都是零，人们手中持有的货币量全是交易需求量。这样，象限(d)中 LM 曲线从利率为r_3开始，就成为一段垂直于横轴的直线。古典学派的解释是：这时人们只有货币的交易需求量，而无货币的投机需求量，因此 LM 曲线的垂直区域，也称为“古典区域”。

介于古典区域和凯恩斯区域之间的那个阶段 LM 曲线是“中间区域”。中间区域的 LM 曲线的斜率是正值，反映了利率与国民收入成同方向变化关系。在这一区域，货币投机需求随利率上升而减少，于是在货币供给量一定的情况下，为保持货币市场的均衡，货币的交易需求量必须随利率上升而增加，相应的国民收入也必须相应地增加。于是，在这一区域利率和国民收入必须同方向变化，才会使货币市场保持均衡，这使 LM 曲线向右上方倾斜。

三、LM 曲线的移动

LM 曲线表示在货币供应量、货币交易需求和投机需求既定时，使货币市场达到均衡的所有利率与国民收入的组合。当货币供应量、货币交易需求和投机需求发生变动后，LM 曲线必然会发生变动。

首先，货币供应量的变动导致 LM 曲线与其同向变动。在图 6.10 中，货币供应量由 m 增加到 $m' = m + \Delta m$ 时，在货币交易需求与投机需求不变的条件下，用于满足货币投机需求的货币供应量增加，从而造成利率下降，利率下降刺激消费和投资，使国民收入增加，于是，在同一利率水平上，导致 LM 曲线从 LM 向右移动到 LM′。所以，货币供应量增加，LM 曲线向右移动；货币供应量减少，LM 曲线向左移动。

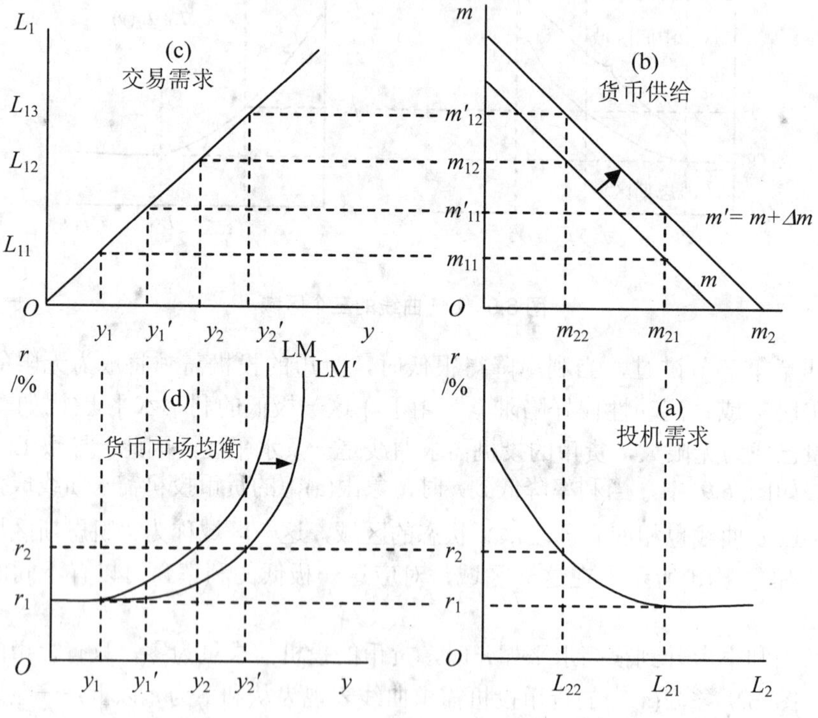

图 6.10 LM 曲线的移动

需要指出的是：当价格水平不变(即 $P=1$)时，名义货币供给量与实际货币供给量相等。但是，当价格水平发生变动(即 $P \neq 1$)时，名义货币供给量与实际货币供给量不相等。当 $P>1$ 时，名义货币供给量大于实际货币供给量；当 $P<1$ 时，名义货币供给量小于实际货币供给量。所以，在名义货币供给量保持不变的情况下，价格水平下降，意味着实际货币供给量增加，从而导致 LM 曲线向右移动；反之，如果价格水平上升，实际货币供给量

减少，LM 曲线向左移动。

其次，货币交易需求的变动，会使 LM 曲线与其发生同方向的移动。如果货币交易需求增加，即每一国民收入水平下的货币交易需求量增加了(L_1 曲线向左上方移动)。根据同样方法可以得出，在货币供应量与货币投机需求不变的情况下，用于货币投机需求的货币供应量减少，从而造成利率上升，即在每一收入国民水平下使货币市场均衡的利率水平上升，导致 LM 曲线向左移动。因此，货币交易需求增加，LM 曲线向左移动；货币交易需求减少，LM 曲线向右移动。

第三，货币投机需求的变动，会使 LM 曲线发生与其相反方向的移动。如果货币投机需求增加，即每一利率水平下货币投机需求量增加了(L_2 曲线向右上方移动)，可以得出，在货币供应量与货币交易需求不变的情况下，投机需求增加会造成利率上升，即在每一国民收入水平下使货币市场均衡的利率水平上升，导致 LM 曲线向左移动。因此，货币投机需求增加，LM 曲线向左移动；货币投机需求减少，LM 曲线向右移动。

这里需要注意的是：货币交易需求和货币投机需求的变动是在假设货币交易需求的收入系数 k 和货币投机需求的利率系数 h 保持不变情况下发生的。如果 k 和 h 发生变化，则会使 LM 曲线发生转动而不是移动。如，k 值由小变大，即货币交易需求对收入的敏感度逐渐增强，会使 LM 曲线逐渐变陡，发生逆时针方向转动；反之，则会发顺时针转动。当 h 值由小变大，即货币投机需求对利率的敏感度逐渐增强，则会使 LM 曲线逐渐变得平缓，即发生顺时针方向转动；反之，则发生逆时针方向转动。

在以上所讨论的导致 LM 曲线移动的三个因素中，特别要重视货币供应量变动这一因素，因为货币供给量是国家货币当局可以根据需要随时加以调整的外生变量。通过调整货币供应量，进而调节利率和投资水平，影响总需求，使宏观经济朝着理想的水平发展，这正是货币政策的理论基础。

四、货币市场的失衡

LM 曲线是货币市场达到均衡时所有利率与国民收入对应点的连线，因此，LM 曲线外的任何一点都代表货币市场的失衡状态。

如图 6.11 中的 A 点和 B 点。在 A 点上，对应的利率与收入的组合为(r_A， y_A)，此时，当国民收入为 y_A 时，利率 r_A 高于货币市场均衡的利率 $L_{A'}$，即 $r_A > L_{A'}$。这说明，A 点对应的货币投机需求小于货币市场均衡时对应的货币投机需求，同时 $L_A < L_{A'}$，又因为 $L_{A'} = m$，所以在 A 点 $L < m$。同理，在 LM 曲线左上方的每一点均是 $L < m$。这时，货币市场上出现过剩供给，在市场机制本身作用下，将导致利率降低，直至回到 LM 曲线上的均衡点 A'。

同样，在 B 点，利率低于货币市场的均衡利率，因此，B 点对应的货币投机需求大于货币均衡时对货币的投机需求，在收入既定时，有 $L > m$。同理，在 LM 曲线右下方的每一点上均有 $L > m$。此时，货币市场上出现货币短缺，在市场机制本身作用下，将导致利率上升，直至恢复到 LM 曲线上的均衡点 B'。

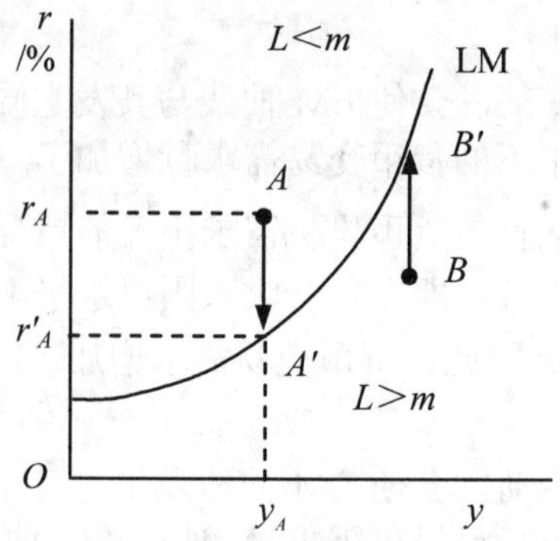

图 6.11　货币市场的失衡

由以上分析可得到更一般的结论：所有位于 LM 曲线左上方的利率与收入的组合都是 $L<m$ 的非均衡组合，此时，利率会下降；所有位于 LM 曲线右下方的利率与收入的组合都是 $L>m$ 的非均衡组合，此时，利率会上升。

第三节　IS-LM 模型分析

一、产品市场和货币市场的同时均衡：IS-LM 模型

专题拓展
WWW

根据第五章的分析，均衡国民收入水平取决于产品市场的总需求水平，而总需求中的投资支出水平又决定于利率水平。另一方面，利率决定于货币市场的货币供给与货币需求的均衡状况，当货币供给量既定时，利率水平决定于货币需求，其中货币的交易需求又决定于收入水平，投机需求决定于利率水平。可见，在产品市场上，要决定收入，必须先要决定利率，否则投资水平无法确定；在货币市场上，要决定利率，关键要事先确定一个特定的收入水平，而收入水平却是由产品市场决定的，因此，利率的决定又依赖于产品市场。这样，凯恩斯的理论就陷入了循环推论：利率通过投资影响收入，而收入通过货币需求影响利率；或者说，收入依赖于利率，而利率又依赖于收入。凯恩斯的后继者发现了这一循环推论的错误，于是，英国的经济学家 J. R. 希克斯和美国的经济学家 A. H. 汉森把产品市场和货币市场结合起来，同时考察了两个市场的共同均衡问题，提出了著名的“汉森-希克斯模型”，即 IS-LM 模型，以说明在产品市场与货币市场同时均衡时，国民收入与利率之间的相互关系。这一模型分析基本勾勒出了凯恩斯主义的整体思想体系，因而长期以来被看作是对凯恩斯理论的标准解释。

(一)产品市场和货币市场的同时均衡：IS-LM 模型

在前两节分别讨论了产品市场的均衡和货币市场的均衡状况。用 IS 曲线表示产品市场达到均衡时，即 $i=s$ 条件下，利率与国民收入之间成反向变动关系；用 LM 曲线表示货币市场达到均衡时，即 $L=m$ 条件下，利率与国民收入之间成同方向变动关系。现在我们把 IS 曲线和 LM 曲线结合在一起，来说明产品市场与货币市场同时均衡时，唯一的均衡利率与国民收入的决定。产品市场和货币市场在同一收入水平和利率水平上同时达到均衡时，均衡利率与均衡国民收入可以在 IS 曲线和 LM 曲线的交点上求得，其数值可通过

IS、LM 曲线的联立方程求得。

仍用前面的例子来说明。已知产品市场的均衡模型为

$$\begin{cases} i = s \\ i = 200 - 50r \\ s = y - c = -100 + 0.2y \end{cases}$$

解之得： $y = 1500 - 250r$ IS 曲线方程

又知货币市场的均衡模型为：

$$\begin{cases} L = m \\ L = 0.5y + 1500 - 125r \\ M = 1750\ (\text{价格指数 } P = 1) \end{cases}$$

据此解之可得： $y = 500 + 250r$ LM 曲线方程

当产品市场和货币市场同时均衡时，联立 IS 和 LM 曲线方程，即

$$\begin{cases} y = 1500 - 250r \\ y = 500 + 250r \end{cases}$$

解上述两方程得

$$\begin{cases} r = 2 \\ y = 1500 - 250 \times 2 = 1000\ (\text{亿美元})。 \end{cases}$$

当 $r = 2\%$， $y = 1000$ 亿美元时，同时可满足 $i = s$ 和 $L = m$，因此是产品市场和货币市场同时均衡的均衡利率和均衡国民收入。

产品市场和货币市场共同均衡时数学模型的表达式如下。

$$\begin{cases} i = s & \text{产品市场均衡条件} \\ i = i(r) = e - dr & \text{投资函数} \\ s = s(y) = -a + (1-b)y & \text{储蓄函数} \end{cases} \tag{6-9}$$

解之得 IS 曲线方程 $y = \dfrac{a + e - dr}{1 - b}$ (6-10)

$$\begin{cases} L = m & \text{货币市场均衡条件} \\ L = L_1(y) + L_2(r) = ky - hr & \text{货币需求函数} \\ m = \dfrac{M}{P} & \text{货币供给函数} \end{cases} \tag{6-11}$$

解之得 LM 曲线方程为

$$y = \frac{hr}{k} + \frac{m}{k} \tag{6-12}$$

或

$$r = \frac{ky}{h} - \frac{m}{h} \tag{6-13}$$

由于货币供给量 m 被假定为既定，因此，求解 IS 和 LM 曲线的联立方程，即可得到产品市场和货币市场同时均衡时的利率 r 和国民收入 y。

两个市场同时均衡决定的均衡利率和均衡国民收入也可用图形表示。如图 6.12 所示，以 IS 曲线表示产品市场的均衡，以 LM 表示货币市场的均衡，则两个市场的同时均衡表现为 IS 曲线和 LM 曲线的交点 E。E 点所对应的国民收入 1000 亿美元和利率 2%就是能使产品市场和货币市场同时实现均衡的收入和利率。此时的投资

$i=200-50\times2=100$(亿美元)，储蓄 $s=-100+0.2\times1000=100$(亿美元)，投资等于储蓄(也即总需求等于总供给)，因而产品市场上实现了均衡。同时，货币需求为 $L=0.5\times1000+1500-125\times2=1750$(亿美元)，正好等于实际货币供给 $m=M/P=1750$(亿美元)，货币市场也实现了均衡。在 E 点上，只要投资、储蓄、货币需求和货币供给的关系不变，两个市场就可以始终保持在均衡状态。

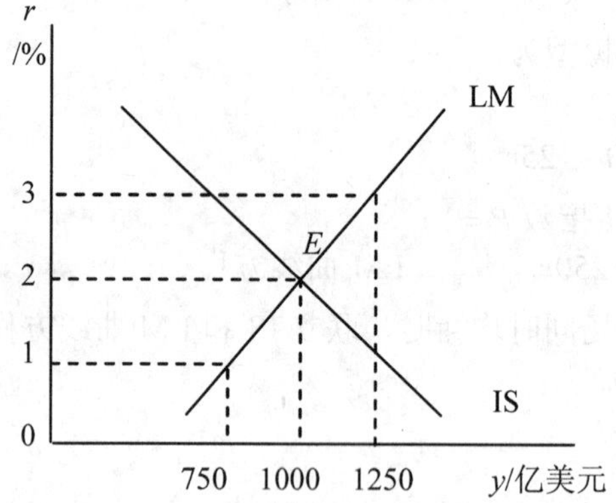

图 6.12　产品市场和货币市场的一般均衡

(二)产品市场和货币市场的失衡及调整

以上讨论了产品市场和货币市场同时达到均衡时，均衡点处于 IS 曲线和 LM 曲线的交点 E 上。因此，任何偏离 E 点的利率和国民收入的组合点均为非均衡点，都达不到产品市场和货币市场的同时均衡。

如图 6.13 所示，IS 曲线和 LM 曲线相交后将整个坐标平面划分为Ⅰ、Ⅱ、Ⅲ、Ⅳ四个区域。综合后可将产品市场和货币市场的失衡分为以下八种情况。

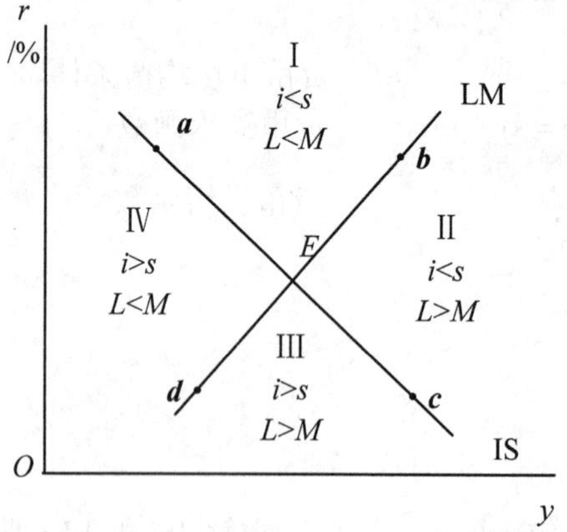

图 6.13　产品市场和货币市场的失衡

第一种，在 a 点：a 点处于 IS 曲线上，有 $i=s$，产品市场达到均衡；但 a 点处于 LM 曲线的左上方，货币市场的货币需求小于货币供给，即 $L<M$，货币市场失衡。

第二种，在Ⅰ区域：Ⅰ区域位于 IS 曲线右上方，从前面分析可知，所有位于 IS 曲线右上方的点，都代表使投资小于储蓄(即$i<s$)的利率与国民收入的组合，此时，产品市场上总需求小于总供给；同时，Ⅰ区域又位于 LM 曲线的左上方，货币市场上货币的需求小于货币的供给(即$L<M$)。因此，产品市场和货币市场同时失衡，有超额产品供给和超额货币供给。

第三种，在b点：b点处于 LM 曲线上，有$L=M$，货币市场达到均衡；但b点处于 IS 曲线的右上方，产品市场的投资小于储蓄，即$i<s$，产品市场失衡，存在超额产品供给。

第四种，在Ⅱ区域：Ⅱ区域位于 IS 曲线右上方，从前面分析可知，所有位于 IS 曲线右上方的点，都代表使投资小于储蓄(即$i<s$)的利率与收入的组合，此时，产品市场上总需求小于总供给；同时，Ⅱ区域又位于 LM 曲线的右下方，货币市场上货币的需求大于货币的供给(即$L>M$)。因此，产品市场和货币市场同时失衡，其存在超额产品供给和超额货币需求。

同理有：

第五种，在c点：$i=s$，且$L>M$，有超额货币需求；

第六种，在Ⅲ区域：$i>s$，且$L>M$，有超额产品需求和超额货币需求；

第七种，在d点：$L=M$，且$i>s$，有超额产品需求；

第八种，在Ⅳ区域：$i>s$，且$L<M$，有超额产品需求和超额货币供给。

因此，只有在 IS 曲线和 LM 曲线的交点E上，产品市场上的总需求等于总供给，货币市场上的货币需求等于货币供给，产品市场和货币市场同时达到均衡。

当经济运行中出现以上这些失衡状态时，市场经济本身的力量将使失衡向均衡状态调整，直至使货币市场与产品市场同时达到均衡，收入与利率才会达到均衡状态。从失衡到均衡的调整过程可以通过图 6.14 加以说明。在图 6.14(a)中，A点位于第Ⅲ区域，此时，一方面产品市场上总需求大于总供给，存在超额的产品需求，导致国民收入y有增加的趋势，使收入从A点沿平行于横轴的箭头向右移动；另一方面，在货币市场上有货币需求大于货币供给，存在超额的货币需求，导致利率r有上升的趋势，使利率从A点沿平行于纵轴的箭头向上移动。这两方面共同的调整结果引起收入和利率的组合点A沿对角线向右上方移动到B点。在B点，由于B点位于 IS 曲线上，产品市场实现均衡，国民收入y不再变动；但此时，$L>M$，有超额货币需求，利率r仍有上升的趋势，于是由B点沿平行于纵轴的箭头移动到C点。在C点，$i<s$，存在超额的产品供给，导致国民收入y减少，使C点沿平行于横轴的箭头向左移动；同时$L>M$仍然存在，利率r仍有上升的趋势，C点受到一个向上移动的垂直力的作用。这两方面的调整最终使得收入减少，利率上升，移动到D点。D点位于LM曲线上，$L=M$，货币市场实现了均衡，利率r不变；而产品市场上的$i<s$，国民收入y有继续下降的趋势，向左平移到F点。在F点，产品市场的$i<s$，国民收入减少，F点沿水平方向的箭头向左移动；同时，货币市场上的$L<M$，利率r有下降的趋势，F点沿垂直方面的箭头向下移动，两方面的合力使F点移动到G点……依次类推，只要收入和利率组合不能使两个市场同时达到均衡，这种调整仍会再继续，直到收入和利率移动到 IS 曲线和 LM 曲线的交点E处，同时达到产品市场和货币市场的共同均衡才会停止。

以上的调整过程，我们可以把从失衡点 A 向均衡点 E 调整的路径用清晰的连线表示出来，就是图 6.14(b)所示的从 $A—B—C—D—F—G—H\cdots E$ 点的连线。

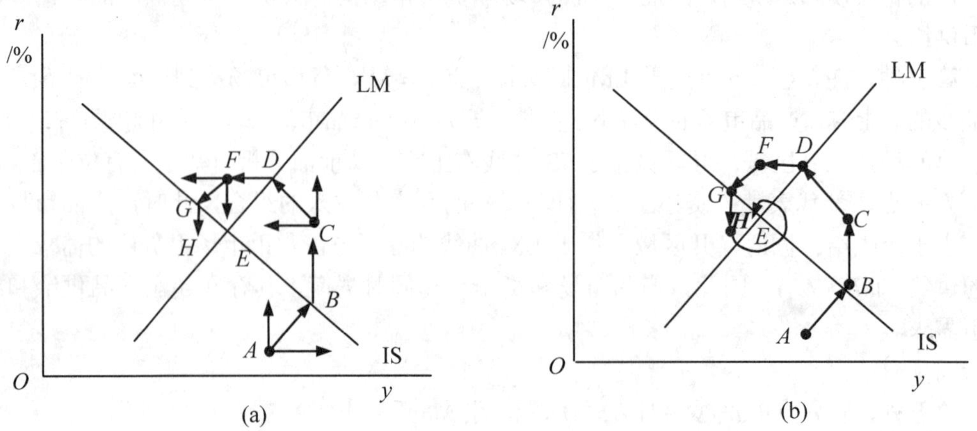

图 6.14　产品市场和货币市场失衡的调整过程

二、均衡国民收入与均衡利率的变动

以上是在假设 IS 曲线和 LM 曲线既定条件下讨论产品市场与货币市场同时均衡的问题。然而，一旦 IS 曲线和 LM 曲线发生变动，则均衡国民收入与利率就会发生相应的变化。

下面我们通过 IS 曲线和 LM 曲线的移动来说明均衡国民收入与利率的变动。

(一)假设 LM 曲线不变，IS 曲线变动

在本章第一节，可以看到，消费、储蓄、投资、政府购买支出、政府转移支付、税收和净出口的变动都会引起产品市场均衡状态的改变。具体来说，消费、投资、政府购买支出、政府转移支付和净出口的增加，税收和储蓄的减少，会使 IS 曲线向右上方移动；反之，消费、投资、政府购买支出、政府转移支付和净出口的减少，税收和储蓄的增加，会使 IS 曲线向左下方移动。

产品市场均衡的变动对均衡收入与利率的影响可以通过 IS 曲线的移动来加以说明。如图 6.15 所示，在图中，IS_0 与 LM 曲线的交点为 E_0 点，E_0 点对应的均衡利率和国民收入分别是 r_0 和 y_0。现假设由于某种原因(如政府支出增加等)，导致 IS_0 曲线向右移动到 IS_1，此时，均衡点为 E_1，相应的均衡国民收入由 y_0 增加到 y_1，均衡利率也由 r_0 上升到 r_1。这是因为，IS 曲线的右移是由于消费、投资或政府支出增加，即总支出增加，使生产和收入增加了，收入的增加又导致货币交易需求增加。由于货币供给量不变(假定 LM 曲线不变)，因此，人们只能出售有价证券来获取从事交易增加所需的货币，这就会使有价证券的价格下降，从而利率上升。同样可以说明，当 LM 曲线不变，IS 曲线向左下移动时，国民收入就会减少，利率就会下降。

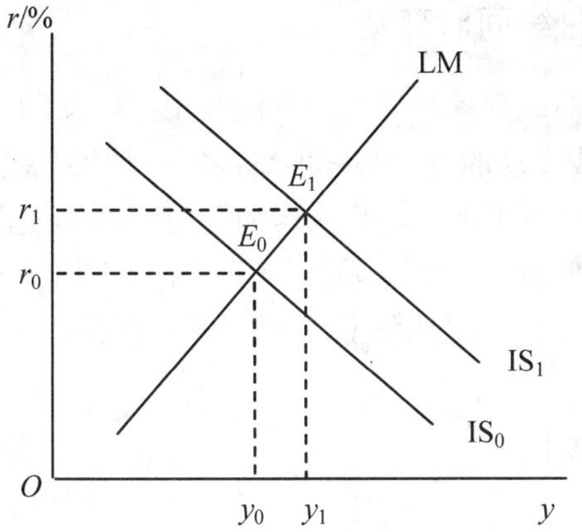

图 6.15　均衡国民收入和利率的变动(一)

(二)假设 IS 曲线不变，LM 曲线变动

在本章第二节，我们讨论过，货币供应量、货币的交易需求和投机需求的变动都会引起货币市场均衡状态的改变，表现为 LM 曲线的移动。在其他因素不变的情况下，货币供应量增加或者货币需求减少，会使 LM 曲线向右移动；反之，货币供应量减少或货币需求量增加，会使 LM 曲线向左移动。

货币市场均衡发生变化后，经济社会的均衡国民收入与利率也会相应地发生变动。这一点可以通过 LM 曲线的移动来说明。在图 6.16 中，IS 曲线与 LM_0 曲线的交点 E_0，对应的均衡利率和均衡收入分别为 r_0 和 y_0。如果货币供应量增加，LM_0 向右下方移动到 LM_1，此时，两个市场的共同均衡点为 E_1，相应均衡利率和国民收入均衡变为 r_1 和 y_1。这是因为，随着货币供给量的增加，使货币市场上的货币供给大于货币需求，利率下降；由于假定 IS 曲线不变，因此，利率下降刺激消费和投资增加，进而导致国民收入增加。最终使利率由 r_0 下降到 r_1，国民收入由 y_0 增加到 y_1，宏观经济在 E_1 达到新的均衡。相反，如果货币供应量减少或货币需求增加，会使 LM 向左上方移动，相应的均衡利率上升，均衡国民收入减少。

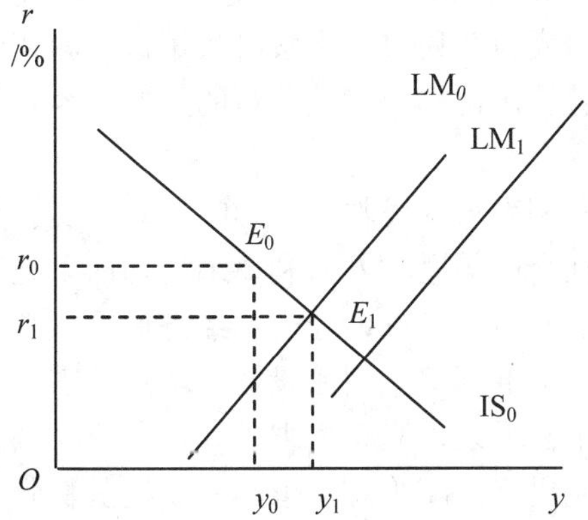

图 6.16　均衡国民收入和利率的变动(二)

(三)IS 曲线和 LM 曲线同时变动

如果 IS 曲线和 LM 曲线因各种因素的共同作用同时变动，国民收入和利率的变动情况则由 IS 曲线和 LM 曲线变动的方向和程度来决定。如果 IS 曲线向右上方移动，LM 曲线同时向右下方移动，则可能出现国民收入增加，而利率不变，或下降，或上升的不同情况。在图 6.17 中，由 IS 曲线向右上方移动，同时 LM 曲线向右下方移动，宏观经济在 E_2 点重新实现均衡，国民收入由 y_0 增加到 y_2，但利率 r_0 不变。

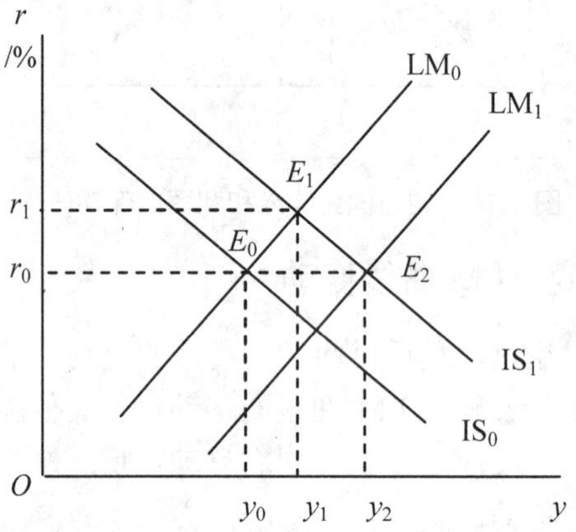

图 6.17　均衡国民收入和利率的变动(三)

三、IS-LM 模型的政策含义

IS-LM 分析是西方宏观经济政策的理论基础。IS 曲线移动对均衡利率与国民收入的影响是政府实施财政政策的理论基础。根据凯恩斯的理论，总需求决定总供给，当市场机制自发调节造成经济社会中有效总需求不足，从而均衡国民收入低于充分就业水平时，政府可以采取刺激投资消费、鼓励投资、增加政府购买和转移支付、增加净出口和减少税收的政策，刺激投资和提高总需求水平，以增加国民收入、减少失业、促进资源充分利用。反之，当总需求超过总供给，导致经济过热时，政府可以采取相反的政策来抑制通货膨胀。其中，政府购买支出、转移支付和税收是由政府政策决定的外生变量，政府可以根据对经济形势的判断适时加以调整，因此构成财政政策的主要内容。积极财政政策对利率和国民收入的影响可参见图 6.15。

LM 曲线的移动对均衡利率与国民收入的影响是政府实施货币政策的理论基础。如果由于总需求的原因，经济社会的国民收入与利率未能均衡于充分就业的理想状态，国家货币当局可以通过改变货币供应量的措施调控宏观经济运行状态。具体来说，当总需求不足时，通过增加货币供应量、降低利率来刺激投资，增加总需求，从而使国民收入增加、失业减少和促进资源充分利用；反之，当总需求过旺，导致经济过热时，可通过减少货币供应量，提高利率，从而抑制投资，减少总需求，控制通货膨胀。这就是货币政策的主要内容。政府实行积极的货币政策后，对利率和国民收入的影响可参见图 6.16。

而 IS 曲线和 LM 曲线因各种因素的共同作用同时变动，对国民收入和利率的影响，则是政府的财政政策和货币政策搭配使用的理论基础，具体可参见图 6.17。

从上述内容可以看出，政府可以通过财政政策和货币政策来对宏观经济的运行施加影响，使之朝着充分就业的理想状态发展。但是，在经济运行的不同水平和不同阶段，财政政策和货币政策对宏观经济的影响程度是不同的。所以，有必要分析宏观经济政策的有效性。

在第二节，我们分析了 LM 曲线的三个区域，即“凯恩斯区域”、“中间区域”和“古典区域”。在 LM 曲线上不同的区域，即经济运行的不同阶段，财政政策和货币政策的效果是不同的。下面结合图 6.18 来加以说明。

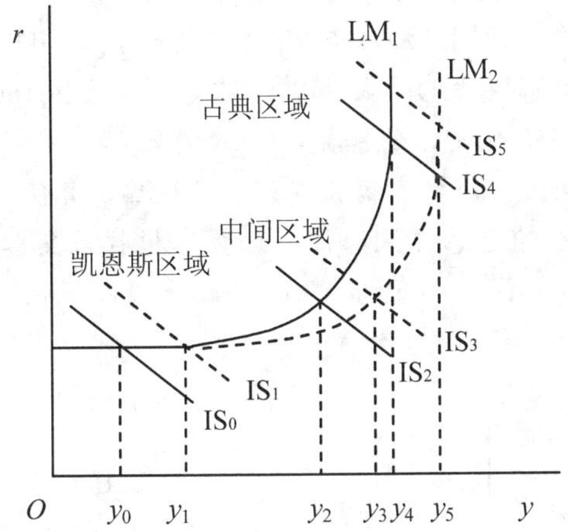

图 6.18　LM 曲线的三个区域与货币政策和财政政策的有效性

一般来讲，“凯恩斯区域”对应于总需求严重不足的经济萧条阶段，所以也被称为“萧条区域”。从图 6.18 可看出，在“凯恩斯区域”，实施扩张的财政政策，即使 IS 曲线向右移动，在利率不提高的情况下，国民收入增加的数量与 IS 曲线平移的数量相等，说明财政政策完全有效；而实施货币政策，即移动 LM 曲线对收入与利率没有影响，说明货币政策完全无效。如图 6.18 中，扩张的财政政策使得 IS 曲线由 IS_0 移动到 IS_1，在利率水平不变条件下，国民收入由 y_0 增加到 y_1，移动的距离为：$\Delta y = k_g \Delta i$。

“古典区域”对应于资源已经得到充分利用，总需求超过总供给出现通货膨胀的阶段。在“古典区域”，实施财政政策只会导致利率的变动，并不能促进收入的变化；而实施货币政策后，导致利率改变的同时，收入水平也会改变。因此，在“古典区域”，货币政策完全有效，而财政政策无效。如图 6.18 所示，政府扩张的财政政策使得 IS 曲线由 IS_4 移动到 IS_5，在 LM 曲线不变时(仍为 LM_1 曲线)，则利率上升而国民收入仍为 y_4，可见，财政政策在该区域无效。当 IS 曲线保持不变时，扩张的货币政策使 LM 曲线由 LM_1 移动到 LM_2，导致利率下降，同时国民收入由 y_4 增加到 y_5，收入增加量 $\Delta y = \dfrac{\Delta m}{k}$ (因为增加的货币供给将全部用于货币的交易需求)，货币政策完全发挥其作用。

在“中间区域”，无论是移动 IS 曲线，还是移动 LM 曲线，都能改变均衡收入与利率，因此，财政政策和货币政策都有效。如图 6.18 中，扩张的财政政策使得 IS 曲线由 IS_2 移动到 IS_3，同时，政府扩张的货币政策使 LM 曲线由 LM_1 移动到 LM_2，最终的结果使利率微升，国民收入由 y_2 增加到 y_3，可见，在该区域财政政策和货币政策均有效。

【专栏 6-1】1965—1966 年的越战升级和美元利率上升

从 1965 年初到 1966 年末，美国驻越南军队由不足 2.5 万人剧增到 35 万人以上，卷入越南战争的程度急剧加深。军队的增加使得军费开支扶摇直上，从 1965—1966 年，美国政府支出增加了 550 亿美元。利用 IS-LM 模型进行预测，这将对产出和利率发生什么样的影响?

如图 6.19 所示，政府支出增加使 IS 曲线由 IS_1 移动到 IS_2，而 LM 曲线不变。因为，以不变价格计算，货币供给量(M_1)几乎没有变动：1965 年为 5910 亿美元，1966 年为 5850 亿美元，这样，IS-LM 模型预测经济从点 E_1 移动到点 E_2，GDP 增加，利率上升。这也正是 1965—1966 年的实际情况：GDP 从 24710 亿美元增至 26160 亿美元，增加了 1450 亿美元(是政府支出增加额 550 亿美元的倍数)，三个月国库券利率从 3.95%升至 4.88%。

当时经济学家们都认为，应提高税收以免经济过热，并使 IS 曲线重新向左移动以降低利率。但不幸的是，约翰逊总统认为，通过提高税收来支撑越来越不受人们欢迎的战争，在政治上是行不通的。因此，直到 1968 年仍未提高税收。而到那时，过热的经济已经造成了通货膨胀和前所未有的高利率。

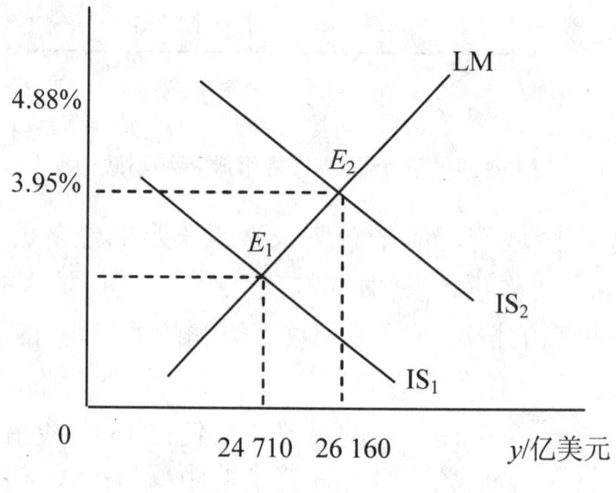

图 6.19　政府支出增加对产出和利率的影响

本 章 小 结

本章在第四章和第五章基础上，把产品市场和货币市场联系起来，介绍了 IS 曲线、LM 曲线以及凯恩斯的扩展模型：IS-LM 模型，这一模型是西方宏观经济政策的理论基础。

IS 曲线描述的是产品市场达到均衡时，均衡利率与国民收入之间存在着反方向变化关系，即利率升，国民收入减少；利率降，国民收入增加。国民收入变化对利率变化的敏感程度，取决于 IS 曲线的斜率。导致 IS 曲线移动的因素有：投资、消费或储蓄、政府购买支出、政府转移支付、税收和净出口额的变动。投资、消费、政府购买支出、政府转移支付和净出口的增加会导致 IS 曲线向右上方移动，而储蓄、税收的增加会导致 IS 曲线向左下方移动。IS 曲线是政府财政政策实施的理论基础。

LM 曲线描述的是货币市场达到均衡时，均衡利率与国民收入之间存在着正向变化关系，即利率上升，国民收入增加；利率下降，国民收入减少。利率变化引起国民收入变化的程度取决于 LM 曲线的斜率。导致 LM 曲线发生移动的因素有：货币供给量、货币的交易需求(含预防需求)和投机需求的变化。货币供应量和货币交易需求的变动导致 LM 曲线与其同向变动，而货币投机需求的变动，会使 LM 曲线发生与其相反方向的变动。LM 曲线是政府调控货币供给量、执行货币政策的理论基础。

IS-LM 模型说明了产品市场和货币市场是相互影响、相互依存的，描述了在假设价格水平不变条件下，产品市场和货币市场共同均衡(即 $i=s$， $L=m$)时，宏观经济短期内均衡利率与国民收入的决定。进一步分析了当产品市场或货币市场的均衡发生变化时，短期均衡利率与国民收入的变动。同时，运用 IS-LM 模型简要分析了财政政策和货币政策对均衡利率与国民收入的影响。

IS-LM 模型是西方宏观经济政策的理论基础，它很直观、清晰地阐述了凯恩斯的经济理论和经济政策，但是这一模型分析也有缺陷：首先，IS-LM 模型是在假设两个市场的均衡是独立形成的这一前提条件下来研究产品市场和货币市场的共同均衡，但这一假设条件在实际中是不存在的。当 IS 曲线与 LM 曲线相互有关系时，均衡利率与国民收入的决定就非常困难。因为，如果 IS 曲线与 LM 曲线是相互依存的，当 IS 曲线受某些因素的影响而发生移动时，同时也会使得 LM 曲线随之发生变动，因此，导致国民收入很难确定，从而也就不能预测政策的效果。其次，IS-LM 模型分析得出的结果不一定与事实相符。如，按照 IS-LM 分析，投资崩溃(即 IS 曲线猛烈地向左移)，LM 曲线的右移可以使国民收入 y 保持不变，即当严重的投资崩溃危机到来时，扩张性的货币政策能够加以补救，这种说法有时是与事实相背离的。如 1929 年开始的大萧条，西方银行存在多余的准备金，并不缺乏资金的来源。可见，这时货币政策并不能使 LM 曲线右移以解决投资崩溃带来的萧条。因此，在学习和运用 IS-LM 模型时，要注意理论和现实是有差距的。

复习思考题

1. 名词解释

IS 曲线、LM 曲线、LM 曲线的凯恩斯区域、LM 曲线中间区域和古典区域、IS-LM 模型。

2. 选择题

(1) 在其他因素不变的情况下，自发性投资增加 10 亿美元，会使 IS 曲线(　　)。

A. 右移 10 亿美元　　B. 左移 10 亿美元

C. 右移支出乘数乘以 10 亿美元　　D. 左移支出乘数乘以 10 亿美元

(2) 在其他因素不变情况下，净税收增加 10 亿美元，会使 IS 曲线(　　)。

A. 右移税收乘数乘以 10 亿美元　　B. 左移税收乘数乘以 10 亿美元

C. 右移支出乘数乘以 10 亿美元　　D. 左移支出乘数乘以 10 亿美元

(3) 假定其他因素既定不变，投资对利率变动的反应程度提高时，IS 曲线将(　　)。

A. 平行向右移动　　B. 平行向左移动
C. 变得更加陡峭　　D. 变得更加平坦

(4) 假定其他因素既定不变，货币的投机需求对利率变动的反应程度提高时，LM 曲线将(　　)。

A. 平行向右移动　　B. 平行向左移动
C. 变得更加陡峭　　D. 变得更加平坦

(5) 假设货币需求为 $L=ky-hr$，货币供给增加 10 亿美元而其他条件不变，则会使 LM 曲线(　　)。

A. 右移 10 亿美元　　B. 右移 k 乘以 10 亿美元
C. 右移 10 亿美元除以 k　　D. 右移 k 除以 10 亿美元

(6) 利率和收入的组合点出现在 IS 曲线右上方，LM 曲线的左上方的区域中，则表示(　　)。

A. $i>s$，$L<M$　　B. $i>s$，$L>M$
C. $i<s$，$L<M$　　D. $i<s$，$L>M$

(7) 利率和收入的组合点出现在 IS 曲线左下方，LM 曲线的左上方的区域中，则表示(　　)。

A. $i>s$，$L<M$　　B. $i>s$，$L>M$
C. $i<s$，$L<M$　　D. $i<s$，$L>M$

(8) 在 IS-LM 模型中，如果经济处于中间区域，投资增加将导致(　　)。

A. 收入增加，利率上升　　B. 收入减少，利率上升
C. 收入增加，利率降低　　D. 收入减少，利率降低

(9) 在 IS-LM 模型中，如果经济处于中间区域，货币供给增加将导致(　　)。

A. 收入增加，利率上升　　B. 收入减少，利率上升
C. 收入增加，利率降低　　D. 收入减少，利率降低

(10) 在 IS-LM 模型中，如果经济处于凯恩斯区域，投资增加将导致(　　)。

A. 收入增加，利率上升　　B. 收入减少，利率上升
C. 收入增加，利率不变　　D. 收入减少，利率下降

(11) 如果利率和收入都按市场供求情况自动得到调整，则在利率和收入的组合点出现在 IS 曲线左下方、LM 曲线的右下方的区域中时，有可能(　　)。

A. 收入增加，利率上升　　B. 收入减少，利率上升
C. 收入不变，利率上升　　D. 以上三种情况都可能发生

3. 简答题和论述题

(1) 为什么要将产品市场与货币市场联系起来说明国民收入的决定？
(2) 在三部门经济中影响 IS 曲线和 LM 曲线移动的因素有哪些？
(3) 税率增加如何影响 IS 曲线、均衡国民收入和利率？
(4) 试述 IS-LM 模型。

4. 计算题

(1) 设投资函数为 $i=e-dr$

① 当 $i=250$(美元)$-5r$ 时，计算出 r 等于 10%、8%、6%时的投资量，画出投资需求曲线；

② 若投资函数为 $i=250$(美元)$-10r$，计算出 r 等于 10%、8%、6%时的投资量，画出投资需求曲线；

③ 说明 e 的增加对投资需求曲线的影响；

④ 若 $i=250-5r$，投资需求曲线将怎样变化？

(2) 假定名义货币供给量用 M 表示，价格水平用 P 表示，货币需求函数用 $L=ky-hr$ 表示。

① 求 LM 曲线的代数表达式，P 写出 LM 曲线等式的斜率表达式；

② 计算出 $k=0.2$，$h=10$；$k=0.2$，$h=20$；$k=0.1$，$h=10$ 时 LM 的斜率的值；

③ 当 k 变小时，LM 斜率如何变化？h 增大时，LM 曲线斜率如何变化？并说明变化原因；

④ 若 $k=0.2$，$h=0$，LM 曲线形状如何？

(3) 在两部门经济中，消费函数 $c=100+0.7y$，投资函数 $i=200-2r$，名义货币供给量 $M=100$ 亿美元，价格水平 $P=1$，货币需求函数 $L=0.2y-2r$。求：

① IS 曲线的方程与 LM 曲线的方程；

② 产品市场和货币市场同时均衡时的国民收入和利率。

(4) 在四部门经济中，消费函数 $c=100+0.8y_{\mathrm{d}}$，投资函数 $i=200-5r$，政府购买支出 $g=100$，税收函数 $t=20+0.25r$，出口 $x=50$，进口函数 $m=24+0.1y$，名义货币供给量 $M=100$ 亿美元，价格水平 $P=1$，货币需求函数 $L=0.24y-2r$。求：

① 四部门经济中 IS 曲线的方程与 LM 曲线的方程；

② 商品市场和货币市场同时均衡时的国民收入和利率。

(5) 考虑这样一个生产能力过剩的地方：货币需求函数为 $L=0.2y-200r$，投资函数为 $i=1000-200r$，名义货币供给量为 $M=1000$ 万美元，消费者对可支配收入的边际消费倾向 b 为 0.8，自发性消费 a 与政府购买支出 g 均为 1000 万美元。试回答下列问题：

① 求 IS 曲线与 LM 曲线方程，并计算均衡国民收入(GDP)和利率。

② 暂不考虑货币对经济的影响条件下，假设地方政府对本地产品的购买支出增加 1000 万美元，该地区的 GDP 将增加多少？是否与 1000 万美元相等？用经济学原理解释原因，其内在机制是什么？

③ 在考虑货币对经济的影响条件下，假定地方政府还是增加 1000 万美元本地产品，该地区的 GDP 将增加多少？与②相比较，你有什么评论？用经济学原理解释原因。

第七章　国民收入决定的AD-AS模型

本章导读

西方经济学中，价格和产量由供求关系决定的原理不仅适用于微观经济学，也适用于宏观经济学。但二者有所不同的是，微观经济学中，供求所决定的是单个商品的价格和产量。而在宏观经济学中，供求所决定的则是整个社会的价格水平和产量，即国民收入。

在前面有关宏观经济问题的讨论中，都是在一般价格水平固定不变的假设下进行的，这些讨论都没有说明产量或收入与价格水平之间的关系。本章将要讨论的国民收入决定的AD-AS模型则引入总需求与总供给的概念，并取消价格水平不变的假设，重点讨论由总需求、总供给决定的整个社会的一般价格水平和产量。

总需求曲线和总供给曲线是宏观经济学重要的分析工具，也是理解宏观经济学中一些重大问题的基础。因此，本章的目的主要在于求得总需求曲线和总供给曲线，并说明这两条曲线的相互作用如何造成价格水平和国民收入的波动。

然而，必须指出的是，在现代西方经济学中，西方学者对总需求曲线的认识大致相同，但对总供给曲线的认识却存在着很大的分歧，因而该曲线也成为目前西方经济学中最有争议的主题之一。

学习目标

通过本章的学习，重点掌握总需求函数的含义与总需求曲线的特征，总生产函数的含义，长期总供给曲线和短期总供给曲线的特征；理解总需求-总供给模型及其作用；了解总需求曲线和总供给曲线的推导。

关键概念

总需求(Aggregate Demand，AD)
总供给(Aggregate Supply，AS)
总供给-总需求模型(Aggregate Demand-Aggregate Supply Model，AD-AS Model)
总生产函数(Aggregate Production Function，APF)

第一节　AD　曲　线

一、AD曲线的推导

专题拓展
WWW

总需求(Aggregate Demand，AD)是指在其他条件不变的情况下，在某一给定的价格水平上人们愿意购买的产出总量，即所有生产部门愿意支出的总量，通常以产出水平表示。从统计上看，总需求等于消费需求、投资需求、政府需求和国外需求的总和。

宏观经济学中，通常假定：在其他条件不变的情况下，价格水平与全社会总需求之间的函数关系称为总需求函数。在以价格水平为纵坐标、产出水平为横坐标的直角坐标系中，总需求函数的几何表示被称为总需求曲线(Aggregate Demand Curve，AD 曲线)。总需求曲线描述了每一价格水平与相对应的产出水平之间的关系。我们知道，IS-LM 模型研究的是在价格水平固定的情况下国民产出的决定情况。若在 IS-LM 模型的基础上，放松价格水平固定不变的假定，从而分析价格水平与国民收入之间的关系，便可以得出一条向右下方倾斜的总需求曲线。因此，AD 曲线可以直接从产品市场与货币市场均衡的 IS-LM 模型中推导出。

如前所述，IS-LM 模型的结构为

$$IS = LM \qquad \text{均衡条件}$$

$$r = \frac{a + e - bT_0 + b\overline{TR} + \overline{G} + \overline{X} - M_0}{d} - \frac{1 - b(1-t) + m}{d}Y \qquad \text{IS曲线} \tag{7-1}$$

$$r = \frac{k}{h}Y - \frac{\overline{M}}{hP} \qquad \text{LM曲线}$$

为简化表达式，上述模型中，对于 IS 曲线使用以收入 Y 为函数、利率 r 为自变量的表达式，即

$$y = \frac{a + e - bT_0 + b\overline{TR} + \overline{G} + \overline{X} - M_0}{1 - b(1-t) + m} - \frac{d}{1 - b(1-t) + m}r \tag{7-2}$$

令 $A = a + e - bT_0 + b\overline{TR} + \overline{G} + \overline{X} - M_0$，$K = \dfrac{1}{1 - b(1-t) + m}$

上式可写成

$$Y = K(A - dr) \tag{7-3}$$

将 LM 曲线的表达式代入上式，可得

$$Y = K\left[A - d\left(\frac{k}{h}Y - \frac{\overline{M}}{hP}\right)\right]$$

化简并合并同类项，可得

$$Y = \frac{AhK}{kdK + h} + \frac{dK}{kdK + h}\frac{\overline{M}}{P} \tag{7-4}$$

令 $\gamma = \dfrac{hK}{kdK + h}$，$\beta = \dfrac{dK}{kdK + h}$，

则式(7-4)变成

$$Y = \gamma A + \beta\frac{\overline{M}}{P} \tag{7-5}$$

其中，γ 是财政政策乘数，反映了财政政策变化(即 A 中的某一项，尤其是税收和政府支出)对均衡收入的影响方式以及受制因素；β 是货币政策乘数，反映了货币政策(主要货币供应量变动)对均衡收入的影响方式以及受制因素。例如，财政政策乘数受到货币需求对利率敏感程度参数 h、货币需求对收入的敏感程度参数 k、投资乘数 K、投资对利率的敏感程度参数 d 的影响。

可见，均衡产出和价格成反方向变动关系，即总需求曲线是一条向右下方倾斜的曲线，如图 7.1 所示。将上式中的价格求解出来，可得

$$P = \frac{\beta \bar{M}}{Y - \gamma A} \tag{7-6}$$

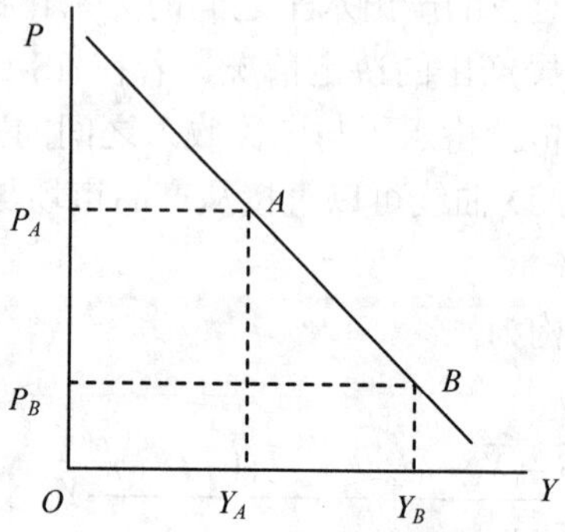

图 7.1　总需求曲线

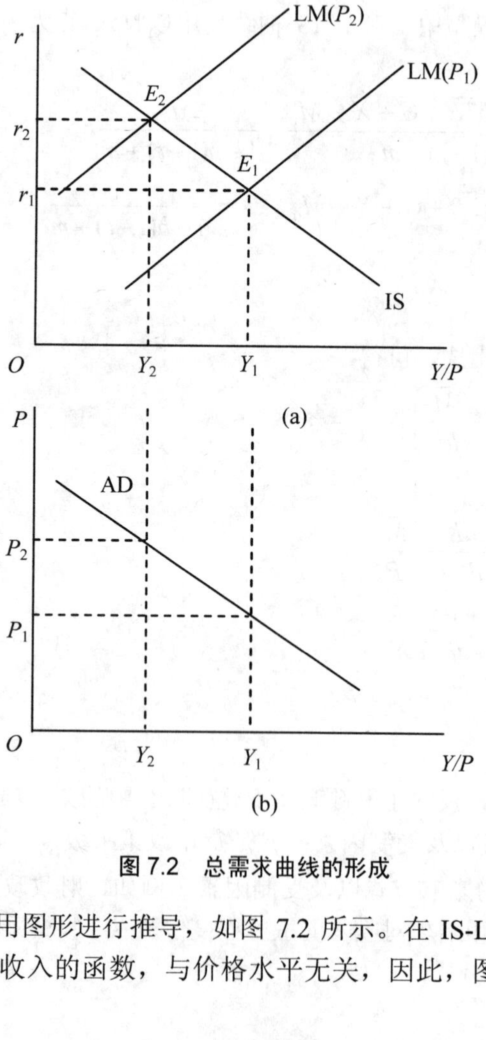

图 7.2　总需求曲线的形成

总需求曲线还可以用图形进行推导，如图 7.2 所示。在 IS-LM 模型中，构成 IS 曲线的投资和储蓄都是国民收入的函数，与价格水平无关，因此，图中的 IS 曲线一般不受价

格水平的影响。LM 中的实际货币供给量取决于名义货币供给量和价格水平。所以，不同价格水平的 LM 曲线就能确定不同的收入利率组合。当价格水平为 P_1 时，LM 曲线与 IS 曲线相交于 E_1，确定实际收入水平为 Y_1。当价格水平从 P_1 提高到 P_2 时，在名义货币供给既定的情况下，实际货币供给将减少，利率从 r_1 上升到 r_2，随着利率的上升，投资将减少，实际收入水平随之从 Y_1 减少到 Y_2。以纵轴表示价格水平，以横轴表示实际收入水平，就可以得到一条向右下方倾斜的 AD 曲线。

从 AD 曲线的推导可以看出，AD 曲线的斜率受产品市场和货币市场两个市场因素影响，反映着价格水平与总需求的关系。IS 曲线斜率越大，即利率弹性越小，AD 曲线斜率就越大，即价格弹性越小。货币乘数越大，实际货币供求量变动引起的总需求变动越大，AD 曲线斜率就越小，即价格弹性越大；货币需求利率弹性越大，AD 曲线斜率就越小，即价格弹性越大。

二、总需求曲线的特征

从总需求曲线的函数表达式来看，它是一条向右下方倾斜的曲线。它之所以向右下方倾斜主要有以下四方面原因，分别称为凯恩斯效应、财富效应、对外贸易效应和支出的利率效应。

(一)凯恩斯效应

对于给定的名义货币供给量($\bar{M}$)来说，价格水平的下降意味着实际货币供给量($\bar{M}/P$)增加，在货币需求不变的情况下，利率水平下降，从而引起投资支出水平增加，进一步带来总需求水平提高，价格水平变化的方向与总需求成反方向变动。由于价格变动的这种效应是由凯恩斯首先提出来的，故称为凯恩斯效应。

(二)财富效应

当价格水平变化时，会改变人们已经积累起来的财富的实际价值，从而导致人们消费行为的改变。这种反映财富变化对人们行为的影响的效应称为财富效应。从这一效应出发，总需求与价格之间也是反方向变动的关系。例如，如果价格水平上升，以货币面值表示的金融资产就会贬值，而人们由于财产贬值会增加储蓄以求补偿，当前的消费支出必然减少，从而使总需求下降。由于这种实际财富量变化带来的效应是由英国经济学家庇古首先进行分析的，因此又称为庇古效应。

(三)对外贸易效应

对外贸易效应就是指本国价格水平变化后，引起本国与外国的相对价格水平变化，从而影响到本国和外国的进出口水平，导致总需求水平变化。当外国价格水平不变，本国价格水平下降时，相对价格提高，即相对于国外产品和劳务而言，本国的产品显得更便宜了，那么国外会增加对本国产品的需求，即需求从外国产品转向了本国产品，从而使本国进口减少，出口增加，在这种情况下，净出口水平提高，进而使总需求水平增加。在存在对外贸易效应时价格与总需求之间同样存在反方向变动关系。

(四)支出的利率效应

如果价格水平上升，将增加家庭和企业对货币的需求，结果造成货币的短缺，从而推动利率的提高，在较高的利率水平上，投资支出将减少，因而总需求下降；反之，价格水平下降，总需求增加。因此，价格水平与总需求之间也存在着反方向变动关系。

在总需求曲线推导过程中，是在其他条件不变的情况下，分析价格变化对总需求的影响。当其他条件发生变化时，总需求曲线本身会发生移动。具体而言，当财政政策和货币政策变量发生变化时，都会引起总需求曲线移动。一般来说，无论是扩展性的财政政策还是扩张性的货币政策都会使总需求曲线向右移动。

下面，以扩张性财政政策为例，说明总需求曲线的移动。在图 7.3(a)中，IS_1 曲线和 LM 曲线对应于一定的货币数量和价格水平 P_1，均衡点为 E_1，在图 7.3(b)中，AD_1 曲线中有与之对应的 E_1 点。

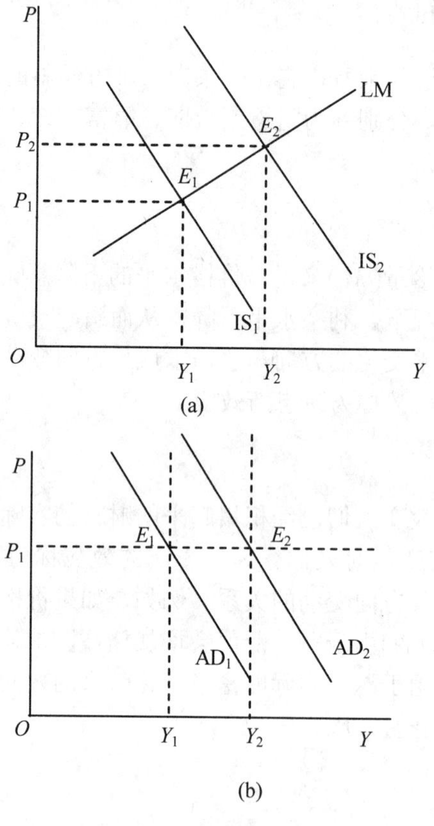

图 7.3　扩张性财政政策对总需求曲线的影响

现在增加政府支出，其结果是 IS_1 曲线向右移动到 IS_2。在原来的价格水平下，新的均衡点为 E_2，此时，利率提高，收入增加。在图 7.3(b)中，也画出对应的 E_2 点，E_2 点是新的总需求曲线 AD_2 上的一点，AD_2 曲线反映了增加政府支出对经济的影响。可见，在一个既定的价格水平下，政府支出的增加也就意味着总需求的增加。读者可以验证，紧缩性的财政政策会造成相反的结果。然而，总需求曲线只是给出了价格水平和以收入水平来表达的总需求水平之间的关系，并不能决定使整个社会供求相等的价格水平和总产量。为了说明整个经济价格水平和总产出水平是如何决定的，宏观经济学需要引出另一个分析工具，即总供给曲线。

【专栏 7-1】宏观经济学与微观经济学中需求曲线的区别

微观经济学中的市场需求曲线与宏观经济学中的总需求曲线十分相似，但是两者描述的却是完全不同的经济关系。市场需求曲线描述的是单个产品的市场价格与市场需求量之间的关系，它用于说明在其他所有产品的价格保持不变的情况下，一种产品的价格变化对其市场需求的影响。总需求曲线描述的是所有产品价格的平均水平与总需求量之间的关系，它并不是单个市场需求曲线的简单加总。

同时，微观经济学中的市场需求曲线以纵轴表示单个商品的价格，以横轴表示该商品的产量，并假定其他商品价格及消费者的总收入保持不变。而在宏观经济学的总需求曲线上，一般价格水平沿纵轴变化，总产量和总收入沿 AD 曲线变化。与此相反，在微观经济学的需求曲线里，收入和产量是保持不变的。

最后，微观经济学的需求曲线斜率为负，是由于消费者用其他商品来代替所讨论的商品。如汽油价格上升导致对汽油需求量的下降，这是由于消费者用自行车或乘坐公共汽车代替乘坐私人汽车的结果。也就是说，人们可以用相对便宜的商品来替代已变得较为昂贵的商品。但是宏观经济学总需求曲线向右下方倾斜的原因则完全不同：当总体价格水平上升时，总支出数量的下降主要是因为固定不变的货币供应量必须通过提高利率、紧缩信贷和降低总支出等手段在货币需求者之间进行分配。总的来说，宏观经济学与微观经济学中需求曲线的不同之处在于：宏观需求曲线描绘的是整个经济的价格和产量的变化，而微观需求曲线则分析单个商品的表现。宏观总需求曲线向右下方倾斜主要是因为货币供给效应，而微观市场需求曲线向右下方倾斜则主要是由于消费者用其他商品替代涨价商品的结果。

第二节 AS 曲 线

一、宏观生产函数

宏观生产函数，也称总生产函数(Aggregate Production Function)，是指整个国民经济的生产函数，它表示总投入和总产出之间的关系，即一个经济社会在既定的技术水平下进行生产所使用的要素总量(一般指劳动和资本)和总产出之间的关系。宏观生产函数用公式可表示为

$$Y=F(L，K，T) \tag{7-7}$$

式中，Y 表示总产出，L 表示整个社会的就业水平或就业量，K 表示整个社会的资本存量，T 表示一定的技术水平。上式表明，经济社会的产出主要取决于整个社会的就业量、资本存量和技术水平，即实际 GDP 供给量 Y 由劳动 L、资本 K 以及技术水平 T 决定。

宏观生产函数通常被区分为短期生产函数和长期生产函数两种。在宏观经济学中，所谓短期是指在除劳动力之外的其他生产要素价格(如利率和原材料价格)不变的这一段时期。宏观长期是指足以长到所有生产要素价格均可变动的一段时期，如果给工资率以足够长的调整时间，劳动力市场的供给和需求一定会相等，劳动力市场便可出清。因此，在长

期中，劳动力市场一定实现了充分就业。此时的失业也只是在充分就业状态时的失业，我们将之称为“自然失业率”。在短期生产函数中，由于资本存量和技术水平在短期内不可能有较大的改变，所以二者可以被认为是不变的常数。这样，式 (7-7)可以简化为

$$Y=F(L) \tag{7-8}$$

短期生产函数用式(7-8)表示，在一定的技术水平和资本存量条件下，经济社会生产的产出 Y 取决于就业量 L，即总产量是经济中就业量的函数，随着总就业量的变化而变化。

宏观经济学认为，一般来说，短期宏观生产函数中总产出会随着总就业量的增加而增加，但由于有技术一定和资本存量不变的假设，进而受“边际报酬递减规律”的作用，增加的比率是递减的。按照这样的理解，短期宏观生产函数式(7-8)就可以用图 7.4 表示。图中，横轴 L 表示劳动的总就业量，纵轴 Y 表示总产量，曲线 $Y=F(L)$表示总产出是总就业量的函数。例如，当总就业量为 L_0 时，对应的总产量为 Y_0，图中曲线从左下向右上逐渐平缓，表示总产量随总就业量的增加，按递减的比率增加。当 L 达到充分就业的 L^*时，相应的产量为 Y^*。

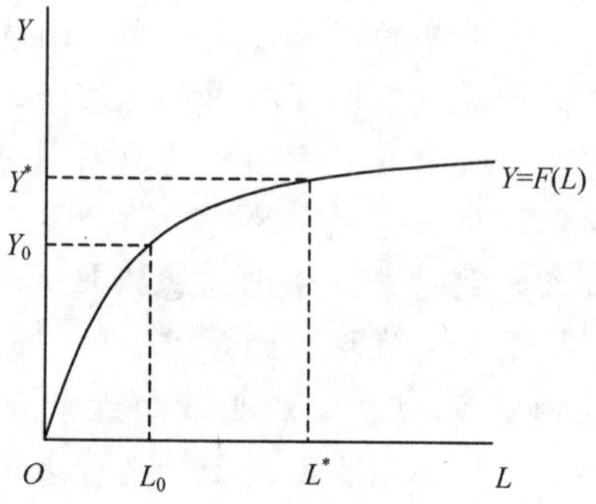

图 7.4　短期宏观生产函数

长期宏观生产函数与短期宏观生产函数不同。在长期生产函数中，包括生产函数中的三个主要自变量在内的一切自变量都可以改变。首先，技术水平可以有很大进步，因为存在足够的改善技术的时间；其次，人口的增长能够影响充分就业的劳动者的数量；最后，资本的存量也会随着积累的增加有很大变化。这样，长期生产函数可以用式(7-9)表示出来：

$$Y^*=F(L^*, K^*) \tag{7-9}$$

式中，L^*为各个短期中的充分就业量；K^*为各期的资本存量，技术水平的变化没有被明确表示出来；Y^*为各期的充分就业时的产量，即潜在产量。由于篇幅所限，有关长期生产函数的问题将在第十一章“经济增长理论”中介绍。本章所涉及的仅限于短期生产函数。也就是说，本章所讨论的仅仅是在一定时期和一定条件下，总供给将主要由经济的总就业水平决定的问题，而经济中的总就业水平又由劳动力市场决定。

二、劳动市场均衡

西方宏观经济学中，关于总供给的理论是一个最有争议的领域，而这种争议在很大程度上体现在劳动力市场理论方面。因此，根据本章需要(说明经济中就业水平是如何决定的)，下面只就完全竞争的劳动力市场加以说明。

(一)劳动力的需求曲线

如果劳动力市场是完全竞争的，而企业只能接受既定的市场工资和其产品的市场价格，则企业会选择一个就业水平，使得劳动的边际产品等于实际工资(实际工资等于货币工资 W 除以价格水平 P，即 W/P)，因为只有在这一就业水平，利润才能最大化。如果企业的就业水平低于这一就业水平，劳动的边际产品将大于实际工资，因而存在增加利润的机会。企业可以继续雇用工人以增加利润，直到增雇的工人将劳动的边际产品降到和实际工资相等时为止。

由于劳动的边际产品随着劳动投入的增加而降低，所以劳动的需求曲线是实际工资的减函数。如果用 L_d 表示劳动需求量，那么劳动的需求函数可表示为

$$L_d = F(W/P) \tag{7-10}$$

式中，W/P 为实际工资，L_d 与 W/P 成反方向变动关系。企业所支付的实际工资上升时，企业对劳动力的需求量减少；反之，劳动的需求量增加，即劳动力需求曲线与边际产量曲线相重合，且为一条斜率为负的曲线。劳动需求曲线的几何表示如图 7.5 所示。从图中可以看到，当实际工资为 $(W/P)_0$ 时，劳动需求量为 L_0；当实际工资从 $(W/P)_0$ 下降到 $(W/P)_1$ 时，劳动需求量就由 L_0 上升到 L_1。

(二)劳动力的供给曲线

同劳动力需求不同，总量意义上的劳动供给曲线虽然也是实际工资的函数，但却是实际工资的增函数，用公式表示如下

$$L_S = F(W/P) \tag{7-11}$$

式中，L_S 为劳动供给总量。当实际工资低时，劳动供给量小；当实际工资高时，劳动供给量大。若以实际工资水平为纵轴、以劳动力总量为横轴，劳动力的供给曲线便为一条斜率为正的曲线，它表明劳动力的提供者愿意在较高工资水平上提供更多的劳动时间，如图 7.6 所示。

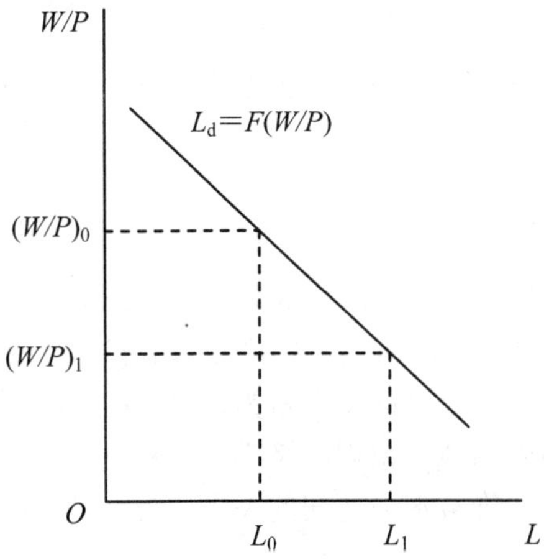

图 7.5 劳动力需求曲线

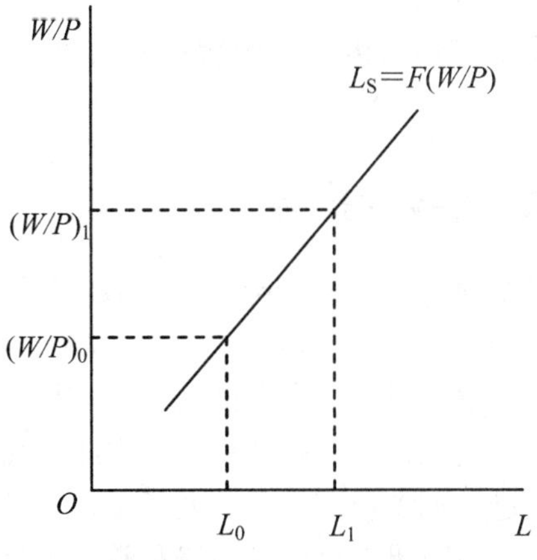

图 7.6 劳动力供给曲线

从图中可知，实际工资为 $(W/P)_0$，劳动供给量为 L_0，当实际工资从 $(W/P)_0$ 上升到

$(W/P)_1$时，劳动供给量就由L_0上升到L_1。

(三)竞争性劳动力市场的均衡

现在将劳动力需求曲线L_d和劳动力供给曲线L_S结合起来，分析完全竞争劳动力市场的均衡问题。

劳动力的需求曲线和供给曲线联合决定了劳动力市场的均衡，如图 7.7 所示。均衡点E便同时决定了均衡的实际工资水平$(W/P)_0$和均衡的劳动力数量L_0。

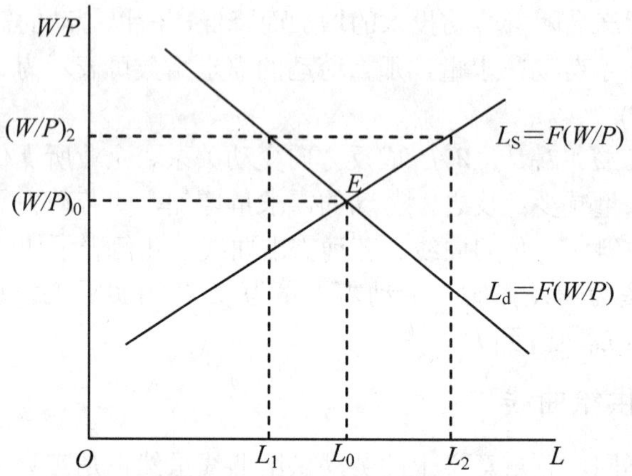

图 7.7　劳动力市场均衡

根据“市场出清”原理，当工资高于均衡工资时，整个经济出现劳动力的过度供给，工资有下降的趋势；当工资低于均衡工资时，整个经济则会出现劳动力的过度需求，工资有上升的趋势。因此，只有在实际工资$(W/P)_0$的水平上，企业所选择的劳动数量正好等于公众所提供的劳动数量，即就业水平为L_0。

总之，在价格和工资具有完全伸缩性的完全竞争市场上，劳动力市场的均衡条件是

$$L_d = L_S \tag{7-12}$$

因此，劳动力市场的均衡一方面决定了均衡的实际工资，另一方面决定了均衡的就业量。

三、AS 曲线的推导

总供给(Aggregate Supply，AS)是指经济社会所提供的总产量，即经济社会的就业的基本资源(主要包括劳动力、生产性资本存量和技术水平)所生产的产量。总供给函数是指总产量与一般价格水平之间的关系。在以价格水平为纵坐标总产量为横坐标的坐标系中，总供给函数的几何表达就是总供给曲线，简称 AS 曲线。宏观经济学中，根据货币工资和价格水平进行调整所需要的时间长短，将总产出和价格水平之间的关系分为三种，即古典总供给曲线、凯恩斯总供给曲线和常规总供给曲线。

(一)古典总供给曲线

古典经济学家认为，劳动力市场像其他竞争性商品市场一样，会迅速地出清，其根源

就是工资具有灵活可变的性质。一旦劳动力市场出现需求过度，实际工资会很快地上涨；如果劳动力市场出现供给过度，实际工资会迅速下降，直到劳动力市场出现均衡为止。也就是说，在长期中，由于价格和货币工资具有伸缩性，一个经济社会的就业水平就会处在一种充分就业的状态上。在不同的价格水平下，当劳动力市场存在超额劳动供给时，货币工资就会下降；反之，当劳动力市场存在超额劳动力需求时，货币工资就会提高。这些变化最后会使实际工资调整到使劳动力市场达到均衡的水平。因此，古典经济学家认为，长期中，经济的就业水平或产量并不随价格水平的变动而变动，而始终处在充分就业的状态上，总供给曲线是一条位于潜在产量或充分就业水平上的垂直线，如图 7.8 所示。从图上可以看出，无论价格如何变动，产出始终保持在充分就业的水平。由于古典学派一般研究经济的长期状态，认为货币工资和价格水平有充分的时间进行调整，从而使得实际工资处于充分就业应有的水平，因此，古典总供给曲线又代表长期总供给曲线。长期总供给曲线隐含了三层含义：①长期总供给量与价格水平的变化无关；②无论经济出现什么干扰，只要调整的时间足够长，其产量一定会恢复到充分就业产量；③该经济在长期内不可能出现失业，或一定会出现充分就业，或处于自然失业状态。

(二)凯恩斯总供给曲线

凯恩斯主义不赞同古典经济学关于劳动力市场的假设。凯恩斯认为，由于劳动力市场并非为完全竞争，且存在着工资刚性，因而，劳动力市场不是经常处于充分就业，而是经常处于低于充分就业的状态，即当产量增加时，价格和货币工资均不会发生变化。因此，凯恩斯主义认为，总供给曲线是一条平行于横轴的水平线，如图 7.9 中的 P_0E_0 所示。

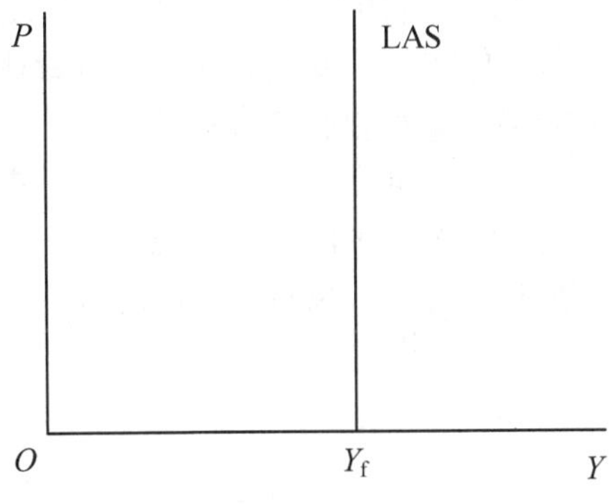

图 7.8　古典总供给曲线

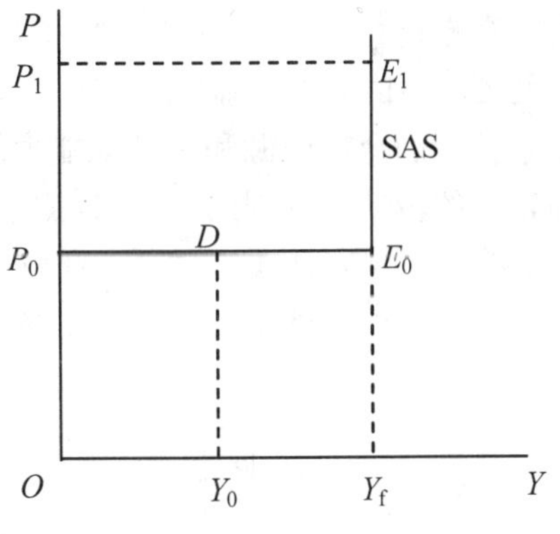

图 7.9　凯恩斯总供给曲线

图中的 Y_f 代表充分就业的产量或国民收入。P_0E_0 为水平线，表示在产出量小于 Y_f 的条件下，由于货币工资和价格水平都不变，从而在既有价格 P_0 的情况下，经济社会能提供任何数量的 Y_0。也就是说，在达到充分就业以前，经济社会能按照既定的价格水平提供任何数量的产量或国民收入，如 Y_0；而在达到充分就业 Y_f 之后，社会已经没有多余的生产能力，从而不可能生产出更多的产品。因此，增加产量的需求不但不会增加产量，反而会引起价格的上升，如图中 E_1 点，产量仍旧是 Y_f，但价格已经上升到 P_1。

凯恩斯总供给曲线之所以呈水平线形状，主要原因在于货币工资和价格水平均具有“刚性”，而“工资刚性”的假设显然只有在短期是比较现实的。因此，凯恩斯总供给曲线又称短期总供给曲线。

宏观经济中，水平形状的凯恩斯总供给曲线也称极端的凯恩斯主义总供给曲线。它表明，在经济未达到充分就业之前，经济存在着巨大资源的闲置，企业愿意在现有价格上出售它所生产出来的一切产品。由于它远离充分就业产量，故称为极端的凯恩斯主义总供给曲线，一旦经济达到充分就业时，其总供给曲线便为 E_0E_1 段，实现充分就业产量。

(三)常规总供给曲线

实际上，古典总供给曲线和凯恩斯总供给曲线分别代表了总供给曲线的两种极端状态。前者因为长期中货币工资和价格水平能够立即进行调整的假设，而后者则因为经济处于萧条的特殊情况，货币工资和价格水平完全不能进行调整的假设。西方经济学者认为，在通常情况下，总供给曲线位于两个极端之间，即总供给曲线是一条由左下方向右上方倾斜的曲线，如图 7.10 所示。在图中，*AA*、*BB* 和 *CC* 三条曲线分别代表古典、凯恩斯和常规总供给曲线。*CC* 线越是接近于 *BB* 线，*W* 和 *P* 被假设的调节速度越慢，一直到 *CC* 和 *BB* 相重合的凯恩斯极端，*W* 和 *P* 完全不能调节。另一方面，*CC* 线越是接近 *AA* 线，*W* 和 *P* 被假设的调节速度越快，一直到 *CC* 和 *AA* 相重合的古典主义极端。因此，*CC* 曲线的斜率代表着被假设的调节速度，斜率由 0～∞，表示从凯恩斯极端的 *W* 和 *P* 的完全不能进行调节到古典极端的能立即进行调节。图中左下方的 *C* 点代表较为严重的萧条状态。由于这种状态存在着大量的失业和闲置的生产能力，所以当产量或国民收入(*Y*)增加时，价格会稍有上升，但上升的速度不会很快，从而 *CC* 线的斜率相对平缓。由左方的 *C* 点沿着 *CC* 线向右方进行，产量和国民收入逐渐提高，随着经济的好转，*P* 的上升速度越来越快，从而 *CC* 线的斜率日益陡峭，一直到达充分就业的 *E* 点。这时，由于充分就业并不意味着整个社会的全部资源和有劳动能力的人口均已就业，所以仍然存在着难以利用的资源和能力较差的劳动者。因此，在 *E* 点之后，如果产量还要增加，那么，*P* 的上升更快，从而 *CC* 线的斜率越来越大。总之，在位于 *E* 点左方的 *CE* 线段，离开 *E* 点的距离越远，曲线的斜率越低；而在处于 *E* 点右方的 *EC* 线段，离开 *E* 点的距离越大，曲线的斜率越高。

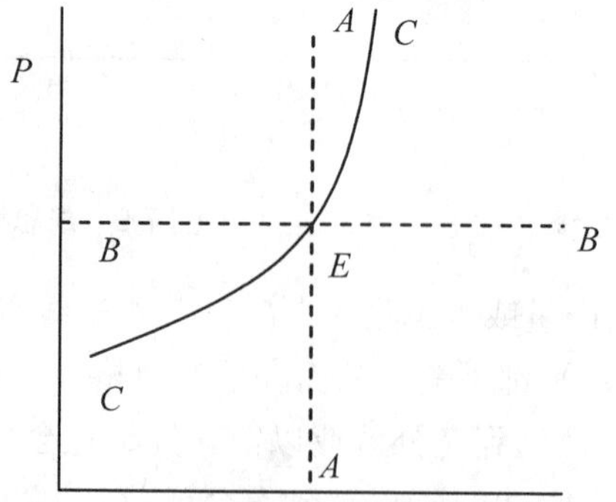

图 7.10　常规总供给曲线

总供给曲线的形状还可以由劳动力市场均衡模型直接导出，如图 7.11 所示。图(a)表示劳动力市场供求均衡。由于工资刚性的存在，若工会要求名义工资 W_0，则劳动供给曲线由价格水平决定。当价格水平为 P_1 时，劳动供给曲线为$(W_0/P_1)ABL_S$；当价格水平为 P_2 时，劳动供给曲线为$(W_0/P_2)CDL_S$。图(b)表示国民收入取决于劳动市场确定的就业量。图(c)利用 45°线将实际收入水平 Y/P 从纵坐标转换为横坐标，以便在图(d)中得到总供给曲线 AS。

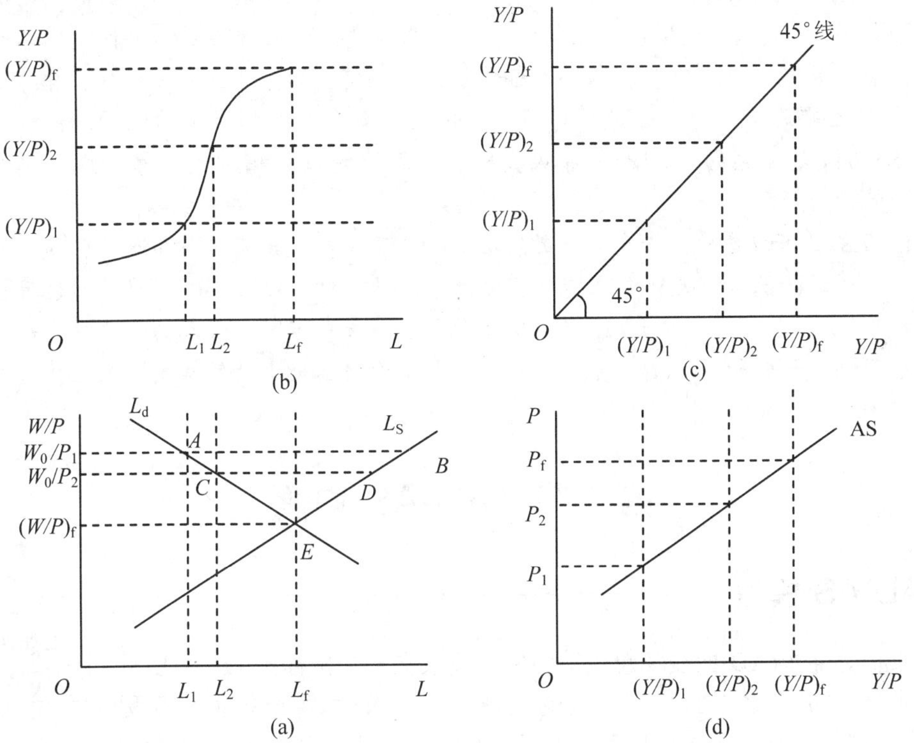

图 7.11　总供给曲线的形成

【专栏 7-2】长期总供给曲线为什么是一条垂线

为什么短期总供给曲线是一条向右上方倾斜的曲线，而长期总供给曲线则是一条垂线呢？

解释这一令人迷惑的现象的关键在于理解现代市场经济中工资和价格的决定方式。在短期内，企业成本中的某些要素是无弹性的，或者说是有粘性的。最典型的例子就是工资。由于种种原因，当经济环境发生变化时，工资的调整却很缓慢。以美国参加工会的工人为例，他们的工资通常是按照长期劳资合同来支付的，而该合同早已以美元规定了工资率。在劳资协议有效期内，企业所面对的以货币数量表示的工资率在很大程度上是固定的，甚至对非工会成员的工人来说，一年之内调薪一次以上的情况实属罕见。而货币工资或薪水实际上被削减就更不寻常，除非此时这家企业确实面临着破产的威胁。其他的价格和成本要素在短期内也具有类似的粘性。当企业租用一座仓库时，租用合同通常要长于一年，租金通常也是通过协议固定下来。此外，企业通常还会与他们的供货商签订合同，以规定所要支付的原料和零部件价格。有些价格，特别是像供电、供水以及电信服务的价格，则是由政府确定的。将所有这些情况放在一起，你就会看到一个现代市场经济中，短期内工资和价格的粘性是怎样形成的。

在长期中，无弹性的或粘性的成本要素(工资合同、租赁协议、供货合同、受管制的价格)，最终都会变为有弹性或可协商的，企业不可能永远因劳资协议固定工资率获得好处，工会很快会发现价格水平已经上升，并坚持要求增加补偿性工资。最终，所有成本因需求增加而上升 X%后，货币工资、租金、受管制的价格以及其他成本最终也会做出上浮 X%的反应。一旦成本上调幅度赶上价格水平上涨幅度，企业就不再能够因总需求的上升而增加盈利。长期中，当所有成本要素都作了充分调整之后，企业所面临的价格成本比率与需求变化之前是相同的。这时，将不存在任何刺激企业增加产量的因素。因此，我们说，LAS 曲线是垂直的。这意味着从长期看，供给的数量相对于价格和成本水平是独立的。

从图 7.8 还可以看出，一个国家的实际 GDP 不可能超出其产量极限。但是，在短期内它有可能通过降低自然失业率来增加实际产量。从而使实际 GDP 只有暂时地高出长期总供给水平(Y_f)。当 GDP 超出 Y_f 以及失业低于自然失业率时，劳动力会出现短缺，企业要为争夺劳动力而竞争，于是工资上升的幅度大于价格水平上升的幅度，最后产量又回落到长期水平。

第三节　AD-AS 均衡

一、AD-AS 模型

专题拓展
WWW

如果把总需求(AD)曲线和总供给(AS)曲线放在一个坐标图上，用以解释国民收入和价格水平的决定，这就是一个总需求-总供给模型，简称 AD-AS 模型。完整的凯恩斯模型中商品市场、货币市场和劳动力市场同时均衡，可以用总需求-总供给模型予以说明。

总需求-总供给模型包括以下四个方程，即

产品市场均衡条件：　$i(r)+g=s(y-t)+t$　(7-13)

货币市场均衡条件：　$M/P=L_1(y)+L(r)$　(7-14)

劳动力市场均衡条件：　$L_d=F(W/P)$；$L_S=F(W/P)$　(7-15)

短期宏观生产函数：　$Y=F(L)$　(7-16)

在以上四个方程中，首先把式(7-13)和式(7-14)联立在一起可以消去其中的 r，从而得到 Y 与 P 之间的关系，此为总需求函数或总需求曲线。然后把式(7-15)和式(7-16)联立起来，在不同的 W 和 P 的假设下，消去其中的 L，可以得到另一个 Y 与 P 之间的关系，此为总供给函数或曲线。最后把总需求函数或曲线和总供给函数或曲线联立在一起，便可以得到供求均衡时的 Y 和 P。

因此，总需求-总供给模型旨在说明均衡的国民收入与价格水平是如何决定的。总需求曲线与短期总供给曲线相交决定了均衡的国民收入与均衡的价格水平，此时，总供给与总需求相等，实现了宏观经济的均衡。

如图 7.12 所示，总需求曲线 AD 与短期总供给曲线 SAS 相交于 E 点，就决定了均衡的国民收入 Y_0，均衡的物价水平 P_0。这时总需求、总供给相等，实现了宏观经济的均衡。然而，虽然总需求-总供给模型决定了均衡的国民收入，但均衡的国民收入并不一定等于充分就业的国民收入。总需求与短期总供给决定的均衡的国民收入可能大于、小于或等于充分就业的国民收入。到底会出现哪一种情况，取决于不受物价水平影响的潜在总供给，如图 7.13 所示。

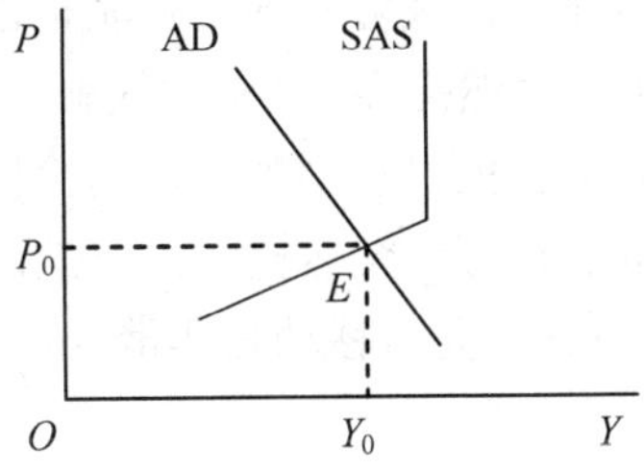

图 7.12　AD-AS 模型

在图 7.13(a)中，总需求曲线与短期总供给曲线以及长期总供给曲线正好相交于一点。这时均衡的国内生产总值正好等于充分就业的国内生产总值，经济中实现了充分就业均衡。这是最理想的宏观经济状况。

在图 7.13(b)中，总需求曲线与短期总供给曲线相交时，长期总供给曲线在交点的左边。这时均衡的国内生产总值大于充分就业的国内生产总值。这种均衡称为大于充分就业的均衡。这时，资源被过度利用，资源短缺使资源价格上升，最终会引起物价上升，因此，存在通货膨胀的压力，经济过热。

在图 7.13(c)中，总需求曲线与短期总供给曲线相交时，长期总供给曲线在交点的右边。这时，均衡的国内生产总值小于充分就业的国内生产总值。这种均衡称为小于充分就业的均衡。这时，资源没有得到充分利用，经济中存在失业。

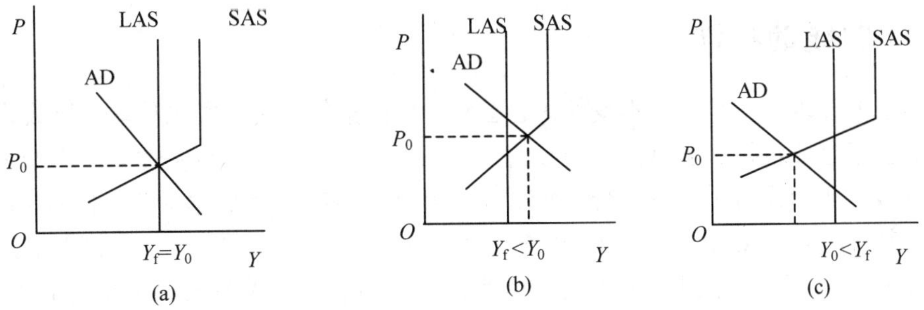

图 7.13　均衡的国民收入与充分就业的国民收入的关系

二、AS 曲线的移动

总供给曲线并不是一成不变的，它会随一些因素的变化而发生移动。导致总供给曲线移动的因素主要包括影响总生产函数的各个要素。比如，一个国家的资本使用量增加、技术水平上升都会导致总产量曲线上移。这样，在相同劳动力使用量的情况下，充分就业产量也会有所增加。因此，长期总供给曲线会向右下方平行移动。反之，则向左上方平行移动，如图 7.14 所示。在图中，AD 与 AS_0 相交于充分就业的 E_0 点，这时的产量和价格水平分别为 Y_f 和 P_0。此时，如果由于某种原因，如大面积的粮食歉收或石油供给的紧缺，原材料价格猛涨等，AS 曲线由 AS_0 向左移动到 AS_1，使得 AD 与 AS_1 相交于 E_1 点，E_1 点可表示为滞胀的状态，其产量水平和价格水平分别为 Y_1 和 P_1，即表示失业和通货膨胀的并存。AS 向左偏离 AS_0 的程度越大，失业和通货膨胀也都会越严重。相反，当一个国家的资本使用量突然增加、技术水平突然提高，AS 曲线就会由 AS_0 向右移动到 AS_2，使得 AD 与 AS_2 相交于 E_2 点，E_2 点对应的产量增加了，而价格水平则下降了。然而，需要指出的是：在短期内，生产技术虽然有可能突然提高，但是，要想很快得到它的成果却很困难。因此，在短期内，AS 曲线由 AS_0 向右移动是非常少见的。

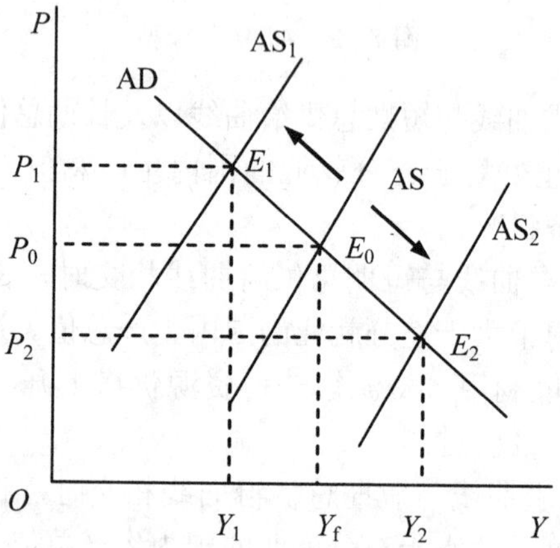

图 7.14　总供给曲线的移动

三、AD 曲线的移动

总需求曲线也并不是一成不变的，它会随一些因素的变化而发生移动。导致总需求曲线移动的因素主要包括影响总需求函数的各个要素。比如，任何自发性支出的改变、政府支出的增减、实际或名义货币供给的变动等都会导致 AD 曲线的移动，如图 7.15 所示。在图中，某一时期，AD_0 与 AS 相交于充分就业的 E_0 点，这时的产量和价格水平分别为 Y_f 和 P_0，此时，由于投资减少，AD 向左移动到 AD_1 的位置，AD_1 与 AS 相交于 E_1 点。这表明，经济社会处于萧条状态，其产量和价格分别为 Y_1 和 P_1，二者均低于充分就业的数值。然而，二者下降的比例并不相同，这可由 AS 曲线的形状予以说明。AS 曲线是一条由左下向右上倾斜的曲线，在小于充分就业的水平时，越是偏离充分就业，经济中过剩的生产能力就越来越多，价格下降的空间就越来越小，这说明，价格下降的比例要小于就业量下降的比例。反过来，如果投资突然增加，AD 向右移动到 AD_2 的位置，AD_2 与 AS 相交于 E_2 点。这表明，经济社会处于过热状态，其产量和价格分别为 Y_2 和 P_2，二者均高于充分就业的数值。此时，生产能力比较紧缺，产量增加的可能性越来越小，而价格上升的压力越来越大，即在 E_0 的右方，AD 向右移动的距离越大，价格上升的比例越高于产量上升的比例。

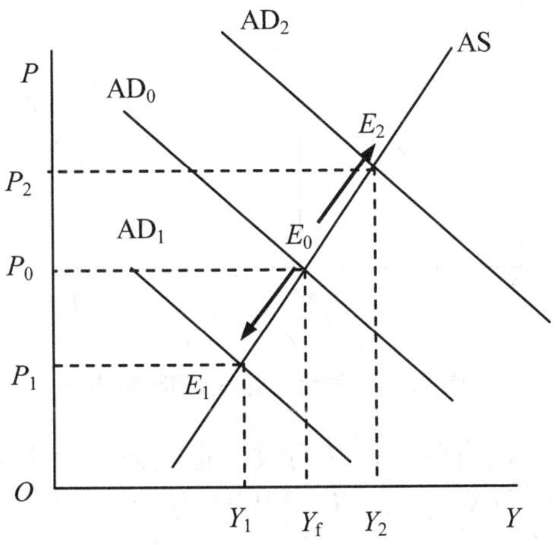

图 7.15　总需求曲线的移动

四、非充分就业均衡

在图 7.13(c)中，总需求曲线与短期总供给曲线相交时，长期总供给曲线在交点的右边，这时，均衡的国内生产总值小于充分就业的国内生产总值。这种均衡称为小于充分就业的均衡，也称非充分就业均衡。非充分就业均衡可以简单地从工资刚性理论得到解释：因为工资刚性的存在，所以使得劳动力市场供过于求，从而产生失业和有效需求不足。实际上，凯恩斯认为，即使没有刚性工资理论，也即放弃了工资刚性的假设，一种低于充分就业的均衡依然存在。例如，一旦出现投资陷阱和灵活性偏好，也会导致失业和有效需求不足。因此，在存在投资陷阱和灵活性偏好陷阱的情况下，同样会导致有效需求的不足和一种非充分就业均衡存在。

(一)投资陷阱

我们知道，在凯恩斯模型中，投资是利率的函数，即投资的利率弹性决定投资的变动。但凯恩斯认为，当人们对未来的预期悲观时，或对未来的预期变得不确定时，无论利率如何下调都不能使投资增加，此时，利率的投资弹性为零，即投资对利息率完全没有弹性，这种现象称为投资陷阱，如图 7.16 所示。由于投资对利息率完全没有弹性，因此，投资就成了外在给定的外生变量 I，IS 方程可以表示为 $S(Y)=I$。在投资陷阱中，由于投资对利息率没有弹性，因此，无论利息率如何变化，投资都将是一个常数，总需求将不再受利息率的影响，利息率的变化也不会再影响商品市场上的实际均衡国民收入 Y，这使得 IS 曲线也变成了一条没有弹性的直线。

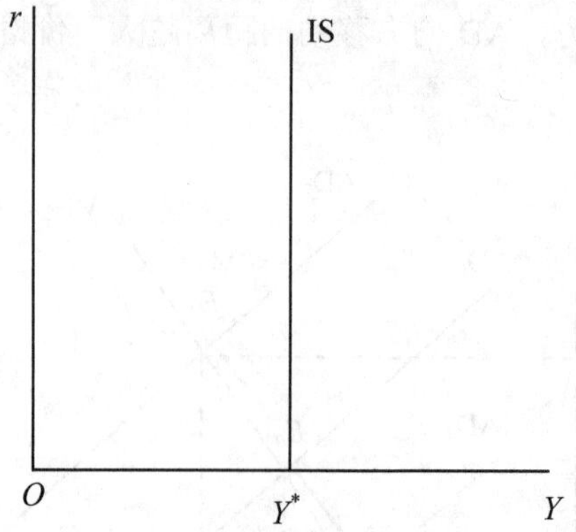

图 7.16　完全无弹性的 IS 曲线

由于投资对利息率完全没有弹性，从而收入也就被唯一决定，如图中的 Y^*。如果把这样一种投资函数代入凯恩斯模型中，将得到以下方程：

$$S(Y)=I \longrightarrow Y_0 \quad (7\text{-}17)$$

$$Y=F(L) \longrightarrow L_0 \quad (7\text{-}18)$$

$$W/P=(W/P)^0 \longrightarrow (W/P)^0 \quad (7\text{-}19)$$

$$L(Y,\ r)=M/P \longrightarrow (P,\ r) \quad (7\text{-}20)$$

$$W=(W/P)\,P \longrightarrow W \quad (7\text{-}21)$$

式(7-17)是存在投资陷阱的 IS 方程，它决定实际的国民收入 Y_0，但并非一定等于充分就业的国民收入 Y^*。式(7-18)是生产函数，它表明投资陷阱的核心，即不是劳动投入决定生产，而是生产决定了劳动投入。式(7-19)是假设实际工资率等于古典理论的均衡工资率，这样假设是为了说明失业并不是由于工资率过高而引起的。式(7-20)是一个含有利息率与价格水平两个未知数的方程，它没有唯一解，只是表明利息率与价格水平是相互联系的。式(7-21)表明名义工资率反映给定的价格水平。在这一模型中，式(7-17)、式(7-18)、式(7-19)决定实际变量 Y、L 和实际工资率 W/P，它们不受货币的影响。式(7-20)和式(7-21)是 P、W 和 r 的各种组合，它们都属于货币部门。与古典学派两分法不同的是，在这里，利息率是由货币部门决定的。

资本市场和商品市场的关系在这一模型中非常重要。由于总需求和实际国民收入水平取决于 $S(Y)=I$，因此，如果有效需求小于充分就业，将得到一种存在失业的稳定均衡。从静态的角度看，由于在货币部门中，任何 P、W 和 r 的组合对实际的产出、就业和实际工资率都不起任何作用，因此，货币部门总是存在着均衡。从动态的角度看，当商品市场有效需求不足时，商品的价格会下降。虽然商品价格的下降会使利息率和名义工资率下降，但由于存在投资陷阱，投资对利息率完全没有弹性，利息率与名义工资率的下降并不能提高有效需求。古典学派理论认为，价格与工资率的完全伸缩性必然使经济达到充分就业的均衡，但在这种存在投资陷阱的凯恩斯模型中，价格与工资率的伸缩性并不能保证充分就业的实现，因为价格与工资率的变动只能影响利息率，而利息率的下降对投资根本不起作用，这样就可能产生存在失业的均衡状态，如图 7.17 所示。

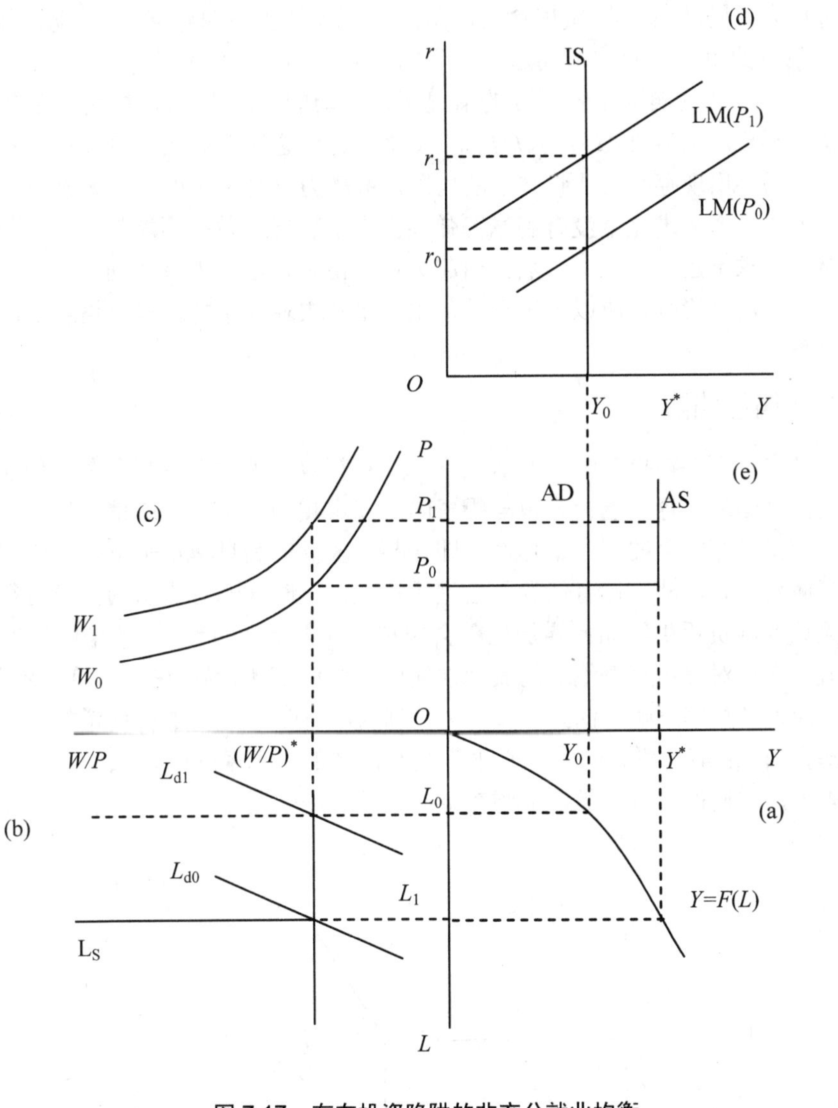

图 7.17 存在投资陷阱的非充分就业均衡

从图 7.17(d)中可以看出，IS 是一条与纵轴平行的垂线，它决定图(e)部分的总需求曲线和实际国民收入 Y_0。无论 LM 曲线如何变动都不会对总需求产生影响。因此，商品需求完全不依赖于价格水平。假设价格从 P_0 上升到 P_1，LM 曲线由 LM_0 上升到 LM_1，利息率从 r_0 上升到 r_1，但是，由于存在投资陷阱，总需求量不变，仍为 Y_0，这意味着总需求曲线是一条垂直线。这时总供给为 Y^*，总需求为 Y_0，因此总供给大于总需求。由于商品市场供过于求，使得价格水平从 P_1 下降到 P_0，在图(d)中，会使 LM 曲线向右移动，由 LM_1 移动到 LM_0，从而使利息率从 r_1 下降到 r_0，但由于 IS 曲线对利息率的变动完全没有弹性，从而并不能使投资和总需求增加。在这里，凯恩斯效应失效了，价格并不影响需求。在这种条件下，企业只能售出 Y_0 的产品，这迫使企业减少生产和就业，或者说，企业在流行的工资率$(W/P)^*$条件下，希望生产充分就业的产出 Y^*，但由于数量约束，他们只能生产和出售 Y_0 的产品，最后总供给和总需求将在 Y_0 的产量上达到稳定的均衡，这意味着总供给曲线是倒 L 形。

再看劳动力市场，在工资率$(W/P)^*$的情况下，劳动者愿意供给 L_1 的劳动，如果在商品市场不存在数量约束，厂商将需要这一数量的劳动。但是，实际上厂商只能雇用生产 Y_0 产量的劳动，这样，在实际工资不变的情况下，劳动的需求为 L_0，即劳动的需求曲线向原点移动了。显然将会存在数量为 L_0L_1 的失业。而且这种失业状况将长期存在，也就是说，劳动力市场将出现存在失业状态下的均衡，劳动力供给曲线也是一条直角型的曲线。

可见，如果投资需求完全没有利息率弹性，由于凯恩斯效应不能起作用，商品市场就可能产生有效需求不足，而这又必然会引起失业。由于价格、工资和利息率的下降对有效需求的增加完全没有影响，所以上述有效需求不足和失业并不能通过价格和实际工资的下降而得到缓解。

(二)灵活偏好陷阱

宏观经济中，不仅在投资陷阱的情况下会导致有效需求的不足和存在一种非充分就业均衡，灵活偏好陷阱的存在也会导致与投资陷阱基本相同的结果。所谓灵活偏好陷阱是指当货币需求变得具有完全的利息率弹性，即在某一较低的利息率水平下，人们预期利息率不会再下降而会上升，从而持有债券将会遭受损失，这时人们对货币的需求变得无限大，因而出现无论实际货币供给如何增加也不会使利息率再下降的现象，如图 7.18 所示。当利息率为 r_0，人们对货币有着绝对的流动性偏好，这使 LM 曲线(在 Y_0 之前)变得具有无限的弹性，从而使利息率不能降低到 r_0 之下，实际收入在 Y_0 之前的任何增加都不会影响货币需求，即在 Y_0 之前，所有的收入水平都具有同样的利息率弹性，人们对货币的投机需求变得无限大，这使得交易用货币余额在全部货币余额中无足轻重，几乎可以忽略不计。

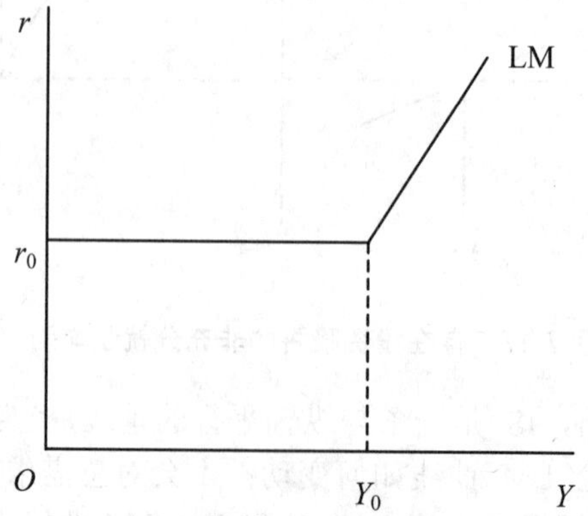

图 7.18　灵活偏好陷阱

在存在流动陷阱的条件下，即使投资具有利息率弹性或者说 IS 曲线是正常形状的，也可能存在有效需求不足和失业均衡，即 LM 曲线所限定的最低利息率(如图 7.18 中的 r_0)与 IS 曲线的交点不能满足充分就业的有效需求所要求的利息率 $r*$，这会使投资和商品需求低于充分就业水平，由此会导致非充分就业均衡。

上述情况可以用下列方程来表示：

$$L(Y, r)=M/P \longrightarrow r_0 \tag{7-22}$$

$$S(Y)=I(r_0) \longrightarrow Y_0 \tag{7-23}$$

$$L_d(W/P)=L_S(W/P) \longrightarrow (W/P)* \tag{7-24}$$

$$Y=F(L) \longrightarrow L_0 \tag{7-25}$$

$$W=(W/P)P \longrightarrow (P, W) \tag{7-26}$$

在方程(7-22)中，由于存在着流动性偏好陷阱，利息率的决定不再依赖于收入与价格水平。因此，利息率在资本市场中是被给定的，为 r_0。在方程(7-23)中，由于利息率是即定不变的 r_0，因而投资被决定了，为 $I(r_0)$。投资又通过乘数过程决定了收入为 Y_0，即只有收入为 Y_0，资本市场的储蓄与投资才能相等。但是，这一资本市场均衡的国民收入 Y_0 并不一定等于充分就业的国民收入 $Y*$。方程(7-24)、(7-25)和(7-26)分别决定就业、实际工资率、价格水平与货币工资率，这与存在投资陷阱的情况相同，在此不再详述。

下面用图示来说明存在流动偏好陷阱的非充分就业均衡，如图 7.19 所示。

图(d)的正常的 IS 曲线与 LM 曲线相交于 $A(Y_0, r_0)$点，这一点上 LM 曲线存在着流动偏好陷阱，即人们对于货币的投机需求无限大，从而使 LM 曲线在这一段具有无限的弹性，由此使图(e)中的 AD 曲线成为一条完全没有弹性的直线。当价格水平从 P_1 下降到 P_0 时，会使 LM 曲线发生变动，从 LM(P_1)移到 LM(P_0)，但这并不能使利息率下降，因而不能使投资和有效需求增加，这决定了商品市场的非充分就业的均衡。

由于产品市场上的总需求为 Y_0，与充分就业的产量相比意味着总需求不足，这也就意味着在实际工资不变的情况下，劳动市场上对劳动的需求减少，即劳动的需求曲线向减少的方向移动，产生数量为 L_0L_1 的失业。

与投资陷阱相同，灵活偏好陷阱也是由于凯恩斯效应不能起作用而引起的。但是，这并不是因为投资没有利息率弹性，而是货币需求的利息率弹性无限大(即灵活偏好陷阱)，使得利息率不再下降。

可见，由于人们心理因素的作用，会产生一种对货币的绝对流动偏好状态，这导致了利息率不可能低于某种水平，由此使投资不足和产生有效需求不足。由于劳动就业取决于商品需求，这种有效需求不足会引起失业。但这种需求不足并不能通过价格和实际工资率的下降而得到改善，因此会存在一种非充分就业的稳定均衡。

以上对投资陷阱和灵活偏好陷阱的分析表明：在市场经济中，即使价格与工资率是完全可变的，也存在着有效需求不足和非充分就业均衡的可能性，这种可能性产生于凯恩斯效应不起作用，而凯恩斯效应的失灵则根源于人们对未来的悲观预期。以上对投资陷阱和灵活偏好陷阱的表述都是在 IS-LM 模型框架内进行的，这种均衡模型能否准确地表述凯恩斯的思想在经济学家中存在着激烈的争论。尽管如此，这种投资陷阱和灵活偏好陷阱的分析显然与古典学派的理论有重大区别。

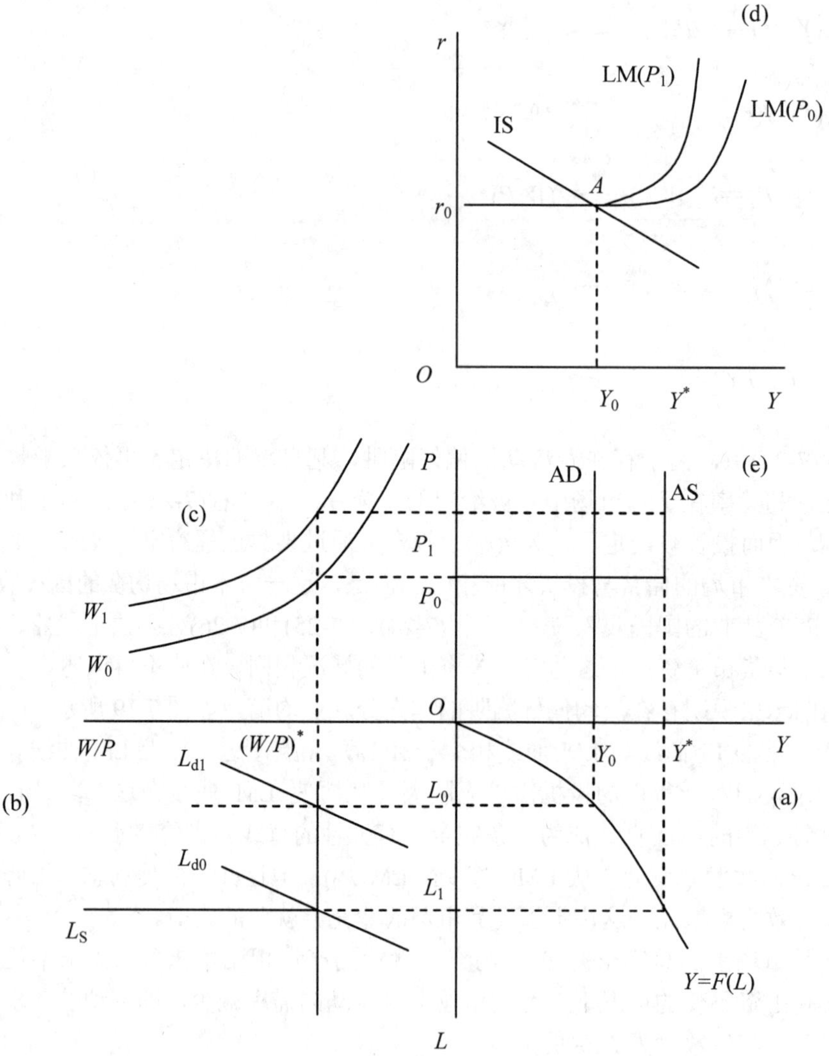

图 7.19　存在灵活偏好陷阱的非充分就业均衡

五、总供求模型的政策含义

(一)总需求变动对宏观经济的影响

总需求变动会引起总需求曲线移动，从而使均衡的国内生产总值和物价水平发生变动。总需求增加，均衡的国内生产总值增加，物价水平上升；总需求减少，均衡的国内生产总值减少，物价水平下降，如图 7.20 所示。如果某一经济以前处于充分就业均衡状态，总需求曲线 AD_0、短期总供给曲线 SAS 与长期总供给曲线 LAS 正好相交于一点 E_0，由总需求曲线与短期总供给曲线所决定的均衡国内生产总值(Y_0)正好等于充分就业的国内生产总值(Y_f)，经济中实现了充分就业均衡，物价水平为 P_0。如果总需求曲线向左移动，即由 AD_0 移动到 AD_1，会使总需求曲线 AD_1 与原来的短期总供给曲线 SAS 相交于 E_1 点，决定了均衡的国内生产总值为 Y_1，Y_1 小于充分就业的国内生产总值 Y_f，表明经济中存在失业；物价水平为 P_1，低于充分就业时的物价水平 P_0，表明经济社会处于萧条状态，政府可以采取扩张的财政政策和货币政策以刺激消费需求和投资需求，以增加社会总需求。

(二)短期总供给的变动对宏观经济的影响

短期总供给的变动会引起短期总供给曲线向上或向下移动，从而会使均衡的国内生产总值和物价水平发生变动。如果成本上升，短期总供给减少，短期总供给曲线向上移动，会使均衡国内生产总值减少，物价水平上升；如果成本降低，短期总供给曲线向下移动，会使均衡国内生产总值增加，物价水平下降。如图 7.21 所示，总需求曲线 AD、短期总供给曲线 SAS_0 以及长期总供给曲线 LAS 正好相交于一点 E_0，这时均衡的国内生产总值正好等于充分就业的国内生产总值 Y_0，经济中实现了充分就业均衡，物价水平为 P_0。如果由于某些原因导致成本增加，会引起短期总供给减少，短期总供给曲线向上移动，即从 SAS_0 向上移动到 SAS_1。在总需求和长期总供给不变的情况下，总需求曲线 AD 与新的短期总供给曲线 SAS_1 相交于 E_1 点，决定了均衡的国内生产总值为 Y_1，Y_1 小于 Y_0，说明均衡国内生产总值减少；Y_1 小于充分就业的国内生产总值 Y_f，表明经济中存在失业；物价水平为 P_1，高于充分就业时的物价水平 P_0，表明经济中存在通货膨胀。

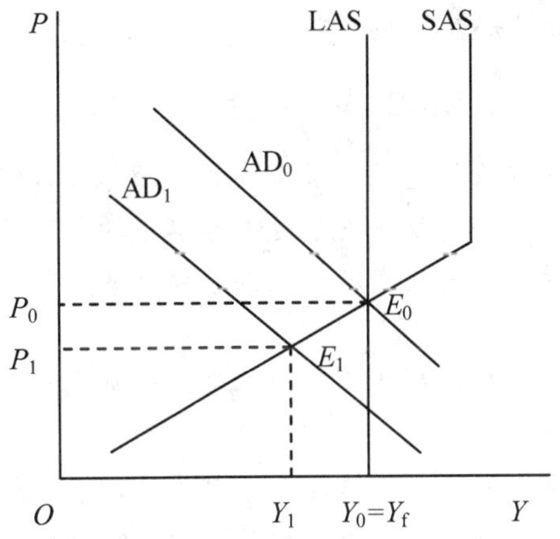

图 7.20 总需求变动对宏观经济的影响

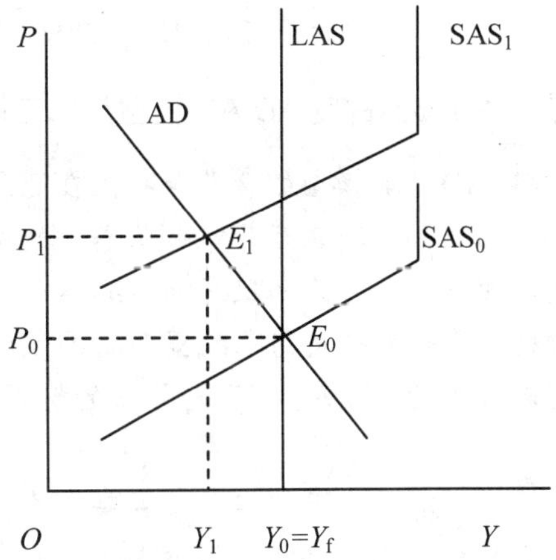

图 7.21 短期总供给变动对宏观经济的影响

(三)长期总供给变动对宏观经济的影响

长期总供给也就是充分就业的总供给，即充分就业 GDP 或潜在 GDP。随着潜在 GDP 的变动，长期总供给曲线会发生移动。正常情况下，长期总供给曲线随经济增长而向右方平行移动。如果发生自然灾害或战争，一个经济的生产能力被破坏，长期总供给曲线也会向左移动。长期总供给曲线的移动，会对宏观经济产生影响。如果长期总供给曲线向右移动，可以实现更高水平的充分就业均衡，而不会引起通货膨胀。

如图 7.22 所示，总需求曲线 AD_0 与短期总供给曲线 SAS_0 以及长期总供给曲线 LAS_0 正好相交于一点 E_0，这时均衡的国内生产总值 Y_0 正好等于充分就业的国内生产总值 Y_f，经济中实现了充分就业均衡，物价水平为 P_0。如果技术进步，经济潜力提高，长期总供给曲线从 LAS_0 向右移动到 LAS_1，随着长期总供给曲线的移动，短期总供给曲线也向右移动，即 SAS_0 向右移动到 SAS_1。这一过程中技术进步会引起投资增加、消费增加，总需求曲线移动到 AD_1。这三条曲线相交于一点 E_1，决定了均衡的国内生产总值为 Y_1，Y_1 与新的充分就业的国内生产总值 Y_f 相等，仍然是充分就业，但国内生产总值水平大大提高了，而物价水平不变。

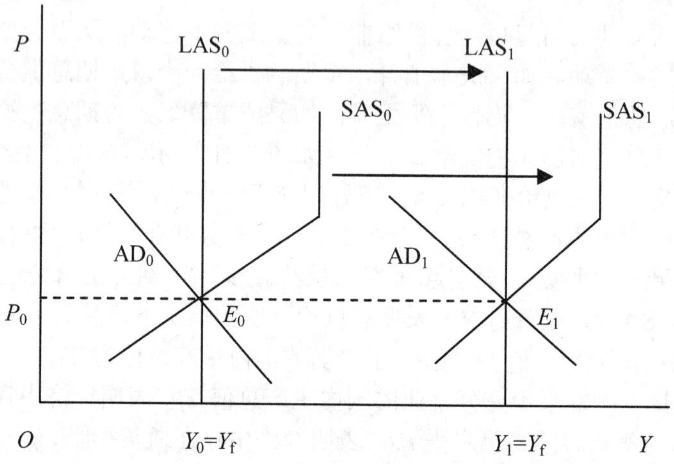

图 7.22　长期总供给变动对宏观经济的影响

【专栏 7-3】古典 AD-AS 模型与修正的凯恩斯 AD-AS 模型的区别

古典 AD-AS 模型的含义是指：在达到充分就业状态下，货币数量的增加，只能引起价格水平的提高，即在充分就业状态下的价格水平和产量的关系是价格水平的变动不能引起产量的变动。而修正的凯恩斯 AD-AS 模型的含义是指在没有达到充分就业产量的情况下，价格水平会随着总需求的提高而逐步提高。

若以古典的 AD-AS 模型与修正的凯恩斯 AD-AS 模型相比较，二者的区别主要有以下几点。

第一，经济社会正常状态。古典理论坚持萨伊定律，供给能创造自己的需求，经济中生产出来的全部商品都能销售出去，不会有生产过剩，不会出现大量失业，经济正常状态就是充分就业。凯恩斯学派批判了萨伊定律，认为供给不能创造自己的需求，由于三个基本心理规律的作用，造成社会的有效需求不足，必然要出现生产过剩和大量失业，经济的正常状态是低于充分就业，并认为萨伊定律所说的状况是一个特例，而不是一般状态，这是区别两个模型的根本前提。

第二，关于总供给曲线。在 AD-AS 模型中，二者基本是一致的，都承认产量是就业量的函数，在劳动力市场上劳动需求和劳动供给都是实际工资的函数。古典 AD-AS 模型假定货币工资具有完全的伸缩型，得到的总供给曲线是一条在充分就业状态下的产量水平的垂直线。而凯恩斯认为，货币工资具有下降的刚性，得到的总供给曲线是反“L”形或向左下方倾斜的曲线。

第三，关于总需求曲线。在两个模型中，总需求曲线都是向右下方倾斜的曲线，但二者的解释却不同。古典的AD-AS模型的总需求以货币数量论为基础，只强调货币数量为满足交易需求，与收入无关，即 $M=KY$，式中 K 为系数，Y 为国民收入，M 为货币数量。而凯恩斯的总需求是由消费需求与投资需求构成的，提出流动偏好规律，强调货币需求由收入和利息决定，即 $L=L_1+L_2$，式中 L 为由流动性偏好所引起的货币需求量，L_1 及 L_2 分别表示由收入和利息引起的货币需求量。

第四，关于经济政策思想。按照古典AD-AS模型，由总供给和总需求所决定的均衡产量必然是充分就业的产量，无论总需求水平的高与低，产量均不会发生变化，随着货币数量的增加，价格水平才能提高。这样，国家对经济生活不必干预和调节，经济具有自动调节的能力，如果国家有责任，就是掌握好货币政策。而按照修正的凯恩斯AD-AS模型，总供给和总需求决定的均衡产量一般低于充分就业的产量，如果国家采用扩张性的货币政策或财政政策，不断提高社会总需求，经济就可以实现充分就业。在达到充分就业时，社会总需求进一步提高将会引起价格水平上涨，出现通货膨胀，如果国家采用紧缩性货币政策或财政政策，来降低与压缩社会总需求，就可以消除通货膨胀。所以，在凯恩斯的经济理论中，不管经济是处在低于充分就业状态，还是达到充分就业状态，国家对经济生活的干预和调节都是必要的。

本章小结

本章介绍了国民收入决定的AD-AS模型，并对理论上和实践中的问题进行了分析。

与微观经济学中的供求曲线的交点决定单个产品的数量和价格一样，总需求和总供给曲线的交点决定整个社会的产量和价格水平。总需求曲线表示社会需求的产量与价格水平之间的关系，这一关系可从基于价格不变的IS-LM模型中推导出来，只要去掉该模型中的价格不变的假设，即可得到需求方面的产量和价格水平之间的关系。总需求曲线向右下方倾斜。

短期总供给曲线表示社会供给方面的产量与价格水平之间的关系，这一关系来自总量生产函数和劳动力市场。由于短期中通常假定地租和资本存量为不变的常数，所以短期总量生产函数就只是就业量(L)的函数。就业量的大小取决于货币工资和价格水平。把总量生产函数和劳动力市场结合起来，可以得到表示社会总供给方面的产量与价格水平之间的关系的总供给曲线。总供给曲线向右上方倾斜。但总供给曲线向右上方倾斜的程度取决于货币工资和价格水平之间的调整速度。古典学派认为调整的速度很快，甚至可以立即调整，在能够立即调整的假设下，总供给曲线为一条垂直线，从而构成总供给曲线的古典学派的极端，被称为古典总供给曲线。由于古典总供给曲线倾向于研究长期状态，所以垂直的总供给曲线也称为长期总供给曲线。凯恩斯认为，货币工资和价格水平之间的调整速度很慢，甚至根本不能进行调整，所以，总供给曲线为一条水平线，构成总供给曲线的凯恩斯极端。由于凯恩斯主要研究短期的情况，所以水平的总供给曲线也被称为短期总供给曲线的极端状态。然而，一般情况下，总供给曲线位于古典总供给曲线和凯恩斯总供给曲线两个极端之间。它在两个极端之间的倾斜度是一个有争议的问题。

总需求和总供给曲线的交点决定总产量和价格水平。在短期内，总需求曲线的移动比较频繁，而总供给曲线则不易移动。总需求曲线和总供给曲线的移动将导致产量的变化和价格水平的波动。

复习思考题

1. 名词解释

总需求曲线、总供给曲线、总供给-总需求模型、总生产函数、凯恩斯效应、财富效应、对外贸易效应、支出的利率效应、投资陷阱、灵活偏好陷阱

2. 简答题

(1) 结合 IS-LM 模型，试推出 AD 曲线。

(2) 试描述总需求曲线的特征。

(3) 试导出常规总供给曲线。

(4) 运用投资陷阱和灵活偏好陷阱说明非充分就业均衡的形成。

(5) 简述总需求-总供给模型的政策含义。

3. 计算题

(1) 假设 IS 曲线的方程为 $Y=0.415-0.0000185y+0.00005G$，LM 曲线的方程为 $r=0.00001625y-0.0001M/P$。式中，r 为利率，y 为收入，G 为政府支出，P 为价格水平，M 为名义货币量。试导出总需求曲线，并说明名义货币量和政府支出对总需求曲线的影响。

(2) 如果总供给曲线为 $y_s=500$，总需求曲线为 $y_d=600-50P$:

① 求供求均衡点;

② 如果总需求上升 10%，求新的供求均衡点。

(3) 设经济的总供给函数为 $y=2350+400P$，总需求函数为 $y=2000+750/P$，求总供给和总需求均衡时的收入和价格水平。

第八章　失业理论

本章导读

失业问题是短期中影响经济均衡发展的主要问题之一，无论是发达国家还是发展中国家，都不同程度地受到失业这一问题的困扰。近年来，我国一直面临着很大的就业压力，而且就业形势在今后几年内仍然严峻。据有关资料显示，2001 年我国城镇登记失业率为 3.6%，2002 年为 4.0%，2003 年城镇登记失业率达到了 4.3%。最近几年城镇中每年大约需要为 2400 万人安排工作，包括 800 万的失业人员，600 万的各类企业下岗人员，另外每年新增劳动力 1000 万。此外，从农业转移出来从事二、三产业或者进城务工的劳动者接近 1 亿人，农业生产大约还有 1.5 亿人的富余劳动力需要分流。据国家统计局 2006 年 2 月 28 日公布的《中华人民共和国 2005 年国民经济和社会发展统计公报》显示，我国 2005 年末全国就业人员 75 825 万人，只比上年末增加 625 万人。其中城镇就业人员 27 331 万人，新增加 970 万人，净增加 855 万人。年末城镇登记失业率为 4.2%，与上年末持平。

为什么会有这么多的人失业？失业给社会带来了什么后果？如何有效解决失业问题等，诸如此类的问题引起了经济学家的广泛思考。失业不仅成为当今宏观经济学研究的重要课题，而且成为关系社会稳定的政治问题。本章将结合实际问题给出失业的含义、类型，失业形成的原因以及失业给社会及个人带来的影响，并借此提出降低失业率的政策措施。

学习目标

通过对本章的学习，重点掌握失业的含义、分类以及揭示失业率与 GDP 增长率之间关系的规律，即奥肯定律；掌握失业的形成机理；在此基础上了解失业的治理办法。

关键概念

失业(Unemployment)
自然失业(Natural Unemployment)
充分就业(Full Employment)
摩擦性失业(Frictional Unemployment)
结构性失业(Structural Unemployment)
周期性失业(Cyclical Unemployment)
奥肯定理(Okun's Law)

第一节 失业概述

一、失业界定

专题拓展
WWW

(一)失业的含义

失业和失业人员再就业问题是长期以来困扰世界各国政府的一个重要问题。根据国际劳工组织的定义，如果劳动者达到或超过某一特定年龄，并且在某一特定时期内符合以下三个条件的人口即为失业人口。这三个条件是：第一，没有工作，即没有受雇或自我雇佣；第二，目前可以工作，即根据某些条件，有工作能力，特定时间里可获得受雇或自我雇佣机会；第三，正在寻找工作，即在最近某一特定时间里通过登记、申请等特定方式正在寻求受雇或自我雇佣。具有劳动能力并有就业要求的劳动者处于没有就业岗位的状态，即为失业。失业的本质是劳动者不能与生产资料相结合进行社会财富的创造，是一种经济资源的浪费。

因此，归纳起来，失业就是处于一定年龄范围内的人，目前没有工作，但有工作能力，愿意工作，并且正在寻找工作的状态，或者说，劳动力市场上的供给大于需求，从而使一部分劳动力人口找不到工作的状态。凡年龄在规定范围之外、已退休、丧失工作能力、在校学习或由于某种原因不愿意工作或不积极寻找工作的人均不得计入失业人数，也不计入劳动力人数。关于工作年龄和失业的范围，各国均有不同的规定，例如，在我国，劳动年龄范围的下限为 16 岁，上限为男 60 岁，女 55 岁，而在美国，法律规定的劳动年龄是 16～65 岁。在这个年龄范围的人口，统称为“劳动适龄人口”。

在我国，1998 年国家劳动部和统计局重新对失业进行了界定，认为失业是指在规定的劳动年龄内，具有劳动能力，在调查期内无业并以某种方式正在寻找工作的人员。它具体包括下面 5 种人。

(1) 16 岁以上各类学校毕业或肄业的学生中，初次寻找工作但尚未找到工作者；

(2) 企业宣告破产后，尚未找到工作的人员；

(3) 被企业终止、解除劳动合同或辞退后，尚未找到工作的人员；

(4) 辞去原单位工作后尚未找到工作的人员；

(5) 符合失业人员定义的其他人员。

由此可见，下列人员不包括在失业人员中：正在就读的学生和转学人员；在调查期内各种经济类型单位中从事临时性工作并获得劳动报酬的人员；已达到国家规定退休年龄而无业的人员；个体劳动者及帮工；家务劳动者；尚有劳动能力但需要特殊安置的残疾人；自愿失业人员及其他不符合失业定义的人员。

(二)失业率

衡量一个经济社会中失业状况的最基本指标是失业率。失业率是失业人数占劳动力总数的百分比，用公式表示为

$$失业率=\frac{失业人数}{劳动力总数}\times 100\% \tag{8-1}$$

劳动力总数是指适龄范围内的就业者和失业者。年龄在规定范围之外、已退休、丧失工作能力、在校学习或由于某种原因不愿工作或不积极寻找工作的人都不计入失业人数，也不计入劳动力总数。因此，所谓失业是指非自愿失业。

(三)失业率统计的方法

在实际中，关于失业率统计的方法主要有以下几种。

1. 劳动力抽样调查

即通过同一次劳动力调查或住户调查得到失业人员总数和从业人员总数，计算得出失业率：

失业率=失业人员/(从业人员+失业人员)×100% (8-2)

与其他来源相比，这种调查中所用的定义更接近国际建议书所推荐的标准定义，由此所得的资料便于国际比较。目前世界上许多国家都通过劳动力调查取得失业率资料，如：英国、法国、美国、加拿大、印度尼西亚、日本、新加坡、澳大利亚、俄罗斯等。

2. 就业机构统计资料

即通过就业部门获得登记失业人员资料，同时从同期、同口径的统计报表或行政记录获得从业人员数，计算得出失业率：

失业率=失业人员/(从业人员+失业人员)×100% (8-3)

这也是目前许多国家采用的一种方法，如：瑞士、德国、法国、俄罗斯、波兰、印度、中国等。

3. 社会保险统计资料

即通过社会保险记录得出享受失业保险人数，然后计算得出失业率：

失业率=领取失业救济金人数/参加失业保险人数×100% (8-4)

由于以这种来源的失业人数和比例来判断其对各个国家失业总体水平的代表程度是很困难的，因此，采用这种失业率统计方法的国家越来越少，目前只有少数国家，如英国。

4. 官方估计法

这些统计资料是由国家权力机关提供的官方估计数。这种估计数一般是在这里提及的一种或几种来源所提供的资料基础上加工而成。但是，这种来源的主导作用由于世界各国劳动力调查的广泛开展而大为降低。法国仍有这种失业率资料。

5. 专家估计法

这是一种向专家发函，征求失业率意见的方法，国外也称为“德尔菲法”。这种方法主要是靠专家的经验来做出判断。该方法的主要步骤包括：成立一个领导小组，负责组织有关工作；选择一定数量的专家；向专家发放调查表，回收、分析调查表，并向专家反馈调查结果，如此反复三至四次，直到专家们的意见趋于一致或得到比较满意的结果时为止；领导小组集中专家们的意见，做出判断。但这种方法得出的数据仅供参考，不作决策的依据。

此外，也可根据失去的工时统计出失业人数，进而得出失业率。这一统计方法较为科学、准确，但目前仅限于理论探讨。

然而，值得指出的是：我国的失业统计与发达国家的失业统计存在着较大差异，这主要表现在统计的口径、失业数据的来源、失业年龄的规定、从业时间等方面。国外的失业人数包括城镇和农村的全部失业人数，而我国的失业统计口径只限于城镇居民；国外失业数据的主要来源是通过对住户的抽样调查获得的，而我国失业数据主要通过在劳动管理部门登记的失业人员汇总而来；国外对失业者只规定年龄下限(如 16 岁)，并无年龄上限界定，退休后继续寻找工作仍算失业者；我国对失业者的年龄下限有规定(16 岁)，而且也规定了年龄的上限(法定退休年龄)。此外，根据国外的惯例，一些国家通常对劳动者在一定时间内的工作做出了规定，凡劳动者在一定时期内劳动时间累加不足规定标准的人，被视为失业者，列入失业统计范围。如美国规定在调查周内工作 15 小时，法国规定每周工作 20 个小时，低于这些标准时间属于失业，高于这些标准时间属于就业。而我国的劳动统计中，则缺乏以劳动时间来界定失业的明确标准。

【专栏 8-1】中国现行统计中的失业人口和失业率

我国现行统计中的劳动力指标主要有两个：一个是经济活动人口，另一个是城乡从业人员。经济活动人口是指 16 岁以上、有劳动能力且参加或要求参加社会经济活动的人口，包括从业人员和失业人员。至于城乡从业人员即是指全社会实际从事经济活动的全部劳动力。如 2000 年我国经济活动人口总量为 74 992 万人，从业人员数为 72 085 万人，二者相减为 1907 万人，占经济活动人口总量的 2.58%。统计中的经济活动人口与城乡从业人员之间的差额是否就是全部公开失业人口？答案是否定的。

在我国，失业有特殊的统计定义和统计范围。劳动部门规定的登记失业的统计定义为：在劳动年龄内(16 岁以上，退休年龄以下)有劳动能力，目前无工作、以某种方式正在寻找工作并按有关规定在劳动部门办理了失业登记的人员，如此得到的失业率称登记失业率。改革开放以来我国城镇登记失业率从 1978 年的 5.4%一度下降到 1985 年的 1.8%，然后又逐步上升到 2000 年的 4.1%、2005 年的 4 .2%。登记失业率在一定程度上是可控的，政府得以根据社会保障制度的建立情况循序渐进地扩大登记失业的规模和比例。未来 5 年，政府对城镇登记失业率的规划目标为不超过 5%。

统计部门的失业定义是：16 岁以上，有劳动能力，调查周内未从事有收入的劳动(具体是指劳动时间不到一小时)，当前有就业的可能(具体是指如有工作两周内可以上班)并正以某种方式在寻找工作的人员，如此得出的失业率被称作调查失业率。估算的调查失业率 20 世纪 90 年代中期为 4 %，90 年代后期超过 6%，2004 年后有所缓和。

从统计范围看，目前失业登记的统计范围基本上是户口在本地的城镇人口，失业调查的范围也是城镇常住人口，这两个范围都不包括广大农村和大量临时进城的农村劳动力，而且也不包括企业下岗职工。

二、失业的分类

按照不同的标准，可以对失业进行不同的分类。根据失业的不同性质，失业可分为摩擦性失业、结构性失业、周期性失业。失业性质不同，其形成原因也不同。

(一)摩擦性失业

摩擦性失业(Frictional Unemployment)，是指因劳动力市场运行机制不完善或因经济变动过程中工作转换而产生的失业。

一方面，在一个动态经济中，各部门、各地区之间劳动需求是经常发生变动的，例如两家公司合并会导致一部分职能重合的员工被辞退；另一方面，劳动者由于偏好和能力不同，工作性质不同，或者想寻找更理想的工作，总是在不断地变换自己所从事的工作，由此所引起的劳动力流动中必然有一部分劳动者在一定时期内处于失业状态。例如，目前不少青年频繁跳槽型——总是在换工作，漂在社会上，就造成了社会的摩擦性失业。这部分人能够而且可以找到满意的工作，社会上也存在适合他们的工作岗位，只是由于劳动力市场上的信息不对称，暂时还没有进入就业状态，这就形成了摩擦性失业。新加入劳动力队伍的人暂时没有找到合适的工作也属于这种情况，如刚毕业尚未找到合适工作的大学生。

摩擦性失业的大小主要取决于劳动力市场运行机制的完善程度、劳动力流动性的大小及寻找工作所需要的时间和成本。此外，政府的有关政策，例如失业保障状况，也会影响摩擦性失业的数量。

(二)结构性失业

结构性失业(Structural Unemployment)，是指由于经济结构变动引起劳动力的供给和需求不匹配所造成的失业。

在经济发展过程中，随着需求结构的变化和技术的进步，产业结构处于不断的变化当中，从而使对劳动力的需求和劳动力供给在职业、技能、产业、地区分布等方面不一致，由此引发结构性失业。

伴随着经济结构的变动，一些产业部门逐渐衰落，另一些产业部门不断发展，这会引起原来的工作岗位减少，新的工作岗位增加。但由于技能要求存在差异，即使新兴产业需要雇佣更多的劳动力，从传统产业中分流出来的劳动力也不能完全胜任新出现的工作岗位的要求，势必出现失业与空位并存的局面。我们把这种劳动力供需结构不一致所造成的失业称为结构性失业。这种情况的失业也是经济发展中不可避免的。

结构性失业的大小取决于劳动力转移和流动成本的高低。劳动力在各个部门、各地区之间的转移和流动需要成本和时间，如：重新接受职业培训、再教育等。转移和流动成本越高，花费的时间越长，结构性失业就越严重。

可见，结构性失业与摩擦性失业是两种既有区别又有联系的失业。两者的区别是：在摩擦性失业中，劳动力的供给结构与劳动力的需求结构是相吻合的，对于每一个寻找工作的失业者都有一个适合于他的职位空缺，只是他尚未找到而已。在结构性失业中，劳动力的供给结构与劳动力需求结构是不吻合的，寻找工作的失业者找不到与自己的职业、技能、居住地相符合的工作。另外，摩擦性失业的时间一般较短，而结构性失业持续的时间较长。两者的共同特点是：只要有一个失业者，就有一个职位空缺，而且两者都是经济发展中不可避免的失业。

(三)周期性失业

周期性失业(Cyclical Unemployment)是指经济周期性波动而产生的失业。由于这种类型的失业与经济周期相联系，所以称为周期性失业。当经济处于繁荣时期，总需求水平提高，促使企业增加雇佣工人，提高产出水平，这时的失业率比较低；当经济处于萧条时期，总需求不足，企业降低产量，解雇工人，由此造成失业。周期性失业又称为需求不足型失业(Demand-Deficient Unemployment)。原因是由于整个社会对产品和劳务的有效需求不足，从而引起对劳动力需求不足，而一个社会的劳动力供给在短期内是不变的，这样就会出现劳动力供过于求的失业。因此，周期性失业是可以消除的短期失业，一个社会只要消除了周期性失业就算实现了充分就业。

周期性失业产生的原因可以用紧缩性缺口来解释。紧缩性缺口是指实际总需求小于充分就业的总需求时，两者之间的差额。

如图 8.1 所示，把短期总供给－总需求曲线和社会生产函数结合在一起，就能够刻画出周期性失业的情况。假设 AS 曲线和 AD_f 曲线的交点所对应的产出 Y_f 为充分就业的产出水平，N_f 就是充分就业量；现实当中由于某种原因总需求下降，总需求曲线向左移动到 AD_1，这一总需求水平所决定的国民收入为 Y_1，$Y_1<Y_f$，企业减少产出，解雇工人，于是就业量下降到 N_1，即总需求水平下降，导致经济中产生了数量为 N_1N_f 的失业。实际总需求 Y_1 与充分就业总需求 Y_f 之间的差额，就是造成这种周期性失业的根源。

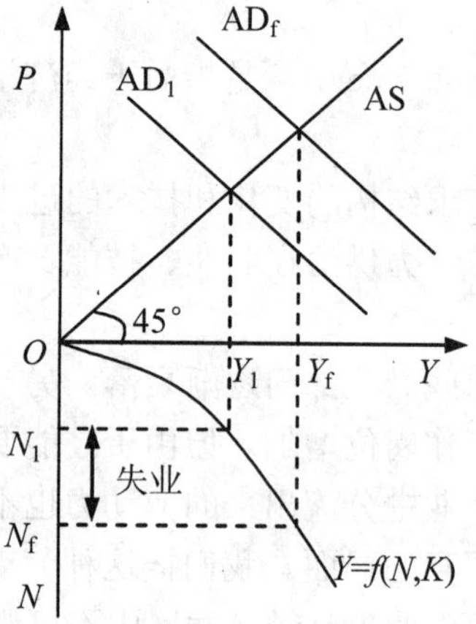

图 8.1　周期性失业

对于总需求不足的原因，凯恩斯的解释是：总需求分为消费需求和投资需求，消费需求取决于国民收入水平和边际消费倾向，在国民收入既定的情况下，消费需求取决于边际消费倾向 MPC，而边际消费倾向是递减的；投资需求取决于投资预期的利润率(资本边际效率)与利率，由于资本边际效率递减，而利息率的下降是有限度的，这样资本边际效率与利息率越来越接近，投资需求也是不足的。这样就造成了总需求的不足，从而引起了非自愿失业即周期性失业的存在。

(四)自然失业

自然失业(Natural Unemployment)，是指由于经济中某些难以避免的原因所引起的失业。它是在排除了经济周期的影响以后，经济正常时期存在的失业，又称长期均衡失业。失业是一个动态概念，经济中总是有一部分劳动力处于失业状态，弗里德曼在其《货币政策的作用》一文中最早把这种失业称为自然失业。自然失业的存在不仅是必然的，而且是必要的。因为自然失业的存在，能作为劳动后备军随时满足经济对劳动的需求，这种威胁能迫使就业者提高生产效率。同时由于失业保障的存在使自然失业不会影响社会安定，是社会能够接受的失业。

自然失业率可以用自然失业人数占总劳动力人数的比例来表示。如果 U 表示自然失业人数，N 表示劳动力人口数，L 代表离职率，即每个月失去自己工作的就业者比例，F 代表就职率，即每个月找到工作的失业者的比例，那么自然失业率可表示为

$$U/N=L/(L+F)\times 100\% \tag{8-5}$$

式(8-5)表明，自然失业率取决于离职率和就职率，离职率越高，自然失业率越高；就职率越高，自然失业率越低。此外，自然失业率的存在和大小，与劳动力市场结构、信息完备程度、劳动力转移成本和时间等多种因素有关，而与市场经济运行本身无关。

一般来说，自然失业率是摩擦性失业率和结构性失业率的总和。

三、失业的影响与奥肯定律

专题拓展
WWW

(一)失业的影响

从失业导致的最终结果看，失业主要有三种影响：一是社会影响，二是经济影响，三是对分配的影响。

(1) 失业对社会的影响

失业的社会影响虽然难以估计和衡量，但它最容易被人们感受到。一个劳动者一旦失业，它将不仅会给社会带来很大的经济损失，而且会给失业者带来极为沉重的心理负担，这种负担是无法用金钱来衡量的。例如，美国公共健康的研究表明，失业会导致身体和心理健康的退化，如较多的心脏病、酗酒和自杀等。研究该问题的美国杰出专家 M.唯维·希伦纳博士估计，美国连续 6 年失业率的 1 个百分点的上升会导致 3.7 万人过早死亡。对许多人来说，非自愿失业会对他们造成了非常严重的心灵创伤。另外，失业也常常容易引起社会犯罪和社会道德风尚败坏等社会问题。例如，西方学者已经研究发现，高失业率常常与吸毒、高离婚率以及高犯罪率联系在一起。

(2) 失业对经济的影响

失业的经济影响可以用机会成本的概念来解释。当失业率上升时，经济中本可由失业工人生产出来的产品和劳务就损失了。许多国家通常追求高就业率，这主要有两个方面的原因：第一，高就业率意味着高产量和高收入；第二，工作本身就是很有价值的。因此，当社会出现严重失业的时候，产量损失就很大，收入急剧下降，这就好像大量的汽车、房屋、衣服及其他商品被简单地扔进大海一样。有研究者指出，高失业率期间导致的经济损失是现代经济中有文献记载的最大浪费。它们比估计的、由垄断造成的微观浪费或由关税所导致的浪费要大许多倍。

失业对经济的影响还表现在人力资本的损失上。人力资本是劳动力受到的教育和获得的技能的价值。人力资本是最宝贵的经济资源，而且这种资源具有时效性，如果不能及时利用，就会永远丧失掉。失业对人力资本造成的损失是双方面的：一方面，失业者已有的人力资本得不到运用，这会减少经济中的产出；另一方面，失业者无法通过工作增加自己

的人力资本，长期的失业会大大降低人力资本的价值。此外，失业还会导致失业者个人及其家庭收入的减少和消费水平的下降。失业者失去工作，也就无法取得相应的收入，只能靠以前的积蓄和失业救济生活，在失业时间无法确定的情况下，必然会影响到失业者降低消费水平和生活质量。尤其是在没有失业保障制度的情况下，失业者及其家庭的悲惨状况可想而知。

(3) 失业对分配的影响

失业还会导致收入分配的不公平。如果将失业划分为短期失业和长期失业，那么短期失业和长期失业对收入分配所造成的影响完全不同。

短期失业一般属于摩擦性失业，由于有许多人不断流出和流入失业队伍，这种失业的成本就由许多人来承担，因而每个人承担的损失就比较小；而长期失业可能是由于劳动力市场的结构性因素或由于工资刚性而形成的，这种失业的成本主要由少数人来承担，因而每个人承担的损失也就比较大。另一方面，由于失业者可能停止纳税，还有可能得到失业保险的好处或其他的政府转移支付，则失业的损失也就由就业者，即纳税人来承担。

可见，失业率过高，很可能会带来一系列经济、社会、个人和家庭问题，影响经济的正常发展，严重的甚至会引发社会动荡。因此，无论是哪国政府，都非常重视失业问题，都把增加就业作为最主要的政策目标。

(二)奥肯定律

失业会造成资源的浪费，带来经济上的严重损失。失业最明显的损失是实际 GDP 的减少。失业与实际 GDP 损失之间的关系可以用奥肯定理(Okun’s Law)来说明。

奥肯定理是由美国经济学家阿瑟·奥肯(Arthur Okun)提出的，用来近似地描述失业率和实际 GDP 之间的交替关系。1962 年阿瑟·奥肯在为总统经济顾问委员会分析失业与经济增长的关系时发现，失业率的变动率与实际 GDP 增长率的变动率之间存在着反方向变动关系。当 GDP 增长率为 3%时，失业率不变；增长率高于 3%时，失业率下降幅度等于增长率超过 3%部分的一半；增长率低于 3%时，失业率上升幅度等于增长率不足 3%部分的一半。例如，当经济增长率为 5%时，失业率会下降 1 个百分点；当经济增长率为 1%时，失业率会上升 1 个百分点。即失业率每增加 1 个百分点，经济增长率就降低 2 个百分点；反之亦反。奥肯定理用公式表示为

$$(Y-Y_f)/Y_f=-\alpha(u-u_f) \tag{8-6}$$

式中，u——实际失业率，对应的实际 GDP 为 Y；

u_f——自然失业率，对应的潜在 GDP 为 Y_f；

α——失业率变动与实际 GDP 增长率变动之间的关系系数，因为二者成反方向变动，所以 α 前面为负号。

根据奥肯估算，α 约为 3。在宏观经济学中，潜在的 GDP 又称充分就业的 GDP，它是指一国国民经济达到充分就业时的总产量，是与自然失业率相对应的 GDP 水平。与潜在的 GDP 相对应的概念是现实的 GDP。潜在的 GDP 是一国经济应该生产出来的产值。而现实的 GDP 是一国经济实实在在生产出来的产值，潜在的 GDP 与现实的 GDP 之差称为 GDP 缺口(亦称产量缺口)。

奥肯定律的一个重要结论是，实际 GDP 必须保持与潜在 GDP 同样快的增长，以防止失业率的上升。如果政府想让失业率下降，那么该经济社会的实际 GDP 增长必须快于潜在 GDP 增长。

然而，在理解奥肯定理的时候需要注意：奥肯定理主要适用于没有实现充分就业的情况；失业率与实际 GDP 增长率之间的关系是根据经验统计资料得出来的，在不同时期不同国家并不完全相同。

【专栏 8-2】欧洲失业率为何居高不下？

近些年来，大多数欧洲国家的失业率都持续高于美国。例如，从 1988—1990 年，美国的失业率平均都低于 6%。1990 年下半年开始的经济萧条仅使失业率在 1992 年初上升到 7%。相反，欧洲国家的失业率则偏高。例如，1992 年初的一些欧洲国家失业率情况是：

比利时 8.6%；法国 9.8%；意大利 10.7%；西班牙 15.2%；英国 9.0%。2003 年，欧元区的失业率为 8.9%。据经济合作与发展组织预测，除非欧元区 12 国进一步放开劳动力市场，否则，今后 5 年里，欧元区失业率将只会稍有下降，到 2008 年时约降到 7.5%。2003—2008 年，欧元区的平均失业率将达 8.25%。而这期间美国的失业率预计只有 5.5%。

欧洲失业率为何居高不下？ 经济学家对这一现象有多种不同的解释。

第一，工会在许多欧洲国家的势力非常强大。一般来说，工会可集中一半以上的工人力量，而在美国只有六分之一的工人参加工会。工会会想方设法让其成员增加薪金，而这样可能意味着失业率将会提高。

第二，许多欧洲国家的工资升幅很大。在欧元区，税收和各种社会保险吞掉工资的 40%以上，即员工实际拿到的工资和雇主所付工资之间存在巨大差距，这扼杀了新工作机会的创造。而美国的税收和保险不足工资的 30%。

第三，欧洲的社会保险制度，从失业保险到社会医疗保险，都要比美国优越得多。因此，失业者寻找再就业的动力就小了。例如，每次经济衰退，德国失业人数都要新添 100 万之众。而且，其中多数人在下次经济复苏到来前不愿再就业，因为许多失业者拿到的失业补贴至少相当于他们从前工资的一半，有的甚至相当于从前工资的 2/3。这样的优厚补贴怎能鼓励再就业呢？

第四，欧洲国家通常会颁布一些法令，使得雇主很难解雇雇员。虽然这些法令在一定程度上保证了从业者工作的稳定性，同时也打击了公司聘请新雇员的积极性，因为一旦雇用了一个人，那就意味着很难将其解雇。

第五，欧洲国家的企业对增长前景缺乏信心。分析家们认为，欧洲创造新工作机会仍然面临高额成本和太大的风险。企业对经济能增长多快，心中十分无底，以致他们不愿意招收新员工。例如，即使在 2003 年底德国经济即将复苏的情况下，像西门子等一些德国顶级公司还在宣布大规模裁员。不仅如此，有的公司为了降低成本，还在计划把更多工作移到成本低的海外。由于向低成本的海外转移，本国的工作机会就少了。即使经济复苏了，这些外移到低成本国家的工作岗位也不可能回到国内。

第二节　失业的形成机理

一、自愿失业论

在弹性工资和完全竞争条件下，当合格劳动者在现有工作条件下能够就业，但因工资低或其他原因不愿意接受工作条件时就出现了自愿失业(Voluntary Unemployment)。这种自愿失业可能是竞争市场有效率的结果，如图 8.2 所示。

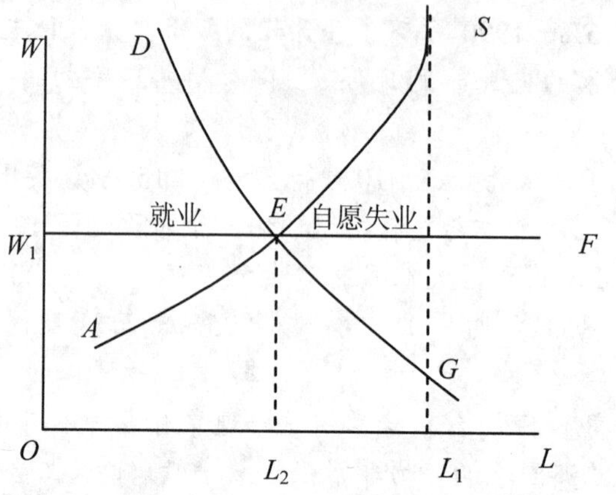

图 8.2　自愿失业

S 为劳动力供给曲线，D 为劳动力需求曲线。横轴上的 L_1 代表劳动者总人数，在此点时的劳动力供给曲线变得完全无弹性。E 点为均衡点，劳动力市场出清时工资为 W_1O，相应的就业人数为 L_2O，在均衡情况下，按现行的工资水平，企业愿意雇佣的劳动者人数恰好等于愿意工作的劳动者人数，即 AE 的数量。劳动者总量中对应于 ES 段的那部分人则只有在工资更高些时，才愿意工作，因此，在现行的工资条件下属于“自愿”失业者。

总之，如果劳动力市场中的工资是灵活可变的，那么依然存在的失业则属于“自愿失业”。自愿失业常使人产生误解，人们在寻找工作和尝试找不同的工作时，失业在此情况下可能是一种有效率的产出。在现行工资率下，自愿失业者可能更偏好闲暇或其他活动而不是工作。他们的失业可能属于摩擦性失业，也可能正在寻找一份工作。他们可能是生产效率较低的劳动力，相对于较低收入的工作，他们更愿意享受福利和失业保险。但是，当一个人的生活无以为继的时候，为了寻找一个养家糊口的工作而奔波的人，他们肯定不是那种在工作价值和闲暇价值之间权衡和挑剔的人，也不会为了寻找一份更好的工作而选择失业，因此，我们不能简单地将这些人都归入传统的自愿失业者的理论范畴中。

二、有效需求不足失业论

有效需求不足失业(Deficient-Demand Unemployment)是指由于劳动力总需求不足而引起的失业。劳动力需求是一种“引致需求”，在经济周期波动过程中，当国民经济总需求或总产出下降时，对产品和劳务的需求也会减少，这种最终需求的变化又会引起劳动力这种中间需求的变化。若其他条件不变，尤其是在工资刚性的情况下，国民经济的有效需求不足会导致周期性或需求不足型失业，这种就是凯恩斯学派理论中的非自愿失业。

凯恩斯完全接受了传统经济学关于“摩擦失业”和“自愿失业”的理论，但是他认为除了这种“自愿失业”和“摩擦失业”之外，还存在着大量的“非自愿失业”。凯恩斯认为这种非自愿失业的产生主要是由于社会有效需求不足。所谓有效需求，是指商品的总供给价格与总需求价格达到均衡状态时的总需求。总供给价格是指全体厂商雇佣一定量工人进行生产时所要求得到的产品总量的最低限度卖价。总需求价格是全体厂商雇佣一定量工人进行生产时预期社会对产品愿意支付的总价格。当总需求价格大于总供给价格时，厂商就会扩大生产，增雇工人；相反，当总需求价格小于总供给价格时，厂商就会缩减生产，解雇工人；只有在总需求价格等于总供给价格时，厂商才会既不扩大生产又不缩小生产，既不增雇工人又不解雇工人。这时总需求就是有效需求，它决定了就业工人的人数，即决定了整个社会的总就业量。若用 Z 表示雇用 N 人所生产的总供给，则 Z 与劳动力雇用人数 N 之间的关系 $Z=F(N)$被称为总供给函数；若用 D 表示为厂商雇用 N 人所能获得的收益，则 D 与 N 之间的关系 $D=F(N)$被称为总需求函数。E 为总需求函数和总供给函数交点处的值，则 E 点对应的需求被称为有效需求。因此，如果需求达不到 E 点，便被视为有效需求不足，这时就会出现需求不足型失业，如图 8.1 中 N_1N_f。

凯恩斯认为，有效需求是由消费需求与投资需求构成的。但由于资本主义社会三大基本心理规律：边际消费倾向递减规律、灵活偏好规律和资本边际效率递减规律，结果导致经济存在消费需求不足和投资需求不足，从而形成失业。因此，在资本主义社会，有效需求必然是不足的，失业的存在便是必然的。

既然有效需求不足是失业产生的根源，因此，凯恩斯认为，只要国家积极干预经济，设法刺激“有效需求”，就可能消除失业，实现充分就业。他提出的主要措施有：第一，刺激私人投资。为个人消费的扩大创造条件。第二，促进国家投资。主张国家调节利息率和实行“可控制的通货膨胀”，以刺激私人投资，增加流通中的货币量以促进生产的扩大和商品供给的增加，还强调扩大军事开支对增加国家投资、减少失业所起的积极作用。

三、自然失业率论

以美国经济学家米尔顿·弗里德曼(M. Friedman)为代表的货币主义学派是自由主义的一种学说，是传统经济学中萨伊定律的翻版。该学派提出了放任自由的政策主张。其总体思想是：政府的作用在于建立自由市场经济运行的规则，而不是具体参与市场运作。不应把政府不能控制的数量作为指导自己行为的准则，如把利息率或失业率作为政策的直接目标，只能使经济更加不稳定。要保持经济稳定，金融当局应按大约等于经济的实际增长率来使货币供应量的增长率保持稳定，这样，就业问题将在正常的经济环境中逐步得到解决。他通过“自然失业率”的定义，来反对凯恩斯的政府干预的政策主张。他认为自然失业率是一种在没有货币因素干扰的情况下，让劳动力市场和商品市场的自发供求力量发挥作用时，处于均衡状态的失业率，它与劳动力市场的实际工资相对应，而且是不断变化的。自然失业率高低与经济效率的高低无必然的联系，只要让劳动力市场和商品市场自由发挥作用，自然失业率再高也是有效率的；相反，登记失业率再低，也是无效率的。降低失业率的措施应是减少政府在劳动力市场的各种福利、取消劳动力市场诸如最低工资立法和工会垄断等制度壁垒等。

然而，自然失业率由于根本无法测量和确定，使货币主义的种种理论和政策建议失去了根基。货币主义把零通货膨胀率时的失业率作为最优失业率，即自愿失业率，而否认非自愿失业的存在，这是不符合实际的。劳动力市场是不完全竞争市场，不可能在政府不干预情况下实现充分就业。因此，作为一种自由主义的政策主张，其理论的有效性是值得怀疑的。

四、技术进步失业论

"技术失业论"由美国麻省理工学院的梅多斯(D. Meadows)提出的。她认为，生产自动化的发展必然减少对劳动的需求，因为随着新技术、新设备的投入使用，劳动生产率不断提高，资本的技术构成不断提高，必然要减少对劳动力的需求。因此，技术进步和新技术的采用都会引起企业对劳动力需求的减少，因而会产生失业。她由此得出结论：必须放弃反对失业的斗争，因为这是没有意义的。她认为，现代资本主义社会的任务并不在于保障就业，而是使全体社会成员得到"有保障的最低失业"。她在 1972 年出版的与他人合写的《增长的极限》一书中就提出了"零度增长"的概念，意思是说要解决失业问题，有必要放弃经济增长。

应当承认，由于资本对劳动的替代，技术进步在短期内会带来一定程度的失业，但从长期看，技术进步不仅不会减少工作，而且还会创造很多新的工作岗位，因为技术的更新换代可以引导新的消费需求出现。因此，根据技术进步在长期和短期带来的不同影响，可以由政府进行政策协调，减少其短期内的负效应，如通过引导消费观念的改变，进行劳动力培训，缩短劳动时间以便使劳动者有更充裕的时间来消费新产品和新服务等方式，最终实现劳动生产率的提高、就业机会的增加以及经济增长方式的转变。

关于技术进步能否带来失业的问题，在梅多斯提出"技术失业论"的同时，也有许多西方经济学家得出了与此相反的结论，即技术进步不会导致工人大量失业。如美国经济学家多马指出，只要保持投资的稳定增长就能减少失业，"因为对于个别企业来说，投资意味着较多的资本和较少的工人，但对于整个经济(作为一般情况)来说，投资则意味着较多的资本而工人并不较少。"(多马：《经济增长理论》，商务印书馆 1983 年版，第 84 页)美国哈佛大学教授布鲁克斯也做出过具体分析，认为技术进步不仅可以节约活劳动，而且也节约了能源和原材料。与劳动力价格相比，能源和原材料的价格更高。如果把节约的物质资料用于其他方面，就会创造更多的产值和就业岗位。(H. 布鲁克斯：《技术、竞争和就业》，《经济学译丛》，1985 年第 6 期)如果说技术进步还是会产生排斥活劳动的现象，那也只是一种结构性失业。正如英国经济学家罗伯逊所分析的那样，技术进步减少的主要是非熟练工人和半熟练工人，但熟练工人和职员的人数则会增加(R. 纳克斯：《不发达国家的资本形成问题》，商务印书馆，1966 年译本，第 36 页)。

五、货币失业论

第二次世界大战以后，英国出版了论文集《充分就业和国家规制》，其中的作者之一华特曾经断言：失业的原因在于流通中的货币量不足，因此，消除失业的办法只能是增加货币量。他在其论文集中写道：在战争期间，对产品的需求是不知足的和有效的；但在和平时期，尽管存在许多不能满足的需求，但并无有效需求，因为货币不足，不能使需求成为有效的。战时常常有足够的货币，所以需求常常是有效的。用这种办法医治失业，曾经是很简单的事情。如果和平到来出现失业，那是因为流通中的货币量不足。由此，他得出结论：为了治理失业，政府应当时刻准备增发没有黄金保证的钞票或纸币。

【专栏 8-3】国内失业问题研究最新进展

关于我国失业的性质及原因的探讨，是当前我国失业问题研究的重点和核心。主要观点有以下几个方面：一是人口决定理论或者“总量失业理论”。崔大鹏、吴松林、王诚、盛乐、姚先国等人经过研究认为，我国失业的根本特征是“总量性失业”，也就是指“由于总供给和总需求的非充分就业均衡所引发的失业”。导致失业的根本原因是由于我国人口基数太大导致“劳动力总量供过于求”，主要表现在我国劳动力资源历史存量太大而且增长迅速，导致供求不平衡而产生失业。盛乐和姚先国认为，失业是“由于劳动力总供给与总需求的暂时失衡造成的”，“我国长期以来劳动力大量积累，从而形成了充足的劳动力供给，于是，因劳动力总量大于就业岗位而造成了总量性失业”。李培林分析了今后几年我国劳动力持续增长所带来的就业压力，认为“无论采取哪一种可能的生育率假设来测算，在未来相当长的一个时期内，中国劳动力供给持续增长的局面都是无法改变的”。经过测算，他认为，“1995 年的劳动力资源是 8.2 亿，2000 年为 8.6 亿，2005 年将超过 9 亿，2025 年将超过 10 亿，其后一直到 2050 年都会保持在 10 亿以上”。具体到我国城镇，李培林认为，城镇劳动力供给过剩状况较前几年更加严重，2000 年我国城镇能提供就业机会为 700～900 万个，而实际的劳动力供给在 2000 万人左右，劳动力的实际供给过剩高达 1100--1300 万人。关于失业原因，主要表现如下。

一是结构性失业。结构性失业是指就业结构变化与产业结构变化不一致所导致的失业。在劳动力市场上，结构性失业表现为存在失业的市场和存在岗位空缺的市场同时并存。宋丰景、崔大鹏、吴松林、李培林、冯煜、毛炳寰等人对我国的结构性失业进行了研究。宋丰景认为，“有人没事干和有事没人干”是我国结构性失业的具体体现。在劳动力市场上，表现为具有相应技能的劳动力供不应求。而另一方面，国有企业的下岗失业人员却无业可就。李培林认为，“在现代化的过程中，产业结构的升级和技术创新的加快，使技术和资本对劳动的替代优势日趋强化。在农业生产领域，大量的人力和畜力耕作被机械耕作取代；在制造业，大量的手工操作过程变成了机器的流水线；即便在管理领域，计算机的广泛使用使很多人脑的工作岗位缩减”。他认为虽然我们不能简单地推定“技术和资本在经济增长中的贡献越大，失业状况就会越加严重”，但是，“20 世纪 90 年代中期以后，在农业劳动力还在大量向非农产业转移的时候，工业不是在大量吸纳劳动力而是开始吐出劳动力，服务业缓慢增长的就业机会难以容纳同时来自农业和工业外溢的劳动力”。

而冯煜则运用计量经济学的分析方法分析了经济结构调整对失业率的影响。虽然毛炳寰在分析失业的原因时并不认为结构调整是导致失业的根本原因，而将失业归咎于“人力资本投资体制的失败”，但是从他的分析可以看出，由于原有的人力资本投资体制并没有解决劳动力素质结构和产业结构之间的不适应问题，因此其理论的核心仍然属于结构性失业理论的范畴。

二是垄断性失业、制度性失业和劳动力市场分割性失业。王诚率先提出了“行业垄断性失业”和“制度性失业”的概念。行业垄断是指政府部门对某些生产行业进行直接的行政干预和控制，设置准入壁垒，限制竞争从而造成该行业在产量和价格上的垄断状态。行业垄断从以下两个方面导致了失业的发生：对于“夕阳产业”而言，过度的垄断和保护，延缓了产业结构的调整，导致行业内部的“无效就业”和“隐蔽失业”；对于“朝阳产业”而言，过度的保护和垄断导致行业低产出、低效率和高物价、高工资并存，使本来可以进入该行业竞争的劳动力处于闲置状态，成为失业者。“‘行业垄断性失业’常常伴随着垄断行业外的高失业和垄断行业内的高收入(或高成本)并存的现象”。针对自然失业，王诚提出了“制度性失业”的概念。他认为当前我国存在的表面上像是“自然失业”的失业现象，根本上是“制度性失业”。由于“经济体制的配套改革和政治体制的改革滞后所造成的劳动力无法接受市场经济的观念，或者虽然在消费行为上接受市场观念但在就业行为上不接受市场观念，劳动力并非花时间寻找好的工作而是在耗时间等待政府给这些‘国家主人’送来体面的工作，这样的失业恐怕也难称其为‘自然的’”。

三是“有效需求不足”性失业。崔大鹏、吴松林、王诚等一批学者认为，导致当前失业增加的主要因素之一就是“有效需求不足”。与我国庞大的人口规模、每年 1～2 千万的劳动力供给数量来比，每年经济增长创造的数百万个就业岗位简直微不足道。因此，有效需求不足性失业理论总是和人口决定理论相联系，提倡大力增加对劳动力的有效需求以提高就业率。另一方面，有效需求不足论者还认为，当前我国由于投资需求、消费需求的严重不足致使社会总需求明显不足，社会总供给大大超过总需求，导致物价下降，产品滞销，就业机会减少和失业人员增加。“大量的失业和下岗人员难以找到新的就业机会，与总需求不足有较大关系”。

四是“核心就业”不足导致的失业。王诚在《中国就业发展新论》一文中，以企业创新理论为基础，研究了我国的核心就业和非核心就业问题。“所谓核心就业，是指与企业创新活动相联系(即产生、促进和扩展企业创新)的就业，而非核心就业或虚拟就业是指通过与企业的创新活动无关的其他手段所创造的就业。”他在分析当前中国就业滑坡的根本原因时，认为，“从表面的原因看，就业或下岗失业的困难来自于国有企业改革力度的加大和政府部门、事业单位的机构精简改革的深化，以及农村大量剩余劳动力的释放速度加快，但是我们认为，造成中国当前就业困难的根本原因，恰恰是这些方面的改革没有真正深化所造成的。从本质上看，这些年就业困难的积累是企业创新和核心就业扩展缓慢和滞后所导致的”。尽管王诚对非核心就业影响整体就业的运行机理表述得不是十分清楚，但是，他的核心就业理论的确为研究中国的失业问题提供了一个新的视角，开辟了一个新的领域。

(资料来源：宋丰景. 国内失业问题研究最新进展. 城市问题，2005(1))

第三节　失业的治理

一、摩擦性失业的治理

专题拓展
WWW

产生摩擦性失业的主要原因是劳动力市场不断变动和信息不很完备。在这两个条件的约束下，劳动力的流动需要一定的时间，因而摩擦性失业就不可避免。根据摩擦性失业的原因，可以通过缩短寻找工作的时间来减少摩擦性失业。例如，可以通过增设职业介绍所、青年就业服务机构和建立人才库网站以更多的途径传播有关就业的信息等方法达到减少摩擦性失业的目的。因此，加强就业服务可以减少失业工人寻找工作的时间，就业服务机构一方面可以登记失业工人的供给情况，另一方面记录企业的空缺信息，然后通过就业服务机构的推荐和介绍，失业工人和岗位空缺可以很快配合起来，缓解劳动力市场上的信息不对称问题，降低失业率。

二、周期性失业的治理

周期性失业是由于“有效需求”不足所引起的。对于这种失业，按照凯恩斯的观点，只要国家积极干预经济，设法刺激“有效需求”，并以实现“充分就业”为目的，就能够实现充分就业。他提出的重要措施有：第一，刺激私人投资，为个人消费的扩大创造条件；第二，促进国家投资。一般认为，国家可以通过扩张性的财政政策或货币政策来刺激总需求，以消除由于总需求不足所造成的周期性失业。因此，对于周期性失业，政府可以采取扩张性财政政策和货币政策，积极扩大消费需求和投资需求，鼓励企业增加产出和雇佣工人；支持各类企业的发展，创造更多就业机会；鼓励外商投资设厂，吸纳更多的劳动力；合理发展劳动力密集型产业，缓解失业压力。此外，政府还可以增加公共部门就业。公共部门就业是指在各级政府投资的工程项目中的就业。为了解决某些在劳动力市场上缺少就业竞争优势的失业工人的就业问题，或者为了解决某一个地区的失业问题，政府可以有意识地兴办公共工程，来吸收这些劳动力，从而降低经济中的失业率。

三、结构性失业的治理

经济增长的过程必然伴随着经济结构的变化，而经济结构的变化又会导致结构性失业。所以，我们必须辩证地看待结构性失业的治理。一般来说，有两种不同的方法可以减少结构性失业。一是试图阻止或至少是减缓导致结构性失业的经济结构变化。几个世纪以来，许多国家的政府和工会通过阻止或减缓经济结构变化来减轻失业的威胁，从长远的利益看，该举措是得不偿失的；二是接受伴随经济增长的经济结构变化并设计出使经济更适应这种变化的政策。结构性失业的主要原因是劳动力不能适应经济结构变化后的工作，如果此时实施扩张性的需求管理政策来试图降低失业率，创造的工作岗位和已经存在的空缺是相似的，因而只会加剧雇主对有限的合格工人的竞争，从而引起货币工资的上升和价格水平的上升。这说明，存在结构性失业时，扩张性的需求管理政策只会提高通货膨胀率，而对降低失业率没有明显的效果。因此，应该积极开展职业性技术教育和资助大学教育来提高工人的技术水平和应变能力，使结构性失业的工人适应新兴工作岗位的需要，改善劳动力供给情况，降低失业率。另外，可以通过帮助劳动力迁移，使劳动力很容易在不同的工作与地域之间流动，以此来降低结构性失业。应当承认，我国目前面临着巨大的结构性失业的压力。对于摩擦性失业和结构性失业，政府只能降低其程度而不可能完全消除。

四、建立完善的失业保障体系

失业会造成严重的经济和社会影响，这已是众所周知。因此，政府应通过各种努力最大限度地缓解失业问题。在治理失业问题上，政府除了采取适当的财政政策和货币政策措施、加强就业服务和实施人才培训计划外，还应建立一套完善的失业保障体系，以对失业者进行有效的救济。

失业保障是国家通过立法强制实行的、由社会集中建立基金对因失业而中断生活来源的劳动者提供物质帮助的制度。国家和社会对于失业人员，要做到失业有保障，再就业有出路。具体讲就是，一方面，可由社会集中建立失业保障基金，分散失业风险，使暂时处于失业状态的劳动者的基本生活得到保障，并从精神上关心失业者，树立他们的自信心；另一方面，为失业人员提供各种再就业服务，包括再就业培训、介绍工作机会和提供信息咨询等。

失业保障制度虽然不能从根本上解决周期性失业问题，但却是反失业政策体系中不可或缺的组成部分，是反失业的“稳定器”和“安全网”。

【专栏 8-4】日、美失业保险制度的建立和发展历程

日本于 1947 年以后，根据失业保险法实施了失业保险制度，在受保者失业后，向其支付失业补助金，以保障受保者的生活安定，该制度作为雇用对策的重要一环，发挥了积极作用。1974 年 12 月，日本雇用保险法出台，失业保险法随之被废止，并从 1975 年 4 月起，开始实施新的雇佣保险制度。雇用保险法继承了失业保险制度的“失业补助”的功能，又在充实强化这一功能的基础上，不仅作为失业的对策，而且进一步积极预防失业、调整雇用状态、扩大雇用机会、促进劳动者能力的开发及提高，进而谋求增进改善劳动者的福利状况。1984 年，日本失业保险法又进行了调整，具体内容是：①在失业保险金支付天数确定方面，将过去仅依据年龄大小改成依据年龄及被保险人参加保险时间长短确定，支付天数改为 90～100 天之间。②65 岁以上老年人原则上被排除在了失业保险适用范围，因为日本规定的退休年龄线多数在 60～65 岁之间，有些部门还可以工作到 70 岁。所以，已达到退休年龄的人，应该从失业保险适用范围中排除。③创设了对提早重新就业的失业人员支付补助金的制度，这种补助称为“重新就业补贴”。1998 年，日本失业保险法再度调整，具体调整内容有两项：其一是创设了“教育训练补助”制度，即对参加了劳动大臣指定的教育训练讲座的工人，不分在职与失业，均可支付经费的 80%；另外，对因护理家人而中止工作的人，也可支付“连续就业补助”，标准相当于本人工资的 25%。

美国失业保障制度建立于 20 世纪 30 年代。经历数十年的曲折历程发展至今，它从主要依靠政府、群众组织及慈善机构发放救济金到逐步建立失业保险体系，从单纯进行失业保险到以适应经济结构和劳动力市场不断变化为目标，采取对劳动力实行培训与继续教育、促进人口流动、将就业纳入城镇建设计划、提供就业者的特殊服务等措施，积极扩大就业门路。美国是一个联邦制国家，其失业保险制度既有联邦项目，又有州项目。从立法上看，联邦失业保险的最初立法是 1935 年制定的《社会保障法》，虽历经多年修订，但这部法律维持其中的失业保险部分的有关条款，至今仍然生效。从制度类型上看，美国的失业保险制度属于强制性社会保险制度。完整的美国失业保险法律制度是由联邦和州失业保险法律制度两部分组成的。美国联邦有关失业保险的法律有《社会保障法》、《联邦保险税法》。这两部法律主要规定：各州政府必须建立失业保险制度；失业保险税由雇主缴纳，每个企业开业，雇主必须办理失业保险登记，并在企业内公开张贴参加失业保险书；失业保险津贴的领取人必须符合一定的条件；失业保险由联邦政府劳工部和各州政府劳工局主管；失业保险办法全国不统一，由各州政府自行制定；联邦劳工负责监督州政府执行失业保险的情况，并决定和拨付各州管理失业保险机构的行政费用等。1994 年 1 月克林顿政府劳工部长里奇向国会提交的《劳动保障法案》，是对美国 20 世纪 30 年代以来的失业保险制度所作的全面修订。其宗旨正如里奇所言："我们需要的是一个重新就业的制度，而不是一种失业(救济)制度。"这表明，美国的劳工市场机制正处在半个世纪以来的历史性大调整过程中。

(资料来源：王延中，张车伟. 中国保险报)

本 章 小 结

本章主要介绍了失业理论，并对失业的形成机理进行了简要分析。

失业和失业人员再就业是一个世界性问题，是长期以来一直困扰世界各国政府的一个重要问题。

经济学上，失业是指处于一定年龄范围内的人，目前没有工作，但有工作能力，愿意工作、并且正在寻找工作的现象或者说劳动力市场上的供给大于需求，从而使一部分劳动力人口找不到工作的状态。凡年龄在规定范围之外、已退休、丧失工作能力、在校学习或由于某种原因不愿意工作或不积极寻找工作的人均不得计入失业人数，也不计入劳动力人数。

失业可分为自然失业和周期性失业两种。自然失业由摩擦性失业和结构性失业组成。消灭了周期性失业时的就业状态就是充分就业。

失业意味着人力资本的损失，会减少经济中的产出，失业还会给失业者个人和家庭带来经济损失和精神压力，严重的可能导致社会不稳定。失业与 GDP 的关系可以用奥肯定律来估计。

失业问题难以避免，但可以最大限度地缓解，如积极扩大总需求、实施人力培训计划、建立公共就业服务机构、增加公共部门就业、完善失业保障制度等。

复习思考题

1. 名词解释

失业、失业率、摩擦性失业、结构性失业、周期性失业、自然失业、奥肯定律

2. 简答题

(1) 简述摩擦性失业与结构性失业的区别与联系。

(2) 什么是自然失业率？哪些因素影响自然失业率的高低？

(3) 在各种失业种类中，哪些失业是可以消除的？哪些是无法消除的？

(4) 失业、就业和不再工作的区别是什么？

(5) 失业会造成什么样的影响？应如何治理失业？

3. 计算题

(1) 已知某国的情况如下：人口2500万，就业人数1000万，失业人数100万。求：

① 该国的劳动力人数是多少？

② 该国的失业率是多少？

③ 如果摩擦性失业和结构性失业人数为60万人，自然失业率是多少？

④ 如果实现充分就业，该国应该有多少人就业？

⑤ 如果在失业人口中有20万人是由于嫌工作不好而不愿就业，则真正的失业率应该是多少？

(2) 假设某国某年的自然失业率为5%，实际失业率为7%，试计算：

① 若该国潜在GDP每年以2%的速度增长，根据奥肯定律，要想使该国在2年内实现充分就业，该国经济每年应以多快的速度增长？

② 若该国实际GDP每年以4%的速度增长，则要多少年才能实现充分就业？

第九章　通货膨胀与通货紧缩理论

本章导读

通货膨胀与通货紧缩都是宏观经济运行中出现的经济现象。纸币产生以后，就经常出现通货膨胀。从第二次世界大战之后到20世纪90年代以前，世界各国基本上都处于通货膨胀状态，它是一种常见的经济现象，也是宏观经济运行的一种病态。西方经济学家对通货膨胀的成因及其对经济运行的影响、通货膨胀的治理对策等进行了大量研究，因此关于通货膨胀的研究文献较多。通货紧缩则是一种与通货膨胀性质相反的经济现象，它通常与经济萧条联系在一起，如20世纪的30年代和19世纪的90年代。由于"二战"以来，各国普遍面临的主要问题是通货膨胀，因而对于通货紧缩的研究一直未受到西方经济学家的重视，所以这方面的相关研究文献较少。虽然萨缪尔森、诺德豪斯、斯蒂格利茨等经济学家都曾对通货紧缩问题有所涉及，但是相对于其对通货膨胀问题和其他经济理论的研究程度和范围而言，对于通货紧缩问题的研究则远未达到其所应有的重视程度。通货紧缩在20世纪后半叶已很少发生，但在20世纪末，随着日本等国通货紧缩的出现，尤其是中国出现通货紧缩之后，国内学术界开始对通货紧缩予以较多的关注和研究。可以肯定的是，通货紧缩作为一种经济现象，在21世纪不会消失，因此，我们不应忽视对通货紧缩问题的研究与探讨。本章将对通货膨胀与通货紧缩的相关理论与实际现象作基本介绍与分析。

学习目标

通过对本章的学习，重点掌握通货膨胀与通货紧缩的成因、类型及其相应的治理对策；掌握菲利普斯曲线的含义及其政策意义。在此基础上，能够运用本章的基本原理分析经济领域中的相关问题。

关键概念

通货膨胀(Inflation)
通货紧缩(Deflation)
菲利普斯曲线(Phillips Curve)

第一节 通货膨胀

一、通货膨胀概述

(一)通货膨胀的含义

通货膨胀指经济社会中一定时期商品和劳务的货币价格水平持续和显著地上涨。需要说明的是：通货膨胀是价格总水平的上涨，而不是单个商品的上涨；通货膨胀是物价持续上涨过程，而不是物价水平的一次上涨过程；通货膨胀涉及价值判断，即物价上涨多高可以定性为通货膨胀。通货膨胀的程度通常用通货膨胀率来衡量，通货膨胀率是指一个时期到另一个时期价格水平变动的百分率。通货膨胀率在一个国家不同的时期，或者在同一个时期不同的国家会呈现不同的程度。用公式表示为

$$\pi_t = \frac{P_t - P_{t-1}}{P_{t-1}} \times 100\% \tag{9-1}$$

式中，π_t——通货膨胀率；

P_t、P_{t-1}——t 期和 t-1 期的价格水平。

【例 9-1】假定某个国家的消费价格指数，从去年的 100 增至今年的 130，则这一时期的通货膨胀率为：(130-100)/100=30%。

衡量通货膨胀可以通过一般物价水平的变化，即价格指数的变化方向和幅度来判断是否出现了通货膨胀以及通货膨胀的程度。价格指数即许多种产品和劳务价格的加权平均数，常用的价格指数主要有国民生产总值(GDP)折算指数、生产者价格指数(PPI)和消费价格指数(CPI)。GDP 折算指数=当期 GDP/基期 GDP，是通过衡量全国所有产品和劳务的价格变动情况所计算出来的指标，它包括各种社会最终产品，衡量商品的范围最广。但获取资料比较困难，反映价格变动具有滞后性。生产者价格指数又称批发价格指数，是通过计算生产者在生产过程中所有阶段上所获得的产品的价格水平变动而得出的指数。它一般用于衡量有形的物质生产领域，范围较小。在实践中，通货膨胀通常是用消费价格指数的变化来度量的。消费价格指数亦称零售物价指数，是指购买一组有代表性的产品和劳务，再比较它们按当期价格购买的花费和按基期价格购买的花费。消费价格指数的优点是能及时反映消费品供给与需求的对比关系，资料易收集，能够迅速、直接地反映影响居民生活的价格趋势。其缺点是范围较窄，只包括社会最终产品中的居民消费品这部分，因而不足以说明全面情况。用公式表示为

$$CPI = \frac{\text{一组固定商品的当年价格}}{\text{一组固定商品的基期价格}} \times 100\% \tag{9-2}$$

【例 9-2】1996 年某国普通家庭每月购买一组商品的费用为 960 元，2000 年购买同样一组商品的费用是 1380 元，则该国 2000 年的消费价格指数为

(1380/960)×100%=144%

20 世纪 80 年代末，巴西、阿根廷都曾经历了极度的通货膨胀，通货膨胀率达到 1000%。极度通货膨胀意味着货币购买力的快速贬值，它迫使人们一拿到货币收入就赶紧购买商品。在 20 世纪 90 年代，美国物价以平均每年 2%左右的比率上升；2005 年，美国

的通货膨胀率是3%，俄罗斯的通货膨胀率是12%，委内瑞拉是15%。

(二)通货膨胀的分类

根据不同的标准，可以将通货膨胀划分为不同的类型。

1. 根据价格上升的速度分类

以物价水平的年度变化率来衡量，通货膨胀可以分为以下几种。

(1) 轻度通货膨胀。轻度通货膨胀指一般物价水平缓慢持续地上升，年物价上涨率小于3%。这种通货膨胀程度最轻，一般不会对社会经济生活产生较大的不利影响，人们对未来货币的购买力还有足够信心。

(2) 中度通货膨胀(温和的通货膨胀)。中度通货膨胀指一般物价水平持续明显上升，年物价上涨率在3%～10%之间。这种通货膨胀程度相对较轻，使人能感觉得到，并产生通货膨胀还将持续的心理预期。目前，许多国家都存在这种温和类型的通货膨胀，有些西方学者认为这种温和上升的价格对经济增长有积极作用。

(3) 奔腾的通货膨胀。奔腾的通货膨胀指一般物价水平急速上涨，年通货膨胀率在10%～100%之间。当奔腾的通货膨胀发生以后，会出现严重的经济扭曲现象，短期内物价上涨速度可能加快。公众的预期价格由于受到价格上涨率高的影响而进一步上涨，于是公众会采取多种措施以使自己免受通货膨胀之苦，只在手中保留够日常交易所需的货币，而这将使通货膨胀更为加剧。这种通货膨胀会使公众对货币失去信任，产生恐慌心理，会给整个社会经济生活带来严重不良后果。

(4) 超级通货膨胀。超级通货膨胀指一般物价水平失去控制而加速直线上升，年通货膨胀率在100%以上。当一国的年通货膨胀率达到1000%以上时，称为恶性通货膨胀。在这种通货膨胀的状态下，各种商品的价格以惊人速度上涨，人们尽快使货币脱手，货币流通速度大大加快，货币购买力大幅下降。该种通货膨胀对整个社会经济所产生的影响是灾难性的，它会导致货币制度完全倒塌，资源配置恶化，整个国民经济趋于崩溃，严重时还会出现社会动乱。恶性的通货膨胀是一种比较罕见的经济现象，主要是在战争时期或战后时期出现，也有一些国家是在从社会主义经济向市场经济转化的过程中出现的。

【专栏9-1】德国的超速通货膨胀

德国在两次世界大战期间的经历一直是历史上超速通货膨胀及其恐怖后果最为生动的例子。1923年11月5日，柏林的一片面包要卖到1400亿马克。工人每天发两次工资，给半小时休息，他们可以带着装钱的书包、箱子、手推车冲入商店买东西，在纸币价值尚未暴跌之前买能购买到的任何东西。11月中旬又发行了新货币，价格从1914年以来增加了12个零。在其他地方，也发生过通货膨胀变为超速的情形：在1949年中国共产党接管上海前；1989年的阿根廷。但德国的通货膨胀是发生在先进经济体的最壮观的一次。

超速通货膨胀的根源在于战争，以及德国立法机构迅速让当局中止个人把纸币兑换为黄金的权利。中央银行被授权用政府和商业银行的票据作为在新发行纸币时所要求的准备金的一部分。这使政府可以自由开动印刷机为战争筹资，结果导致价格上升。到1918年底，马克对美元已经下降了50%以上，政府继续以巨额赤字运转。从1919—1923年，税收从未超过支出的35%，这个差额由超常的货币发行来弥补。另外，同盟国要求的战争赔款使已经很差的财政状况更加恶化，所以政府继续开动印刷机，流通中的纸币从 1918 年 11 月的 292 亿马克增至 5 年后的 49 700 兆亿。

在 1919 年签订《巴黎和约》时，凯恩斯就警告说，加在德国身上的负担会毁掉这一和约。1922 年末，德国政府果然被赔款支付打败了，到 1923 年 1 月，法国和比利时的军队占领了德国工业中心鲁尔。由于鲁尔生产德国 85%的煤，因而德国付出了巨大的经济代价。政府还要支持消极的反抗运动(罢工)，为了向 200 万工人支付工资，德国又发行了更多货币。这些足以使经济处于崩溃边缘，价格急剧攀升，1923 年初还算温和的失业率也大幅上升。政府为了稳定物价做了努力，但只是徒劳。一些州发行了自己想稳定通货的货币：巴登是用州森林的收入来保证，汉诺威的可兑换为一定量黑麦。中央当局发行在 1935 年可支付的称为“黄金贷款”的货币，虽然价格很快稳定下来了，但损害已无法挽回。

恶性通货膨胀的最深远的影响还在于财富的分配方面。英国经济学家莱昂内尔·罗宾斯曾经将这种影响概括为：“马克的贬值……摧毁了德国社会财富中比较坚实的组成部分；而且留下了精神上和经济上的不平衡，并由此导致了孕育灾难的适宜背景。”

(资料来源：曼昆著；梁小民译. 经济学原理. 第 4 版. 北京：北京大学出版社，2006 年，第 165～166 页)

2. 按照通货膨胀是否被预期分类

(1) 未预期型通货膨胀。它是指政府采取隐蔽形式增加货币供应，使经济主体难以估计当前的通货膨胀态势，预期未来通货膨胀的趋势，即价格上升的速度超出人们的预料，或者人们根本没有想到价格会上涨。

(2) 预期型通货膨胀。这是由社会预期因素所导致的通货膨胀。社会预期包括价格预期和非价格预期。它是指政府有意识公布货币的增长率，使经济主体据此预测未来通货膨胀趋势，或经济主体自行推测未来通货膨胀趋势，从而相机抉择，以使自身利益免受通货膨胀的影响。如果人们预期商品价格会上升就会提前购买，需求水平会上升，这种预期行为持续下去，将导致需求水平的持续上升，从而引起物价水平的持续上升。因此，价格上升的预期会引发通货膨胀。预期型通货膨胀具有自我维持的特点，又称为惯性的通货膨胀。

3. 根据通货膨胀的表现形式分类

(1) 公开的通货膨胀，亦称开放型通货膨胀。它是指在市场经济和自由价格制度下，完全通过一般物价水平(衡量指标为价格指数)的公开上升、持续上涨所反映出来的通货膨胀。物价水平和上涨幅度可以较准确地反映通货膨胀的程度，即通货膨胀率。

(2) 隐性的通货膨胀。它是指完全不通过或不完全通过一般物价水平(衡量指标为价格指数)的上升所反映出来的通货膨胀。隐性的通货膨胀又包括两种类型。

其一，抑制型通货膨胀。它是指在价格受到管制的条件下，通货膨胀无法通过一般物价水平的上升所反映出来的通货膨胀。表面上看，物价稳定，但实际上商品短缺，强制储蓄，货币流通速度减慢，是隐蔽性的物价上涨。这种通货膨胀亦可称为管制型隐性通货膨胀。

其二，非管制型隐性通货膨胀。它是指在价格不受管制的条件下，因为选定的商品不具有代表性，或权重设定不合理，或调查地区、调查对象的选择不合理，或价格指数的计算方法不科学，或由于统计工作存在的其他失误，使得一般物价水平的上涨不能完全通过官方统计的物价指数所反映出来的通货膨胀。

4. 根据通货膨胀持续时间的长短分类

短、中、长期的划分可以经济短周期的时间作为具体的划分依据，一个经济短周期所经历的时间长度平均为4～5年。

(1) 短期通货膨胀。通货膨胀的持续时间在2年或3年以内。

(2) 中期通货膨胀。通货膨胀的持续时间在3～5年。

(3) 长期通货膨胀。通货膨胀的持续时间在5年以上，即超过一个经济短周期所经历的时间长度。

5. 按照对价格影响的差别分类

(1) 平衡的通货膨胀，即每种商品的价格都按相同比例上升。这里所指的商品价格包括生产要素以及各种劳务的价格，如工资率、租金等。

(2) 非平衡的通货膨胀，即各种商品价格上升的比例并不完全相同。例如，甲类商品的价格涨幅大于乙类商品的价格涨幅等。

6. 根据通货膨胀发生的原因分类

(1) 需求拉动型通货膨胀。这是指在商品供给保持正常增长的情况下，由于总需求膨胀而使商品供不应求所导致的通货膨胀。总需求膨胀包括如下几种情况：国内消费需求膨胀；国内投资需求膨胀；国内消费需求与投资需求同时膨胀；出口需求膨胀；出口需求与国内需求同时膨胀。这类通货膨胀的第一推动力来源于货币的过量发行，导致总需求膨胀，从而引发通货膨胀。

(2) 成本推动型通货膨胀。这种通货膨胀是由商品平均生产成本的上升所引起的。商品生产成本的上升可能由工资成本的上升所致，也可能由生产资料的成本上升所致，或由生产者为提高目标利润而提高商品价格所致。成本推动型通货膨胀有三个重要特征：其一，成本推动型通货膨胀与不完全竞争市场条件相关，即如果市场上存在垄断力量，就存在垄断价格，所以市场竞争对抑制成本推动型通货膨胀很重要。其二，劳动生产率和工资增长率的比较结果是判定是否是工资成本推动型通货膨胀的必要条件，即并非任何工资率的上升都会导致通货膨胀，只有当工资率的增长超过边际劳动生产率的增长时，通货膨胀才会发生。其三，没有货币供给支持的纯粹的成本推动型通货膨胀是不可能存在的。

(3) 结构型通货膨胀。这是指商品供给结构不能适应需求结构的变化而使总供求失衡或部分供求关系失衡所引起的通货膨胀。随着居民收入水平的变化，或技术条件的变化等，需求结构会发生变化。一些种类的商品会供不应求，其价格水平会上升，如果供给结构缺乏足够的弹性，一方面，需求增长的商品的供给就难以增长，价格上涨；另一方面，其他种类的商品价格不下降，就会导致商品平均价格水平的上涨。

(4) 混合型通货膨胀。在经济实践中，引起通货膨胀的各种因素往往是交织在一起的。西方学者将既有需求拉动又有成本推动的通货膨胀称作混合型通货膨胀。实际通货膨胀取决于货币需求和与成本相关的制度结构的相互影响。在现实经济生活中，纯粹意义上的需求拉动型、成本推动型、结构型通货膨胀等都不可能长期持续地进行，最终会演化为复杂的混合型通货膨胀。混合型通货膨胀是其主要表现形式。

(5) 政策型通货膨胀。这是由于政府实行过度的扩张性经济政策或其他导致需求上升的经济政策而引起的。若政府实行过度的扩张性财政政策、货币政策以及其他紧缩性的经济政策，会导致货币供应过多，总需求水平上升，从而引起通货膨胀。此外，若政府实施的一些经济政策本身不是扩张性的政策，但这些政策实施的后果会导致需求水平的上升，亦产生了扩张性后果，从而产生通货膨胀。

(6) 体制型通货膨胀。这是由于经济体制具有内在的需求膨胀机制而导致总需求膨胀引起的。如果一种经济体制具有内在的刺激企业投资、刺激银行贷款、刺激工资收入增长的机制，就会刺激投资需求和消费需求的增长，若需求增长长期超过供给增长，则最终会导致一般物价水平的上升，出现通货膨胀。

(7) 输入型通货膨胀。这是由于国外商品或生产要素的价格上升所引起的国内物价水平持续上升。国外商品或生产要素价格的上升对一国物价水平的影响程度与该国经济的对外开放程度密切相关。一国经济的对外开放程度越高，国外商品或生产要素价格上升导致该国一般物价上涨的可能性越大，即一国发生输入性通货膨胀的可能性越大，反之亦然。

(三)通货膨胀的成本

一国发生通货膨胀后，人们会发现再不能用和以往同样多的货币购买等量的商品了，即单位货币的实际购买力降低了。除此之外，人们还要付出更多的其他方面的成本。

1. 完全预期的通货膨胀所产生的成本

在完全预期的通货膨胀条件下，除以下的两个因素外，通货膨胀不会对实际变量产生影响，即没有实际成本。

(1) “皮鞋成本”。当通货膨胀上升，名义利率上升，从而人们持有现金的利息损失增加，现金的持有成本上升。相应地，对现金的需求下降，个人手持现金将减少，因而经常去银行把现金换成生息资产的次数增加。去银行的次数多了，鞋磨损得更快，由此带来的成本被称为“皮鞋成本”。当然并非真正指耗费的鞋的成本，而是指通货膨胀刺激人们减少货币持有量而浪费的各种资源(时间、精力等)。

(2) “菜单成本”。一项研究发现，普通的美国企业大约一年改变一次产品的价格，之所以企业不会经常改变价格，是因为改变价格需要付出成本。但是在通货膨胀的条件下，企业需要不断地调整价格并为此付出成本，包括决定新价格的成本、印刷新目录的成本、将新价目表送给中间商和顾客的成本、为新价格做广告的成本，甚至包括处理顾客因调价所产生的不良情绪的成本。由于通货膨胀与价格稳定相反，人们不得不投入时间、精力和资源用于产品的调价，由此所带来的成本称为“菜单成本”。

此外，通货膨胀还会引起混乱与不方便，例如，在某种程度上，通货膨胀使投资者无法区分成功与不成功的企业，这会影响金融市场把储蓄配置到不同类型投资中的作用。

2. 未预期的通货膨胀所产生的成本

通货膨胀率越高的国家，通货膨胀的变化性也越大。当变化性加大时，未预期的通货膨胀的成分就趋于增加。

(1) 未预期的通货膨胀的主要影响是财富的再分配，它会导致收入和财富在不同群体之间转移。通货膨胀未预期的上升使财富由债权人向债务人作再分配，即牺牲了债权人的利益而使债务人获利，因为只要通货膨胀率大于名义利率，实际利率就为负值。

(2) 通货膨胀会使相对价格的变动加剧，并使资源配置不当，因而使得企业和个人做出错误的供给和需求决策而付出代价。一方面，消费者是依据市场上的相对价格而做出购买决策，当通货膨胀扭曲了相对价格时，消费者的决策也会扭曲，市场就不能把资源配置到其最恰当的用途中。另一方面，当某个企业预期通货膨胀是低的，但实际上通货膨胀是高的，表现为所有企业的产出价格都上涨。当企业发现其产品价格比它预期的上涨更快时，企业可能会认为是自身的产品需求出现增长，而忽略了所有产品的价格都在上涨，所以企业可能会做出提高产量的错误决策。如果许多企业都重复这种行为，则有可能导致扭曲的经济产出水平。

(3) 恶性通货膨胀会产生经济社会危机。恶性通货膨胀会使正常的生产经营难以进行，产品销售收入因物价飞涨而不足以补进原材料；飞涨的物价使债务的实际价值下降，如果利息率的调整难以弥补货币的债权损失，正常的信用关系会遭到极大破坏。最严重的通货膨胀会危及货币流通本身：纸币流通制度不能维持；贵金属会重新成为流通手段；经济不发达地区会迅速向经济的实物化倒退。

二、通货膨胀产生的原因

关于通货膨胀产生的原因，西方学者提出了许多解释，可以从需求和供给的角度解释，也可以从经济结构因素变动的角度来说明。

(一)需求拉动型通货膨胀

它是指总需求超过总供给所引起的一般价格水平的持续显著上涨。供给表现为市场上的产品和服务，需求表现为用于购买和支付的货币。因此这种通货膨胀又被称为“过多的货币追求过少的商品”。如图 9.1 所示：横轴 Y 表示总产量(国民收入)，纵轴 P 表示一般价格水平。AD 为总需求曲线，AS 为总供给曲线，总供给曲线 AS 起初呈水平状，这表示，当总产量较低时，总需求的增加不会引起价格的上涨。在图 9.1 中，产量从零增加到 Y_1，价格水平始终稳定。总需求曲线 AD_1 与总供给曲线 AS 的交点 E_1 决定的价格水平为 P_1，总产量水平为 Y_1。在总产量达到一定水平(Y_1)后，继续增加总供给，这会遇到生产过程中的“瓶颈”现象，即由于劳动、原料、生产设备的不足而使成本提高，从而引起价格上升。AD 继续提高时，AS 开始逐渐向右上方倾斜，价格水平逐渐上升。AD_2 与 AS 的交点决定的价格水平为 P_2，总产量为 Y_2。当产量达到最大，即为充分就业时的产量 Y_f 时，全社会的资源得到全部利用。AD_3 与 AS 的交点 E_3 决定的价格水平为 P_3，总产量水平为 Y_f。价格水平从 P_1 上涨到 P_2 和 P_3 的现象被称为“瓶颈”式的通货膨胀。在达到充分就业的产量 Y_f 后，如果总需求继续增加，供给也不会增加(所以 AS 是一条垂线)，总需求增加只会引起价格的上涨。

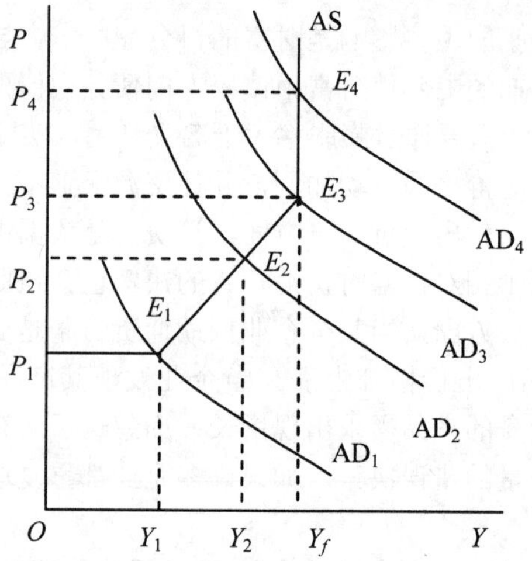

图 9.1 需求拉动通货膨胀

引起需求扩大的因素有两大类：一类是消费需求、投资需求的扩大，政府支出的增加，减税、净出口增加等，都会导致总需求的增加，从而形成需求拉动通货膨胀。另一类是货币因素，即货币供给量的增加或实际货币需求量的减少，主要由财政政策、货币政策、消费习惯的改变等因素引起，导致总需求增加。

(二)成本推动型通货膨胀

又称为成本通货膨胀或供给通货膨胀，指在没有过度需求的情况下，由于供给方面成本的提高所引起的一般价格水平持续和显著地上涨。

如图 9.2 所示，假定总需求是既定的，只有供给出现变动。横轴 Y 表示总产量(国民收入)，纵轴 P 表示一般价格水平。AD 为总需求曲线，AS 为总供给曲线。总供给曲线 AS_1 与总需求曲线 AD 的交点 E_1 决定的总产量为 Y_1，价格水平为 P_1，当总供给曲线由于工资、税收等使成本提高而移动到 AS_2 时，总供给曲线 AS_2 与总需求曲线 AD 的交点 E_2 决定的总产量为 Y_2，价格水平为 P_2，此时，总产量比以前下降，而价格水平比以前上涨。这样，在总需求保持不变的情况下，由于供给方面的因素而引发了通货膨胀，即成本推动型通货膨胀。

成本推动型通货膨胀又可分为工资推动通货膨胀和利润推动通货膨胀。工资推动通货膨胀指不完全竞争的劳动市场造成的过高工资所导致的一般价格水平的上涨。在完全竞争的劳动力市场上，工资率完全取决于劳动的供求，工资的提高不会导致通货膨胀；在不完全竞争的劳动力市场上，由于具有强大谈判能力的工会组织的存在，工会和雇主集体议价，操纵工资水平，并且由于工资的增长率超过生产率增长速度，工资的提高就导致成本提高，从而导致一般价格水平上涨。工资提高和价格水平上涨之间存在着因果关系：工资提高引起价格上涨，而价格上涨又引起工资提高，如此循环上升，工资提高和价格上涨形成了螺旋式上升，即所谓工资-价格螺旋。

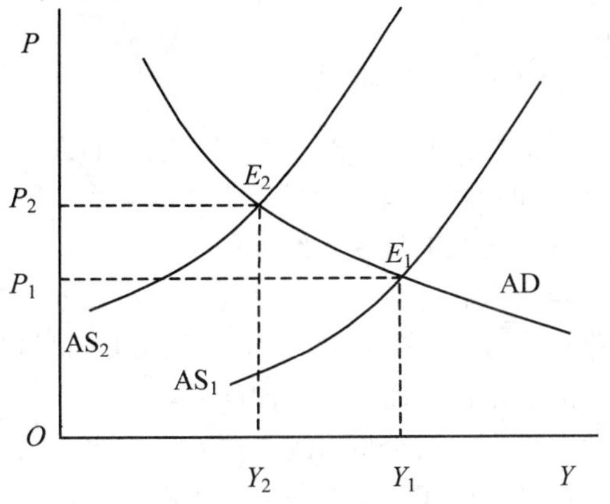

图 9.2 成本推动通货膨胀

利润推动通货膨胀是指具有垄断地位的企业利用市场势力谋取过高利润所导致的一般价格水平的上涨。不完全竞争的产品市场是利润推动通货膨胀的前提。在不完全竞争的产品市场上，垄断企业具有某种程度操控价格的能力，为了追求更大的利润，可以通过减少产量来提高产品价格，致使价格上涨的速度超过成本增长的速度。

西方学者认为，应该同时从需求和供给两个方面来分析通货膨胀，从而提出了混合通货膨胀理论，其分析的实质就是把上面两个理论结合起来。

(三)结构性通货膨胀

结构性通货膨胀是指由于经济结构因素的变动，出现一般价格水平的持续上涨。它是从分析经济结构的变动来分析通货膨胀原因的。

在一国经济中，由于不同生产部门的生产率提高的速度不同，因而不同部门的工资增长也有区别。这种对比部门可分为：生产效率高的部门和生产效率低的部门；迅速发展的部门和渐趋衰落的部门；开放部门和非开放部门。不同部门由于经济发展状况不同，工资水平应该不同，但由于工会或其他力量的作用，生产率提高慢的部门要求工资增长向生产率提高快的部门看齐，出现工资“攀比”效应，结果使全社会工资增长速度超过生产率增长速度，因而引起通货膨胀。

三、通货膨胀的影响

(一)通货膨胀的经济效应

通货膨胀的变化影响到相对价格，相对价格对经济的影响主要体现在两个方面：一是收入和财富在不同阶层之间的再分配；二是不同商品的产出和相对价格的扭曲，甚至是整个经济的产出和就业的扭曲。通货膨胀对经济和社会的影响可按照两种类型分别予以阐述：一类是预期的通货膨胀的影响，在此情况下，价格增长可以被预测到，人们在交易过程中就会考虑到通货膨胀的因素，因而在工资等方面采取相应的措施，以减少通货膨胀的影响，人们的收入分配也不会受太大影响。另一类是未预期的通货膨胀，人们没有预期到价格水平的上涨，就不会在交易过程中考虑通货膨胀的因素。这类通货膨胀对经济和社会都存在显著的影响。

1. 再分配效应

(1) 降低固定收入阶层的实际收入水平。有固定收入的人，其收入增长滞后于物价的增长，因而实际收入下降。即使就业工人的货币工资能与物价同比例增长，在累进所得税下，货币收入增加使人们进入更高的纳税等级。税率的上升也会使工人的部分收入丧失。相反，通货膨胀对于非固定收入者是有益的，他们的货币收入会走在价格水平和生活费用上涨之前。对于企业主来说，以未贬值的货币购买平价的原材料和劳动力，按通货膨胀后的价格出售，并以贬值后的货币偿付债务，因而能够获利。

(2) 通货膨胀对储蓄者不利。对于持有现金或存款的人，随着价格的上涨，他们拥有的存款的实际货币价值降低了，购买力会降低，所能购买的商品较通货膨胀前减少了。而对于实物持有人，由于通货膨胀而使商品价格上涨，所拥有的实物的货币价值上升。

(3) 通货膨胀还可以在债务人和债权人之间产生收入再分配的作用。具体而言，债权人贷出的是未贬值的货币，收回的却是贬值了的货币。相反，债务人借入的是未贬值的货币，而以贬值的货币归还，从而获益，因此，通货膨胀牺牲了债权人的利益而使债务人获利。只要通货膨胀率大于名义利率，实际利率就为负值。

2. 产出效应

产出效应表现为价格水平会影响国民经济的产出水平，国民经济的产出水平是随着价格水平的变化而变化的。可能出现以下三种情况。

(1) 随着通货膨胀的出现，产出增加。受需求拉动的通货膨胀的刺激，促进了产出水平的提高，会刺激就业，减少失业。当通货膨胀率较低，属于温和的通货膨胀时，经济没有受到多大不利影响，某种程度上会刺激企业的产出增加，刺激就业。

(2) 成本推动的通货膨胀引致失业。这种情况是由通货膨胀所引起的产出和就业的下降。假定在原总需求水平下，实现了充分就业和物价稳定。若发生成本推动通货膨胀，则按原来总需求所能购买的实际产品的数量会减少，因而实际产出会下降，失业会上升。

(3) 超级通货膨胀不但会对经济增长造成严重影响，也会给社会造成严重后果。一方面会使生产发生停滞，另一方面收入再分配也会引发社会冲突，甚至引起灾难性的后果，从而导致经济崩溃。

3. 价格信号效应

通货膨胀造成价格信号紊乱、扭曲，会抑制投资，鼓励投机，增加交易成本，增加经济的不确定性，影响资源的合理配置，对经济产生消极影响。

4. 对外贸易效应

通货膨胀不利于国际收入的增加。在固定汇率情况下，本国币值下跌，物价上升，出口产品成本会提高，使以外币标价的产品价格上升，这会削弱出口产品在国际市场上的竞争力，出口减少，进口增加，外贸收入减少，造成国际收支赤字增加。

(二)通货膨胀对国民经济影响的具体表现

通货膨胀是宏观经济失衡的一种表现，它对国民经济的影响十分广泛，这种影响会由于通货膨胀的程度、持续时间、成因以及表现形式等的不同而不同，而且会由于不同的经济和社会环境而有所不同。

1. 通货膨胀破坏生产发展

首先，通货膨胀使企业的各项专用基金贬值，从而使企业的设备更新和技术改造难以进行。其次，在通货膨胀的条件下，由于原材料等初级产品的价格上涨往往快于产成品，从而会增加生产投资的风险和经营成本。再次，通货膨胀解除了企业价格竞争和非价格竞争的压力，使企业既不必用以降低成本的方式赢得市场，也不必用提高产品质量的各种措施来增强竞争力，这将不利于企业的技术进步和生产效率的提高。最后，通货膨胀不利于促进生产者努力工作。生产者可以以物价上涨为理由而要求涨工资，若得不到满足，将影响生产情绪，从而影响劳动生产率的提高。

2. 通货膨胀扰乱流通秩序

首先，通货膨胀使市场价格信号失真，导致价格水平的升降不能真实反映商品供应关系的变化。失真的价格会使资源盲目流动组合，从而引起社会资源的巨大浪费。其次，通货膨胀使商品需求发生变化。在通货膨胀时期，为了保值和防止物价进一步上涨，人们会尽快把手中的货币换成商品，而较少考虑这种商品对自己是否必要。这种变态需求和抢购行为使货币流通速度加快，商品供应更加短缺，进而会加剧通货膨胀。

3. 通货膨胀对分配具有破坏作用

通货膨胀使实际工资水平下降，在物价持续上涨时期，为防止工薪阶层的实际收入水平过度下降，进行阶段性的工资调整，但工资调整后物价又上涨，企业利润会相应增加，那些从利润中分取收入的人能额外增加收益，从而加剧社会的分配不公。持续的物价上涨使退休者的毕生储蓄不断贬值，破坏社会公正，还会诱发社会不安和道德危机。另外，虽然通货膨胀实际上是一种强制性的征税，但事实上，这种“征税”的收入有限，且会导致财政支出大幅增加。

4. 通货膨胀对金融业的影响

首先，对银行负债的影响。银行的资金主要来源于外部资金，发生通货膨胀时，在名义利率不变的条件下，实际利率下降，银行的利息负担会减轻。其次，对银行资产的影响。发生通货膨胀时，银行的实际利息收入会减少。在名义利率不变的情况下，实际利率下降，这是不利于银行的。再次，通货膨胀会降低借款成本，从而诱发过度的资金需求，迫使金融机构不得不加强信贷配额管理，进而削弱了金融机构的运营效率。第四，由于通货膨胀有利于债务人，却有损于债权人，从而使正常的信用活动遭到破坏，使债券发行受阻，继而引发货币信用危机。第五，通货膨胀使货币符号的价值储藏职能丧失，价值尺度和价格标准混乱，容易出现挤兑现象，有可能引起银行破产、倒闭，甚至引起政治危机等。

四、通货膨胀的治理

由于通货膨胀，尤其是恶性的通货膨胀所带来的破坏性影响极大，因而各国政府都非常重视通货膨胀的治理。通货膨胀的治理往往会暂时以降低产出为代价，因为反通货膨胀的基本方法就是降低总需求的增长。政府可以运用的反通货膨胀的政策工具包括财政政策、货币政策、投资政策、汇率政策、外贸政策等。关于治理通货膨胀的具体对策，不同的西方经济学流派的侧重点虽然有所不同，但都是立足于如何减少货币供应，或降低总需求。

凯恩斯主义的观点：凯恩斯主义的经济学家主张，为了控制通货膨胀，应该采取适度从紧的货币政策，再用工资-物价指导、工资-物价管理以及促进工资和物价稳定的税收计划等收入政策手段来配合。

货币主义的观点：当货币供给增长率稳定降低时，会降低通货膨胀率，并降低工人要求的货币工资水平，从而能够使失业率顺利地回到自然失业率的水平上。

理性预期学派的观点：该学派主张使用降低货币供给增长率的方法来控制通货膨胀。

供给学派的观点：减税是供给学派政策主张的核心，这是因为减税可以增强人们工作和储蓄的积极性，同时也会增强厂商投资的积极性。结果，产出、就业和总供给都会增加，并促进价格水平的下降。总体而言，治理通货膨胀可以采取以下两大类方法。

1. 用衰退来降低通货膨胀，或采取紧缩性的需求管理政策

在政策上，可以通过实施紧缩性的财政政策和货币政策来抑制通货膨胀。政府制造衰退程度的大小决定了通货膨胀率下降的速度，衰退幅度越大，通货膨胀率下降越快。在实践中，存在两种不同的政策选择：即渐进主义政策和激进主义政策。渐近主义政策是政府不断紧缩总需求，以较小的失业率和较长的时间来降低通货膨胀率。激进主义政策主张政府采取突然性的、大规模的紧缩性的需求管理政策，以较高的失业率和较短的时间来降低通货膨胀率。这种政策会使通货膨胀率迅速下降，但会造成较大的经济衰退。

2. 收入政策

这是政府从控制总供给方面抑制通货膨胀的主要手段，政府可以通过影响实际因素来达到控制通货膨胀的目的，这些实际因素包括工资与物价的控制、道德的劝说和改变预期。

(1) 工资与物价的控制

对工资与物价的控制又被称为收入政策，是指政府为了降低一般价格水平上升的速度，所采取的强制性或非强制性的限制货币工资和价格的政策。其目的在于影响或控制价格、货币工资和其他收入的增长率。收入政策的理论基础主要是成本推动型通货膨胀理论。在不完全竞争的市场条件下，发生通货膨胀时，工会和企业会利用自身的垄断地位保持实际收入，使货币工资和价格轮番增长。这种增长威胁到他人的实际收入，因而导致更高的工资和价格。因此，需要采取收入政策来抑制货币工资和价格。“二战”后，美国、英国、法国、荷兰等国家，都曾经实行过收入政策。

(2) 道德劝说

政府不直接控制物价和工资，使用非正式的工资和物价控制手段，借助于一种被称作

道德劝说或施加压力的办法，这种办法试图劝说企业和工人不要涨价或涨工资。政府编制了物价和工资的指导线，希望工人和企业能够遵守。政府可以通过一个杠杆，产生一种比求助于人们道德诚实更强有力的力量。这一杠杆就是，政府可以不购买该企业的产品来威胁那些不听从劝告的企业。这种措施在特定时期可以起到一定的效果。

(3) 改变预期

道德劝说很难对市场的心理反应做出预测。一些西方学者认为货币政策的一个重要作用也是劝说，因为中央银行要让每一个人都确信它对通货膨胀的立场。如果中央银行能够成功，那么它就打破了人们对通货膨胀的预期，工资增长会降低，工资-物价螺旋也会被打破。中央银行的成功是不言自明的，既然通货膨胀预期被打破了，那么就没必要采取紧缩信贷的政策，这种紧缩政策对产出和就业都有负面影响。

五、菲利普斯曲线

(一)菲利普斯曲线的由来及含义

1958 年，英国伦敦经济学院教授菲利普斯(A.W.Phillips)根据英国 1861-1957 年失业率和工资变动情况的统计资料，利用数理统计方法计算出一条货币工资变动率与失业率的依存关系曲线，这就是后来被西方经济学家奉为替政府提供了“一张政策选择的菜单”的著名的菲利普斯曲线。菲利普斯在他的文章中说明了失业率与通货膨胀率之间的负相关关系，低失业的年份往往有高通货膨胀，而高失业的年份往往有低通货膨胀。

菲利普斯曲线的基本含义是：失业率与通货膨胀率之间存在一种负相关关系，即失业率上升，通货膨胀率下降；反之，失业率下降，通货膨胀率提高。因此，政府可以通过调节通货膨胀率和失业率的大小以实现宏观经济调控目标。这一理论在 20 世纪 70 年代以前基本符合西方发达市场经济国家的实际，但是到了 70 年代，西方发达国家产生了“滞胀”现象，即一方面经济停滞，失业增加；另一方面出现通货膨胀，物价上升。所以难以再用“菲利普斯曲线”来解释这些经济现象。

【专栏 9-2】关于菲利普斯

威廉·菲利普斯 1914 年生于新西兰的一个农民家庭。15 岁到澳大利亚做矿工，1937 年到了英国，二战爆发后投笔从戎，战争结束后到伦敦经济学院学习，开始接触经济学。1958 年，他在《经济学》杂志上发表了那篇著名的《1861—1957 年英国失业率和货币工资变化率之间的关系》，菲利普斯曲线就是在该论文中首次提出的。最早给菲利普斯曲线以理论解释的是他的同事理查德·利普西。利普西严格地从微观的劳动力市场的角度解释菲利普斯曲线，从这点来说，也许他在宣传菲利普斯曲线的学者中是最较真的。

萨缪尔森和索洛 1960 年在《美国经济评论》上发表了《关于反通货膨胀政策的分析》，“菲利普斯曲线”这一名称就是他们在这次讨论中给起的。他们用美国的数据换掉英国的数据，并用物价上涨率代替名义工资增长率，得出了短期内通货膨胀率和失业率之间的替换关系。有了菲利普斯曲线，新古典综合派即可方便地开出宏观经济政策的药方：要想降低失业率，不妨提高通货膨胀率，为了治理通货膨胀，难免在失业上做出牺牲。有了两位经济学家的推崇，菲利普斯曲线从此被纳入新古典综合派的理论体系。正是由于菲利普斯曲线在新古典综合派体系中居于重要位置，而相比之下它又最缺乏理论支撑，因而新古典综合派的对手们即首先攻击菲利普斯曲线。其中最有影响的当属米尔顿·弗里德曼。他认为：①理性的工人将根据实际工资而不是名义工资决定其劳动力的供给；②菲利普斯曲线所宣扬的通货膨胀和失业之间的替换关系只在短期才存在；③用通货膨胀换取就业增加的凯恩斯式需求政策，每一次都只能暂时有效，下一轮再想增加就业，除非用更高的通货膨胀率。

(资料来源：何帆. 不属于菲利普斯的菲利普斯曲线. 国际经济评论，1997(23))

(二)菲利普斯曲线的形状

菲利普斯曲线 PC 是一条自左上方向右下方倾斜的曲线，如图 9.3 所示，$\frac{\Delta w}{w}$ 为货币工资变动率，U 为社会的失业率，PC 为菲利普斯曲线。当失业率由 U_2 降到 U_1 时，货币工资增长率就由 $\frac{\Delta w_2}{w_2}$ 上升到 $\frac{\Delta w_1}{w_1}$。这表明失业率与货币工资变动率有一种交替关系。也就是说，要实现充分就业就必然会出现较高的物价上涨率。由于货币工资变动率与物价上涨率有关，而通货膨胀又用物价上涨率表示，由此引申：图 9.3 即可表示通货膨胀率与失业率之间的关系。

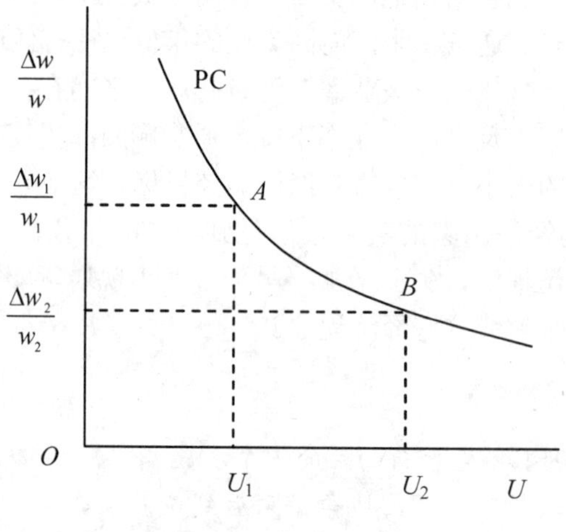

图 9.3 菲利普斯曲线

1. 考虑预期因素的菲利普斯曲线

菲利普斯曲线并不是一种固定不变的替代关系，当通货膨胀预期发生改变时，菲利普斯曲线会发生移动。西方学者对于这种移动做出了如下两个解释。

其一，通货膨胀率预期变化导致短期菲利普斯曲线的移动。将适应性预期应用到菲利普斯曲线中，则失业率不仅与实际的通货膨胀率有关，而且还与通货膨胀率的预期值有关。对于每一个既定的预期通货膨胀率都有一条短期的菲利普斯曲线与之相对应，当预期的通货膨胀率发生变化时，短期的菲利普斯曲线会发生移动。

其二，自然失业率变化导致短期菲利普斯曲线移动。西方学者认为，经济中存在着最低可持续的失业率，即自然失业率。自然失业率并非长期不变，由于技术变动，劳动力在部门之间和地区之间的流动等因素会使自然失业率发生变化，当通货膨胀率的预期不变时，自然失业率的变动会使菲利普斯曲线发生移动。

假设 π^* 为预期通货膨胀率，π 为实际通货膨胀率，u 为失业率，u^* 为自然失业率，则菲利普斯曲线方程可以表示为

$$\pi - \pi^* = -\varepsilon(u - u^*)$$

即

$$\pi = \pi^* - \varepsilon(u - u^*) \tag{9-3}$$

式中，ε——价格对失业率的反应程度，其大小由各国的经济发展水平所决定。

根据式(9-3)，预期通货膨胀率增加或自然失业率增加，菲利普斯曲线向右上方移动。这条向右上方移动的菲利普斯曲线称为预期扩大的菲利普斯曲线。

2. 考虑时间因素的长期菲利普斯曲线

如图 9.4 所示，π 为通货膨胀率，U 为失业率，PC 为菲利普斯曲线，U_0 为自然失业率。当通货膨胀率由 π_1 升至 π_2，失业率仍然维持在自然失业率水平 U_0 上。在长期中，菲利普斯曲线面临向上移动的压力，工人会要求调整工资，适应价格水平的上涨，这样就业就会恢复到原来的状态，因此长期条件下的菲利普斯曲线是垂直的。垂直的菲利普斯曲线表明：无论通货膨胀率如何变动，失业率在长期中总是固定在自然失业率的水平上。因此，以引起通货膨胀为代价的扩张性财政政策与货币政策并不能减少失业，也就是说，宏观经济政策在长期中是无效的。

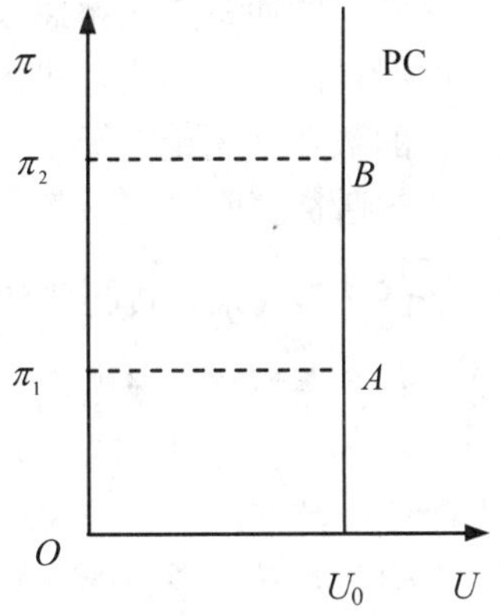

图 9.4 长期的菲利普斯曲线

(三)菲利普斯曲线的政策含义

菲利普斯曲线反映了通货膨胀与失业之间的替代关系，即失业率高，通货膨胀率就低；失业率低，通货膨胀率就高。同时，菲利普斯曲线亦可用于分析抑制通货膨胀的对策。

不同的西方经济学派对菲利普斯曲线的政策含义的解释存在一定差异。

凯恩斯学派认为：菲利普斯曲线既反映出通货膨胀与失业的替代关系，又可用于分析抑制通货膨胀的对策。在一定的时点上，政府可设置一个经济能够最大限度承受的通货膨

胀与失业的界限，通过总需求管理政策把通货膨胀和失业都控制在此界限之内。当通货膨胀率过高时，可通过紧缩性的经济政策使失业率提高，以获得低通货膨胀率；当失业率过高时，采取扩张性的经济政策使通货膨胀率提高，以获得较低的失业率，从而避免经济的过分波动。

20 世纪 60 年代末 70 年代初以来，西方国家出现了高通货膨胀率与失业率并存的所谓“滞胀”现象，这说明通货膨胀率和失业率之间并不存在简单的替代关系。

为了解释新的宏观经济现象，以弗里德曼为代表的货币主义学派根据适应性预期对该曲线作了新的解释，他们认为，原始的菲利普斯曲线的最大弱点是采用名义工资率来代替通货膨胀率，并由此推断通货膨胀率与失业率之间具有稳定的替代关系，但这只是短期内通货膨胀未被人们预期时的情况。一旦形成了通货膨胀预期，短期菲利普斯曲线就会上移，工人会要求足以补偿物价上涨的更高的名义工资，而雇主则不愿意在这个工资水平上提供就业，最终，失业率又恢复到“自然失业率”的水平。无论政府如何继续采取膨胀政策，工人预期的调整必然带来短期菲利普斯曲线的进一步上移，结果长期内通货膨胀率和失业率之间并不存在稳定的替代关系。弗里德曼将长期均衡失业率称为“自然失业率”，它可以和任何通货膨胀水平相对应，且不受其影响。因此，长期的菲利普斯曲线是一条垂直线，无论通货膨胀率为多少，失业率总是固定在自然失业率的水平上。当政府采取扩张性的需求管理政策试图把失业率降低到自然失业率以下时，只会在自然失业率的水平使长期的通货膨胀率上升，所以宏观经济政策在长期中是无效的。

理性预期学派进一步以理性预期为依据解释了菲利普斯曲线。他们认为，由于人们的预期是理性的，人们能正确判断政府将要采取的政策，并采取有效的对策抵消这种政策的效果。预期的通货膨胀率与以后实际发生的通货膨胀率总是一致的，不会出现短期内实际通货膨胀率大于预期通货膨胀率的情况，因此，当货币供给变化以后，价格和工资会立刻发生同步变化，进而不会影响到就业的数量。无论在短期或长期中，菲利普斯曲线都是一条垂线，菲利普斯曲线所表示的失业与通货膨胀的关系都不存在，即货币政策根本无效。

【专栏 9-3】为什么美国 20 世纪 90 年代末通货膨胀和失业如此之低？

当 20 世纪结束时，美国经济在许多年中经历了某种最低的通货膨胀率和失业率。例如，在 1999 年，失业率降到 4.2%，而年通货膨胀率仅为 1.3%。按这两个重要的宏观经济变量来衡量，美国有一个不寻常的繁荣时期。

一些观察家认为，这种经历使人们怀疑菲利普斯曲线理论。低通货膨胀和低失业的结合似乎表明，这两个变量之间不再有权衡取舍。但大多数经济学家对此持谨慎观点，认为通货膨胀和失业之间的短期权衡取舍一直在变动。20 世纪 90 年代，这种权衡取舍向左移动，这使经济可以同时享有低失业和低通货膨胀。

什么原因引起短期菲利普斯曲线这种有利的移动呢？部分答案在于预期通货膨胀的下降。在保罗·沃尔克和艾伦·格林斯潘领导下，美联储实行旨在降低通货膨胀并保持低通货膨胀的政策。随着时间的推移，由于这种政策的成功，美联储获得公众信任，人们认为它会在必要时继续反通货膨胀。信任的增加降低了通货膨胀预期，这又使菲利普斯曲线向左移动。

除了这种预期通货膨胀下降引起的移动之外，许多经济学家认为，在这一时期美国经济经历了一些有利的供给冲击。下面是由于引起总供给有利移动而得到好评的三个事件。

(1) 商品价格下降。20 世纪 90 年代末，世界市场上包括石油在内的许多基本商品的价格都下降了。商品价格的这种下降部分是由于日本和其他亚洲经济的严重衰退，这种衰退减少了对这些产品的需求。由于商品是重要的生产投入，它们的价格下降减少了生产者的成本，并作为对美国经济有利的供给冲击而起作用。

(2) 劳动力市场的变化。一些经济学家认为，“二战”后的婴儿潮老龄化后引起劳动市场上的根本性变化。由于老工人比年轻工人的工作更为稳定，劳动力平均年龄的提高会降低经济中的自然失业率。

(3) 技术进步。在 20 世纪 90 年代的后五年中，美国经济进入了更迅速的技术进步的时期。像互联网这样的信息技术进步是意义深远的，而且影响到许多部门。这种技术进步提高了生产率，因而是一种有利的供给冲击。

经济学家争论对菲利普斯曲线移动的哪一种解释是最重要的。最可能的是，完整的情况会包括每一种因素。这些假说中没有一个否认菲利普斯曲线的基本结论——控制总需求的决策者总要面对通货膨胀和失业之间的短期权衡取舍。但 20 世纪 90 年代提醒我们，这种短期权衡取舍一直是在变动的，有时是以难以预期的方式变动。

(资料来源：曼昆著. 梁小民译. 经济学原理(宏观经济学分册). 第 4 版. 北京：北京大学出版社，2006，第 304～305 页，)

第二节 通 货 紧 缩

一、通货紧缩概述

(一)通货紧缩的含义

通货紧缩是与通货膨胀相对立的概念，指由于货币供应量相对于经济增长和劳动生产率增长等要素减少而引致的有效需求严重不足，一般物价水平持续下跌，货币升值和经济衰退等现象。通货紧缩的衡量指标有三个：消费价格指数(CPI)、生产者价格指数(PPI)和 GDP 折算指数。通货紧缩的根源是总需求对总供给的偏离，或现实经济增长率对潜在经济增长率的偏离。当总需求持续小于总供给，或现实经济增长率持续低于潜在经济增长率时，就会出现通货紧缩现象。

通货紧缩的特征表现为物价水平的持续与普遍下跌。这个物价水平，严格来说应包括资产价格如股票、债券、房地产及商品和服务在内的价格指数，但由于统计的局限性，一般用全国零售物价上涨率或用消费价格指数(CPI)作为度量指标。如果全国零售物价上涨率在零以下的持续时间超过 6 个月，通常理论上认为是典型的通货紧缩。国外历史上发生的通货紧缩通常伴随着经济萧条和失业率的上升。

由于“二战”后，西方国家发生通货紧缩的情况不多，因此西方学者研究通货紧缩的理论相对于通货膨胀而言较少，与通货紧缩相关的理论主要如下。

(1) 凯恩斯关于通货紧缩的理论。他在《就业、利息和货币通论》中更多是用“就业不均衡”和“有效需求不足”这样的术语。凯恩斯理论的政策含义是：当企业投资低落，经济衰退，特别是在经济严重衰退时，企业家的利润预期非常低，以至于任何正利率都显得太高，因此通过放松银根、降低利率的货币政策来抑制衰退，效果不会明显，只有通过增加政府开支来增加有效需求。

(2) 费雪的“债务-通货紧缩”理论

费雪在其1933年的论文《大萧条中的“债务-通货紧缩”理论》中阐明，从某个时点经济体系中存在过度负债这一假设开始，由新发明、新产业的出现或新资源的开发等所导致的利润前景看好，企业因此过度投资，从而导致过度借债。债权人一旦注意到这种过度借债的危险，就会趋于债务清算。

(3) 奥地利学派的理论

该理论认为，通货紧缩并不是独立形成的，而是由促成经济萧条的生产结构失调所引起的，否则，通货紧缩就不会发生。因此，通货紧缩是一种派生的过程。

(4) 货币主义的理论分析

凯恩斯学派关于货币政策对抑制经济衰退无效的观点，遭到了货币主义学派的激烈反驳。货币主义学派的核心观点是：货币对于经济活动是重要的。关于货币存量与价格变化的相互关系，货币主义的论点是：“货币存量的大幅度变动是一般价格水平大幅度变动的充分必要条件。”

(二)通货紧缩的一般判断标准

(1) 物价水平持续下降。物价水平的降幅是多少时可以作出通货紧缩已经出现的判断，目前理论界的观点尚不一致。比较流行的看法是：物价水平长时间的负增长才能称为通货紧缩；而且，负增长的幅度不同，通货紧缩的程度也就不同。由此，可将通货紧缩划分为“轻度的通货紧缩”、“中度的通货紧缩”和“恶性的通货紧缩”。

(2) 货币供应量持续减少。与通货膨胀相对应，货币供应量在某一水平持续下降是通货紧缩的另一表现形式。虽然在将货币供应量到底确定在哪个层次的问题上，各国的观点不同，但无论哪一层次的货币供应量，在通货紧缩时期都是减少的。所以，各国也将货币供应量的持续减少作为通货紧缩的一个判定标准。各国一般都会根据本国的具体情况，在货币供应量与物价水平、经济增长率与就业率之间确定一个能实现充分就业的货币供应量增长的“合意”区间，并以此作为标准来判断是否出现通货紧缩(或通货膨胀)。当货币供应量达不到“合意”区间并持续相当长时间时，就认为是出现了通货紧缩。

(3) 商品有效需求不足。通货紧缩往往发生在通货膨胀得到抑制之后。由于在通货膨胀期间旺盛的市场需求的刺激下，企业的投资和生产都达到了相当大的规模；在通货膨胀得到抑制后，那些比例较小的、供求平衡的商品没有表现出有效需求不足的问题，而绝大多数商品在通货膨胀刺激下已经扩大到商品供给与萎缩的有效需求发生了矛盾，大量商品不能在合适的价格水平下销售出去，以货币计量的商品总需求连续降低。

(4) 失业率上升。通货紧缩期间，由于货币供应量没有达到充分就业的水平，企业商品积压导致扩大再生产受阻。投资不足又没有提供新的就业机会，所以失业人数大幅增加，人们收入水平下降。而这又成为商品有效需求不足的原因，从而加重了通货紧缩的程度。

(5) 投资风险明显加大。在通货紧缩期间，由于市场有效需求不足，企业的商品滞销，市场前景黯淡。在此情况下，投资风险加大，导致投资不足，进而使经济发展受到严重影响。

(三)通货紧缩的类型

通货紧缩是一种实体经济现象。它通常与经济衰退相伴随，表现为投机机会相对减少和投资的边际收益下降，由此造成银行信用紧缩，货币供应量增长持续下降，信贷增长乏力，消费和投资需求减少，企业普遍开工不足，非自愿失业增加，收入增长速度持续放慢，各个市场普遍低迷。

当然，并非所有的物价水平下跌都是通货紧缩，以下两种价格下跌不构成通货紧缩：一是由于生产效率和竞争成本优势，使产品到达最终消费者时的流通成本更低，导致产品价格趋于下降。加之更多的企业把生产转入低工资成本的国家，消费者对产品支付的价格更低。二是尽管产品的价格与从前一样，但是企业通过增加产品数量并提高产品质量，相对价格有所下降。这也不是经济学意义上的通货紧缩，只有具有普遍代表意义的物价水平的持续下跌才能称为通货紧缩。

通货紧缩具体可按以下标准进行分类。

(1) 通货紧缩按其性质进行分类。可将通货紧缩分为良性和恶性两大类。良性通货紧缩是指由于技术进步和生产率提高而产生的价格下跌，此时消费需求仍然旺盛。恶性通货紧缩则与投资、消费不足相伴随。

(2) 根据通货紧缩程度的高低进行分类。以一般物价水平的年度增长率来衡量，一般物价水平的增长率在-3%以内，为轻度通货紧缩；一般物价水平的变化率在-6%～-3%之间，为中度通货紧缩；一般物价水平变化率在-10%～-6%之间，为严重的通货紧缩；一般物价水平的变化率低于-10%，为恶性通货紧缩。

(3) 根据通货紧缩持续时间的长短进行分类。可将通货紧缩划分为短期、中期、长期，以经济短周期所经历的时间长度平均为 4～5 年，若通货紧缩的持续时间在 2 年或 3 年以内，视为短期通货紧缩；若通货紧缩的持续时间在 3～5 年，视为中期通货紧缩；若通货紧缩的持续时间在 5 年以上，即超过一个经济短周期所经历的时间长度，视为长期通货紧缩。

(4) 根据通货紧缩的表现形式进行分类。可将通货紧缩分为公开的通货紧缩与隐性的通货紧缩。公开的通货紧缩是指完全通过一般物价水平(衡量指标为物价指数)的下降所反映出来的通货紧缩。隐性的通货紧缩指完全不通过或不完全通过一般物价水平(衡量指标为物价指数)的下降所反映出的通货紧缩。

隐性的通货紧缩又包括两种：一是抑制型通货紧缩。是指在价格受管制的情况下，通货紧缩无法通过一般物价水平的下降所反映出来的通货紧缩。二是非管制型隐性通货紧缩。指在价格不受管制的情况下，由于选定的商品不具代表性，或权重设置不合理，或调查地区、对象选择不合理，或物价指数计算方法不合理，或因统计工作存在的其他错误或失误，使一般物价水平的下降不能完全通过官方统计的物价指数所反映出来的通货紧缩。

(5) 根据通货紧缩的成因进行分类。通货紧缩可分为需求拉下型通货紧缩、成本压低型通货紧缩、结构性通货紧缩、输入型通货紧缩、预期型通货紧缩、政策性通货紧缩、体制性通货紧缩、资产替代型通货紧缩。

需求拉下型通货紧缩是指商品供给保持正常增长的条件，由于总需求下降而导致商品过剩所引起的通货紧缩。总需求下降包括以下几种情况：国内消费需求下降；国内投资需求下降；国内消费需求与投资需求同时下降；出口需求下降；出口需求与国内需求同时下降。

成本压低型通货紧缩是指由商品平均生产成本的下降所引起的通货紧缩。商品生产成本下降的原因包括工资成本的下降、生产资料成本的下降或者是生产者降低目标利润水平而使商品价格水平下降。

结构型通货紧缩是指商品供给结构无法适应需求结构的变化所引起的通货紧缩。由于居民收入水平的变化等因素，一些种类的商品会供过于求，其价格水平会下降，如果供给结构缺乏足够弹性，商品的需求增长但供给难以增长，人们就可能选择持币待购，这样其他种类的商品价格就不会上涨，从而会出现商品平均价格水平的下降。

输入型通货紧缩是指由于国外商品或生产要素的价格下降所引起的国内物价水平持续下降的通货紧缩。国外商品或生产要素价格的下降对一国物价水平的影响程度与该国经济对外开放程度密切相关。一国经济对外开放程度越高，国外商品或生产要素价格下降导致该国一般物价下降的可能性越大，即一国发生输入型通货紧缩的可能性越大。

预期型通货紧缩是指由社会预期因素所导致的通货紧缩。社会预期包括价格预期和非价格预期。如果人们预期商品价格会下降，就会推迟购买，需求水平就会下降，这种预期行为持续下去，就会导致需求水平的持续下降，因而导致物价水平的持续下降。

政策型通货紧缩是指由于政府实行过度的紧缩性经济政策或其他导致需求下降的经济政策而引起的通货紧缩。若政府实行过度的紧缩性货币政策、财政政策等经济政策，会使货币供应不足，总需求下降，因而导致通货紧缩。若政府实行的经济政策本身不属于紧缩性政策，但其实施后果会造成需求水平的下降，亦会导致通货紧缩。

体制型通货紧缩是指由于经济体制具有内在的需求抑制机制而导致总需求不足所引起的通货紧缩。如果一种经济体制具有内在的抑制企业投资、银行贷款、工资收入增长的机制，就会抑制投资需求和消费需求的增长，若需求增长长期滞后于供给增长，最终会导致一般物价水平的下降，引起通货紧缩。

资产替代型通货紧缩是指人们以金融资产代替实物资产而引发的通货紧缩。如果金融资产代替实物资产成了社会的普遍行为，商品购买力就会为金融资产所代替，就会出现总需求不足，从而引起通货紧缩。

二、通货紧缩产生的原因

在现实经济生活中，导致通货紧缩的原因有很多，总需求下降、总供给超常增长、成本下降、结构刚性、预期因素、政府的经济政策、经济体制以及国外通货紧缩的传递等都可能导致通货紧缩，其中的重要原因之一是紧缩性宏观经济政策的实行。

(一)西方学者对于通货紧缩成因的分析

西方学者对通货紧缩的成因从不同角度进行了分析，归纳起来主要有以下几方面。

1. 结构性因素

奥地利学派认为，通货紧缩不是独立形成的，而是由促进经济萧条的生产结构失调所引起的。否则，通货紧缩就不会发生。所以，通货紧缩是一种派生的过程。

迈耶认为，日益激烈的全球竞争和降低成本的科技创新是导致生产出现增长趋势、供给增加和物价下降的重要结构性因素。格林斯潘也指出，由技术推动导致的劳动生产率不断提高，尤其是信息技术的发展所引发的仍在进行的结构性变化，使价格的抑制过程在一定程度上得到自我加强，而近几年较低的通货膨胀也明显改变了人们的心理预期。

凯恩斯在其《就业、利息和货币通论》中极少提及通货紧缩，而更多使用“就业不均衡”、“有效需求不足”之类的术语。他认为企业家的利润预期非常低，以至于任何正利率都显得太高，因此通过放松银根、降低利率的货币政策来抑制衰退，效果不会明显，只有通过增加政府支出才能增加有效需求。

2. 金融、货币因素

克鲁格曼认为，当一个国家的货币贬值，但又因联系汇率制的约束而不能贬值时，通货紧缩就发生了。伯纳克和詹姆斯的研究表明，在萧条期间维持金本位制在很大程度上导致了通货紧缩的加重。

以弗里德曼为代表的货币主义者的核心观点是：货币对于经济活动是重要的，货币存量的大幅度变动是一般价格水平大幅度变动的充分必要条件。他们认为，1920—1921 年西方出现的严重通货紧缩完全是货币紧缩的结果。1929—1933 年大萧条期间，通货紧缩也是相同的原因。

3. 实体经济因素

费雪的“债务-通货紧缩”理论认为，由于新发明、新产业的出现或新资源的开发等所导致的利润前景看好，企业因此过度投资，从而导致过度负债。债权人一旦注意到这种过度借债的危险，就会趋于债务清算。

格林斯潘认为，导致通货紧缩的另一个可能原因是资产泡沫对经济产生了严重的消极影响。西方 20 世纪 30 年代初的大萧条以及产品价格的持续下跌，与 1929 年开始的资产价格下降密切相关。

(二)我国出现通货紧缩的成因

我国从 1997—2003 年出现了通货紧缩，成为各界关注的重点问题。由于我国是发展中国家，加之正处于经济转轨过程中，因而通货紧缩的成因比发达国家显得更为复杂。

1. 结构性因素

中国自改革开放以来，经济的高速发展与部门和地区间的重复建设及产业结构老化的问题并存，因而导致大多数商品供过于求。自从 20 世纪 90 年代以来，我国的买方市场格局已基本形成，相对于居民的购买欲望而言，我国的供求矛盾更多表现为供求间的结构性不对称。通货紧缩反映的是经济增长中的长期矛盾，特别是供求结构矛盾，其根本原因在于有效需求不足，即消费需求和投资需求不足。

2. 金融、货币因素

货币流通渠道不畅是形成我国通货紧缩的原因之一。由于银行业的体制改革滞后，各类中小金融机构的问题也较多，国有商业银行与中央银行、与中小金融机构的货币流通往来不畅，使得货币政策的传导作用受阻，进而造成一定程度的通货紧缩趋势。

另一方面，通货紧缩也是上一轮经济实施“软着陆”、实行紧缩性金融政策的滞后效应，也是对前几年通货膨胀时期形成的不合理物价水平的自动调整。从时间上看，我国1997年10月开始的物价负增长是1995年1月开始的物价指数增长率下降的自然延伸。

3. 实体经济因素

由于企业之间三角债的盛行而导致整个社会的信用基础薄弱，银行与企业之间、企业与企业之间过多的债权债务不能到期清偿，使货币流通速度大大下降，这是一种体制性的流通速度下降。由于各种主客观原因而形成金融机构的大量不良资产，使金融机构信息不足，放贷的积极性下降，因此货币增幅也相应下降。

随着市场竞争的日益激烈，企业之间竞相实施价格战策略。同时，由于劳动生产率的提高使产品成本下降，从而使产品获得降价的空间。另一方面，长期以来的盲目投资、重复建设也造成了生产能力过剩，从而导致企业进一步降低产品价格。

我国农业的持续丰收使农产品的市场价格远低于国家的收购保护价，使得占零售物价指数权重最大的食品类价格持续下降，进而带动物价总水平的下降。

4. 经济预期因素

20 世纪 90 年代中后期，中国实施了各方面的制度改革，在医疗制度、住房分配制度、教育制度、养老和社会保障制度等方面的改革进一步深入，但居民收入未与各项改革同步增长，下岗和失业促使公众形成对经济悲观的预期心理。对于未来的不确定支出增大以及预期收益不高，限制了居民的消费支出，增强了货币储蓄，减少了投资和消费，使货币流通速度下降，因而促进了价格的下降。

5. 国际通货紧缩的影响

受世界经济调整特别是亚洲金融危机的影响，国内生产的产品和服务的外部需求急剧下降，同时由于周边国家的货币贬值，使我国出口的竞争压力增大。国际市场需求的不足使得各国出口竞争更加激烈，贸易保护主义抬头，国际贸易关系趋于紧张。经济全球化使任何一个地区的生产过剩都会影响到其他地区，导致世界范围的价格下降，这都意味着国内商品和劳务供应的增加，促使物价水平下降。另一方面，由于进口增长较多，加之走私的影响，使国际市场的商品价格下跌直接带动国内市场价格的下跌。

【专栏 9-4】转轨经济时期中国的通货紧缩问题

中国经济在 1997—2003 年进入了通货紧缩状态。首先，从价格水平来看，我国居民的消费价格环比增长率基本小于 1%，大部分时间为负值，多种价格指数同时出现自发的全面、持续下降。其次，从货币供给变化来看，1982—1995 年 14 年里，广义货币供给 M_2 的平均增长速度是 25.3%，而 1997—2003 年，M_2 仅增长了 16. 5%，与之相比下降了 8.8 个百分点。1998 年的基础货币供给基本是零增长，说明货币供给是不正常的。再次，从经济增长来看，我国的经济增长幅度，1997 年之后的 6 年与 1997 年之前的 6 年相比，从 11.6%下降到 8%。最后，从生产过剩、失业增加来看。民间投资需求和居民消费需求均不足，生产能力闲置和产品过剩。就业压力加大，1998 年末全国城镇登记失业人员达 571 万人，2003 年末全国城镇登记失业人员达 800 万人。通货紧缩的后果是严重的，它表现为商品供给大大超过需求，总需求不足，物价持续下降。具体表现在以下几个方面：市场萎缩，投资风险加大，企业贷款积极性受挫，投资需求全面下降；产品销售不畅，企业利润下降甚至亏损，职工收入下降，失业率上升，消费需求不振；银行收入下降，不良资产增加，货币需求不足导致货币供给不足，全社会的通货紧缩更加严重。

(资料来源：李晓西. 宏观经济学. 北京：中国人民大学出版社，2005 年，第 463 页)

三、通货紧缩的治理

(一)通货紧缩的自我强化机制

通货紧缩具有一种自我强化机制，主要体现在以下几方面。

(1) 居民行为与通货紧缩的强化。通货紧缩会导致居民预期收入下降，促使居民增加储蓄，储蓄倾向会提高。同时，通货紧缩会促使居民压缩消费支出，减少各种非必要消费支出，推迟消费。在居民的劳动供给行为方面，通货紧缩情况下，劳动需求减少，劳动力市场竞争程度提高，雇主会压低工资水平，使居民的劳动收入减少。由于劳动收入的减少，居民增加劳动供给的倾向越强烈，使劳动力市场竞争越激烈，工资水平会越低，居民会进一步减少消费，因而使商品价格进一步下降。

(2) 生产企业的行为与通货紧缩的强化。在通货紧缩的市场条件下，生产企业会倾向于做出以下行为：压缩生产规模；降低产品售价；压低生产资料购价；减少存货；减少固定资产投资；解雇员工，压低雇员工资；努力提高生产效率；加快偿还债务。生产企业的这些行为会导致需求的进一步下降，从而使商品价格进一步下降，通货紧缩加剧，而通货紧缩的加剧又会强化企业的上述行为选择。

(3) 商业企业的行为与通货紧缩的强化。在通货紧缩的市场条件下，商业企业会倾向于做出以下行为：减少日常企业的订货；最大限度地减少库存；降低商品售价；压低商品购价；努力提高经营效率；解雇员工，压低雇员工资；加快贷款本息的偿还，拖欠货款，增加赊购。总之，商业企业的行为选择会使生产企业进一步削减生产和投资，使居民收入下降，导致总需求水平进一步下降，同时商品价格水平也会下降。

(4) 商业银行的行为与通货紧缩的强化。商业银行的行为会对货币的供应量有重要影响，进而会对需求产生重要影响。在通货紧缩的市场条件下，商业银行会倾向于做出以下行为：①为规避风险，银行会减少给企业和居民的贷款，导致货币供应量减少，总需求下降，因而加剧通货紧缩，而这又会进一步强化商业银行的借贷行为。②增加超额准备金。在通货紧缩的条件下，商业银行面临的风险增加，因而需要增加超额准备金。这会减少贷款，并通过乘数效应导致存款货币的多倍紧缩，使货币供应量大大减少，进而加剧通货紧缩。③银行催收到期贷款，提前收回贷款。这会加剧企业资金周转的困难，使生产收缩，投资下降，产品需求下降，使产品售价降低，从而加剧通货紧缩。④维持贷款名义利率不变，公开或变相提高名义利率。在通货紧缩的条件下，人们都愿意持有货币而非实物资产，市场上会出现资金供应紧张。因此，银行会提高名义利率，这样会限制贷款需求，进而抑制企业生产、投资和居民消费，使需求萎缩，商品价格降低。

(二)通货紧缩的危害

通货紧缩对国民经济的影响会由于通货紧缩的程度、持续时间、成因等的不同而有所差异，也会因为社会、经济环境的不同而有所不同。通货紧缩对国民经济的一般影响主要有以下几方面。

(1) 对储蓄和消费的影响。通货紧缩意味着在名义利率不变的情况下，实际利率会上升，从而刺激储蓄的增长。同时，货币购买力的上升也会刺激储蓄的增长。因此，通货紧缩会促进储蓄的增长。

通货紧缩对消费的影响具有双重性，在通货紧缩的情况下，货币购买力上升，会刺激消费，但是货币购买力的上升亦会形成储蓄对消费的挤压，同时，消费者在通货紧缩的情况下会形成价格下降预期，从而推迟购买，致使消费增长速度下降，而这又加剧了通货紧缩。

(2) 对投资的影响。通货紧缩对投资的影响亦具有双重性，既有促进投资增长的作用，也有促使投资下降的作用。通货紧缩促进投资增长的主要途径是：一是投资品价格下降使投资成本下降；二是工资率增长下降使劳动成本下降。通货紧缩促使投资下降的主要途径是：一是产品售价下降而使利润率下降；二是产品销售困难而影响企业资金周转；三是资金供应紧张而使筹资困难；四是贷款实际利率上升而使投资成本上升；五是市场前景预期悲观而使投资意愿下降。

通货紧缩对投资的影响性质取决于上述两方面影响的净影响。一般而言，在通货紧缩的情况下，促使投资下降的作用往往要超过促进投资增长的作用。物价下跌因而实际利率上升，投资成本上升，且投资前景黯淡，使投资项目越来越缺乏吸引力。所以通常情况下通货紧缩会使投资减少。

(3) 对居民劳动收入增长的影响。通货紧缩会使企业减少投资和生产，从而导致劳动力需求减少，这样一方面会导致失业增加，从而导致一部分居民劳动收入减少；另一方面，劳动力市场结构会发生变化，劳动力市场竞争性程度提高，雇主力量增强，由此会导致工资收入增长下降，并且在通货紧缩的条件下，雇主提高工资率的能力下降，从而使劳动者的收入增长下降。

(4) 对经济增长的影响。通货紧缩会形成经济衰退，一方面，由于价格总水平的下降，货币的购买力增强，但人们倾向于增加储蓄而推迟消费。另一方面，在通货紧缩的情况下，由于需求抑制使商业活动萎缩，企业的产品售价下降、产品销售困难，会使企业减少生产；通货紧缩使资金供应紧张，也会使企业收缩生产规模。因此，通货紧缩最终会导致经济萧条或衰退，而且会给政府的经济政策带来更大的潜在风险。

(5) 对财富分配和收入分配结构的影响。通货紧缩会导致有利于债权人、不利于债务人的分配。因为通货紧缩使货币升值，债权人的债权实际价值上升，债务人的债务实际价值也上升，致使债务负担加重。导致有利于金融资产持有者、不利于实物资产持有者的财富再分配。因为在通货紧缩的过程中，金融资产的市场价值会上升，而实物资产的市场价值下降，其降幅要超过金融资产价值的降幅。导致有利于固定收入者、不利于非固定收入者的收入分配。

(6) 对金融业的影响。在通货紧缩的情况下，名义利率不变，实际利率上升，银行的利息负担会加重，债务人若不按时还贷，则使银行不良资产的比例上升，因而通货紧缩会加重银行的债务负担。通货紧缩会使银行的实际利息收入增加，但银行的主要资产是贷款，通货紧缩使企业的还贷能力下降，银行的债权利益得不到保障，通货紧缩会使资产抵押和担保的价值下跌。同时，通货紧缩会使企业增加违约风险，使银行的资产质量下降。银行会产生借贷行为，从而导致信贷供给和需求的萎缩。因此，通货紧缩会引起银行危机。

(7) 对国际收支的影响。①对贸易收支的影响。在通货紧缩的情况下，当汇率不变时，出口品价格下降，进口品价格相对上升，会刺激出口、抑制进口，将改善贸易收支。但进出口不仅受价格因素的影响，还要受各种经济与非经济因素的影响，因而判定通货紧缩对贸易收支的影响还要进行全面的实证分析。②对资本流动的影响。通货紧缩使实际利率上升，会吸引资本流入，可改善资本收支，但这种影响主要限于短期性资本。长期资本流入主要受市场环境的影响，通货紧缩使市场销售困难，会对长期资本流入产生负面影响。③对非贸易收支的影响。若汇率不变，通货紧缩有利于增加旅游收入，减少旅游支出，从而有利于改善国际收支。

一般而言，国际收支状况主要取决于贸易收支和非贸易收支，若一国出现通货紧缩，其他因素不变，在汇率不变或下降时，会改善该国的国际收支。

(三)治理通货紧缩的一般措施

从通货紧缩所产生的经济影响来看，要求政府采取措施消除通货紧缩。从市场经济中政府履行其职能的要求来看，也要求政府消除通货紧缩。政府治理通货紧缩的一般性政策主要是通过增加货币供应来达到，通常采用扩张性的财政政策(主要有财政支出政策、财政转移政策、税收政策、国债政策)和货币政策，还有投资政策、汇率政策、外贸政策等，以适度刺激需求。一般性的治理政策有如下。

(1) 货币政策。政府应实行扩张性的货币政策，即降低再贴现率、降低法定存款准备金率，在公开市场上大量购进合格的有价证券，若这些政策不能奏效，还可实施增加货币发行的政策。在利率由政府管制的经济体制下，政府还应实行降低名义利率的政策。

(2) 财政政策。各项财政政策的运用应以增加总需求为出发点。具体的措施有：①减税。通货紧缩越严重，越应采取减税政策。减少所得税可以提高居民可支配收入占其全部收入、企业可支配利润占其全部利润的比重；流转税等间接税的减免可以相对提高企业的利润率，因而可以起到抑制消费需求下降和投资需求下降的作用。②增加财政支出。实施这类政策有以下方式：第一，增加政府采购；第二，增加政府对企业技术改造等的低息贷款或无偿投资；第三，对贷款利息实行财政补贴，以刺激信贷；第四，增加社会保障支出。③增加对消费倾向高的居民和投资愿望强的企业的转移支出，以增加消费需求和投资需求。

(3) 投资政策。政府应实行投资激励政策，包括两方面：①放松投资管制。政府应根据受管制领域的性质对可放松管制领域采取消除管制或放松管制的政策，以增加投资需求。②实行投资优惠政策。政府可对投资者实行税收减免或贷款利息补贴等政策，使投资者可以获得更多的利益，从而刺激投资。

(4) 汇率政策。政府可实行降低本币汇率的政策以增加出口需求，出口需求的增长会促进出口部门的发展，进而会带动相关产业部门的发展，从而增加出口总需求。同时，本币汇率下降，亦可能使国内居民产生本币贬值的预期，从而刺激国内居民增加消费，刺激企业增加投资。

(5) 外贸政策。政府可以采取出口退税、出口补贴、实行优惠的出口信贷政策等政策手段刺激出口。对于有利于增加商品出口的商品进口，政府应在税收、买汇、进口审批等方面予以优惠，以刺激此类商品的进口，从而促进出口的发展。出口增长得越快，越有利于消除通货紧缩。

(6) 外资政策。外资流入会导致货币供应量增长，需求水平上升，因此当通货紧缩发生后，政府应实施促进外资流入的政策，尤其应鼓励直接投资。政府应放宽对外资的投资限制，对外资给予优惠政策等措施以促进外资流入。此外，政府还应通过各种方式显示反通货紧缩的决心，这样可以提高公众对经济增长的信心，从而刺激消费和投资。

在经济实践中，不同国家由于国情的不同，所采取的治理通货紧缩的具体对策亦各有侧重。西方各国所采取的具体措施主要包括：一是通过立法，整顿金融秩序；二是实施适度放松的货币政策；第三，实施扩张性的财政政策；第四，积极鼓励企业重组，加快产业结构的调整。

中国治理通货紧缩的政策：第一，继续深化改革，调整经济结构，适度刺激需求；第二，对于因市场竞争而导致的价格下降，不要予以过多干预，应该以法制来保护这种竞争性的价格下降；第三，对由于对外开放而引起的国际输入型通货紧缩，应当采取既鼓励又适当保护的对策；第四，对由于技术进步、管理水平提高、生产方法改进等原因而引起的成本降低及劳动生产率提高而最终导致价格下降，应该采取积极鼓励的政策，通过完善法制建设和市场化的环境建设，给予充分的资金支持、法律支持和政策支持。

【专栏 9-5】1996—2002 年我国连续 8 次降息

20 世纪 90 年代中后期，我国国民经济总体上由卖方市场向买方市场转变，受亚洲金融危机等多种因素的影响，我国自 1997 年以来出现了通货紧缩的趋势。1996 年 5 月—2002 年 2 月，中国人民银行(以下简称“央行”)连续 8 次降低利率，这在我国央行的货币政策历史上是罕见的。本案例通过分析我国连续 8 次降息的背景与过程，使学生了解降息对治理通货紧缩的作用以及我国治理通货紧缩的复杂性。

1. 1996—2002 年历次降息概览

自 1996 年 5 月以来，央行连续 8 次降息，存款利率平均累计下调 5.98 个百分点，贷款利率平均累计下调 6.92 个百分点，使企业累计减少净利息支出近 3000 亿元。总体而言，降息使企业降低了成本，提高了运营效益，支持了资本市场的发展。降息也降低了国债发行成本，对启动投资、抑制通货紧缩起到重要作用。1996—2002 年间，定期存款的降息幅度最大，一年期定期存款利率从 9.18%下降到 1.98%，降幅达 78%；贷款利率从 10.98%下调到 5.31%，降幅为 52%。降息最频繁的是 1996—1999 年，连续 7 次降息，平均 5 个月左右降一次，仅 1998 年就降息 3 次，其频率之快、力度之大，前所未有。

2. 各次降息的特点分析

第一次降息是试探性微调。1996 年 5 月 1 日，存款利率平均降低了 0.98 个百分点，贷款利率平均降低了 0.75 个百分点。同时，央行与金融机构间的存贷款利率也相应下调。此次降息是在国家成功控制了通货膨胀、国民经济在长达 33 个月的调整中实现了“软着陆”的背景下做出的决定。这对于减轻国有大中型企业的利息负担具有一定意义，对居民消费市场和资本市场也起到一定促进作用。据统计，居民消费倾向很快上升 6.6 个百分点，股市由此开始一个历时两年多的大牛市。

第二次降息是 1996 年 8 月 23 日，存款利率平均降了 1.5 个百分点，贷款利率平均降了 1.2 个百分点，这是 8 次降息中幅度最大的一次。此次降息是宏观调控进入一个新阶段的显著标志，是央行进一步支持大中型国有企业，防止经济滑入低谷的及时举措，股市在当年年底创下历史新高。

第三次降息是 1997 年 10 月 23 日，发生在亚洲金融危机之后，存款利率平均下调了 1.1 个百分点，各项贷款利率平均下调了 1.5 个百分点。受国际经济环境的影响，我国出口大幅降低，央行的降息减少了企业成本，抑制了本外币的利差，保持了人民币币值稳定，有利于国有企业改革。

第四次降息是 1998 年 3 月 25 日，存款利率平均下调了 0.16 个百分点，贷款利率平均下调了 0.6 个百分点。此次利率降幅较小，而法定存款准备金率由 13%下调至 8%。此次利率调整的主要目的在于增加货币投放。因为 1998 年初的社会商品零售物价水平同比下降 1.7%，消费需求显得不足，央行的利率调整为国企进一步减负，同时法定存款准备金率的下调也促使商业银行主动放贷。

第五次降息是 1998 年 7 月 1 日，存款利率平均下调 0.49 个百分点，贷款利率平均下调 1.12 个百分点，中长期存、贷款利率降幅均大于短期存、贷款利率降幅，同时降低了央行法定存款准备金率和再贷款利率。此次降息是针对物价持续下跌、实际利率持续升高的现实，为了有效扩大内需而做出的。

第六次降息是 1998 年 12 月 7 日，存、贷款利率平均下调 0.5 个百分点，主要目的是为了拉动内需。1998 年市场继续疲软，商品买方市场迹象凸显。当年前 10 个月商品零售物价同比下降 2.5%，实际存款利率依然偏高，加之人民币坚挺，国际投机资本存在非法套利的空间，国内企业平均利润率与贷款利率呈“倒挂”态势，减息是在此情况下的举措。

第七次降息是 1999 年 6 月 10 日，存款利率平均下降 1 个百分点，贷款利率平均下降 0.75 个百分点。存款利率降幅大于贷款利率降幅，存、贷款利差有所加大。央行法定存款准备金、再贷款和再贴现利率同时调低。1999 年初的全国零售物价同比下降，内需仍不强，此次降息主要是为了配合财政政策。

第八次降息是 2002 年 2 月 21 日，存款利率平均下调了 0.25%，贷款利率平均下调了 0.5%。此次降息一方面是由于国际经济增幅趋缓，另一方面是因为积极的财政政策仍未很好解决内需不振的问题，实际物价水平仍在低位徘徊，为降息提供了空间。

虽然每次降息均有不同的政策意图，但总体而言，8 次降息的政策导向主要是：刺激需求，分流储蓄，鼓励居民消费；缓解通货紧缩压力；进一步减轻企业的利息负担，支持国有企业改革。在以上这些方面，降息取得了一定的政策效果。有专家认为，虽然央行连续 8 次降息，但银行存贷利差仍不断扩大，导致国内约占国内生产总值 1/10 的资金闲置，货币政策对缩小储蓄-投资缺口的作用比较有限。因而，对降息效果的分析应更注重实际利率的作用，因为投资者和消费者是依据实际利率作决策的。我国连续 8 次降息产生的效果甚微，在于利率的传导机制不畅，有诸多方面的原因：其一，在经济转轨过程中，因住房、医疗、教育、社会保障制度的改革而导致居民的收入支出预期增加，边际消费倾向下降；其二，经济结构调整不够到位，尚不能满足市场需要；其三，国有企业改革不到位，软预算机制使其投资效果较低；其四，国有商业银行的内部激励机制与贷款风险约束机制不对称，为了规避风险而减少企业贷款，致使利率传导机制不畅。总之，降息对投资需求和消费需求有一定影响，但我国还需要解决结构性矛盾和经济体制转变这个根本问题。

(资料来源：李晓西. 宏观经济学案例. 北京：中国人民大学出版社，2005，第 209～216 页)

本章小结

本章介绍了通货膨胀与通货紧缩的各种理论，并对理论上和实践中的问题进行了评价。通货膨胀是指经济社会中一定时期商品和劳务的货币价格水平持续和显著地上涨。通货膨胀的成因主要是由于流通中的货币发行量过多造成的。通货膨胀依据不同的标准可以划分为不同的类型，例如，按照价格上升的速度可分为轻度通货膨胀、温和的通货膨胀、奔腾的通货膨胀、超级通货膨胀等。通货膨胀会产生几种成本，如“皮鞋成本”、“菜单成本”、税收负担的变动、价格变动引起的效率损失等。恶性通货膨胀的成本是巨大的，会导致经济崩溃，但对于温和通货膨胀(即年物价上涨率低于 10%)的成本目前理论界尚存争议。通货膨胀会产生诸多方面的经济影响，包括再分配效应、产出效应以及对就业的影响等。政府对通货膨胀的治理对策主要有：用衰退来降低通货膨胀；还可以通过对收入政策的调整来控制通货膨胀，主要包括对工资与物价的控制、进行道德劝说和改变公众预期。

菲利普斯曲线最初是由新西兰经济学家菲利普斯提出的，后来由经济学家萨缪尔森和索洛加以改进，并对通货膨胀和失业之间的关系做出了解释。之后又经货币主义学派弗里德曼等人引入预期和时间因素进行了扩展，对通货膨胀和失业之间的关系做出了更完善的解释。

通货紧缩是一种与通货膨胀性质相反的经济现象，它是指因货币供应量小于货币需求量所引起的一般物价水平持续较大幅度地下降和货币升值的经济现象。导致通货紧缩的原因有很多，其中的重要原因是紧缩性宏观经济政策的运行所致。通货紧缩依据不同的标准可以划分为不同类型，如根据通货紧缩的程度、持续时间等标准进行划分。通货紧缩对国民经济的影响会因通货紧缩的程度、持续时间、成因等的不同而有差异，也会因为社会、经济环境的不同而有所不同，通货紧缩通常会引起经济衰退和投资减少。政府可以通过扩张性的财政政策和货币政策及刺激消费等其他政策等手段配合来治理通货紧缩。

复习思考题

1. 名词解释

通货膨胀、需求拉动型通货膨胀、成本推动型通货膨胀、结构型通货膨胀、通货紧

缩、菲利普斯曲线

2. 简答题

(1) 通货膨胀对经济的影响有哪些？
(2) 政府治理通货膨胀的对策通常有哪些？
(3) 简述通货膨胀的分类。
(4) 菲利普斯曲线描述的是什么关系？这一关系的政策含义是什么？
(5) 通货膨胀与通货紧缩的区别何在？

3. 论述题

(1) 形成通货膨胀的原因有哪些？
(2) 通货紧缩产生的原因是什么？
(3) 政府应如何治理通货紧缩？

第十章　经济周期理论

本章导读

在马克思理论中，描述资本主义制度灭亡的途径之一就是经济危机。它论述的是资本主义制度中，生产的社会化和私有制之间内在的不可调和的矛盾。所以，经济危机是从制度上论述的，它对资本主义制度的危害巨大。但是经济周期理论描述了市场经济中经济波动的一种必然现象。只要是市场经济，经济周期就不可避免。显然，二者不是一个层次上的概念。

经济周期理论是宏观经济学中一个重要的内容。目前，就这一问题的很多方面都存在巨大的争议。从世界各国的统计数据来看，任何国家的产出水平和就业量都有不同程度的波动。问题是这种波动本身是随机现象，还是内在的、有规律的波动，明确这一点，很重要。如果是前者，则就说明经济周期问题本身不成立。当然，这一观点过于尖锐，但在研究经济周期时，就需要考虑这一问题。再者，至于经济周期的形成原因和传导机制都存在很大的争论，由此提出的熨平经济周期的宏观经济政策也有很多，不尽相同。

本章主要论述了经济周期的定义和特征，以及在众多的理论中，有选择地简单介绍了西方国家几个重要的经济周期理论，主要是熊彼特的创新周期理论、乘数-加速数理论、货币主义的经济周期理论、理性预期学派的经济周期理论以及实际经济周期模型。

学习目标

通过对本章的学习，重点掌握经济周期的定义和分类；在此基础上，本章有选择地简单介绍西方重要的经济周期理论，掌握乘数-加速数原理和实际经济周期理论，理解熊彼特的创新周期理论、货币主义的经济周期理论和理性预期学派的经济周期理论。

关键概念

经济周期(Business Cycle)
加速数(Accelerator)
长周期(Long Cycle)
中周期(Mediate Cycle)
短周期(Short Cycle)

第一节　经济周期及其类型

从资本主义经济活动的历史资料来看，资本主义经济在经济发展的过程中，始终伴随着经济繁荣与萧条的周期性波动，对于这种周期性波动的分析与研究也就成为宏观经济研究的重要内容之一。

一、经济周期的含义

经济周期一般是指经济活动沿着经济增长的总体趋势所经历的有规律的繁荣与衰退。在 1946 年，美国经济学家米契尔(W. C. Mitchell)和伯恩斯(A. F. Burns)给经济周期下了这样一个比较完整的定义：

“经济周期是在主要以工商业企业形式组织其经济活动的国家中，其总体经济活动运行中所出现的一种波动，一个周期包含许多经济领域几乎同时发生的扩张，随之而来的同样普遍的衰退、收缩和与下一个周期的扩张阶段所相连的复苏所组成，这种变化反复出现，但并不是定时的；所持续时间在 1 年以上到 10 年或 20 年不等，它们不能再分为具有相同特征的更短周期。”

这一定义被西方经济学家广泛接受，并成为测量和分析经济周期的主要依据。从以上定义可以看出，正确理解经济周期应注意以下几点。

第一，从研究上来说，经济周期研究的是经济的短期问题，尤其是凯恩斯主义更偏重于有效需求不足对经济波动的影响，一般不考虑来自于总供给的影响。

第二，经济周期是现代市场经济中经济运行所不可避免的波动。这种经济周期的主体是按商业企业来组织经济活动的国家。这种国家主要是指现代资本主义国家。从历史来看，经济周期也正是发生在这些国家中，只要是属于这种类型的国家，其经济的周期性波动的发生就不可避免。

第三，经济周期发生时的经济波动是全面的整体经济波动，而不是某一个或几个部门或一国的某一个或几个地区所产生的局部波动。正是由于这种整体的波动，才引起宏观经济变量诸如国民收入水平、就业水平、物价水平、进出口等方面的波动。

第四，经济周期是经济发展过程中的波动，可以顺次分为繁荣、衰退、萧条和复苏四个阶段。

经济周期可分为两个大的阶段：扩张阶段与收缩阶段。收缩阶段常常短于扩张阶段，其振幅可能是收敛性的、发散性的或振荡性的。如果更细一点，则把经济周期划分为四个阶段：繁荣、衰退、萧条、复苏。其中繁荣和萧条是经济周期的两个主要的阶段，衰退和复苏是两个过渡阶段。这可以通过图 10.1 加以说明。

在图 10.1 中，纵轴 Y 代表国民收入，横轴 t 代表时间(年份)。我们可以看到，GDP 是呈增长趋势的，如图中的直线所示。但在不同的时期，国民经济活动总处在一个特定的阶段。A 为顶峰，A—B 为衰退，C 为谷底，C—D 为复苏，D—E 为繁荣，E 为顶峰。A—E 即为一个周期。A—C 即为衰退与萧条，就是收缩阶段；C—E 即为复苏与繁荣，就是扩张阶段。在收缩阶段经济总趋势下降，在扩张阶段总的经济趋势是上升。

经济周期的四个阶段各有自己的特点。

(1) 繁荣阶段。国民收入与经济活动高于正常水平的一个阶段。其特征是生产迅速增加、投资增加、信用扩张、物价水平上升、就业增加，公众对未来持乐观态度。繁荣的最高点称为顶峰，这时就业与产量达到最高，是繁荣的鼎盛时期，但股票与商品的价格开始下降，非计划存货水平提高，经济由繁荣开始转向衰退。

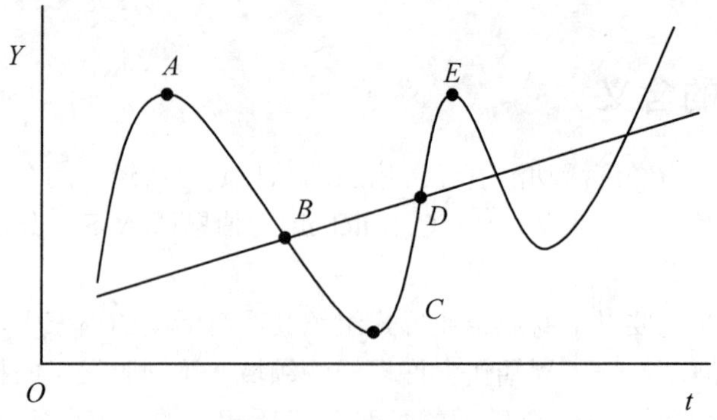

图 10.1　经济周期

(2) 衰退阶段。是从繁荣到萧条的过渡时期，这时宏观经济开始从顶峰下降，但仍未低于正常水平。

(3) 萧条阶段。国民收入与经济活动低于正常水平的一个阶段。其特征为投资减少、产品滞销、价格下跌、企业利润减少、信用紧缩、生产减少、失业增加，公众对未来持悲观态度。萧条的最低点称为谷底，这时就业与产量跌至最低，但股票与商品价格开始回升，存货开始减少，公众的情绪由悲观转为乐观。这是萧条的最严重的时期，也是由萧条转向复苏的开始。

(4) 复苏阶段。是从萧条到繁荣的过渡时期，这时宏观经济开始从谷底回升，但仍未达到正常水平。

二、经济周期的类型

西方的经济学者们根据不同的统计资料和划分标准，按照周期的时间长短将经济周期划分为长期、中期和短期三种类型。

长周期又称康德拉耶夫周期，康德拉耶夫是俄国的经济学家，在 1975 年发表的《经济生活中的长期波动》一文中，他首次提出“长波理论”，并得出结论：“在资本主义经济中存在着平均长约 50 年的长期波动。”他把 18 世纪 80 年代到 1920 年的这一时期划分为三个长波。第一个长波：18 世纪 80 年代末到 1844—1851 年，上升阶段为 25 年，下降阶段为 35 年；第二个长波：从 1844—1851 到 1890—1896 年，上升阶段为 24 年，下降阶段为 23 年；第三个长波：从 1890—1896 到 1914—1920 年，上升阶段为 24 年，从 1920 年以后进入下降阶段。

除此之外，根据这些理论，他还得出了关于经济周期的五点结论：①各个长波的上升、下降阶段中都存在着繁荣与萧条的交替，但在上升阶段中繁荣年份较多，而下降阶段中萧条年份较多；②在长周期的衰退期间，农业往往会出现较长时间的萧条；③在长周期的衰退之间往往有许多重大的发明，但这些重大的发明在下一个长周期高涨开始时才能得到大规模的应用；④在长周期繁荣开始时，通常有黄金产量的增长，世界市场有所扩大；⑤在长周期上升时期会发生战争、政府政权的更迭和革命。

中周期又称朱格拉周期，朱格拉本人最初是一名医生，后弃医而专攻经济学，在 1860 年发表的《论法国、英国和美国的商业危机及其发生周期》一书中，他提出的周期理论摒弃了以往认为危机是由外生因素(诸如战争、洪水等)造成的思想，首次提出了经济自身的运行具有周期性的思想。朱格拉周期一般为 9～10 年，以国民收入、失业率和大多数经济部门的生产、价格、利润的波动为标志.

短周期又称基钦周期，由英国经济学家基钦提出。他认为经济周期实际上有大小两种周期。其中小周期平均为 40 个月左右，而一个大周期通常包括 2～3 个小周期(相当于朱格拉周期)。这种小周期被称为短周期。

此外，库茨涅茨认为在经济中存在着 15～20 年的长期波动，这种波动在美国的许多经济活动中，尤其是建筑业中特别明显，所以又称为“建筑业周期”。在研究建筑业周期时，库茨涅茨还分析了人口的波动、资本形成、收入、国民生产总值及其他因素对形成经济周期的影响。

第二节 主要经济周期理论

经济周期理论的基本职责就是研究经济周期的形成原因及形成机制，从而为熨平经济周期提供理论支持和政策建议。就经济周期形成的原因而言，原因不外乎有内生、外生、内生和外生相结合三种。无论是传统的经济周期理论还是现代的经济周期理论，其主要的理论基础都是这三种原因之一。内生性原因和外生性原因的主要区别在于用来解释经济周期形成的原因是经济之内的还是经济之外的。前者是用经济之内的因素来解释经济周期，这些因素本身受经济影响，并且反过来影响经济，从而使经济周期成为一种在各种经济因素作用之下自发的运动过程。而后者则是用外生性的、非经济的、偶然的因素来解释经济周期，而这些因素本身是不受经济影响的，如太阳黑子理论、创新理论、政治周期理论等。

在经济周期理论中，区分内生性和外生性原因显得很重要。如果经济周期仅仅是外生的冲击而形成。那么，政策的重点仅仅在于需要完善经济外部环境，只要防止外来的偶然冲击，消除附着在经济系统中的外来干扰，就可以熨平波动。相反，如果周期性波动是内生的，则就意味着，即使没有外力的干扰，市场经济自身的运行也会自动地产生经济波动。但问题是这种内生性的波动，随着经济自身的运行能否自己消除，或者是这种波动是否会进一步扩大。明确这些问题对于正确有效地采取消除波动的政策有重要意义。前者，只要进一步完善市场体系的功能即可，而后者，则更为复杂，结果会导致政府对走上不归路的经济进行必然的干预。实际上，纯粹的内生或外生性的经济周期是不存在的，经济周期一般都是由外生与内生原因共同作用而形成的。本章将有选择地简单介绍西方重要的经济周期理论，主要是熊彼特的创新周期理论、乘数-加速数理论、货币主义的经济周期理论、理性预期学派的经济周期理论以及实际经济周期模型。

一、熊彼特创新周期理论

(一)创新的概念

对创新概念的理解，目前并没有一个统一的认识。在熊彼特看来，所谓创新是指对生产要素的重新组合，包括以下几方面：引进新产品或提高产品的质量；采用新的生产方法或技术；开辟新市场；获得原材料的新来源；实行新的企业组织形式或管理方法。熊彼特把创新作为社会进步的原动力，用创新来解释经济和社会的发展，并且进一步用来解释经济周期的形成。熊彼特认为，经济周期是经济的非均衡状态。由于创新打破了原有的经济均衡状态，在实现新均衡的过程中，经济产生了波动，因此经济周期根源于创新。社会进步和经济发展就是通过一个均衡向另一个更高均衡不断的跃升来实现的。可见，经济中的周期性波动是经济发展中不可避免的正常情况，无须怀着敌意的目光和恐惧的心情对待经济周期。

熊彼特首先提出了经济周期的“纯模式”，他用此来解释经济周期中的繁荣和衰退两个主要阶段是如何产生的。经济中，创新要么降低了成本，要么使自己的产品不可替代，成独家生产而具有更大的垄断性，从而都将为创新者带来利润。在获取利润的驱动下，所有企业都纷纷进行“创新”活动，从而形成“创新浪潮”。这一创新浪潮的形成将引起银行信用的扩张和增加对资本品的需求，从而使经济趋向繁荣。随着技术的扩散，创新将在全社会得到普及，结果，相同产品的成本又都一样，或者是这种产品不再是独家生产，成为一个完全竞争性产品，创新带来的经济利润也随之消失。进一步地，银行信用萎缩和对资本品的需求减少，引起经济收缩，形成衰退，直至一种新的均衡状态，同时波动消失。如果发生新一轮的创新，经济将再次进入繁荣状态，整个经济又进入下一轮周期的循环。创新相继出现，经济波动就周而复始地进行下去，这就是由两个阶段构成的熊彼特的创新经济周期波动的纯模式。在纯模式中，周期的长短取决于创新的性质与规模。创新涉及规模越大，范围越广，引起的相关创新就越多，经济的繁荣阶段就越长；否则，繁荣就越短。繁荣阶段的上限就是向下的转折点，之后便进入衰退。

(二)创新与经济周期的形成

熊彼特认为，资本主义经济周期实际上包括繁荣、衰退、萧条和复苏四个阶段，只包括繁荣和衰退两个阶段的纯模式并不能解释真正的经济周期波动。对此，熊彼特进一步地认为，纯模式只是创新引起的第一次浪潮，必须再引入第二次浪潮才能解释四个阶段的经济周期波动。

在第一次浪潮中，创新引起了对投资品和银行信贷的更大需求。对投资品需求的扩大推动了投资的增加；收入增加，因此对消费品的需求也增加，这样将引起资本品生产部门的扩张，进而又导致消费品生产部门的扩张。这种扩张导致物价普遍上涨，投资机会增加。这就是创新引起的第二次浪潮。第二次浪潮是对第一次浪潮的反应，虽然第二次浪潮是在第一次浪潮的基础上发生的，但这两次浪潮存在着很大的差别。第一次浪潮与创新完全相关，而第二次浪潮所引起的投资扩张更多地与本部门创新无关，纯粹是第一次浪潮引致而致，它存在着失误和投资过度的可能，缺乏自行调整进而走向新均衡的能力。在纯模式中，创新引起经济从衰退走向繁荣，随着创新的消退，经济从繁荣走向衰退。在经济衰退之后，由于第二次浪潮的作用，进一步地会产生一个新的失衡阶段。这使经济陷入萧条状态。在萧条持续一段时间之后，第二次浪潮的反应逐渐消失，经济开始走向复苏。于是，复苏阶段就成为从萧条阶段恢复过来的一个必要阶段。这时如果有新的创新出现从而出现新的创新浪潮，经济又会再次进入繁荣阶段，开始了一个新的周期性波动。

熊彼特认为，无论两阶段的纯模式，还是四阶段的两次浪潮，其基本的动力机制和原因都是创新。周期的长度取决于创新的性质。大的创新影响较大，需要的时间较长；而小的创新影响较小，需要的时间也就相对较短。而且，大小创新一般不会在时间上均匀分布，往往是每隔一定的时间就会成群地出现。这样，经济活动中就会有多种周期，或是相互抵消，或是相互累加，使得各个周期的长度也不尽相同，因而也就不能对经济周期进行精确的分类，只能大致地分为长周期(其平均长度约为 55 年)、中周期(平均长度为 9～10 年)、短周期(其平均长度约为 50 个月)。每个周期都与特定的创新活动相联系，影响较大、时间较长才能完成的创新导致长周期；影响较小、时间较短的创新导致短周期。而且每个长周期中可能包括若干个中周期，而每个中周期又包括若干个小周期。

二、乘数-加速数模型

现代西方学者认为，一个较为完整的经济周期理论应当能够说明，当有外界的冲击时，经济体系应具有产生周期性波动的机制。这里介绍的乘数-加速数模型就是能同时满足这两个条件的现代经济周期理论。在众多影响经济活动的各种经济变量中，投资至关重要。从长期看，消费和政府支出与收入之间的关系较为稳定，而投资易于变动，与收入的关系并不稳定。投资的少量变动通过乘数效应会引起收入的较大变动，而收入的变动也会通过加速数作用引起投资的更大变动。用投资-收入之间的这种不稳定的关系来解释经济体系产生的周期性波动的理论我们称为乘数-加速数模型。乘数-加速数模型最初是由哈罗德提出来的，后经美国经济学家萨缪尔森和英国经济学家希克斯对其加以发展而得以完善。这里只介绍萨缪尔森的分析。

(一)乘数、加速数与经济周期

乘数的概念在前面章节已有介绍，这里只作简单的回顾。我们知道，自发支出的变动将会引起收入的更大变动，二者之间的比值即为自发支出乘数。同样，投资增加，在投资乘数作用下，国民收入就会得到更大的增加。如果以 ΔY 表示收入的增量，用 ΔI 表示投资增量，则投资乘数 $k_i=\dfrac{\Delta Y}{\Delta I}$。将此式变形得 $k_i=\dfrac{1}{\dfrac{\Delta I}{\Delta Y}}$。$\dfrac{\Delta I}{\Delta Y}$ 为边际储蓄倾向 $1-b$。可见，边际储蓄倾向越小，即边际消费倾向 b 越大，则投资乘数 (k_i) 越大，一定的投资变动引起的收入变动就越大。

当经济的生产达到最大生产能力时，或者说，生产能力被充分利用没有剩余时，经济产出达到最高上限，如果不进行进一步的投资，国民收入不可能增加。如果需要增加国民收入，就必须增加投资，那么，加速数则是指在生产能力已被充分利用时，收入的变化引起投资变化到什么程度的系数，v 表示加速数，即

$$v=\frac{I}{\Delta Y} \tag{10-1}$$

关于乘数和加速数相结合，引起经济发生周期性波动的模型，可以通过以下模型来说明：

$$Y_t=C_t+I_t+G_t \tag{10-2}$$

式(10-2)中，Y_t 为现期收入，C_t 为现期消费，I_t 为现期投资，G_t 为现期政府支出。这

个公式说明，根据凯恩斯主义的国民收入决定理论，现期收入等于现期消费、现期投资与现期政府支出之和(不考虑开放经济中的净出口)。现期消费取决于边际消费倾向(b)和前期收入Y_{t-1}，即

$$C_t = bY_{t-1} \tag{10-3}$$

现期投资取决于加速系数(v)和国民收入的变动。又假定导致国民收入的波动来自于居民消费的变动$\Delta C = C_t - C_{t-1}$。那么根据消费函数式(10-3)，可得

$$\Delta C = b(Y_{t-1} - Y_{t-2}) \tag{10-4}$$

在居民消费支出乘数为k_c时，根据式(10-3)，国民收入的变动ΔY则为

$$\Delta Y = k_c \Delta C = k_c b(Y_{t-1} - Y_{t-2}) \tag{10-5}$$

根据式(10-1)和式(10-5)，可得现期投资为

$$I_t = v\Delta Y_t = vk_c b(Y_{t-1} - Y_{t-2}) \tag{10-6}$$

式(10-6)说明了不论来自于何种冲击，这种冲击最终都会反映为国民收入的波动。所以，投资最终仍取决于国民收入的变动，即加速原理所说明的收入与投资的关系。再假设现期政府支出为既定的，即

$$G_t = G_0 \tag{10-7}$$

将式(10-3)、式(10-6)、式(10-7)代入式(10-2)，则得出

$$Y_t = bY_{t-1} + vk_c b(Y_{t-1} - Y_{t-2}) + G_0 \tag{10-8}$$

式(10-8)是一个二阶差分方程。若边际消费倾向 b、加速数v都为已知，根据上述公式，可得出以后各期的收入，并可说明经济本身的周期性波动。

假定边际消费倾向 b=0.5，居民消费支出乘数$k_c = \frac{1}{1-b} = 2$，加速数$v = 1$，政府支出$G_t = G_0 = 1$亿元。由此，可计算出随后各期的国民收入。在这些假定下，如不考虑第 1 期以前的情况，经济以第 1 期为起点，那么，从第 1 期前的国民收入中的消费为零，引致投资也为零，因此，第 1 期的国民收入总额就是政府在第 1 期的支出 1 亿元。

在第 2 期，政府支出仍为 1 亿元，但由于第 1 期有收入 1 亿元，在边际消费倾向为 0.5 的情况下，由式(10-3)得，第 2 期的引致消费 0.5 亿元。再由式(10-6)可得，第 2 期的引致投资为 1 亿元，因此，又由式(10-2)可得，第 2 期的国民收入为 2.5 亿元。

在第 3 期，政府支出仍为 1 亿元，第 2 期有收入为 2.5 亿元，在边际消费倾向为 0.5 的情况下，由式(10-3)得，第 3 期的引致消费为 1.25 亿元。再由式(10-6)可得，第 3 期的引致投资为 1.5 亿元，因此，又由式(10-2)可得，第 3 期的国民收入为 3.75 亿元。

同样可算出第 4 期收入为 4.125 亿元，第 5 期的收入为 3.4375 亿元，以下各期收入也都以同样方法计算出，具体可见表 10.1。

根据表 10.1 中，国民收入由于乘数-加速数的作用，导致经济产生有规律的波动，使用计算机的 Excel 程序，绘出这种波动的轨迹，如图 10.2 所示。在图 10.2 中，纵轴为国民收入，横轴为时间(单位为年份)。

表 10.1 乘数与加速数的相互作用

t	G_t	C_t	I_t	Y_t	经济变动趋势
1	1	0	0	1	—
2	1	0.5	1	2.5	复苏
3	1	1.25	1.5	3.75	繁荣
4	1	1.875	1.25	4.125	繁荣
5	1	2.0625	0.375	3.4375	衰退
6	1	1.71875	−0.6875	2.03125	衰退
7	1	1.015625	−0.703125	1.3125	萧条
8	1	0.65625	−0.359375	1.296875	萧条
9	1	0.6484375	−0.007813	1.640625	复苏
10	1	0.8203125	0.171875	1.9921875	复苏
11	1	0.9960938	0.1757813	2.171875	繁荣
12	1	1.0859375	0.0898438	2.17578125	繁荣
13	1	1.0878906	0.0019531	2.08984375	衰退
14	1	1.0449219	−0.042969	2.001953125	衰退
15	1	1.0009766	−0.043945	1.95703125	萧条

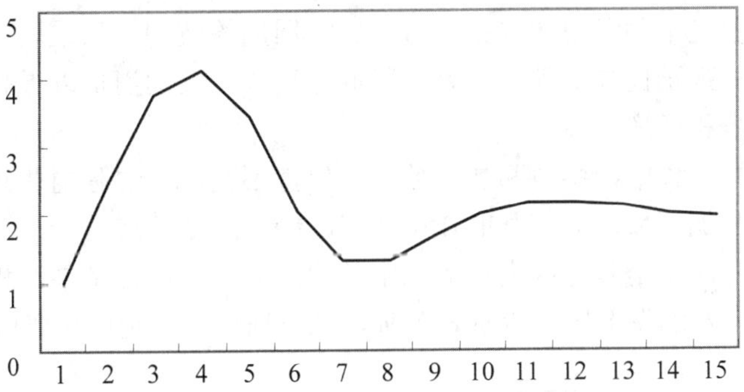

图 10.2 乘数-加速数作用下国民收入的波动

从表 10.1 中可以看出，即使乘数和加速数的具体数值在国民收入变动过程中不发生变化，两者的相互作用也会使国民收入发生如图 10.2 所示的繁荣和萧条的波动，而且这种波动是有规律的。在第 3、4 两年，国民经济进入繁荣阶段，达到最大值 4.125，而在第 7、8 两年间，国民经济则进入萧条状态，达到最小值 1.296875；在第 11、12 两年间又转为繁荣时期，国民收入达到其最大值，为 2.17578125，又处于繁荣状态。此后又转入衰退时期。如此循环不已，经济运行表现出一种有规律的、周期性的波动。但从总体上来看，在一次性的外力作用下，乘数-加速数的机制使经济产生波动，但是，随着时间的推移，在没有新的外力冲击下，经济的波动会逐渐消失，如图 10.2 所示。当然，为什么经济能自动消化外界的冲击，消除经济波动，而自动恢复到均衡状态，原因是差分方程中的边际消费倾向递减和加速数始终保持不变使然。如果经济在衰退过程中，递减的边际消费倾向和加速数变化，那么，这种波动就可能保持不变，始终存在，或者波动变得更大，即前文所说的波动振幅可能是振荡性的或发散性的。但是，乘数-加速数模型主要在于说明经济周期是经济本身的一种内在调节机制，这种理论是基于凯恩斯的国民收入决定理论，是投资、消费和国民收入之间相互作用的必然结果。

(二)乘数-加速数模型的含义

从以上的分析中，可以分析乘数-加速数模型所表达的几点重要含义。

(1) 乘数与加速数相互作用引起经济周期。其具体过程是，如果某种原因使得国民收入增加，在没有剩余生产能力的条件下，加速数就发挥作用，投资增加，在投资乘数作用下，结果国民收入在比原先更大的基础上又获得增加。通过加速数和乘数的反复作用，国民收入一轮又一轮地增加。这样，经济就进入繁荣阶段。由于边际消费倾向小于 1，不能与国民收入增长速度保持一致，使得国民收入增加速度递减，进一步使得投资减少，从而停止扩张。一旦国民收入停止增长，由于加速数的作用将使投资减少，投资减少又会由于乘数的作用使国民收入减少，二者的相互作用又使经济衰退，走向萧条，又开始一个新的周期。

(2) 经济周期是由经济中内生变量(内部因素)引起的，外生变量(外部因素)只能通过对内生变量的影响才能影响到经济波动。这表明，在经济依赖本身的内在机制自发调节经济的情况下，产生周期性波动是正常的、必然的，这种波动不是什么非正常的病态，而是正常的规律。这一点在现代经济周期理论中十分重要。

(3) 政府可以通过干预经济的政策来缓解经济周期的波动，如采取适当的减税或投资补贴政策刺激投资，鼓励提高劳动生产率以降低加速数，鼓励消费以提高边际消费倾向等措施，就可克服或缓和经济的波动。

(4) 在经济运行过程中，乘数和加速数即使保持不变，即边际消费倾向和技术水平不变，也会由于乘数和加速数之间相互的作用而引起经济周期性波动。经济周期性波动的根源在于经济体系本身而不是其他因素。周期中各阶段的出现，正是乘数和加速数相互作用的结果，而在这种自发的调节中，投资是关键，经济周期主要是由投资引起的。

三、货币主义的经济周期理论

货币主义的代表人物弗里德曼认为，货币是影响经济波动的最重要的因素，货币量不仅决定着产量与价格水平，而且其变动是形成经济周期性波动的根源。货币主义者就是以此来分析经济周期，并认为经济的波动是由货币量的变动所引起的。

货币主义者假设最初货币市场是均衡的，即货币的供给量与需求量相等，这时的产品市场和劳动市场都处于均衡状态，社会实现了充分就业，如果货币市场失去均衡则会引起经济波动。假设货币供给增加，人们手中所持的货币将增加，起初，人们并不知道打破这种均衡状态，而是由于货币供给增加的结果，而把这当成一种偶然的现象，因此，不会马上用手中增加的货币去增加消费，因而人们手中持有的货币量高于往年正常水平，而总需求和名义收入仍按以前的速度继续上升。但是人们最终会发现手中的现金超过了正常水平，即超过了自己所愿意持有的现金数量，人们因此增加支出购买各种商品，将现金持有量降低到其愿意持有的水平。

货币主义者认为，货币供给增加情况下的货币支出存在着两种效应。一种是直接效应，另一种是间接效应。直接效应是指人们发现其货币持有量超过合意水平时，为了恢复其持有的货币与持有其他资产的最优比例，就会出现货币和其他非货币资产之间的相互替代和转换，即人们将增加对非货币资产的持有，使货币资产转化为非货币资产。所谓间接效应是指货币量的增加，首先会引起利率与金融和实物资产收益率的变动，然后实物资产收益率的变动将进一步引起货币支出总量和总需求的变动。这是因为，货币供给增加将导致利率下降，会刺激人们对耐用消费品如住宅等实物资产的消费，刺激投资者增加投资，增加对投资品的购买，政府也会扩大公共设施的投资。无论是直接效应还是间接效应，货币供给量的增加都会引起对非货币资产的支出增加，引起总需求的增加，而总需求的增加又将导致价格水平上升。这就是说货币供给量的增加引起产出的增加，使经济进入繁荣状态。但是生产不可能无限地增加，其最终将会受到资源、技术等外生因素方面的限制。货币供给量的增长在这以后只会引起价格水平的提高，而实际收入不会增加，因而使人们手中的实际货币余额下降。最终收入、价格等的名义变量将与货币供给量同比例变动，这又使得实际产量下降到原来的水平。如果货币供给量减少，货币变动的直接效应和间接效应将会使人们为保持正常的现金持有量水平而减少支出、减少投资，从而引起实际产出水平的下降，使经济进入萧条状态。货币主义者由上述分析得出了经济的周期性波动是由于货币供给量变动所引起的结论。而货币供给量主要是由中央银行控制的，因此，中央银行交替地扩大或紧缩货币供给就会引起经济周期性波动。

在上述的理论描述中，对应着充分就业或者说潜在的产量(实际国民收入)的增长，它们由技术进步等实际因素决定，货币供给量和货币需求量是外生性的。除不能决定潜在产量外，在短期，货币数量的变动还是能影响支出和产量，从而形成经济波动。反过来，实际因素的变动不仅影响潜在产量的增长，也能直接、间接地影响货币数量的变化。根据这一关系，货币主义者一直设想建立一个自动生成的关于实际因素、货币数量的经济波动的理论，但这一设想最终没有完成。可见，货币主义描述的货币经济周期理论基本上是外生的周期理论。

四、理性预期学派的经济周期理论

理性预期学派是 20 世纪 70 年代兴起的一种具有保守的自由主义观点的西方经济学流派。理性预期学派最大的特征在于它把“理性预期假说”引入宏观经济分析，强调了理性预期在经济行为决策中的重要作用。因此，理性预期学派的经济周期理论更多地强调了市场不完全信息，以及经济主体的预期失误与经济周期性波动之间的关系。

理性预期学派对经济周期的研究是建立在两个基本假设上的。第一，理性预期假设。该学派假设参加经济活动的经济主体都是具有完全理性的“理性人”，他们会尽力获取信息，以使自己达到信息完全且充分。在信息充分下，利用一切可用的知识和方法，经过周密的思考，形成正确的分析和判断，最后，对未来经济情况所做出的预期都与客观经济模型一致，因而也与实际情况相吻合，即没有系统性错误。在价格和工资变动方面，具有完全理性的人们会事先做出相应的正确判断和对策。第二，短暂替代假设。在相对价格或相对工资变动的情况下，或者是实际工资变动时，企业家和劳动者迅速地进行产品生产的替代或劳动与闲暇的替代。根据这一假说，生产的增加，完全取决于价格和工资的变动情况。除此之外，还有另外两个假设。其一，企业家和工人利益的一致性，因而可以把他们都称为生产者。他们的利益一致是因为产品价格短期上升，企业家的边际利润和工人的边际产值都增加，从而增加生产对两者都有利。其二，生产者所掌握的信息是不完全的。由于信息的时效性和收集信息的成本过大，生产者收集完全信息是不值得的。他只能根据已往的经验对现有的信息进行提取，因而预期和判断有可能是错误的。理性预期学派的代表人物卢卡斯正是从这几点假设出发来解释经济周期的。

根据对长期以来各个经济周期的分析，卢卡斯发现，价格和货币量的波动总是发生在产量的波动之前。产量波动的原因或者说经济周期波动的原因来自于价格和货币量的波动。关于价格的波动有两种形式，一种是一般价格水平的波动，即通货膨胀或通货紧缩；另一种是相对价格的变动，即各种产品之间的价格比例发生了变化。这两种不同形式的价格变化，其原因和效果是不同的。

价格水平的变动在很大程度上是由货币供给总量变动引起的。它的变动是短暂的。在政府采取扩张性货币政策的情况下，货币供给与价格同方向、同比例变动，这种情况属于一般价格水平的波动，在完全理性预期的假设下，一方面，不影响相对价格；另一方面，也不影响实际工资、实际收入等经济的实际量。完全理性的经济主体对这种价格变化能做出正确判断，产量和就业水平不会受到影响，也就不会引发经济的周期性波动。这就是理性预期学派的“中性主张”。

相对价格的变化则是由于生产技术和消费者偏好的变化引起的。它的变动起到一种调节资源重新配置的作用。相对价格是引导投资者改变投资方向的主要信号，引起不同生产部门之间利润率的变化，投资方向的改变促使资源在不同产品的生产之间重新配置。当一种产品的相对价格下降时，意味着利润减少，投资者就会减少对该产品生产的投资。由于投资需要的时间较长，因此投资决策是建立在对相对价格变动预期的基础之上的。

产量的波动，即经济中的周期性波动取决于经济主体对这两种价格变动是如何反应的。劳动与产量的供给首先要看它们的相对价格的变动状况。从劳动的供给来看，作为具有理性的工人，他会在工资变动的情况下调整自己的劳动时间，以便能实现收入和闲暇的一生福利最大化。具体来说，工人要判断工资水平的变动是长期的还是暂时的，如果是长期的，工人就不会有任何反应；如果是短期的，他们就会立即做出反应，即在工资暂时上升时增加劳动时间，以劳动替代闲暇，在工资暂时下降时减少劳动时间，以闲暇来替代劳动。这样，工资的暂时变动就会引起劳动供给量的变动。这一点已被劳动经济学的实证研究所证实，劳动供给对实际工资长期变动的弹性较小，而对实际工资短期变动的弹性则大。同样，厂商在进行生产决策时，也要对自己产品价格的短期变动做出反应，以便实现利润最大化。这就说明了相对价格变动对产量与就业的影响。

但是，在现实经济中，由于生产技术、消费者偏好等因素的变动是经常的，各种劳动与产品相对价格的变化，以及由此引起的就业量与产量的变动会互相抵消。因此，相对价格的变动还不足以解释总产量与总就业量的波动，从而也就不足以解释经济周期。要解释经济周期还必须引入一个概念：“名义价格”的不确定性。由于价格水平是不确定的，所以，生产者就面临着一个“信息筛选”问题，当生产者面临价格的变动时，他必须推测其中有多少是由于一般价格水平的变动引起的，又有多少是由于相对价格的变动引起的。这是生产者决定劳动供给与产品供给的关键，因为只有相对价格的变动才会影响他的决策。名义价格的不确定性就是指生产者难以确定名义价格变动的原因。在这种情况下，如果有足够的信息，生产者就可以正确地确定名义价格变动中相对价格变动的成分，从而进行正确的决策。如果信息不完全，他们只有靠以往的经验来确定名义价格变动中相对价格变动的份额。既然这种意识上的判断是生产者根据自己的经验做出的，判断就有可能错误，从而混淆一般物价水平与相对价格水平，决策错误，导致经济波动。

由于以上原因，货币量变动引起价格水平变动就成为经济中周期性波动的原因。假设政府在人们没有预期到的情况下增加货币供给量，这时，一般物价水平随之上升。由于生产者以前并没有经历过这种情况，他们就可能将这种一般价格水平的上升误认为是相对价格的上升，从而增加产量和就业，经济进入繁荣时期。但一旦生产者掌握了更多的信息，意识到自己预期的失误时，他们就要重新调整预期，减少产量与就业，其结果经济由繁荣转向萧条。这样，整个经济体系发生了一个从繁荣到萧条的周期性过程。同样，政府如果意外地减少货币供给量也会引起经济萧条，从而完成一个从萧条到繁荣的周期性过程。

五、实际经济周期模型

20 世纪 80 年代初，新古典宏观经济学家认为，经济波动主要是由意料之外的原因造成的，因而他们提出了自己的经济周期理论。这种经济周期理论主要包括货币经济周期理论和实际周期理论。新古典宏观经济学派的经济学家自己也认为，货币经济周期的理论说服力不够强。在这种情况下，从 20 世纪 80 年代初期开始，对总产量不稳定的新古典解释主要集中到实际冲击而非货币冲击，这就是所谓的实际经济周期理论。

(一)实际经济周期理论概述

实际经济周期理论认为波动的根源是实际因素，其中最为重要的是技术冲击。至于技术冲击的传导机制，说法并不唯一。

从本质上，实际经济周期理论属于古典主义阵营，它们所有的模型都继承了新古典主义的特色：波动是竞争性均衡与否的现象，所有市场都是出清的；经济人追求利益最大化，在劳动和闲暇的双重目标下，追求消费的最优化行为；生产函数是古典的，受随机的技术冲击；在原则上，实际经济周期理论认可货币对收入的影响，但这种影响太小，可以忽略不计，因而理论都没有涉及货币因素。

典型的实际经济周期理论模型得出的结果是帕累托最优，故而该理论的支持者们认为，经济波动本身不足以成为政府干预经济的理由。如果在基本模型中，加入税收和政府支付等外部冲击时，结果就不必然是帕累托最优的。但实际经济周期理论认为，这类不均衡的扭曲虽能造成社会收入的减少，但仍是古典式的，不是凯恩斯式的缺口，因而需要的政策与之有本质的不同。

在研究上，实际经济周期理论特别注重模型的统计检验。在他们看来，如果模型的一些结果与现实不符，那就修改模型的一些假设，或增加一些条件。因此，他们特别看重经济变量的随机性对经济波动的影响。

构成实际经济周期理论的模型有很多，其中，最为有名的是基德兰德和普雷斯科在

1982 年提出的模型。该模型认为，关于技术冲击的信息非常繁杂，经济当事人不可能甄别出与现实完全无偏的信息，由此做出的经济行为(主要是生产、投资和劳动的供求行为)就必然偏离了真实状况，从而对经济产生影响，导致波动的出现。

(二)技术冲击与产出波动的简单介绍

在人口和劳动力固定的情况下，一个经济中所生产的实际收入便取决于技术和资本存量，从而总量生产函数可以表示为

$$Y = zf(K) \tag{10-9}$$

式中，Y——实际收入；

K——资本存量；

z——技术状况。

于是生产中的技术变动就反映在 z 的变化上，又进一步使生产函数变动。假定资本折旧率为 δ，于是没有被折旧的资本存量为 $(1-\delta)K$，那么，在所考察时期的期末，经济中可供利用的经济资源总量为当期的产出加上没有折旧的资本存量，即

$$zf(K)+(1-\delta)K \tag{10-10}$$

式(10-10)的经济资源总量只能用于两个目的，消费 C 和用于生产的资本量 K，即

$$C+K = zf(K)+(1-\delta)K \tag{10-11}$$

在式(10-11)中，当用于生产的资本量 K 既定时，$zf(K)+(1-\delta)K$ 则也既定，那么，该式就是消费 C 和用于生产的资本量 K 的最大可能线，其斜率为-1，如图 10.3 中向右下方倾斜的直线，线上的每一点可供经济社会在消费 C 和资本 K 之间进行选择。

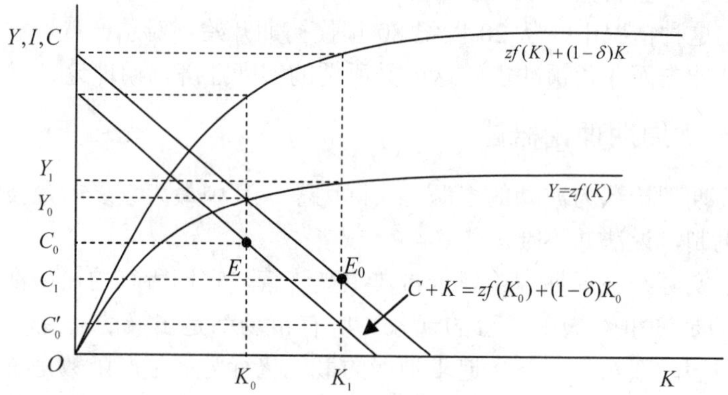

图 10.3　生产函数和资源函数

在 E 点，社会选择的消费 C 和资本 K 分别为 C_0 和 K_0，同时式(10-11)中的等式成立。由式(10-9)可知，社会产出为 $Y = zf(K_0)$，设为 Y_0。当资本为 K_0，折旧率为 δ 时，资本折旧总量为 δK_0。又当消费为 C_0 以及 $Y = C+I$ 时，可知经济的投资 I 为 $I = Y_0 - C_0$，设为 I_0。当投资量 I_0 等于资本的折旧量 δK_0，即为重置投资时，那么，用于生产的资本量 K_0 保持不变，由此经济的总产出、消费和投资都保持不变，经济处于均衡状态，如图 10.3 的 E 点。

在图 10.3 中，纵轴表示这几个变量，即实际收入、消费和投资。总资源函数反映消费和积累的关系，当期消费的最大量为当期收入加上没折旧的资本量，如果这个量被消费

掉，将没有投资，则下一时期的资本存量因为折旧而减少。如此长此以往，那么只能延续 $1/\delta$ 时期，经济因为资本耗尽而消亡。

下面分别从增加储蓄率和技术进步来考察产出的变动情况。

如果增加储蓄率，消费由为 C_0 下降为 C_0'，投资 I 增加为 $Y_0 - C_0'$，而大于原先的投资，即大于重置投资，资本存量由 K_0 增加为 K_1，由生产函数式(10-9)可得产出增加，为 Y_1。国内收入增加提高了消费，也提高了消费 C 和用于生产的资本量 K 的最大可能线，经济最终能在 E_0 点达到新的平衡，如图 10.3 所示。

当然，如果投资的变化在各期中不稳定，是可以使经济产生波动的。但问题是人们选择资本存量，从而确定投资量的标准是满足消费最大化。在生产技术既定下，消费最大化的状态是唯一的，从而资本存量是唯一的，即投资是唯一且稳定，显然，仅仅因为储蓄的增加对经济不会形成波动。

在这种情况下，值得注意的是，储蓄增加，资本增加，收入增加，但与原先的消费水平相比，图 10.3 中的消费水平下降了，原因是资本增加既能使收入增加，也能使资本折旧增加。在资本报酬递减的作用下，国民收入增加的速度递减；而资本总量增加，在均衡状态时，收入中用于重置投资量也大，如果增加资本所带来的收入增加量还小于资本折旧的增加量时，消费就必然减少。

如果存在技术进步，技术状况由 z_0 增加为 z_1。经济原有的稳定状态为图 10.4 中 E_0 点，在第一个环节，由于技术进步，生产函数向上移动，投入不变，也就是资本量不变，收入由 Y_0 增加为 Y_1。第二个环节，由于收入增加，根据边际消费倾向小于 1 的特征，储蓄增加。但原有的资本存量 K_0 没有变化，即资本折旧不变，结果净投资大于 0，资本存量由 K_0 增加为 K_1。收入和净投资的增加最终使得总资源增加到 $Y_1 + (1-\delta)K_0$，表现为消费 C 和用于生产的资本量 K 的最大可能线向右移动。第三个环节，在新生产函数下，资本存量由 K_0 增加为 K_1 时，收入由 Y_1 增加为 Y_2。第四个环节，在收入由 Y_1 增加为 Y_2 之前，资本存量为 K_1。所以收入增加，储蓄增加，净投资又大于 0，资本存量增加。这个过程不断循环，直到新的均衡，即最后增加的收入增量等于资本折旧增量，从而净投资为 0，资本存量不变，收入停止增长为止。在图 10.4 中，新的均衡是 E_1 点的状况，此时，投资仅仅等于重置投资，为 $Y_2 - C_1$，资本量为 K_1 不变，从而收入和消费分别为 Y_2 和 C_1 都保持不变。总之，实际经济周期理论在这里强调的是：技术的变化是收入和投资变动的根源。

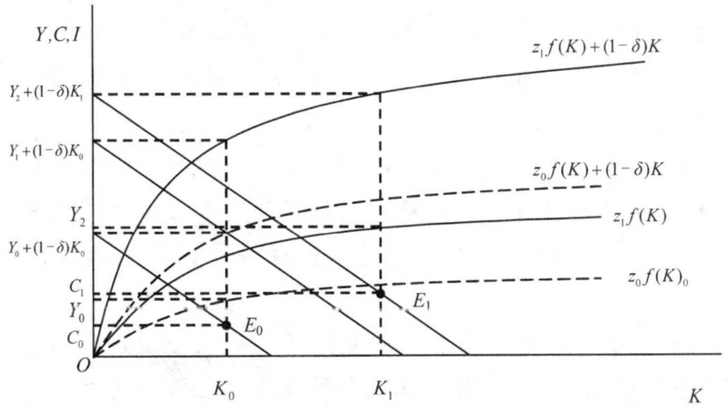

图 10.4　实际经济周期理论对宏观经济波动的解释

要注意的是，在技术进步下，收入不仅增长，最优的消费水平也在增长，不存在下降的可能性。但是，由于资本报酬递减的作用，国民收入增加的速度递减；资本折旧率不变时，在随后的每一轮收入和消费增加速度是递减的，在均衡状态时递减为 0。当然，总投资是一直递减到等于重置投资的均衡状态下为止，如图 10.5 所示。

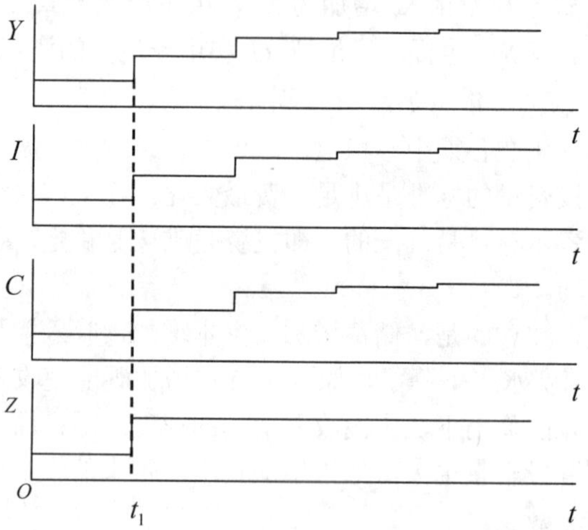

图 10.5　技术变化所引起的投资、收入和消费的变动

在最优消费的目标下，其他条件不变时，投资具有稳定性，而不会产生波动。但是，影响技术进步的因素很多，因此技术进步本身就具有一定的随机性；进一步讲，技术进步的这种随机性使经济当事人(生产者和劳动供给者)无法分辨出准确的信号，结果由于二者的结合和相互作用，技术冲击下的经济波动就不可避免。

【专栏 10-1】1952—2003 年我国经济周期的划分

表示经济周期现象的主要指标有国民收入的减少、失业率增加、通货紧缩以及股市下滑等。在分析经济波动中，一般使用经济增长率变动分析、投资变动分析或失业率变动分析等指标。

自新中国成立以来，可观察到我国的经济存在明显的周期性波动，有的波动还非常剧烈，从 1952—2003 年，根据从谷到谷可将我国 GDP 增长率划分成 9 个周期(见表 10.2)。改革开放前，1952—1957 年是我国经历的第一个经济周期，可以看出经济波动幅度不大。这个时期峰谷落差的波动幅度为 10.5%。1958—1961 年是我国经历的第二个经济周期，周期特点表现为经济波动很大，峰谷落差高达 48.6%。1962—1968 年，1969—1972 年以及 1973—1976 年连续发生三次经济周期。这些周期性波动则是因为“文化大革命”使刚刚经过调整有所恢复的经济又急转直下而形成的。其波动幅度仅次于前两次，最高达 24%，最低也有 10.3%。总之，这一时期的国民经济周期总的表现是：经济增长时快时慢，波动幅度较大。

自改革开放以来，我国的经济增长率一直很高，从未出现过负增长，即使在最低点的 1990 年，其增长率仍然达到了 3.8%。在这个时期内，经济在运行中存在着明显的周期性波动。1982—1986 年为第七个周期，周期长度为 5 年，最高峰位值达 15.2%，谷位值为

8.8%。这一周期内的位势(周期内的平均增长率)特别高，达 11.5%。如此高的位势值罕见。1987—1990 年为第八个周期，峰位值为 11.6%，谷位值为 3.8%，周期长度为 4 年。这一周期也是我国改革开放以来周期位势最低的一个周期，只有 7.7%。第九个周期从 1991 年开始一直延伸到 2003 年。本轮周期是新中国成立以来周期长度最长的一次，跨越了整个 20 世纪 90 年代，并且有可能还要持续几年。

表 10.2　1952—2003 年我国经济周期的划分与特征

周　期 起止年份	时间长度/年	位势/%	振幅/%	峰位/%	谷位/%
1952—1957	5	8.7667	10.5	15.6	5.1
1958—1961	4	0.625	48.6	21.3	-27.3
1962—1968	7	5.2	24.0	18.3	-5.7
1969—1972	4	11.775	15.6	19.4	3.8
1973—1976	4	4.325	10.3	8.7	-1.6
1977—1981	5	7.98	6.5	11.7	5.2
1982—1986	5	11.5	6.4	15.2	8.8
1987—1990	4	7.7	7.8	11.6	3.8
1991—2003	13	9.68	7.1	14.2	7.1

(资料来源：中国统计年鉴. 1987 年、1994 年、1999 年、2001 年和 2003 年，中国统计局)

本 章 小 结

(1) 经济周期是指在主要以市场经济方式组织其经济活动的国家中，其经济活动在运行中沿着经济发展的总体趋势所出现的一种有规律的扩张和收缩。经济周期大体上可分为四个阶段：繁荣、衰退、萧条和复苏，繁荣和复苏属于经济扩张，衰退和萧条属于经济收缩。西方的经济学者们根据不同的统计资料和划分标准，按照周期的时间长短将经济周期划分为长期、中期、短期三种类型。

(2) 熊彼特把创新作为社会进步的原动力，用创新来解释经济和社会的发展，并且进一步地用来解释经济周期的形成，认为经济周期是经济的非均衡状态。由于创新打破了原有的均衡状态，在实现新均衡的过程中，经济就存在波动，因此经济周期根源于创新。他采用了经济周期的“纯模式”和“第二次浪潮”来解释经济周期中的各个主要阶段。

(3) 乘数与加速数相互作用引起经济周期。乘数与加速数模型主要在于说明经济周期是经济本身的一种内在调节机制，这种理论是基于凯恩斯的国民收入决定理论，是投资、消费和国民收入之间相互作用的必然结果。

(4) 货币主义认为，货币是影响经济波动的最重要的因素，货币量不仅决定着产量与价格水平，而且其变动是形成经济周期性波动的根源。货币主义者就是以此来分析经济周期，并认为经济的波动是由货币量的变动所引起的。

(5) 理性预期学派最大的特征在于它把“理性预期假说”引入宏观经济分析，强调了理性预期在经济行为决策中的重要作用。因此，理性预期学派的经济周期理论更多地强调了市场不完全信息，以及经济主体的预期失误与经济周期性波动之间的关系。

(6) 实际经济周期理论认为波动的根源是实际因素，其中最为重要的是技术冲击。至于技术冲击的传导机制并不是唯一的。实际经济周期理论属于古典主义阵营，它们所有的模型都继承了新古典主义的特色。在原则上，实际经济周期理论认可货币对收入的影响，但这种影响太小，小得可以忽略不计，因而其理论都没有涉及货币因素。

典型的实际经济周期理论模型得出的结论是帕累托最优，故而该理论的支持者们认为，经济波动本身不足以成为政府干预经济的理由，只要市场机制完善，波动会自动消除。在基本模型中，加入税收和政府支付等外部冲击时，结果就不一定是帕累托最优的。但实际经济周期理论认为，这类不均衡的扭曲虽能造成社会收入的减少，但仍是古典式的，不是凯恩斯式的缺口，因而需要的政策与之有本质的不同。

在研究上，实际经济周期理论特别注重模型的统计检验，认为如果模型的一些结论与现实不符，那就修改模型的一些假设，或增加一些条件，因此，该学派特别看重经济变量的随机性对经济波动的影响。

复习思考题

1. 乘数-加速数原理相互作用引起经济周期的过程是怎么样的？

2. 什么是经济周期？经济学家在给经济周期下定义时强调了什么？

3. 论述乘数-加速数作用的条件和机制。

4. 假定某国经济的边际消费倾向为 0.9，加速数为 2，每期自发投资为 900 亿美元，2002 年的国民收入水平为 5000 亿美元，比上一年增加 100 亿美元，求 2003 年和 2004 年的总投资和国民收入水平。

第十一章　经济增长理论

本章导读

目前的统计数据表明，世界各个国家之间的生活水平差异之大令人难以理解。尽管难以给予精确的比较，但现有可得到的最可靠的数据表明，西方发达国家如美国、德国、日本等国的平均实际收入比阿富汗和扎伊尔等国要高出 20 倍以上，随着时间的流逝，这些差距又在不断地拉大。同时，各国的增长率也有较大的差异，有些国家，如韩国、土耳其和以色列等，正在向更为富裕的工业化国家转变。其他一些国家，包括南美洲和非洲撒哈拉以南的许多国家，甚至连维持正的人均真实收入增长率都很困难。即使如此，在同一国家内部，在不同时期生活水平也存在巨大的差异：比起 100 年前，或者甚至 50 年前，任何一个国家今天的生活要显得更为富有。

在横向和纵向上生活水平存在的这些差异对人的福利有着重要的含义。真实收入在国家间的差异与营养、教育程度、婴儿死亡率、预期寿命，以及其他福利指数的差异密切相关。与宏观经济学在传统上着重考虑的短期波动的各种可能后果相比，长期增长的福利后果更为重要。在经济学里，如何提高一个国家的生活水平是经济增长理论所承担的义不容辞的职责。因此，对于经济增长理论而言，最为重要的是，了解经济增长的源泉及其机制。在此基础上，进一步地制定出科学的、推进经济增长的政策是经济增长理论的最终落脚点。

学习目标

通过对本章的学习，重点掌握经济增长的定义、源泉以及各自所发挥的作用；掌握哈罗德 多马模型、新古典增长模型、新剑桥经济增长模型和新经济增长理论的核心内容，在此基础上了解经济增长与经济发展的关系及其政策主张。

关键概念

经济增长(Economic Growth)
经济均衡增长(Equilibrium Economic Growth)
技术进步(Technology Advance)
经济增长的黄金律(The Golden Law of Economic Growth)
资本深化与广化(Deepening and Widening of Capital)

第一节　经济增长的含义与源泉

一、经济增长的含义与特征

经济增长研究的是经济长期的发展趋势。用西蒙·库兹涅茨的话来说："一个国家的增长可以定义为给居民提供种类繁多的经济产品的能力在长期中的上升，这种不断增长的能力是建立在技术进步以及制度和思想意识相应的调整的基础之上。"经济增长的这一定义包含四个含义。

(1) 经济增长研究的是经济长期性的问题，在长期，劳动、资本不仅增加，更重要的是存在技术进步。如果没有这些，经济增长将无从谈起。相比而言，经济波动是一个短期的研究，仅仅考虑总需求的变动对国民收入和就业的影响。

(2) 经济增长集中表现为供给方面经济生产能力的提升，而这种经济生产能力的提升就是产品和劳务总量的增加。如果考虑到人口的增加和价格的变动，也可以说是人均实际国民收入的增加。所以，经济增长最简单的定义就是人均实际国民收入的增加。这里要注意的是，经济增长并不等于社会福利或个人幸福的增加，仅仅是一种经济数量上的增加。因此，只有把经济增长严格局限于国民收入的增加，并与经济发展问题区分开，才有可能从不同的角度来加以研究。

(3) 技术进步是实现经济增长的必要条件。也就是说只有依靠技术进步，经济增长才是有可能的。在影响经济增长的各种因素中，技术进步是第一位的。

(4) 经济增长的充分条件是制度与意识形态的相应调整。也就是说，只有制度与意识形态适合于经济增长的需要，技术进步才能发挥作用，经济增长才是可能的。社会制度与意识形态的某种变革是经济增长的起点。例如，在历史上，私有产权的确立实际上是经济增长的一个新起点。只有在这种前提下，技术、资本等具体因素才能发挥作用。制度因素往往被人们所忽视，所以，提出这个充分条件是非常必要的。

应该说，这个定义是对各国经济增长历史经验的高度概括，体现了经济增长的实质。因此，这一定义已被经济学家广泛接受，并作为研究经济增长的出发点。

从这些认识出发，库兹涅茨又进一步总结出经济增长的六个基本特征，分别如下。

(1) 按人口计算的人均产出的增长和人口增长并存。这一点在经济增长过程中是十分明显的，世界各国的统计资料都说明了这一点。

(2) 生产率本身的增长是迅速的。这包括所有投入生产要素的产出率都很高，例如，劳动生产率和其他生产要素的产出率的迅速提高。这反映了由于技术进步所引起的生产效率的提高。

(3) 经济增长必然伴随着经济结构的变革。经济结构的变革主要包括经济资源持续地从农业转移到非农业，以及从工业转移到服务业，生产组织单位和生产规模的变化、劳动力职业状况的变化、消费结构的变化以及总消费品的需求和供给结构的变化等。

(4) 社会结构与意识形态迅速改变。随着经济的增长，人们的消费观念和生活追求的目标也随之变化。例如，人们更注重精神生活，不断提升个人和社会的道德水准，与自然和谐相处。城市化以及宗教的发展就是整个社会现代化的一个组成部分，也是经济增长的必然结果。

(5) 经济增长在世界范围内的迅速扩大。发达国家凭借其技术力量，尤其是运输和通信，通过国际贸易形式，使经济生产的分工以国家为单位向世界伸展，使整个世界都卷入一个全球经济增长体系之内，成为一个统一体。

(6) 世界经济增长的情况是不平衡的。从目前看，还有占世界人口的 3/4 的国家是落后的，有些国家的经济成就远远低于现代技术的潜力可能达到的最低水平，在世界范围内，贫富的差距仍在拉大。

在这六个特征中，前两个数量特征属于总和的比例，中间两个属于结构的转变，后两个属于经济增长在国际间的扩散。这六个特征是密切相关的，它们标志着一个特定的经济时代。

二、经济增长的源泉

经济增长是产量的增加，因此可以根据总生产函数来研究经济增长的源泉。总生产函数是总产量与生产中使用的全部生产要素之间的关系。用公式表示就是

$$Y = AF(K,\ L)$$

式中，Y——总产量；

K——资本；

L——劳动；

A——技术，总生产函数中假定技术是不变的，所以，A 在这里是一个不变量；

F——产量与生产要素投入量之间的函数关系。

由上式可看出，经济增长的源泉是资本、劳动与技术进步。

(1) 资本。经济增长中必然有资本的增加。英国古典经济学家亚当·斯密就曾把资本的增加作为国民财富增加的源泉。现代经济学家认为，在经济增长中，一般的规律是资本的增加要大于人口的增加，即人均资本是增加的，从而每个劳动力所拥有的资本量(资本-劳动比率)是增加的。只有人均资本量的增加，才会有人均产量的提高。应该指出，在经济增长的开始阶段，资本所做的贡献还要大一些。因此许多经济学家都把资本积累占国民收入的一定比重作为经济起飞的先决条件，把资本积累作为实现经济增长的首要任务。在以后的经济增长中，由于规模报酬递减的约束，资本积累对经济增长的贡献率下降。但第二次世界大战以后各国经济增长的事实说明，许多资本增加快的国家，经济增长率仍然是比较高的，例如德国、日本等。

(2) 劳动。劳动是劳动力的增加。劳动力的增加又可分为劳动力数量的增加与劳动力质量的提高，这两个方面对经济增长都是重要的。劳动力数量的增加有三个来源：一是人口的增加，二是人口就业率的提高，三是劳动时间增加。劳动力的质量的提高则是指人力资本的提高，主要包括劳动者受教育的程度和掌握生产技能的熟练程度。

(3) 技术进步。技术进步在经济增长中的作用体现在生产率的提高上，即同样的生产要素投入量能提供更多的产品。随着经济的发展，技术进步的作用越来越重要。

技术进步包括资源配置的改善、规模经济和知识的创新与产业化。资源配置的改善主要指人力资源的改善，即劳动力从低生产率的部门转移到高生产率的部门，包括农业劳动

力转移到工业中，以及独立经营者与小企业中的劳动力转移到大企业中去。劳动力的这种转移，提高了生产率。企业规模的扩大，由于能采用新技术和最先进的设备、生产方法而提高了生产率。尤其在一些工业部门(例如汽车、机械、冶金等行业)，这种规模经济的效果特别明显。知识的创新是技术进步中最重要的内容，包括科学技术的发展及其在生产中的应用、新工艺的发明与采用等。应特别强调的是，知识创新不仅应包括自然科学与技术科学的发展，而且还包括管理科学的进展。管理科学的发展、新的管理方法的应用，在经济增长中起了重要的作用。

还需要指出的是，这里所分析的经济增长的源泉是指经济因素，它所假定的前提是社会制度和意识形态已符合了经济增长的要求。但在不具备这一假设条件时，社会制度和意识形态对经济增长是很重要的。非经济因素，尤其是政治因素，也是经济增长中应考虑的。一个社会只有在具备了经济增长所要求的基本制度条件，有了一套能促进经济增长的机制之后，这些经济因素才能发挥作用。战后许多发展中国家之所以经济发展缓慢，关键并不是缺乏资本、劳动和技术，而是没有改变原有的封建制度，甚至奴隶制度。所以，经济增长必须要有与之相适应的社会制度变革。

三、经济增长与经济发展

对国民经济长期发展问题的研究包括两个部分：研究发达国家长期发展的部分和研究不发达国家长期发展的部分。前者被称为经济增长理论，与经济学的基本理论体系联系较为密切；后者被称为发展经济学，它与经济学的基本理论的联系较为松散，主要倾向于理论在实践的应用方面。

在早期，经济学家对经济增长和经济发展并不严格区分，都强调储蓄和资本的积累在经济增长中的作用。后来克拉克提出，经济发展过程的核心在于经济结构转变，即工业化形成到城市化递进的过程。这一观点普遍为发展经济学家所接受，由此，经济发展和经济增长理论在内涵和研究方向上有所区别。20 世纪 70 年代后，经济发展的含义有了进一步完善。一方面，经济学家把收入公平、消除贫富差距等经济学中的规范性问题引入经济发展的研究内容中。十多年后，世界很多发展中国家由于大力推行西方国家的经济增长政策，导致为经济增长付出的代价过于昂贵。近来，由于环境污染问题直接导致经济可持续发展的问题，由此，发展经济学家又把环境质量与自然资源之间的密切辩证关系列入发展经济学研究的范畴之中。

可见，对经济发展含义的认识是一个不断演化的过程，直至今天仍然存有争议，但较为一致的是：经济发展是通过提高生产力水平，实现经济可持续增长，人均收入和经济福利水平不断提高，社会、政治结构不断完善，减少和消除贫困，以及环境得到保护。一句话，经济发展是一个经济社会从不发达到发达的过程。

从含义上来看，经济增长只关注人均收入的实际增长，至于社会中每个人的收入是否得到增长不在其考虑范围内，所以经济增长并不以解决收入公平为目的；经济增长总是假定社会制度是既定的，不研究社会、政治制度的完善，也不研究经济增长对环境的关系。但是，这些问题都是经济发展所关注的，所以经济发展的研究内涵要大于经济增长的研究内涵。但是，经济发展必须建立在经济增长的基础之上，并得到经济增长的支持。没有国民收入的增加，减少贫困、保护环境只能是空中楼阁而难以实现。

第二节 经济增长因素的分析

经济增长是一个复杂的经济和社会现象。影响经济增长的因素很多，正确认识和计算这些因素对经济增长的贡献，对于正确理解和认识现实的经济增长并制定促进经济增长的政策都是至关重要的。经济增长因素分析就是要通过定量分析来说明各种影响经济增长的因素如劳动、资本等的作用，以便寻求促进经济增长的最优途径。下面，简要介绍美国经济学家肯德里克、丹尼森和库兹涅茨对经济增长因素的分析。

一、肯德里克的全要素生产率分析

在《美国生产率发展趋势》、《美国战后 1948－1969 年生产率发展趋势》以及《理解生产率：生产率变动的动态学导论》等著作中，美国经济学家肯德里克对美国不同时期生产率的发展趋势进行了研究，以确定生产率提高对经济增长的重要作用。

肯德里克所使用的是全要素生产率的概念。他认为，产量和某一种特定的生产要素投入量的比例是部分生产率，例如，资本生产率或劳动生产率，产量和全部生产要素投入量的比例是全要素生产率。全要素生产率不会受要素投入量结构的变化等因素的影响，能反映出生产率提高在经济增长中的作用。

以T_t代表t年全要素生产率，则有

$$T_t = \frac{Q_t}{w_0 N_t + r_0 K_t} \tag{11-1}$$

式中，Q_t——t年的总产量(或总产值)；

N_t、K_t——t年的劳动与资本的投入量；

w_0与r_0——分别为以时间为基期的劳动实际小时工资率与资本实际小时报酬率。

如果用指数形式(即用t年的各项数值对基期年份的各项数值的比例)来表示，则这一指数为

$$\frac{T_t}{T_0} = \frac{Q_t/Q_0}{aN_t/N_0 + bK_t/K_0} \tag{11-2}$$

其中，a、b是劳动与资本在基期年的产量份额。$a = w_0 N_0/Q_0$，$b = r_0 K_0/Q_0$。

根据式(11-2)，肯德里克计算出，1889—1957 年间美国国内私营经济全要素生产率每年增长 1.7%，同期的年均经济增长率为 3.5%。这就是说，经济增长中来自要素投入量增加的比例，和来自生产效率提高的比例大致为 1∶1。他还计算出，在 1958—1966 年间实际产值年平均增长率为 5.3%，要素投入增长率为 2.3%，全要素增长率为 2.99%，全要素生产率提高对经济增长的贡献已超过要素投入量的增加。

肯德里克还分析了影响全要素生产率的因素。他认为，这些因素是相当复杂的，主要有无形投资(研究、教育等的投资)、资源配置的合理化、技术革新的扩散、生产规模的变动等。但肯德里克并没有对这些因素的具体作用的大小及其影响程度给出相应的分析，解决这一问题的工作是由美国另一名经济学家丹尼森完成的。

二、丹尼森对经济增长因素的分析

在经济增长因素分析中首先遇到的问题是经济增长因素的分类，丹尼森把经济增长因素分为两大类：生产要素投入量和生产要素生产率。关于生产要素投入量，丹尼森把经济增长看成是劳动、资本和土地投入的结果，其中土地是不变的，其他两个则是可变的。单位投入量的产出量(即产量与投入量之比)，也就是要素生产率，主要取决于资源配置状况、规模的节约情况和知识进展。具体而言，丹尼森把影响经济增长的因素归结为七个：①就业者人数和他们的年龄、性别构成；②工作时数；③就业人员的受教育程度；④资本存量的规模；⑤资源配置状况；⑥规模的节约(以市场扩大来衡量)；⑦知识进展。其中前4个是投入量方面的因素，而后3个为要素生产率方面的因素。

丹尼森进行经济增长因素分析的目的，就是通过量的测定，把生产量增长率按照各个增长因素所做的贡献，分配到各个增长因素上去，分配的结果用来比较长期经济增长中各个因素的相对重要性。

在1974年出版的《1929—1969年美国经济增长的核算》一书中，丹尼森根据美国国民收入的历史统计数字，对上述各个经济增长因素进行了考察和分析。根据丹尼森的计算，从1929—1969年的40年中，美国总的国民收入年平均增长率为3.33%。其中，1.81个百分点是由要素投入量提供的，1.52个百分点是由单位投入量的产出量提供的。也就是说，总投入量的贡献占总的平均增长率的54.4%，要素生产率的贡献是45.6%，就总投入量来看，劳动投入量所占比重最大，高达72%以上。从单位投入量来看，知识进展所占的比重最大，达到60%以上。另一方面，按照丹尼森的计算，通过比较1929—1969年知识进展和劳动力完成的工作量在总的平均增长率中所占的比重，可以发现，知识进展所占的27.6%的比重高于包括就业和工时在内的劳动力完成的工作量所占的25.8%比重。这种情况在1948—1969年期间表现得更为明显，前者占30.9%，后者占24.9%。据此，丹尼森的结论是：知识进展是发达资本主义国家最重要的增长因素。丹尼森所说的知识进展包括的范围很广，它包括技术知识、管理知识的进步和由于采用新知识而产生的结构和设备的更有效的设计，还包括从国内的和国外的有关组织的研究、个别研究人员和发明家或者简单的观察和经验中得来的知识。丹尼森所谓的技术知识是，关于物品的具体性质和如何具体地制造、组合以及使用它们的知识。他认为，技术进步对经济增长的贡献是明显的，但是只把生产率的增长看成大部分是采用新的技术知识的结果则是错误的。他强调管理知识的重要性。管理知识就是，广义的管理技术和企业组织方面的知识。在丹尼森看来，管理和组织知识的进步更可能降低生产成本，增加国民收入，因此它对国民收入的贡献比对改善产品物理特性的影响更大。总之，丹尼森认为，技术知识和管理知识的进步的重要性是相同的，不能只重视前者而忽视后者。

三、库兹涅茨对经济增长因素的分析

库兹涅茨对经济增长因素的分析是运用统计分析方法，通过对国民产值及其组成部分的长期估量、分析与研究，并对各国的经济增长进行比较，进而从各国经济增长的差异中探索影响经济增长的因素。库兹涅茨在一系列关于经济增长的著作中提出的经济增长因素主要是知识存量的增加、劳动生产率的提高和结构方面的变化。

(1) 知识存量的增加。库兹涅茨认为，随着社会的发展和进步，人类社会迅速增加了技术知识和社会知识的存量，当这种存量被利用的时候，它就成为现代经济高比率的总量增长和结构迅速变化的源泉。但知识本身不是直接生产力，由知识转化为现实的生产力要经过科学发现、发明、革新、改良等一系列中间环节。在知识的转化过程中需要有一系列中介因素，这些中介因素是对物质资本和劳动力的训练所进行的大量的投资；企业家要有能力克服一系列从未遇到过的障碍；知识的使用者要对技术是否适宜运用做出准确的判断等。在这些中介因素的作用下，经过一系列知识的转化过程，知识最终会变为现实的生产力。

(2) 生产率的提高。库兹涅茨认为，现代经济增长的特征是人均产值的高增长率。为了弄清什么是导致人均产值高增长率的主要因素，库兹涅茨对劳动投入和资本投入对经济增长的贡献进行了长期分析。他得出的结论是：以人均产值高增长率为特征的现代经济增长的主要原因是劳动生产率的提高。

(3) 结构变化。库兹涅茨认为，发达的资本主义国家在它们经济增长的历史过程中，经济结构转变迅速。从部门来看，先是从农业活动转向于非农业活动，后又从工业活动转移到服务性行业。从生产单位的平均规模来看，是从家庭企业或独资企业发展到全国性，甚至跨国性的大公司。从劳动力在农业和非农业生产部门的分配来看，在美国，1870 年的全部劳动力的 53.5%在农业部门，到了 1960 年则降低到 7%以下。在比利时，农业劳动力从 1846 年占全部劳动力的 51%减少到 1961 年的 7.5%。以前要把农业劳动力降低 50 个百分点，需要经过许多世纪的时间，而今在一个世纪中，农业劳动力占全部劳动力的百分比减少了 30～40 个百分点则是由于迅速的结构变化。库兹涅茨强调，发达国家经济增长时期的总体增长率和生产结构的转变速度都比它们在现代化以前高得多。库兹涅茨把知识力量因素和生产率因素与结构因素联系起来，强调结构因素对经济增长的影响。不难看出，库兹涅茨对经济增长因素的分析与丹尼森分析的一个不同之处是他重视结构因素对经济增长的贡献。库兹涅茨认为，不发达国家经济结构变动缓慢，结构因素对经济增长影响比较小，主要表现在，不发达国家传统结构束缚着被聚集在传统的农业部门中的 60%以上的劳动力，而传统的生产技术和生产组织方式阻碍着经济增长；同时，制造业结构不能满足现代经济增长对它提出的要求，需求结构变化缓慢，消费水平低，不能形成对经济增长的强有力刺激。

关于经济增长与收入分配的关系，库兹涅茨提出了所谓的倒 U 形假说。他在 1954 年美国经济学会年会所作的演说中，首次论述了如下一种观点：随着经济发展而来的“创造”与“破坏”改变着社会、经济结构，并影响着收入分配。库兹涅茨利用各国的资料进行比较研究，得出结论：在经济未充分发展的阶段，收入分配将随经济发展而趋于不平等。其后，经历收入分配暂时无大变化的时期，到达经济充分发展的阶段，收入分配将趋于平等。

如果用横轴表示经济发展的某些指标(通常为人均产值)，纵轴表示收入分配不平等程度的指标，则这一假说所揭示的关系呈倒 U 字形，因而被命名为库兹涅茨倒 U 形假说，又称库兹涅茨曲线，如图 11.1 所示。

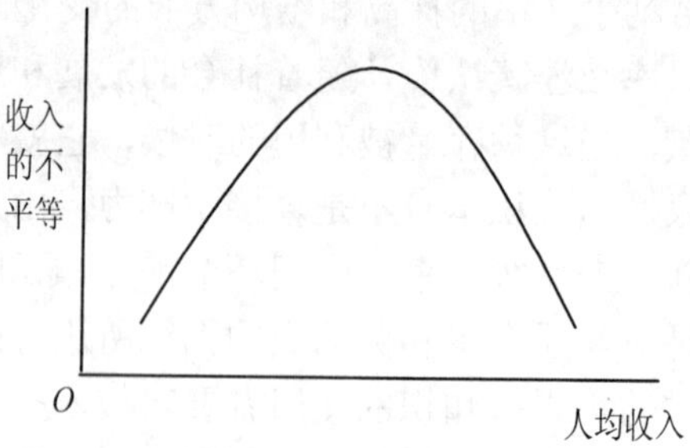

图 11.1　库兹涅茨曲线

库兹涅茨在说明这一倒 U 形时，设想了一个将收入分配部门划分为农业、非农业两个部门的模型。在此情况下，各部门收入分配不平等程度的变化可由如下三个因素的变化来说明：按部门划分的个体数的比率；部门之间收入的差别；部门内部各方收入分配不平等的程度。库兹涅茨推断这三个要素将随同经济发展而起下述作用：①在经济发展的初期，由于不平等程度较高的非农业部门的比率加大，整个分配趋于不平等；②一旦经济发展达到较高水平，由于非农业部门的比率居于支配地位，比率变化所起的作用将缩小；③部门之间的收入差别将缩小；④使不平等程度提高的重要因素是财产收入所占的比率降低，以及以收入再分配为主旨的各项政策被采用等，各部门内部的分配将趋于平等，总的来说分配将趋于平等。

库兹涅茨假说提出后，一些西方学者曾就有关倒 U 形形成的过程、导致倒 U 形的原因以及平等化过程进行过较多的讨论。但经济发展的资料表明：库兹涅茨曲线不符合第三世界国家的实际情况。换言之，随着经济发展的进程，第三世界国家的收入不平等越来越悬殊，并没有向平等方向转变。

第三节　主要经济增长模型介绍

一、哈罗德-多马经济增长模型

(一)哈罗德-多马模型的基本假设

哈罗德模型的假设前提是：①全社会只生产一种产品；②储蓄 S 是国民收入 Y 的函数，即 $S=sY$，这里的 s 代表这个社会的储蓄比例，即储蓄在国民收入中所占有的份额；③生产过程中只使用两种生产要素，即劳动 L 和资本 K；④劳动力按照一个固定不变的比率 $n=\Delta L/L$ 增长；⑤不存在技术进步，也不存在资本折旧问题；⑥生产规模报酬不变，也就是说，生产任何一单位产品所需要的资本和劳动的数量都是固定不变的。

(二)哈罗德-多马模型的基本公式

哈罗德认为，一个社会的资本量 K 和该社会的总产量或实际国民收入 Y 之间存在着一定的比例，这一比例被称为资本-产量比，以 v 来表示。则有

$$K=vY \tag{11-3}$$

随着社会资本的增长，该社会的产量也会增长，二者的增长量依次为 ΔK 和 ΔY。它

们之间的比被称为边际资本-产量比。如果原有的资本-产量比 v 等于边际资本-产量比 v，那么有

$$\Delta K = v\Delta Y \tag{11-4}$$

假设不存在折旧，资本增量 ΔK 因而全部来自于新的投资，即 $\Delta K = 1$，因此，式(11-4)又可以表示为

$$I = v\Delta Y \tag{11-5}$$

另外，由假设②可得到 $S = sY$ 。按照凯恩斯的理论，只有当储蓄等于投资时，经济活动才能达到均衡状态。以凯恩斯的这个均衡条件为基础，哈罗德进一步提出，在经济增长过程中，当储蓄等于投资时，经济就会实现均衡增长。根据式(11-4)和式(11-5)，可以得到

$$v\Delta Y = sY \tag{11-6}$$

或将式(11-6)写为

$$\Delta Y/Y = s/v \tag{11-7}$$

式(11-7)就是哈罗德-多马模型的基本公式，其含义是：要实现均衡的经济增长，经济增长率就必须等于社会的边际储蓄倾向 s 与资本-产量比 v 二者之比。

(三)经济稳定增长的条件

哈罗德用实际增长率、有保证的增长率和自然增长率这三个概念来说明经济长期稳定增长的条件和经济波动的原因。

实际增长率(G_A)是指实际发生的经济增长率，也就是事后的增长率，是由实际储蓄率(s)和实际资本-产量比(v)所决定，即

$$G_A = s/v \tag{11-8}$$

有保证的增长率(G_w)又称为合意增长率，是指使企业感到满意并愿意继续维持下去的增长率，是由合意储蓄率(s_d)和合意的资本-产量比(v_r)共同决定的，即

$$G_w = s_d/v_r \tag{11-9}$$

自然增长率(G_n)是指社会最适宜的增长率，是在长期人口增长和技术进步所允许达到的最大增长率，也就是潜在的或最大可能的增长率，从整个社会来看，是既能适应劳动力增长和技术进步，又能实现充分就业的增长率。简而言之，哈罗德认为，在长期中经济要实现均衡增长的条件是实际的增长率、有保证的增长率与自然增长率相一致，并且要等于人口增长率(n)，即

$$G_A = G_w = G_n = n \tag{11-10}$$

如果能实现这种情况，就是琼·罗宾逊夫人所说的“黄金时代”。但是，关于该模型的以上论述遇到了两个不容易解决的问题即存在性问题和稳定性问题。存在性问题是指经济均衡增长的可能性是否存在。要实现均衡增长， G_A 、 G_W 、 G_n 、 n 必须完全相等。但是，它们是由不同的毫无联系的因素决定的。首先，决定投资的因素是厂商对未来利润的预期，预期利润的大小决定了投资的多少，然而决定 G_W 的储蓄率取决于公众的边际储蓄倾向或边际消费倾向，人口增长对于经济制度而言是外生性的，由出生率和死亡率从生理方面决定的。因而，它们之间没有本质的、必然的内在机制使 G_A 、 G_W 、 G_n 、 n 完全相等，除非是“偶然的巧合”。实际上它们的相等是不可能的，以致一些西方经济学家称为“刀锋”上的增长。哈罗德本人同样认识到稳定增长路线是难以实现的，并以此说明自由

资本主义经济不可能自动达到和保持均衡状态，必须借助国家干预的力量。

在上述论证中，可以得出：如果$G_A = G_w = G_n = n$，即如果实际增长率和有保证的增长率以及自然增长率与人口的增长率相同，则经济可以沿着这条道路实现稳定的增长。但是如果经济受到外部因素的冲击或其他因素的影响而偏离这条道路时，经济是否能通过本身自动地调节而趋向上述所谓的“均衡路径”呢？这一问题就是哈罗德模型中的所谓“稳定性”问题。实际上如果实际增长率低于有保证的增长率($G_A < G_W$)，这就意味着实际的投资小于储蓄，这时企业存在着非计划存货投资，企业为了维持适当的存货投资水平，就会削减产量，从而会使生产萎缩，形成积累性的投资收缩和经济收缩，实际增长率会更加低于有保证的增长率。如果实际增长率高于有保证的增长率($G_A > G_W$)，即投资大于储蓄，企业这时会发现其存货减少。为了维持正常的存货投资水平，企业必然会增加生产，以增加存货投资形成“积累性”的经济扩张。这样经济就会继续处于繁荣状态，而使实际增长率越来越高于有保证的增长率。这就是说，在哈罗德经济增长模型中，如果经济增长偏离了$G_A = G_w = G_n = n$这一均衡，经济本身不但不能恢复到这一稳定增长的趋势，而且会发生更大的偏离。这个结论被称为哈罗德“不稳定”原理，因此哈罗德认为，资本主义经济很难(几乎是不可能)实现均衡稳定增长，不是连续的上升就是连续的下降，呈现出剧烈的波动状态。

有保证的增长率(G_W)与实际的增长率(G_A)的不一致会导致上述经济运行中的短期波动。而有保证的增长率(G_W)与自然增长率(G_n)的不一致则会引起经济运行中的长期波动。一方面，如果有保证的增长率大于自然增长率($G_W > G_n$)，经济就会趋于长期的停滞。因为自然增长率是经济增长的上限，当$G_W > G_n$时，会出现劳动力资源等供小于求，使工资上升引起经济停滞，投资与产量减少，经济陷入萧条状态。另一方面如果有保证的增长率小于自然增长率，经济会趋于长期的繁荣。因为这时劳动力供大于求，各种自然资源的供给比较充分，使得工资降低，企业利润增加，刺激了投资和生产，从而使经济进入长期繁荣状态。

二、新古典增长模型

在哈罗德模型中，实现充分就业的均衡增长条件($G_A = G_w = G_n = n$)是非常困难的，几乎是不可能的。这种结论既被大多数的西方经济学者表示怀疑，而且也不符合第二次世界大战以后资本主义经济发展的事实。资本主义世界的经济发展在第二次世界大战以后虽然发生过几次较大的危机，但从未出现过如哈罗德所指出的那种经济的剧烈的上下波动。为了说明资本主义经济可以实现持续、均衡、稳定的增长，西方经济学者提出了各种增长模型，其中最为流行的是新古典经济增长模型。

(一)新古典增长模型的基本方程式

新古典经济增长模型最初是美国经济学家索洛在 1956 年发表的《经济增长理论》一文中提出来的，该模型是建立在哈罗德经济增长模型的基础上，主要包括以下几个假设条件：①全社会只有一种产品；②资本-产量比率是可以变动的，从而资本-劳动比率也是可以变动的；③规模收益不变，但资本或劳动的边际生产力递减；④储蓄函数$S = sY$，s为边际储蓄倾向，为常数，且 $0<s<1$；⑤不存在技术进步，也不存在资本折旧；⑥劳动力按一定比率 n 增长。

基于上述假设，模型首先假定生产只使用劳动和资本，则设总生产函数 $Y=F(K,L)$，其中，Y 为总产出，K、L 分别为生产中所使用的总资本量和总劳动量。由规模报酬不变的假设可得

$$Y=F(\lambda K,\lambda L) \tag{11-11}$$

其中，λ 为常数。令 $\lambda=\dfrac{1}{L}$，代入式(11-11)，则可得

$$\frac{Y}{L}=F\left(\frac{K}{L},\frac{L}{L}\right)=F\left(\frac{K}{L},1\right) \tag{11-12}$$

再令

$$f(k)=F\left(\frac{K}{L},1\right)=\frac{Y}{L}=y \tag{11-13}$$

式(11-13)可重新表示为

$$y=f(k) \tag{11-14}$$

其中，$k=\dfrac{K}{L}$ 为人均拥有的资本量，$\dfrac{Y}{L}=y$ 为人均产量。又由于收入=消费+投资，即 $Y=C+I$，Y 为总收入(总产出)，C 为消费，I 为投资。用 L 除 $Y=C+I$ 的两端，可得

$$\frac{Y}{L}=\frac{C}{L}+\frac{I}{L}=y \tag{11-15}$$

式(11-15)反映了人均产出、人均消费和人均投资之间的关系。由于经济增长研究的是一个长期问题，所有经济变量都随着时间的流逝而变化，因此需要把时间因素考虑进去，并将其动态化，则可得下式：

$$f\left[k(t)\right]=\frac{C(t)}{L(t)}+\frac{I(t)}{L(t)} \tag{11-16}$$

同时，$k=\dfrac{K}{L}$ 也是时间的函数，对其求关于时间 t 的微分，可得

$$\frac{\mathrm{d}k}{\mathrm{d}t}=\frac{L\dfrac{\mathrm{d}K}{\mathrm{d}t}-K\dfrac{\mathrm{d}L}{\mathrm{d}t}}{L^2} \tag{11-17}$$

其中，$\dot{K}=\dfrac{\mathrm{d}K}{\mathrm{d}t}$，$\dot{k}=\dfrac{\mathrm{d}k}{\mathrm{d}t}$，$\dfrac{\dot{L}}{L}=\left(\dfrac{\mathrm{d}L}{\mathrm{d}t}\right)/L=n$。并代入式(11-17)，将其写成

$$\dot{k}+nk=\frac{\dot{K}}{\mathrm{L}} \tag{11-18}$$

又由于 $\dot{k}=\dfrac{\mathrm{d}k}{\mathrm{d}t}=I$，则有 $\dfrac{\dot{K}}{L}=\dfrac{I}{L}$，代入上式，得

$$\frac{I}{L}=\dot{k}+nk \tag{11-19}$$

将式(11-19)代入式(11-16)，略去 t，可得

$$f(k)=\frac{C}{L}+\dot{k}+nk \tag{11-20}$$

又由于$Y=C+S$，$\frac{Y}{L}=\frac{C}{L}+\frac{S}{L}$，以及$S=I=sY$，代入式(11-19)可得

$$\frac{sY}{L}=\dot{k}+nk \tag{11-21}$$

其中，S为储蓄量，s为边际储蓄倾向。这样式(11-21)就可写为

$$sf(k)=\dot{k}+nk \tag{11-22}$$

式(11-22)便为索洛推导出的新古典增长模型的基本方程式。从式(11-22)中可以看出，一个社会的人均储蓄可以被分成两个部分：一部分是为人均增加的资本$\dot{k}$，即为每个人配备更多的资本品，称为“资本深化”；另一部分是为增加的每个人提供人均应得的资本量nk，称为“资本广化”。也可以这样来理解：一个社会中总产品在扣除用于消费部分(C)以后，剩下的便全部是储蓄，在储蓄等于投资的前提下，这剩余的部分(总储蓄)便可以被分成两部分：一部分用于给每个人增加更多的资本，另一部分则为新增加的每一个人提供平均数量的资本。

现在可以利用基本方程式来论述与新古典经济增长理论相关的所谓“存在性问题”和“稳定性问题”(见图 11.2)。

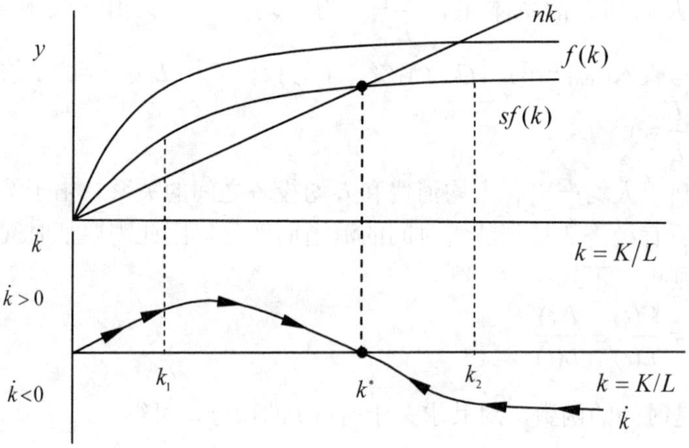

图 11.2　经济均衡增长存在性与稳定性的相位图

在图 11.2 中，$f(k)$为人均总产量曲线，曲线上每一点都表明平均每人按平均资本所创造的平均产量，nk的斜率为人口增长率。如图中的k_1点就表示人均资本为k_1，人均产量为y_1，在k_1点上可以看出这里的人均产出在扣除消费后的剩余(储蓄)中，既有“资本的广化”又有“资本的深化”，即$\dot{k}>0$；在k^*点，只存在“资本的广化”，而无“资本的深化”，即$\dot{k}=0$；而在k_2点，总产出扣除消费(C)之后的剩余(储蓄)中为增加的每一个人提供现有的平均资本量都不够，即$\dot{k}<0$。根据基本方程式：$sf(k)=\dot{k}+nk$，可得$\dot{k}=sf(k)-nk$，做出$\dot{k}$的曲线，如图 11.2 所示，当$sf(k)>nk$，$\dot{k}>0$，$\dot{k}$曲线位于横轴上方；当$sf(k)=nk$，$\dot{k}=0$，$\dot{k}$曲线与横轴相交于k^*点；当$sf(k)<nk$时，$\dot{k}<0$，$\dot{k}$曲线位于横轴下方。

这样，首先便可以论证所谓的“存在性”问题，当k等于k^*时，$\dot{k}=0$，即人均资本不

发生变化，k 将始终停留在自己所表示的水平上，人均产量 y 也不发生变化，而始终处于原有的水平上。又由于 $y=\dfrac{Y}{L}$，当劳动力按照 n 这一比率增长时，y 不变，那么总产量 Y 也必将按照 n 比率增长，这时，有关的变量都处于均衡增长状态。因此，当 $k=k^*$ 时，产量(或收入)的增长率等于劳动的增长率，这时的经济增长就是哈罗德所说的均衡增长。从上述的论述中可以看出：在资本主义经济运行中存在着一条均衡增长的路径，这也就解决了所谓的“存在性”问题。

如果 $k\neq k^*$，如 k_1、k_2 点，那将会怎样呢？首先，我们看一下 k 小于 k^* 时的情况。假设 $k=k_1$，如图 11.2 所示，在 k_1 点曲线 $sf(k)$ 高于射线 nk，即 $sf(k)>nk$，对应于图 11.2 中所示，$\dot{k}>0$，这时存在着“资本深化”，即人均资本的增量大于零。由 $sf(k)>nk$，两边同乘 $\dfrac{1}{k}$，可得

$$\frac{sf(k)}{k}>n \tag{11-23}$$

又因为 $f(k)=\dfrac{Y}{L}$，$k=\dfrac{K}{L}$，式(11-23)可改写为：$\dfrac{sY}{L}\dfrac{L}{K}>n$，则

$$\frac{sY}{K}>n \tag{11-24}$$

并且，在新古典模型中，总储蓄 $S=sY$ 是自动地转化为投资 I 的，而在给定的不存在折旧的假定下，投资等于资本存量的变化率 $\dot{K}$，即 $sY=I=\dot{K}$，这样，式(11-24)可以写为

$$\frac{\dot{K}}{K}>n \tag{11-25}$$

式中，$\dfrac{\dot{K}}{K}$ 是资本存量的增长率。我们已经证明，k_1 在这一点上，资本存量的增长率必定大于劳动力的增长率 n，也就是说资本比劳动增长的更快。因此，在这种情况下，资本-劳动比一定会提高。简单地说，在 k_1 点，每一个劳动的储蓄在给新增人口提供平均资本量之后，还存在着一定的剩余，这种剩余的存在必然使资本-劳动比提高，也就使 k_1 不断向右移，直到 k^* 点为止。

下面，我们再看一看 $k>k^*$ 时的情况，仍见图 11.2，假定，在 k_2 点，nk 线位于 $sf(k)$ 曲线的上方，即 $sf(k)<nk$。两边同时乘 $\dfrac{1}{k}$，可得

$$\frac{sf(k)}{k}<n$$

同样，可得

$$\frac{\dot{K}}{K}<n$$

即在 k_2 点上资本存量的增长率小于人口的增长率，这时资本-劳动比将会下降，也即人均资本 k 不断下降，使得 k_2 向左移动，直到 k^* 点为止。

由此可以认为，对于任何大于或小于经济均衡增长所要求的资本-劳动比的水平来说，经济中均存在着一种能把资本-劳动比降低或提高到均衡增长所要求的那一特定水平

的机制。因此，k 总是趋向均衡数值 k^*，相应地 y 也趋向于均衡数值 y^*。另外从图 11.2 中可以看到，在一般情况下，$sf(k)$ 曲线可以和 nk 曲线相交于任何一点，而该交点必然是一个均衡点。这就是说，在长期中，资本主义能够处于稳定发展之中。因此索洛认为，资本主义经济中存在着一条稳定的均衡增长的路径，在长期中国民收入的增长率等于劳动力的增长率。无论最初的资本-劳动比为多少，经济活动总是趋向一条均衡的经济增长途径。这样，新古典经济增长理论顺利地解决所谓的“稳定性”问题。

总之，新古典经济增长模型得出了与哈罗德模型截然不同的结论：资本主义经济可以在充分就业的情况下，保持长期的稳定增长。之所以产生这种相反的结论，是因为两种模型中的假设条件不同，前者假设资本与劳动在生产中是可以相互替代的，而后者则假设资本与劳动不能相互替代。在哈罗德模型中，假定资本-产量比为一常数，即一定的产出 Y 必须要有与这相应的资本 K，这就意味着 K、L 之间不能相互替代。而在新古典增长模型中，$sf(k)$ 和 nk 可以相交于任何一均衡点。由于参数 s 和 n 都是外生因素，因此为使经济处于稳定增长状态，即使 $sf(k)=nk$，可以通过改变资本-劳动比来实现，这就是说 K、L 之间是可以相互替代的。

(二)经济增长的黄金律

在前面推导新古典增长模型的过程中曾得到过这样一个方程：

$$f(k)=\frac{C}{L}+\dot{k}+nk \tag{11-26}$$

其中，$\frac{C}{L}$ 为人均消费水平。这个方程的含义是每个劳动的产出 $f(k)$ 可以分为以下三个部分：平均每人的消费 $\frac{C}{L}$、为每一个新增加的人口配备每人平均应得的资本量 nk (资本广化)以及资本深化 $\dot{k}$。

现在，在经济已实现均衡增长状态下，即 $\dot{k}=0$，我们来观察消费的问题。在生产技术既定时，提高储蓄率，人均经济量有一个短暂的增加，一旦达到均衡增长状态时，这种短暂的增加就消失。在均衡增长时，$\dot{k}=0$，从而，式(11-26)可以变为

$$f(k)=\frac{C}{L}+nk \text{ 或 } \frac{C}{L}=f(k)-nk \tag{11-27}$$

如图 11.3 所示，式(11-27)说明，在经济均衡增长状态时，人均消费 $\frac{C}{L}$ 就等于人均产出 $y=f(k)$ 与 nk 之差。即图 11.3 中，曲线 $f(k)$ 与射线 nk 之间的距离。这样，如果一个经济社会中选定一个较低的储蓄率，使得资本-劳动比为 k_1，则从图中可以看出，每人的消费等于较小的距离 AA_1。另一方面，如果一个经济社会选择一个较高储蓄率，其资本-劳动比为 k_2，虽然人均收入较大，但每人的消费仍是较小的 CC_1。其原因是，虽然每个劳动者产出比较大，为了保持资本-劳动比 k_2 不变，则每个人的储蓄(投资)的需求量也很大，因而每个人的消费水平仍很低，而留给消费的经济产出所剩无几。

那么，如何确定一个资本-劳动比(储蓄率)，使得每个人的消费都达到最大化呢？在技术、劳动增长率固定时，如何选择一个储蓄率，或者说一个合适的人均资本量(资本-劳动比)而使人均消费达到最大，我们称为经济增长的黄金律问题。其基本内容是：如果对

人均资本的选择(储蓄率)使得资本的边际产品等于劳动增长率，那么，每个人的消费就会达到最大。这个结论可以从图 11.3 中得到论证。所谓人均消费最大，就是在图中如何选择一个合适的储蓄率，使曲线 $f(k)$ 和射线 nk 之间的正向距离最大。从图上可知应选择 k^*，这时每个人的消费即为距离 BB_1，在 k^* 处，曲线的切线斜率刚好与射线 nk 的斜率相等，nk 的斜率为 n，所以曲线在 k^* 处的斜率 $f'(k^*)$ 等于 n，即

$$f'(k^*)=n \tag{11-28}$$

式(11-28)便是黄金律的解析式，即为了使人均消费达到最大，经济中资本-劳动比这一数值应能使资本的边际产品等于劳动增长率。如果一个经济社会中人均拥有的资本量小于黄金律所要求的资本量，那么，可以通过削减目前消费，增加储蓄(投资)，使得人均资本量达到黄金律所要求的资本量，从而使消费最大化；反之，则可通过消费掉一部分资本，使人均资本量下降以达到黄金律所要求的资本量，实现消费最大化。

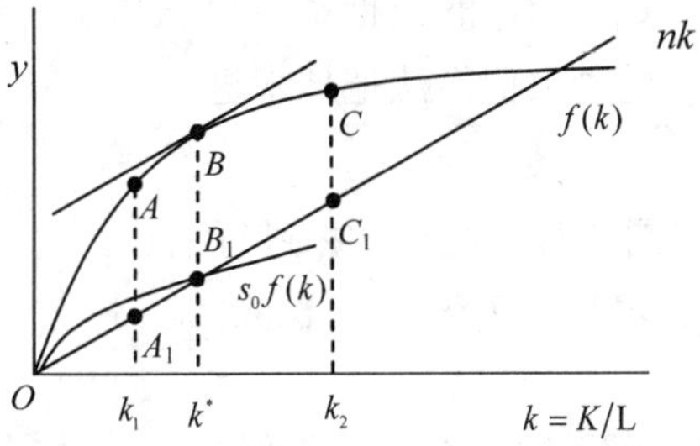

图 11.3　经济增长的黄金律

(三)经济增长率的分解

索洛利用其首创的“余值”法，把技术进步对经济增长的贡献由抽象的文字上的论述转入到能用具体的数字来表示其大小。这种方法，也首次向人们展示了把看似复杂、脱离实际的经济增长理论应用于实际的可能性。

首先，把技术进步考虑进总量生产函数

$$Q=A_t f(L_t,k_t) \tag{11-29}$$

其中，Q 为总产量，A_t 为 t 时期的技术进步，k_t、L_t 分别代表 t 时期内的总资本量和总劳动量。以 t 为自变量对式(11-29)求导，可得

$$\frac{dQ_t}{dt}=\frac{f(L_t,K_t)dA_t}{dt}+\frac{A_t\partial f(L_t,K_t)}{\partial L_t}\frac{dL_t}{dt}+\frac{A_t\partial f(L_t,K_t)}{\partial K_t}\frac{dK_t}{dt} \tag{11-30}$$

式(12-30)两边同除以 Q_t 得

$$\frac{dQ_t}{Q_t dt}=\frac{dA_t}{dt}\frac{f(L_t,K_t)}{Q_t}+\frac{A_t}{Q_t}\frac{\partial f(L_t,K_t)}{\partial L_t}\frac{dL_t}{dt}+\frac{A_t}{Q_t}\frac{\partial f(L_t,K_t)}{\partial K_t}\frac{dK_t}{dt} \tag{11-31}$$

令 $\alpha=\frac{\partial Q_t}{\partial l_t}\frac{L_t}{Q_t}$，$\beta=\frac{\partial Q_t}{\partial K_t}\frac{K_t}{Q_t}$，$\alpha$、$\beta$ 分别为劳动、资本的产出弹性，代入式(11-31)得

$$\frac{1}{Q_t}\cdot\frac{dQ_t}{dt}=\frac{1}{A_t}\cdot\frac{dA_t}{dt}+\alpha\cdot\frac{1}{L_t}\cdot\frac{dL_t}{dt}+\beta\frac{1}{K_t}\cdot\frac{dK}{dt} \tag{11-32}$$

由于$\frac{dQ_t}{dt}=\dot{Q}_t$，$\frac{dA_t}{dt}=\dot{A}_t$，$\frac{dL_t}{dt}=\dot{L}_t$，$\frac{dK_t}{dt}=\dot{K}_t$，代入式(11-32)得

$$\frac{\dot{Q}_t}{Q_t}=\frac{\dot{A}_t}{A_t}+\alpha\frac{\dot{L}_t}{L_t}+\beta\frac{\dot{K}_t}{K_t} \tag{11-33}$$

式中，$\frac{\dot{Q}_t}{Q_t}$即 t 时期内生产的增长率，记为G_Q；$\frac{\dot{L}_t}{L_t}$为 t 时期内劳动的增长率，记为G_L；$\frac{\dot{K}_t}{K_t}$为 t 时期内资本的增长率，记为G_K；$\frac{\dot{A}_t}{A_t}$为 t 时期内技术水平的进步速度，记为G_A。可将式(11-33)可简化为

$$G_Q=G_A+\alpha\cdot G_L+\beta\cdot G_K \tag{11-34}$$

因此，整个生产的增长率便被分解为技术进步的增长率、劳动的增长率和资本的增长率之和。在式(11-34)中，G_Q、G_L、G_K的数据都可以从历史资料中分析得到，这样，在计算出α、β的值后，就可以通过“余值”法把技术进步增长率G_A计算出来，即

$$G_A=G_Q-\alpha G_L-\beta G_K \tag{11-35}$$

索洛利用 1909—1949 年美国的有关统计数据进行估算，得出结论：在这 40 年间，美国的人均总产出增长了近一倍，其中 87.5%的增长应归功于技术进步，而只有 12.5%应归功于劳动、资本投入的增长。

美国经济学家丹尼森根据 1929—1973 年这一时期的统计资料进行测算，得出在这一时期内，实际国民收入的年平均增长率一直为 3%左右，资本增长率为 2%，劳动增长率为 2%，劳动和资本的产出弹性(分别为α、β)分别为 0.75、0.25。所以根据“余值”法可计算出这一时期技术进步对增长率的贡献为每年 1%左右。

另外，我们可以看出在G_A、G_L、G_K之前的系数分别为 1、α、β，这样如果α、β都小于 1，则提高技术进步就成为促进经济增长最为重要的，也是最有效的途径。

三、新剑桥经济增长模型

新剑桥经济增长模型是由新剑桥学派的经济学家们提出来的。该学派的主要人物和著作有：英国的琼·罗宾逊夫人的《资本积累》、卡尔多的《收入分配可互为代替的理论》、帕西内蒂的《利润率和收入分配与经济增长率的关系》等。

新剑桥经济增长模型同新古典经济增长模型一样，都是以哈罗德经济增长模型为基础的。同哈罗德一样，他们都认为经济要实现充分就业的均衡增长的条件是$G_A=G_w=G_n=n$。但与哈罗德不一样的是，他们认为资本主义经济在长期通过调节某些经济变量可以实现充分就业的均衡增长，即解决所谓的“稳定性”问题，而不像哈罗德所说的资本主义经济在长期内只会是大起大落，不能稳定地增长。但新剑桥经济增长理论同新古典经济增长模型在说明如何实现所谓“稳定性”的问题上又是不一样的。新古典增长模型认为，通过改变资本-劳动比，即在不同情况下选择一个相应的资本-劳动比就可使经济实现充分就业的均衡增长，而新剑桥增长模型则是通过改变储蓄率(s)及相关变量来实现经济均衡增长。

(一)新剑桥经济增长模型的基本公式

新剑桥学派的经济学家首先假设社会成员只分为两大阶级，即利润收入者和工资收入者，其收入分别为P、W。这两大阶级的收入之和为国民收入(Y)，$P+W=Y$。它们的储蓄倾向是不同的，而且利润的储蓄倾向大于工资的储蓄倾向，即$s_P > s_W$。

由于$P+W=Y$，两端同时乘以$\frac{1}{Y}$，则可得$\frac{P}{Y}+\frac{W}{Y}=1$，其中$\frac{P}{Y}$、$\frac{W}{Y}$分别为利润、工资在国民收入中所占的比例。

整个社会的储蓄倾向s即为两大阶级储蓄倾向的加权平均数，因此有

$$s = s_P \times \frac{P}{Y} + s_W \times \frac{W}{Y} \tag{11-36}$$

这样，根据哈罗德增长模型，则可得出剑桥增长模型的基本公式：

$$G = \frac{s}{v} = \frac{s_P \times \frac{P}{Y} + s_W \times \frac{W}{Y}}{v} \tag{11-37}$$

从式(11-37)中可以看出，即使利润的储蓄倾向和工资储蓄倾向不变，只要改变利润和工资在国民收入中的比例，就可改变总的储蓄倾向s，以实现经济的均衡增长。同时，如果$s_P > s_W$，则利润在国民收入中比例$\frac{P}{Y}$越大，总储蓄倾向s也就越大，工资的比例$\frac{W}{Y}$越大，总储蓄倾向s也就越小。

现举例加以说明。

假设$G_n=5.6\%$，$v=5$，利润 P 在国民收入中的比值为 40%，工资在国民收入中的比值为 60%，利润的储蓄倾向$S_P=40\%$，工资的储蓄倾向$S_W=1\%$，计算出两者的加权平均数，则可得出储蓄倾向$s = s_P \times \frac{P}{Y} + s_W \times \frac{W}{Y} = 40\% \times 40\% + 60\% \times 10\% = 22\%$，则有保证的增长率$G_P = \frac{s}{v} = \frac{22\%}{5} = 4.4\%$，显然 4.4%<5.6%，即$G_n > G_P$，在这种情况下，哈马德模型认为，经济将长期处于高涨繁荣状态，而偏离均衡增长状态。但是剑桥模型则证明通过改变国民收入分配中的工资和利润的比重，从而改变总的储蓄率，就可以使$G_n = G_P$，从而实现经济的均衡增长。

如果把利润占国民收入的比重由 40%提高到 60%，工资的比重由 60%降到 40%，则社会总储蓄率就变为

$$s = s_P \times \frac{P}{Y} + s_W \times \frac{W}{Y} = 60\% \times 40\% + 40\% \times 10\% = 28\%$$

这样，就可得

$$G_n = \frac{s}{v} = 5.6\% = G_w$$

显然，这能够满足$G_A = G_w = G_n = n$经济长期均衡增长的条件。

(二)卡尔多分配模型

从前面的论证中，我们可以得出通过变动工资和利润在国民收入中的比例关系就可以

实现充分就业的均衡增长这一结论。这说明新剑桥增长模型中经济增长与收入分配的关系很密切。

同所有经济模型一样，卡尔多也作了一些假设，主要有两个方面：第一，国民收入分为利润、工资两大部分；第二，收入均衡的条件是投资等于储蓄，即

$$P+W=Y,\quad I=S$$

工资的储蓄量和利润的储蓄量分别为

$$S_W=s_W\times W,\ S_P=s_P\times P \tag{11-38}$$

其中，s_W、s_P分别为工资收入者、利润收入者的储蓄倾向。社会总储蓄是

$$S=S_W+S_P=s_W\times W+s_P\times P \tag{11-39}$$

将$W=Y-P$代入式(11-39)，得

$$S=s_W\times(Y-P)+s_P\times P \tag{11-40}$$

合并同类项，并在式(11-40)的两边同乘以$\frac{1}{Y}$，又由于$I=S$，则

$$\frac{I}{Y}=(s_P-s_W)\times\frac{P}{Y}+s_W \tag{11-41}$$

通过整理，可得下式：

$$\frac{P}{Y}=\frac{1}{s_P-s_W}\cdot\frac{I}{Y}-\frac{s_W}{s_P-s_W} \tag{11-42}$$

从式(11-42)中，可以分析出卡尔多分配模型的含义，在$s_P>s_W$和s_W、s_P不变的前提下，利润在国民收入中的比重同投资在国民收入的比重(投资率)是正向相关的。因此，投资率的提高是经济增长的前提，而提高投资率必然要求增加利润在国民收入中的比重，这样促使收入分配不公加剧。另外，随着投资率的提高，利润率$\frac{P}{Y}$水平也提高，因而加大了收入分配不公。因此收入分配不公平是经济增长的原因，又是经济增长的结果。

那么，经济均衡增长同收入分配不公的加剧这一动态过程是如何实现的呢？除了通过一些外生因素变动影响收入分配之外(如财政补贴、转移支付)等，主要是通过价格的变动来实现的。在充分就业的情况下，价格取决于需求，投资增加也就是总需求增加，从而使价格上升，实际工资和工资在国民收入中的比重就会降低，利润率增加；反之，投资减少，则总需求减少，价格下降，实际工资和工资在国民收入中的比重会提高，利润率就会下降。

另外，在上式中，如果s_P-s_W越小，同样的投资率的变动引起利润的变动更大，而s_P-s_W越大，投资率的变动引起的利润率变动也就越小。假设利润的消费倾向为c_P，其中$1-c_P=s_P$，代入上式，则

$$\frac{P}{Y}=\frac{1}{1-c_P-s_W}\times\frac{I}{Y}-\frac{s_W}{1-c_P-s_W} \tag{11-43}$$

从式(11-43)中可以看出，即使投资率$\frac{I}{Y}$不变，资本家只要增加消费，提高利润的消费倾向(c_P)就可以提高利润率。正如卡莱茨基的一句名言所说的那样，工人花费他们所得到的，而资本家得到他们所花费的。

新剑桥学派的学者们认为，资本主义随着经济的增长，国民收入的分配必然越来越有

利于资本收入者，而不利于劳动收入者，劳动收入者的处境愈加相对恶化，并且还认为，这种收入分配不公是资本主义社会矛盾的根源。因此，在他们看来，要消除资本主义的种种弊端，就应把改变收入分配制度放在首位。

新剑桥学派的经济增长理论同他们的收入理论及其政策主张是联系紧密的。但是与新古典模型一样，他们的增长模型是以哈罗德模型为基础的，因而也只能同新古典增长模型一样，是一种只停滞于分析经济的表面现象，没有揭示促进经济增长的内在机制，因而也不可能真正地解决资本主义经济充分就业均衡增长问题。当然，在分配理论上，他们从利润与工资在国民收入分配中处于此消彼长的对立状态的观点出发，并进一步得出，随着经济的增长，这种状态还有扩大的趋势，劳动收入者的处境将日益相对恶化，资本收入者的利益越来越大，甚至认为：资本主义是阶级冲突的社会，则是符合事实的。

四、新经济增长理论

在新古典增长模型中蕴含着一个预测是，在技术缺乏连续进步的情况下，人均增长将最终停止，这个类似于马尔萨斯和李嘉图所作的预测也是来源于资本报酬递减的假设。但是我们已经观察到正的人均增长率可以持续一个世纪或更长，而且这些增长率并没有明显的下降趋势。

20 世纪 50 年代末至 60 年代的新古典增长理论家们认识到了这一理论的缺陷，通常他们假定技术进步以一种外生方式发生来对之进行修补。这一假设明显的缺陷是长期人均增长率完全被一个模型外部的因素——技术进步率所决定。于是最终得到了这样一个增长模型，它能解释一切，却独独不能解释长期增长，很明显这不能令人满意。

可能是由于缺乏经验联系的缘故，到 20 世纪 70 年代早期，曾作为一门活跃的研究领域的增长理论已死气沉沉，时值理性预期革命与石油危机的前夜。自此之后的约 15 年间，宏观经济学研究集中于短期波动。主要的贡献包括在经济周期模型中整合进理性预期，改进了政策评价方法以及真实经济周期理论中一般均衡方法的应用。

从 20 世纪 80 年代中期以来，以罗默(1986)和卢卡斯(1988)的著作为开端，有关经济增长的研究又经历了一次新的繁荣。1986 年美国经济学家保尔·罗默(Paul M. Romer)在《政治经济学》杂志发表了一篇题为《收益递增和长期经济增长》的论文。新增长理论的最重要特点是：经济增长不再是由外部因素决定的。因而，新经济增长理论也被称为内生经济增长理论。这一研究的动机是认识(或反思)到长期经济增长的决定是至关重要的，其重要性远甚于经济周期的机理或者货币和财政政策的逆周期效应。但意识到长期增长的重要性只是第一步，为了更深入地前进，必须摆脱新古典增长模型的束缚，其中之一就是摆脱长期人均增长率被外生技术进步率所束缚。与之相反，最近的贡献是在模型之内决定了长期增长率，因而被称为内生增长模型。

下面简单介绍新经济增长理论中的一个模型——AK 模型。假设有下述形式的生产函数：

$$Y = AK \tag{11-44}$$

式中，A——一个反映技术水平的常数，为正；

K——包含人力资本的资本存量。

Y 的增长取决于 A 和 K。随着经济增长，物质资本的积累将导致规模收益的下降，由此使得国民收入增长速度递减并趋于停滞，对经济增长有负效应影响。但是，随着经济增长，用于研制和开发新技术的投入总量也就越来越多，新技术的不断出现和运用又进一步推动经济增长。可见，在经济和技术进步之间是递增的关系，对经济增长存在正的效应。为简单起见，假设两种不同效应相抵，AK 生产函数的规模收益最终不变。由式(11-44)可得

$$\frac{Y}{L}=y=\frac{AK}{L}=Ak \tag{11-45}$$

即 $y=Ak$ 为人均的生产函数。在 $Y=AK$ 和 $y=Ak$ 中，资本的平均生产量和边际产量都为 A。将式(11-45)代入新古典经济增长的基本方程中，可得

$$y=sf(k)=sAk=\dot{k}+nk \tag{11-46}$$

两边同乘以 $\frac{1}{k}$，并移项，可得

$$\frac{\dot{k}}{k}=sA-n \tag{11-47}$$

与此相对应，绘出图 11.4。从图 11.4 中可以看出，以人均收入增长速度衡量的经济增长速度等于图中两条水平直线的垂直距离。这个垂直距离代表着人均收入水平的长期增长。只要这个垂直距离不消失，说明在经济增长中，人均收入持续增长，并不收敛于新古典增长模型的均衡增长水平上。在索洛的新古典增长模型中，由于存在规模收益递减，最终在均衡增长状态下，这个垂直距离缩减为 0，使得人均国民收入水平将稳定在由图 11.3 所示的给定水平上，只有通过外生的技术进步，或外生储蓄率的提高，致使 $sf(k)$ 曲线上移；或通过外生人口增长速度下降，致使 nk 直线向下移动，人均国民收入水平才能提高。而上述简单的模型告诉我们，即使规模收益递减，不需要假定外生的技术进步，人均国民收入水平在长期也能不断得到提高，从而与世界各国经济长期增长的实践一致。

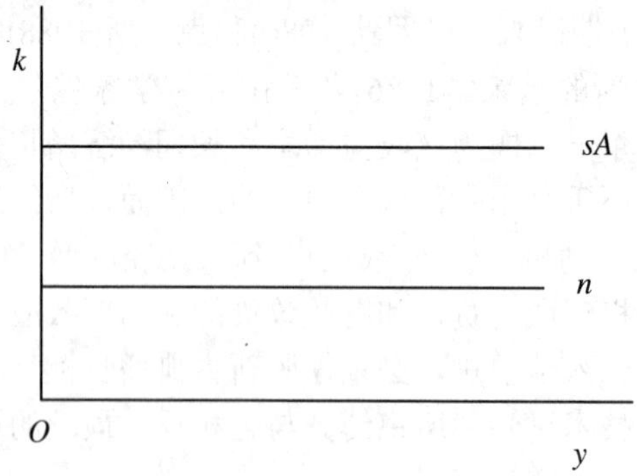

图 11.4　*AK* 模型

在上述模型中，资本 K 含有人力资本的性质。罗默认为，一个生产者可以通过生产和投资的实践，积累经验从而提高生产效率。不仅如此，通过知识的传播和扩散，这个生产者的生产效率提高还可以导致其他生产者的生产效率的提高。一个经济的资本存量的规模越大，这个经济中每个生产者的生产技术水平也就越高。在人力资本方面，资本存在规

模收益递增，则图 11.3 中的 $sf(k)$ 曲线将向上而不是向下弯曲。根据这种模型，至少在某些地区内人均国民收入将随人均资本存量的增加而增加。

新古典主义的增长理论隐含着这样一个结论：不同国家的经济增长具有趋同性。发展中国家的人均资本少，因而其资本的边际产量高。在其他条件相同的情况下，发展中国家资本存量的增长速度将超过发达国家。因而，只要时间允许，发展中国家的资本-劳动比和资本-产出比将与发达国家趋同。发展中国家的经济增长速度应该高于发达国家。索洛增长理论的这些推论同近 20 年来的世界经济发展状况显然是不一致的。总的来说，发展中国家同发达国家之间的差距从来就没有缩小过，反而扩大了。内生经济增长理论则较好地解释了发展中国同发达国家之间差距的拉大。内生经济增长理论认为，发达国家对研究与开发的投入更大，导致了技术进步要比发展中国家更快，发达国家更快的技术进步对生产效率的改善抵消了源自于资本方面的规模收益递减，规模收益递减的消失则使穷国与富国最终的经济增长趋同失去了根据，经济学家对此做了大量经验检验工作，结论还不十分肯定。然而大量经验研究工作表明：落后国家可以从发达国家的技术扩散中得到好处，从而提高本国的技术水平，推动本国经济增长的速度。

本章小结

(1) 经济增长是研究经济长期发展的趋势，集中表现为供给方面生产能力的提升。最简单的定义就是人均实际国民收入的增加。增长的源泉是技术进步、劳动和资本。

(2) 在一系列假定下，哈罗德-多马模型证明经济增长取决于一国的储蓄率和资本-产出比。实现充分就业的经济均衡增长条件为 $G_A = G_w = G_n = n$。哈罗德认为，这一条件在竞争性的条件下不是必然稳定地实现。同时，这种均衡状态并不稳定，一旦偏离该均衡状态，经济自身没有自动恢复均衡增长的机制，而只会进一步扩大这种偏离，从而导致经济萧条和繁荣的大起大落。因此，需要政府干预来实现经济处在均衡增长的状态。

(3) 新古典增长模型的表达式为：$sf(k)=\dot{k}+nk$，即当国民收入均衡时，全部储蓄转化为投资，其中，一部分用于人均资本深化，一部分用于人均资本广化。该模型说明竞争性经济中的均衡增长不仅存在，而且具有稳定性。即当资本增长率是 $\dot{k}$ 时，人均资本不再变化，人均产量不再变化，经济按人口增长率 n 稳定地增长。而无论最初的 k 值多大，经济自身的力量可以使 k 值自动趋于稳态值 k^*，所以经济可以在充分就业的条件下，保持长期的稳定增长。经济增长的黄金律公式为：$f(k)=\dfrac{C}{N}+\dot{k}+nk$。当 $f'(k^*)=n$ 时，人均消费可以达最大，因此，一个社会人均消费水平的提高，可通过改变人均资本量来实现。索洛运用“余值”法证明了技术进步对经济增长的贡献。

(4) 在经济增长因素分析中，肯德里克提出了全要素生产率概念；丹尼森从要素投入量和要素生产率两个方面测定了各种要素对经济增长的贡献率，而影响要素生产率的主要因素是知识进展。库兹涅茨则从知识存量的增长、生产率的提高和结构变化这三个方面来论述影响经济增长的因素。他尤其重视结构变动对经济增长的作用，由此提出了库兹涅茨曲线，以证明因结构变化所导致的经济发展的较高水平，会引起收入的平等化。

复习思考题

1. 简述经济增长的源泉有哪些。

2. 简述新古典经济增长模型的基本公式。在新古典经济增长模型中，稳态增长的条件是什么？

3. 试说明哈罗德-多马模型与凯恩斯经济学说的异同之处。

4. 简述内生增长理论的主要内容。

5. 在哈罗德模型中，均衡增长率、实际增长率和自然增长率的含义是什么？三者不相等时社会经济将出现什么情况？

6. 已知资本-产出比为3，按照哈罗德-多马模型，为了使实际增长率达到10%，社会合意的储蓄率应为多少？

7. 如果要使一国的经济增长率从3%提高到6%，在资本-产出比为2的前提下，根据哈罗德经济增长模型，储蓄率应有何变化？

8. 已知资本-产出比为2，假设某国某年的国民收入为1000亿美元，消费为500亿美元。按照哈罗德增长模型，要使该年的储蓄全部转化为投资，第二年的增长率应该为多少？

9. 在新古典经济增长模型中，生产函数为 $y=f(k)=2k-0.5k^2$，人均储蓄率为0.5，设人口增长率为2%，求：

(1) 使经济均衡增长的 k 值。

(2) 黄金分割律所要求的人均资本量。

第十二章　宏观经济政策

本章导读

发展市场经济需要搞好宏观调控。国民经济是一个有机整体，一个国家的宏观经济运行状态取决于多种因素，例如，该国的自然资源与人力资源、资本存量、技术水平以及居民的经济行为选择等。除此之外，一个重要因素就是政府所实施的一系列宏观经济政策，其中最主要的是财政政策和货币政策，这是政府实行总需求管理的两大基本经济政策。财政政策是政府通过财政收支总量和结构的变化来调节宏观经济，以实现经济目标的经济政策。财政政策由政府的收入政策和支出政策所构成，其中政府收入包括税收和公债两大部分，政府支出包括政府购买和转移支付。税收是政府收入中最主要的部分，税收政策的变化体现了政府与企业及个人之间的关系。支出政策主要体现在中央政府对各级政府机构的支出的管理上。货币政策是政府通过中央银行组织和调节全国的货币供应量，使信贷数量和利率体现宏观经济目标的经济政策，即中央银行如何调整一国的货币供给增长速度。财政政策与货币政策所要达到的宏观经济目标是一致的，二者的区别在于：财政政策不通过中间变量而直接影响总需求规模，货币政策是通过利率这一中间变量的变动来影响总需求的，它是间接地发挥作用。财政政策与货币政策的组合运用能否得当，取决于中央政府的宏观调控水平，它亦会直接影响到一个国家的宏观经济运行的状态。因此，对宏观经济政策的探讨一直是宏观经济学的重要研究内容，本章将着重分析财政政策和货币政策的相关理论内容及经济实践问题。

学习目标

通过对本章的学习，应掌握宏观经济政策的目标；掌握财政政策和货币政策的内容；掌握政府调节宏观经济所使用的财政政策工具和货币政策工具，以及实施财政政策的经济效应和货币政策的经济效应。在此基础上，了解其他相关的经济政策的内容及其运用，如收入政策、鼓励资本形成政策、技术进步政策、增加劳动供给政策、对外贸易政策等。

关键概念

宏观经济政策(Macroeconomic Policy)
财政政策(Fiscal Policy)
货币政策(Monetary Policy)
政策效应(Policy Effect)

第一节　宏观经济政策概述

一、宏观经济政策的形成与发展

宏观经济政策是指政府为了达到国家的总体经济目标，使宏观经济运行达到一定效果而制定的解决经济问题的指导原则和措施。实施经济政策是政府对经济活动进行有意识的干预。现代市场经济的发展离不开国家的宏观调控，政府可以运用一系列的宏观经济政策手段，促进国民经济持续稳定地发展。

宏观经济政策的制定和实施是经济实践发展变化的反映，同时与宏观经济理论的发展变化也是密不可分的。西方发达国家的宏观经济政策和理论体系是在 1929—1933 年的大危机之后，随着现代市场经济的发展而逐步发展起来的，时至今日，宏观经济政策经历了一系列的演变，并且伴随经济环境的变化而一直处于变动和调整之中。

在自由市场经济时期(约相当于 17 世纪中叶至 20 世纪初)，人们普遍信奉自由放任的政策主张，信奉市场机制这只“看不见的手”，反对政府干预，政府在经济活动中的作用相对较弱。亚当·斯密提倡自由放任的政策主张，他认为人们是为了追求个人利益而从事经济活动，往往没有促进社会利益的动机，但这种追求个人利益的结果，会自然而然地增进社会利益，意即只要存在“看不见的手”的指导，就不需要国家干预经济。这种市场万能论的思想片面强调市场机制的优点，却忽略了市场机制的缺点。这一时期虽然经历了“一战”和程度不同的经济危机，出现了垄断，然而指导经济运行的仍然是自由主义政策，政府干预经济是局部和暂时的，且明显带有反危机的特征。因此，这一时期西方国家并没有建立起成熟、完善的宏观经济调控政策体系。

1. 20 世纪 30 年代的宏观经济政策

20 世纪 30 年代的大危机使人们对自由放任的经济政策和单纯依靠市场力量来解决市场失灵产生了质疑。原来占统治地位、主张自由放任的古典经济理论渐趋衰落，危机证明了古典经济理论的缺陷，经济活动无法自动恢复到均衡状态，政府即使不干预经济也不能维持经济的稳定发展。面对经济危机，1936 年，美国罗斯福总统实施“新政”，积极采取全面的国家干预宏观经济的政策，使美国从危机中逐渐恢复过来，取得了一定成效。因而，罗斯福“新政”的成功成为政府干预经济的实践依据。

凯恩斯的著作《就业、利息和货币通论》于 1936 年出版，在理论上突破了古典经济学的范畴，对当时的经济现象进行了全面解释，并提出加强政府宏观调控的政策主张。他的理论产生了广泛的影响，成为西方经济学的主流思想，并引发了经济学界的凯恩斯革命。《通论》的出版标志着现代宏观经济学的诞生，同时为宏观经济政策的发展奠定了理论基础，为国家干预经济提供了理论依据。至此，国家干预经济的政策在理论和实践两方面有了支撑，所以在资本主义国家得到了广泛应用。西方国家政府建立了专门的宏观经济管理机构，制定专门的宏观经济调控计划。早期的宏观经济政策目标集中于充分就业，因为经济危机造成大量工人失业、生产力倒退，当时的经济政策主要是为解决经济危机而制定的应对之策，政策手段主要采用财政政策和货币政策以及经济的、法律的、行政的手段来调节经济运行，在此基础上，逐步建立起各具特色的宏观经济调控的政策体系。

2. “二战”之后至20世纪70年代前的宏观经济政策

自20世纪50年代开始，资本主义国家实施国家干预下的市场经济在发展过程中取得了显著成效，于是西方国家政府逐步接受并实施了凯恩斯主义的一系列宏观经济政策。西方各国建立起来的宏观经济调控体系，在反经济危机、优化资源配置、防止失业、保证社会福利等方面都起到了显著作用。从20世纪50～60年代，是现代宏观经济学的形成时期，同时也是凯恩斯主义的鼎盛时期。

萨缪尔森等人将凯恩斯的宏观经济理论与马歇尔的微观经济理论结合起来阐述西方经济学，他于1948年出版了《经济学》教科书第1版，于1961年正式提出“新古典综合”这一术语，由此形成了以萨缪尔森为首的新古典综合学派。在战后的二十多年时间里，新古典综合学派一直居于西方经济学界的正统地位。该学派发展了凯恩斯经济理论：例如，希克斯、汉森提出的IS-LM模型；哈罗德和多马的经济增长理论，在宏观经济学中增加了动态和长期的研究；在失业与通货膨胀相互关系的理论方面有菲利普斯曲线；对总需求进行了专门研究，包括对消费函数和投资函数的研究；所有这些理论的形成与发展，都对“二战”后西方国家的经济政策产生了很大影响。对宏观经济政策的研究是新古典综合派的一个重要贡献，新古典综合派提出了自己的经济政策主张，并受到西方各国政府的重视。

“二战”后，以美国、英国为代表的西方各国政府普遍采用政府全面干预经济的政策，都把实现充分就业、促进经济繁荣作为政府的基本职责。通过实施财政政策和货币政策，并辅以对外经济政策，实现了充分就业的稳定的经济增长，在各国的经济发展中发挥了重要作用。由此，宏观经济政策的发展也进入了一个新时期。

3. 20世纪70年代的宏观经济政策变化

自20世纪70年代开始，西方各国出现了“滞胀”现象，对凯恩斯主义政策提出了挑战。在1973—1975年这次战后的经济危机中，经济衰退与通货膨胀两症并发，出现大量失业和剧烈的通货膨胀，这使原有的宏观经济调控机制受到重挫，也使各国政府开始对国家干预经济的政策进行反思。新古典综合派无法在理论上解释这种现象，相应地也提不出消除“滞胀”的政策。于是，西方经济学的各个学派纷纷提出自己的政策主张，主要包括货币主义学派、理性预期学派、供给学派和新自由主义学派。这一时期，最重要的特征是自由放任思潮的复兴，总体而言主张减少国家干预，加强市场机制的调节作用。

货币学派以弗里德曼为代表，他自称是“凯恩斯革命的反革命”，于20世纪50年代中期开始在美国出现，至70年代获得迅速发展，是当代自由主义流派中影响最大的一个。该学派反对凯恩斯主义的财政政策和需求管理政策，强调货币政策的作用，认为货币在短期中是影响产量、就业和物价变化的最主要因素，因而政府能够实行的唯一政策就是控制货币供给。理性预期学派以卢卡斯、萨金特、华莱士为代表，它是在20世纪70年代后期，从货币学派中分离出来的一个学派，该学派强调“理性预期”对经济行为和经济决策的影响与作用，认为具有理性预期的经济人会预料到政府政策的后果而采取对策，从而使经济政策无效。供给学派以拉弗、费尔德斯坦等人为代表，由于当时美国总统里根的推崇而受到重视。该学派反对凯恩斯主义的需求管理政策，认为供给会创造需求，注重刺激生产即供给，采取大幅减税的手段，然而美国的“滞胀”非但没减轻，反而加重。新自由主义学派以哈耶克为代表，他是当代最彻底的自由主义经济学家，反对任何形式的政府干预。

在各种经济思潮流派纷呈的背景下，西方国家的宏观经济调控政策进行了较大的变革。经济政策的自由化和多样化，成为这一时期宏观经济政策的重要发展特征，并呈现出一些新特点：如开始注重微观财政政策和微观货币政策的运用；注意收入物价管制；注重控制货币发行量；注重人力资本培训等。

4. 20 世纪 80 年代之后的宏观经济政策变化

从 20 世纪 80 年代开始，西方各国政府为避免出现“滞胀”而纷纷调整宏观经济政策，出现新的特点和发展趋势，主要集中体现出两方面的特点：其一，宏观调控微观化——从需求管理到供给管理，政府对经济控制的领域由需求方面扩展到供给，其核心是减少政府对影响供给的微观因素的束缚，充分发挥市场机制的作用。其二，宏观调控间接化——从直接控制到间接控制，70 年代末广泛存在于西方各国的政府直接控制，部分是缘于应对“滞胀”，部分是由于凯恩斯主义强调政府干预思想的影响，这种直接控制方法虽然在短期内有效，但副作用极大。至 80 年代初，大部分西方国家进行了由直接控制向间接控制转变的变革，改变了政府对经济实行无限干预的状况。

这一时期实行的经济政策具体包括如下几方面：①财政政策方面。首先是短期调节向长期调节转化；其次是普遍实行巩固性财政政策；再次是大规模减少政府开支，实行减税，刺激供给，并开始注意税收政策对其他结构性调整政策的作用，实行直接控制转为间接控制的改革。②货币政策方面。从控制总需求、降低失业率和促进经济增长逐步转向治理通货膨胀；此外，开始关注利率的调整对汇率的影响。③财政政策与货币政策的协调方面。财政政策和货币政策由一致的扩张或紧缩逐步向相互协调、松紧搭配的政策转变。④结构性政策和其他政策。与财政政策和货币政策相配合的收入政策逐步被结构性政策所取代，其他的如产业政策、交通、教育等相关政策逐渐对经济生活产生广泛影响。

20 世纪 80 年代，一些凯恩斯主义者吸收了部分新古典学派的理论和方法并加以发展，在凯恩斯主义基本观点的基础上，逐步形成了新凯恩斯主义经济学，认为国家干预经济的政策仍会有积极作用。但它不是对凯恩斯主义的简单沿袭，而是吸纳了其他各派的精华，针对凯恩斯主义所受到的批评，在理论上进行了充实和发展。它使凯恩斯主义走出了困境，重获生机。其代表人物多数是美国经济学家，如 G.曼昆(Mankiw)、B.伯纳克(Bernanke)、Q.A.阿克洛夫(Akerlof)等人。这个时期宏观经济政策的特点是：巩固性财政政策在各发达国家十分盛行，其基本目标是通过消除财政赤字、减少公共债务，改善经济增长的条件。货币政策基本仍以物价稳定为基本目标，降低利率、有限增加货币供给量仍被用以进行短期的需求调节，以促进经济增长。另一个令人关注的现象是宏观经济政策的国际协调正在加强。从目前西方国家所采取的宏观经济政策来看，虽然凯恩斯主义曾经一度衰落，但并未完全被经济自由主义所取代。例如，1992 年美国总统克林顿上台后，又强调了国家干预政策，以政府力量振兴美国经济。

纵观西方国家宏观经济政策的发展脉络，可以发现，其演进路径无非是国家干预和经济自由两大思潮的不断交替和反复。经济政策是经济理论发展的反映，而经济理论是为解决经济实践问题而产生的。随着时间的变化，各个国家在未来仍会出现各类不同的经济问题，而经济理论和经济政策亦会不断地发展变化，以适应解决实践问题的需要。

【专栏 12-1】美国经济政策的演变

“二战”后美国的经济大致可分四个阶段：20 世纪 50～60 年代的恢复增长阶段；70 年代的滞胀阶段；80 年代的缓慢增长阶段及 90 年代的高速增长阶段。美国的宏观经济政策在这四个阶段中的侧重点各有不同。

(1) 20 世纪 50～60 年代的恢复增长阶段

在经历了 20 世纪 30 年代的经济危机之后，政府干预经济已走上宏观经济的舞台。在 50～60 年代，积极的宏观经济政策在美国取得了巨大成效：失业率在 1965 年下降到 4.4%，在 60 年代其余各个年份均低于 4%，实际 GDP 的增长率在 1964—1966 年达到了 5.5%左右。在整个 50～60 年代，美国经济处于高就业和价格稳定的状态。这一时期宏观经济政策的重心是需求管理。

(2) 20 世纪 70 年代的滞胀阶段

面对滞胀局面，美国政府转变了宏观经济政策的重点：经济政策的重心转为抑制通货膨胀；调整所有制结构；调整社会福利制度；调整对外经济政策，推行新贸易法。由此可看出，美国 20 世纪 70 年代宏观经济政策的突出特点是：调节的范围由局部调节转为全面调节；调节的手段由以财政政策为以主转为以货币政策为主。

(3) 20 世纪 80 年代的缓慢增长阶段

在 20 世纪 80 年代初期，美国再次遭遇经济危机。政府开始重新调整经济政策，主要包括：大幅削减税收；调整产业政策；采用紧缩性货币政策。这一时期的宏观经济政策倾向于供给管理，而且财政政策和货币政策的微观化倾向显著。

(4) 20 世纪 90 年代的高增长低通胀阶段

这一时期主要的政策变化有：采用平衡的财政政策，财政政策由鼓励型转为市场型，平衡预算是其突出特征；实施中性的货币政策，保持中性利率，政府不再试图影响或操纵各种经济变量，以刺激或抑制经济增长；在产业政策上，推动产业技术进步，政府选择了以技术振兴经济的道路；加强经济外交，实行以开拓国外市场为核心的贸易政策。因此，美国经济在 20 世纪 90 年代实现了持续的低通胀、高增长的发展阶段。

(资料来源：经济学教材编写组编. 宏观经济学——教学参考书. 北京：科学出版社，2005，7～8 页)

二、宏观经济政策目标

宏观经济政策的目标主要包括充分就业、价格稳定、经济持续稳定增长和国际收支平衡四大目标。

1. 充分就业

充分就业是宏观经济政策的首要目标，它是指不存在非自愿失业的一种状态。维持充分就业是指政府要保证凡是有工作能力且有就业愿望的人，都能在较合理的条件下随时找到适当的工作。充分就业既是经济繁荣的标志，也是社会公平和社会稳定的标志。凯恩斯把失业分为摩擦失业、自愿和非自愿失业三大类，此外，西方学者还提出存在结构性失业和周期性失业等。摩擦失业、自愿失业是难以消除的，因此充分就业的目标是针对非自愿失业而论的。

评价一国是否达到充分就业往往采用失业率作为衡量标准，失业率是指失业者人数占劳动力人数的比例。货币主义针对凯恩斯的“非自愿失业”，提出了“自然失业率”的概念，它是指在没有货币因素干扰的情况下，让劳动市场和商品市场自发供求力量作用时，总需求和总供给处于均衡状态的失业率。需要注意的是，充分就业并不等于失业率为零，因为一国的失业除了非自愿失业外，还存在摩擦性失业和自愿失业。当今世界各国均不可能做到 100%的就业，充分就业仅意味着失业率保持在一个尽可能低的水平上。充分就业之所以如此重要，是由于高失业率在给人们造成许多痛苦的同时，也造成了社会经济资源的浪费和产出量的下降。所以，各国政府都非常重视就业问题。

一国不应盲目追求高就业率，因为不适当的高就业率势必与资源和技术等产生矛盾，若勉强维持高就业率，则会造成生产低效和隐性失业，亦会引致通货膨胀。因此，应在生产要素优化配置的前提下把失业率降至最低水平。那么，失业率为多少才算实现了充分就业呢？目前多数西方学者认为 4%～6%的失业率是正常的。由于各国国情不同，一个国家的失业率应为多少，应该由各国根据本国的经济社会发展状况和可容忍的失业程度来确定，以对本国经济发展有利为最终目的。

2. 价格稳定

价格稳定是指价格总水平的稳定，通常用价格指数来表示一般价格水平的变化。价格指数是表示若干种商品价格水平的指数，它主要包括消费物价指数(CPI)、批发物价指数(PPI)、国内生产总值(GDP)折算指数。价格稳定是国民经济比例协调、经济稳定的综合反映，而保持价格稳定是指政府设法使一般物价水平在短期内不发生急剧的波动。因为一般物价水平的持续上升即通货膨胀对一国经济和社会都会造成许多危害，通货膨胀所带来的冲击往往会引起经济与社会的动荡。但应注意的是，价格稳定并不是指每种商品的价格固定不变，而是指价格指数的相对稳定，即不出现较严重的通货膨胀。

物价基本稳定的标志是：价格指数每年自发上涨的幅度在 2%～3%内，考虑到价格的结构性调整，价格指数的年上涨率应保持在 5%～7%以内。要保持这样的比率，政府就必须把财政赤字、通货增发量、总供求差率控制在严格限度之内。在经济实践中，政府到底应该将一般物价水平控制在什么水平上才算稳定，还要视各国的具体情况和居民的承受力而定。大多数国家的目标都是想把物价波动控制在较小的幅度内，以利于本国经济的发展。一些西方国家为摆脱生产过剩的危机，在一定时期内实行通货膨胀政策以刺激需求，但不可能长久维持下去。一些发展中国家为了刺激经济发展而实施通货膨胀政策，却往往陷入严重的通货膨胀而难以自拔，国民经济不仅没有加速发展，反而受到严重破坏。

3. 经济增长

经济增长是指一国在一个特定时期内经济社会所生产的人均产量和人均收入的持续增长。通常用一定时期内实际国内生产总值(或国民生产总值)的年均增长率来衡量。经济增长是国民经济稳定、比例协调、效益提高的结果，所以政府应努力使经济持续适度增长。

从广义上讲，经济增长还包括有效利用现有资源与劳动力创造出更多的商品和劳务。经济增长反映了一国的经济发展水平，它是所有经济政策的目标。经济增长率以多高为宜，因各个国家和地区经济条件的不同而不同。一般来说，在发展中国家，1%～3%为低速增长，4%～5%为中速增长，6%～10%为高速增长，10%以上为超高速增长。根据我国的实际情况，一些学者认为，国民经济若能在多数年份保持 8%～9%的增长率，在其他年份略高于或略低于这一增长率，则比较理想。由于各地的经济条件不同，增长率会有一定差别，条件好的地区可以争取更高的经济增长率。

4. 国际收支平衡

国际收支是指一国在一定时期(通常为一年)内与其他国家之间由于政治、经济、文化往来所引起的全部货币收支。它是一国国民经济的重要组成部分，反映了一国对外经济活动的范围、规模和特点，也反映了该国在国际经济中的地位和作用。国际收支平衡就是指一国的国际收入(大致)等于国际支出，它对于一国的货币稳定、经济稳定与发展的关系极大。随着经济全球化的发展，国际之间的经济交往日趋密切，因而如何平衡国际收支成为一国宏观经济政策的重要目标之一。

一国的国际收支状况不仅反映了该国的对外经济交往状况，也反映出该国经济的稳定程度。当一国的国际收支处于失衡状态时，必然会对国内经济形成冲击，从而影响该国国内的就业水平、价格水平以及经济增长。在国际收支平衡中，重要的是外汇收支差额和偿债率要适当。一个国家应保有一定的外汇结存，以保持外债偿还能力和国际金融信誉，但外汇结存数量应保持适度，如果过高则不能充分发挥外汇的使用效率。一国在利用外资时，可以有适度规模的外债，其标志是合理的偿债率(即一定时期内外债还本付息额与同期出口收汇总额的比率)。国际上一般把 20%的偿债率作为警戒线。

宏观经济政策的各个目标之间存在着既统一又矛盾的关系。从长期看，这些目标之间是统一的，相辅相成的。但从短期看，它们之间却存在矛盾。统一性表现在：充分就业会促进经济增长，价格稳定是经济增长的根本，国际收支平衡有利于一国的物价稳定、充分就业与经济增长。矛盾表现在：经济快速增长有利于实现充分就业，但会使价格水平波动较大，出现通货膨胀；同时，导致大量商品进口而形成国际收支不平衡；当经济增长速度趋缓时，在价格稳定的同时会使失业率提高。因此，如何将宏观经济目标结合起来，是各国政府所面临的一大难题。政府在制定经济政策时应根据不同时期的具体社会经济状况而有所侧重，使各种政策相互配合、协调一致。应该注意的是，不能只追求单一目标，而必须综合考虑，否则会带来经济上和政治上的负面效果。政府在制定经济目标和经济政策时应做整体性宏观战略考虑，使经济目标之间实现最优组合。

第二节 财政政策与货币政策

一、财政政策

财政政策是国家干预和调节经济的主要政策之一，它是指政府为了达到既定的经济目标，通过财政支出与税收来调节经济的政策。国家财政由政府收入和支出两方面构成，其中，政府收入包括税收和公债两部分，政府支出包括政府购买和转移支付。

(一)财政政策的构成

财政政策主要由财政收入和财政支出两方面构成。早期的财政政策主要用于满足财政自身收支的需要，后来逐步发展为调节国民经济总收入与总支出，实现政府经济目标的手段。

1. 财政收入政策

财政收入是指政府各级收入的总额，它来源于税收和公债。

税收是财政收入的主要来源，根据不同标准可对税收进行不同分类。根据纳税方式的不同，税收分为直接税和间接税。所谓直接和间接是针对收入而言的，针对人们收入而征收的税即直接税，否则为间接税。直接税是纳税人不能转嫁的税收，如所得税、财产税等。间接税的税收负担不很肯定，可以转嫁出去部分负担，如流转税等。

根据课税对象，税收可分为财产税、所得税和流转税(货物税)三类。财产税是对不动产、房地产，即土地和土地上的建筑等所征收的税。遗产税一般包含在财产税中。所得税是对个人和公司的收入征收的税，如个人的工薪收入和股票、债券、存款等资产的收入及公司的利润等。在西方国家的税收中，所得税占了很大比重。所以，所得税的税率变动会对经济活动产生较大影响。财产税和所得税又称直接税，因为它们都是由纳税人直接负担而不能转嫁给别人的税。流转税是对生产、流通和消费等各个环节的征税，增值税是流转税的主要税种之一。流转税又称间接税，因为它是通过生产者和销售者提高商品的价格，至少把一部分税收负担转嫁给了最终消费者。

根据收入中被扣除的比例，税收又可分为累进税、累退税和比例税。累进税是税率随着征税客体总量增加而增加的一种税。所得税多属于此类。累退税是税率随着征税客体总量增加而减少的一种税。比例税是税率不随征税客体总量变动而变动的一种税，它是按固定比例征收的税。财产税和货物税多属于比例税。这三种税收通过税率大小和变动方向反映税负轻重和税收总量的关系。因此，税率的大小和变动方向对经济活动如个人收入和消费直接产生很大的影响。

公债是政府财政收入的又一组成部分，是政府运用信用筹集财政资金的特殊形式。政府可通过发行债券来筹集资金，如美国政府发行的债券包括国库券、政府票据、政府债券，也可以向外国政府、金融机构和一些国际组织借款。这里主要指内债，即对本国公众的债务。公债不同于税收，它是政府对公众的债务，包括中央政府的债务和地方政府的债务，中央政府的债务称为国债。政府借债一般有短期债、中期债和长期债三种形式。短期国债一般通过进入短期资本市场(货币市场)出售国库券而获得，期限不超过一年，利息较低。中长期国债一般通过发行中长期债券获得，中期期限为 1～5 年，长期国债一般为 5 年以上。由于时间价值和风险因素，中长期债的利息一般较高。中长期债券是西方国家长期资金市场(资本市场)最主要的交易手段之一。政府发行公债能起到双重作用：一方面能筹集资金，增加财政收入，弥补财政赤字，影响财政收支；另一方面可以调节货币的供求，对包括货币市场和资本市场在内的金融市场的扩张和收缩起到重要的调节作用，从而调节社会的总需求水平，对经济产生刺激或抑制作用。所以，发行公债是实现财政政策目标必不可少的工具。

2. 财政支出政策

财政支出是指一个国家各级政府支出的总和，它由许多具体的支出项目构成。按照国民收入核算体系的分类，财政支出主要可以分为政府购买和政府转移支付两大类。政府购买是指政府对商品和劳务的购买支出，主要包括军需品、机关办公用品、支付给政府雇员的薪金以及公共工程项目所需的支出等。政府购买是一种实质性支出，存在商品和劳务的实际交易，它是以取得本年被生产出来的产品和劳务为补偿的支出，因而直接形成社会需求和社会购买力，是国民收入的一个重要组成部分，直接影响到社会总需求的规模。

政府转移支付是指政府在社会福利保险、贫困救济和补助等方面的支出，包括社会保障、社会福利支出、政府对农业的补贴以及公债利息。政府转移支付不同于政府购买，是一种货币性支出，不能算作国民收入的组成部分。因为政府在付出货币时并无相应的商品和劳务的交换发生，它是政府通过将收入在不同社会成员之间进行转移和重新分配，全社会的总收入并没有改变。政府转移支付的增减对社会总支出有重要的调节作用，也是一项重要的财政政策工具。

(二)财政政策的内在稳定器作用

自动的财政政策又称为内在稳定器或自动稳定器，是指那些对国民收入水平的变化自动起到缓冲作用的财政调节工具，是经济中一种自动的作用机制。它能够在经济繁荣时自动抑制膨胀，在经济衰退时自动减轻萧条，无需政府干预。在西方国家，“二战”后经济危机比战前波动幅度减小，衰退和萧条的持续时间也大为缩短，就是政府积极运用了宏观财政政策和财政制度的自动稳定器两种力量作用的结果。这种财政政策的自动稳定器作用主要有以下内容。

1. 税收的自动变化

税收中的所得税是一个重要的自动稳定器。个人所得税和公司所得税有其固定的起征点和税率，可以起到内在稳定器的作用。在税率不变的情况下，当经济萧条时，国民收入水平下降，由于个人收入和公司收入都减少，使政府税收自动减少，从而抑制消费和投资的减少，有助于减轻经济萧条的程度。当经济繁荣时，失业率较低，由于收入水平的增加，政府税收也会自动增加，使个人可支配收入的增加少一些，从而抑制消费和投资的增加，在一定程度上有助于减轻由于需求过大而引起的通货膨胀。

2. 政府转移支付的自动变化

政府转移支付主要指政府的失业救济和其他各种社会福利支出，这类转移支付均有其固定的发放标准。在经济萧条时期，失业人数和需要补助的人数增加，使得政府转移支付会自动增加，这样可以减少个人可支配收入下降，也会减少消费需求的下降程度，从而有助于减轻经济萧条的程度。在经济繁荣时期，失业率下降，失业人数和需要补助的人数减少，使政府转移支付会自动减少，抑制了可支配收入的增加，从而抑制消费和投资的增加，有助于减轻由于需求过大而引起的通货膨胀。

3. 农产品价格维持制度

在经济萧条时期，农产品价格下跌，政府按照农产品价格维持制度，以支持价格收购农产品，可以使农民的收入和消费维持在一定水平上，不会因国民收入水平的下降而减少太多，起到刺激消费和抑制总需求下降的作用。在经济繁荣时期，国民收入水平提高使整体价格水平上升，农产品价格上涨，此时政府减少对农产品的收购并抛售农产品，限制了农产品价格上升，从而抑制了农民收入和消费的过度增加，在一定程度上限制了总需求的扩张，防止通货膨胀的发生。

应该指出的是，虽然财政的内在稳定器作用无需政府做出任何决策，但其调节经济的作用是有限的，往往是只在轻微的经济萧条或通货膨胀中有效。它只能减轻萧条或通货膨胀的程度，并不能改变萧条或通货膨胀的总趋势；只能起到自动配合财政政策的作用，并不能代替财政政策。因此，虽然某些财政政策具有内在稳定器的作用，但仍需要政府有意识地运用财政政策来调节经济。

(三)财政政策的运用

财政政策的运用是指政府通过开支与收入来调节经济，即通过财政支出和税收直接影响消费需求和投资需求，以使总需求和总供给相适应，从而防止经济波动。财政政策的自动稳定器作用是有限的，它只能减轻经济波动而无法消除。所以政府应该有意识地制定改变税收与支出的财政政策，即斟酌使用的财政政策。所谓斟酌使用的财政政策，是指政府根据不同时期的经济状况和财政政策有关手段的特点，相机抉择，采取扩张性的或紧缩性的政策措施，主动改变政府支出和收入，以达到稳定经济、实现充分就业的目标。具体的做法如下。

在经济萧条时期，由于总需求小于总供给，失业率上升，政府就要通过扩张性的财政政策来刺激总需求，以实现充分就业预算平衡。扩张性的财政政策包括增加政府支出与减少税收。增加政府公共工程的支出和购买，有利于刺激私人投资；增加转移支付可以增加个人消费；个人所得税的减少(降低税率)可以使个人可支配收入增加，从而增加消费；减少公司所得税(降低税率)可以使公司收入增加，从而增加投资，刺激总需求。

在经济繁荣时期，由于总需求大于总供给，通货膨胀率上升，政府要通过紧缩性的财政政策来抑制总需求，以稳定物价。紧缩性财政政策包括减少政府支出与增加税收。减少政府公共工程的支出与购买，有利于抑制投资；减少转移支付可以减少个人消费，会抑制总需求；增加个人所得税(提高税率)可以使个人可支配收入减少，从而减少消费；增加公司所得税可以使公司收入减少，从而减少投资，这样会抑制总需求。

运用财政政策的原则是“逆经济风向行事”，即在经济高涨时抑制总需求，使经济不会过度高涨而引起通货膨胀；在经济萧条时，则刺激总需求，使经济不会严重萧条而引起过度失业。斟酌使用的财政政策是功能财政思想的实现和贯彻，亦即凯恩斯主义的“需求管理”。20 世纪 30～60 年代，美国等西方国家就采用了这种“逆经济风向行事”的财政政策，取得了较好的效果，但之后出现的滞胀现象使它受到了质疑。这说明斟酌使用的财政政策的作用也是有限的，在其实行过程中也会受到各种因素的制约，使它的作用难以完全发挥。

(四)赤字财政政策

财政赤字就是政府收入小于支出。在经济萧条时期，采用扩大政府的财政支出、减税等办法都会导致财政赤字。在现实中，许多国家都运用赤字财政政策来刺激经济。其理论源于凯恩斯主义。凯恩斯认为财政政策应该为充分就业服务，因此必须放弃财政收支平衡的旧信条，实行赤字财政政策。因为在非充分就业的状态下，财政支出应该服从于充分就业和经济稳定的需要，采用赤字财政来创造新的有效的需求。当国民收入低于充分就业的收入水平时，政府采取增加支出或减税的扩张性财政政策，以实现充分就业。如果财政起初存在盈余，政府可以减少盈余甚至不惜出现赤字；如果财政起初存在预算赤字，不必担心赤字扩大，还可以出现更大的赤字，坚定地实施扩张政策。这是从反经济周期的需要来利用预算赤字实现充分就业，减少经济波动。

实行赤字财政政策可以通过发行公债的办法来实现，公债政策是赤字财政政策的重要组成部分。公债在发行时，并非直接卖给公众或厂商，因为这样会减少公众或厂商的消费和投资，使赤字财政政策起不到应有的刺激经济的作用。公债由政府卖给中央银行，政府就可以用这些货币来进行各项支出，刺激经济。中央银行购买的政府公债可以作为发行货币的准备金，也可在金融市场上出售。凯恩斯的这种主张以公债弥补财政赤字的政策有两个前提：一是基于对政府具有至高信誉的考虑；二是存在非充分就业状态。若这两个前提不具备，则中央银行用现钞购买公债时，必然扩大货币供应量而导致通货膨胀。

赤字财政政策可以在短期内刺激经济，特别是可以较快地使经济走出衰退，但必须注意：其一，运用货币筹资时会引发通货膨胀；其二，用债务筹资减少了私人储蓄，对长期经济增长不利；其三，只有市场机制有活力，赤字财政政策才有作用。完全依赖赤字财政使经济持久繁荣是不可能的，若长期使用赤字财政会引起赤字依赖症。

二、货币政策

货币政策是指中央银行通过控制货币供应量来调节信贷供给与利率，从而影响投资和社会总需求，以实现既定的宏观经济目标的经济政策。货币政策的运用要比财政政策早得多，它是西方国家干预和调节经济的主要政策之一。20 世纪 30 年代世界经济危机以前的货币政策被称为传统的货币政策，当时，货币政策的主要目标是维护金本位制，保证适度信贷、货币流通，防止过度危机，限制过度投机引起的经济危机等。20 世纪 50 年代，货币政策注重稳定物价、抑制通货膨胀，货币供给量的增加不快。20 世纪 60 年代以后，美国的凯恩斯主义经济学家强调货币政策与财政政策同样重要，主张双管齐下，以促进经济繁荣。运用扩张性货币政策刺激经济，因而使货币供给量迅速增加，以至于引起 70 年代初美国的通货膨胀。70 年代后期，由于通货膨胀的严重，西方各国实际上放弃了凯恩斯的货币政策，采用了货币主义所主张的控制货币供给量的政策。90 年代之后的美国克林顿政府更多地运用货币政策来刺激经济并取得成功。

(一)货币政策工具

货币政策目标是通过一定的货币政策工具来实现的，公开市场业务、法定准备金率、再贴现率是中央银行间接调控金融的三大货币工具。

1. 公开市场业务

它是指中央银行通过在金融市场上公开买卖政府债券来调节货币供给量。公开市场业务是中央银行最常使用也是最重要的货币政策工具。公开市场业务分为两类：一类是主动性的公开市场业务，主要是为了改变准备金水平和基础货币；另一类是被动性的公开市场业务，主要是抵消影响基础货币的其他因素变动所带来的影响。当经济处于萧条期时，需要放松银根刺激经济，中央银行可以买进政府债券以增加货币供给量；反之，当经济处于繁荣期时，需要抑制通货膨胀防止经济过热，中央银行可出售政府债券以减少货币供给量。由于在市场上购买中央政府债券和向中央银行销售政府债券的，主要是金融机构和工商企业，因此，中央银行在公开市场上买卖政府债券可以影响金融机构的信贷规模和工商企业的生产和流通，从而保证经济的稳定协调发展。

公开市场业务具有如下优点：一是主动性，主动权掌握在中央银行手里。中央银行可按一定规模买卖债券，因而比较容易控制银行体系的准备金。二是灵活性，中央银行在市场上出售或购买政府债券的时间、数量和方向都非常灵活。它可以及时改变货币供给的变动方向，变卖出为买进债券，使减少货币供给转为增加货币供给。即使中央银行可能由于判断错误而导致政策失误，亦可及时予以纠正。与改变法定准备金率相比，公开市场业务对货币供应量变动的影响小，且易于操作；与再贴现率政策相比，对货币供应量的影响又大得多。三是隐蔽性，中央银行在市场上买卖政府债券是经常性的业务，它可以根据金融市场的信息不断调整公开市场业务，产生连续性的效果。社会各经济主体不会确切知道它于何时、买卖了多少，所以不易引起经济波动。四是及时性。公开市场业务操作起来迅速及时，当中央银行决定变动基础货币数量时，可以迅速完成交易，执行货币政策。

正是由于公开市场业务具有以上优点，所以发达国家把它作为调控货币供应量的重要手段。然而要有效发挥它的作用还须具备一定条件：一是中央银行必须具有强大的、足以干预和影响整个金融市场的资金实力；二是必须具有相当规范和完善的国内金融市场；三是必须与货币政策的其他工具相配合。

2. 法定存款准备金率

它是指中央银行规定的应付提款需要的准备金在商业银行存款中所占的比例。存款准备金制度是指中央银行通过集中存款准备金和调整存款准备金率来影响商业银行信用规模的程度。这个准备金率以法律形式固定下来，故称法定准备金率。改变法定准备金率可以调整商业银行的过度储备数量，进而调节商业银行的贷款数量。

存款准备金最早只是作为兑付存款的准备，以防银行发生信用危机之用。现代的存款准备金制度已超出该范围，主要是中央银行用以控制信贷规模、约束商业银行信用投放的手段。银行存款创造了多少与法定准备金率成反比。在经济高涨时期，货币流通量过多，中央银行就提高法定存款准备金率，使所有金融机构对每一笔客户的存款需要留出更多的准备金。因此，提高法定准备金率会使商业银行的超额准备金缩减，从而缩小银行的信用创造能力，货币供给量减少，利率随之上升，投资、消费和国民收入随之下降；反之，在经济萧条时期，当货币流通量不足时，中央银行就降低法定准备金率，使商业银行准备金增加，从而扩张银行的信用创造能力，并通过货币乘数效应，来增加货币供给量，使利率下降，刺激投资、消费，国民收入上升。

法定存款准备金政策的优点是：它是一种非常强有力的货币政策工具，影响范围较广。一旦调整法定准备金率，对商业银行所吸收的每一笔存款都起作用，效果非常显著。但是调整法定准备金率的政策也有其缺陷：一是对经济的震动大。调整法定准备金率对金融市场是一种强有力的调节措施，见效快，作用效果十分明显。但是如果频繁变动会给银行带来许多不确定性，容易引起宏观经济的剧烈震动，所以西方国家一般不频繁调整法定存款准备金率，只是将其作为控制货币供应量的基础。二是法定准备金率的确定比较复杂，难以合理化。由于存款的种类较多，银行的大小规模不一，所在地区的经济发展不平衡等原因，政策变化的影响不一致，因而不易做到公平合理。三是对于超额存款准备金很低的商业银行而言，法定存款准备金率的提高会引起严重的流动性不足问题，从而对经济和社会产生不良影响。

3. 再贴现率政策

再贴现率是商业银行及其他金融机构向中央银行借款时的利率。再贴现率政策是中央银行通过制定和调整再贴现率来干预、影响市场利率和货币供应量，间接影响投资和消费需求的宏观经济政策。它是美国中央银行最早运用的货币政策工具。当经济过热时，货币流通量过多，中央银行就提高再贴现率，商业银行向中央银行的借款会减少，使商业银行准备金减少，信贷规模缩减，从而货币供应量会减少。商业银行的贷款利率随之提高，进而使企业投资和居民消费减少，有效地抑制了总需求。反之，当经济衰退时，货币流通量过少。为了刺激经济发展，减少失业，中央银行放宽贴现条件，降低再贴现率，从而使商业银行向中央银行的借款增加，商业银行准备金增加，引起货币供应量多倍增加。商业利率也随之下降，进而引导企业和消费者对货币需求增加，投资和消费需求扩大，从而促进经济的复苏与发展。

再贴现率政策的优点在于：其一，中央银行作为商业银行的“最后贷款人”，防止了社会上的金融恐慌。其二，中央银行可以通过规定再贴现票据的种类，来改变社会资金的流向，从而实现调整产业结构的目标。其三，再贴现政策可作为一种信号表明中央银行未来的政策意向。提高再贴现率时，人们会产生紧缩性的货币政策预期；降低再贴现率时，人们会产生扩张性的货币政策预期。

再贴现率政策的缺点是：其一，改变再贴现率是一项被动的政策，中央银行不能完全控制再贴现率，它取决于商业银行是否配合。中央银行缺乏主动权，它不能强迫商业银行向其借款，如果商业银行不向中央银行借款，则贴现率政策就无法实现了。其二，再贴现率政策缺乏弹性。通过变动再贴现率来调节货币供给，在现实中也存在问题，例如，当商业银行十分缺乏准备金时，即使再提高再贴现率，商业银行仍会向中央银行贴现或借款。因此，再贴现率政策的作用比较有限。

在通常情况下，以上货币政策工具在实践中需要根据实际情况配合使用。例如，当中央银行在公开市场业务中出售债券使利率上升后，再贴现率必须相应提高，以防止商业银行增加贴现，于是商业银行向其客户的贷款利率也提高，以免产生亏损。相反，当中央银行认为需要扩大信用时，在公开市场业务中买进债券的同时，也可同时降低再贴现率。

4. 其他货币政策工具

现代货币政策工具逐渐趋向多元化，除了上述三种主要政策工具外，还有其他货币工具作为辅助性措施可供选择：选择性信用控制(如消费信用控制)、直接信用控制、间接信用控制等。

消费信用控制是指中央银行对不动产以外的耐用消费品的销售融资进行控制。例如，控制分期付款与抵押贷款条件；在需求过度、物价上涨时，可以规定提高消费首付的比例，缩短消费信贷年限；反之，在需求不足时，可以降低消费首付比例和延长贷款年限。其他的选择性信用控制还有垫头规定，即规定购买有价证券必须付出的现金比例。此外，还有不动产信用控制、进口保证金制度等。

直接信用控制是指中央银行以行政命令或其他方式，直接对金融机构尤其是商业银行的信用活动进行控制。直接信用控制工具有规定利率最高限额(即规定商业银行和其他储蓄机构对定期存款和储蓄存款的利息率上限)、信用配额、流动性比率和直接干预等方式。直接信用控制是带有强制性的。

间接信用控制是指中央银行采取的除一般性货币政策、选择性信用控制和直接信用控制以外的其他措施。间接信用控制使用起来比较灵活，而且有利于中央银行与一般金融机构保持密切的合作关系。主要包括两种方式：道义劝说和窗口指导。道义劝说即中央银行运用自身在金融体系中的特殊地位，对商业银行及其他金融机构的贷款、投资业务进行口头或书面劝告，影响其贷款和投资方向，要求商业银行采取与其一致的做法，以达到控制信用的目的。这种劝说没有法律约束力，不是强有力的控制措施，但也有一定作用。例如，在经济衰退时期，鼓励银行扩大贷款；在通货膨胀时期，劝阻银行不要任意扩大信用。窗口指导是指中央银行根据物价变动趋势和金融市场状况，规定商业银行每季度贷款的增减额，并要求执行。

从各国的宏观经济调控实践来看，货币政策在宏观经济政策中的作用是不断加强的。在实际经济运行过程中，中央银行应该选择哪种货币政策工具来实现既定的货币政策目标，需要根据具体的经济状况和金融环境来决定。

(二)货币政策的运用

在不同的经济形势下，中央银行需要运用不同的货币政策来调节经济。货币政策的运用分为扩张性货币政策和紧缩性货币政策。货币政策运用的原则是“逆风向行事”，即当市场的货币供应量过多时，采取紧缩性的货币政策；当市场的货币供应量不足时，采取扩张性的货币政策。

扩张性的货币政策即通过增加货币供应量，降低利率来刺激总需求。在经济萧条时期，总需求小于总供给，有效需求不足，为了刺激总需求，就应该运用扩张性货币政策，主要包括在公开市场上买进有价证券，降低贴现率并放松贴现条件，降低准备金率等。这些政策和措施可以增加货币供给量，使利率下降借贷增加，刺激社会总需求。

紧缩性的货币政策即通过减少货币供应量，使利率上升，信贷规模紧缩，抑制消费和投资的增长，降低总需求水平。在经济繁荣时期，总需求大于总供给，为了抑制总需求，就需运用紧缩性货币政策。主要包括在公开市场上卖出有价证券，提高贴现率并严格贴现条件，提高准备金率等。这些措施可以减少货币供应量，提高利率，抑制总需求等。

对于货币政策的具体运用，西方各国的情况是不尽相同的。20 世纪 70 年代中后期，货币主义的货币政策在美国、英国等国逐渐取代了凯恩斯主义的货币政策，但在更多的国家，至今仍以凯恩斯主义的货币政策为主。

(三)货币主义的货币政策

西方发达国家在 20 世纪 60 年代末开始出现日益严重的滞胀现象，凯恩斯主义无法提出合理解释和有效的解决措施，于是，70 年代以后，货币主义迅速发展。以弗里德曼为首的货币主义者向凯恩斯主义者提出了挑战，强调货币政策在宏观经济调控方面的重要性。

货币主义的货币政策不同于需求管理，其理论基础是现代货币数量论，即认为影响国民收入与价格水平的不是利率而是货币量，这是由人们对财富形式的选择所决定的。人们的财富具有多种形式——货币、债券、股票、住宅、耐用消费品等，人们在保存财富时可以在各种财富形式中进行选择。在此前提下，货币供给量的变动不仅影响利率，而且影响各种形式的资产的相对价格。在增加货币供给量后，各种资产的价格上升，从而直接刺激生产，使国民收入增加，并使整体价格水平上升。

货币主义者反对把利率作为货币政策的目标，他们的货币政策目标是保持物价稳定。他们认为物价稳定十分重要，因为通货膨胀不仅导致市场功能消失，而且破坏自由经济的正常发展。政府应该集中精力抑制通货膨胀，实现物价稳定。

货币主义者还认为，货币政策不应该是一项刺激总需求的政策，而应该作为防止货币本身成为经济失调的根源的政策，为经济发展提供一个稳定的环境，并抵消其他因素所引起的波动。因此，货币政策不应该是多变的，应该以控制货币供给量为中心，即根据经济增长的需要，按固定比率增加货币供给量，也被称为“简单规则的货币政策”。这种政策可以抑制通货膨胀，为经济发展创造良好的环境。

【专栏 12-2】中央银行新一轮的货币政策

1. 加大公开市场操作的力度

2007 年第一季度，中国人民银行针对银行体系流动性总体宽松的情况，搭配使用公开市场操作和存款准备金等对冲工具，基本全额对冲外汇占款投放的流动性。具体包括以下几个方面：一是加大央行票据发行力度。二是适时延长央行票据期限。三是适量提供短期流动性。通过短期逆回购操作向银行体系注入流动性资金 900 亿元，不仅缓解了节前金融机构的资金压力，而且为央行票据发行创造了相对平稳的市场环境。四是市场化发行央行票据与定向发行央行票据相结合。五是引导央行票据发行利率适度上行。

2. 适时运用存款准备金率工具

在国际收支顺差继续增加的情况下，为保持流动性水平基本适度，中国人民银行先后于 1 月 15 日和 2 月 25 日实施上调人民币存款准备金率各 0.5 个百分点，共冻结流动性资金约 3300 亿元。根据流动性资金的动态变化，于 4 月 5 日、4 月 29 日宣布再次上调人民币存款准备金率 0.5 个百分点，分别于 4 月 16 日、5 月 15 日实施。5 月调整后，普通存款类金融机构将执行 11%的存款准备金率标准。央行今年共 4 次动用这一货币政策工具，也是自 2006 年以来第 7 次上调存款准备金率(2006 年 7 月 5 日、8 月 15 日、11 月 15 日)。搭配使用存款准备金和央行票据等对冲工具，有利于增强中央银行回收多余流动性的主动性和有效性，有利于适当调节商业银行信贷扩张能力，保持货币信贷总量适度增长。在如此短的时间内频繁使用存款准备金利率这一工具在我国央行的历史前所未有，这也显示了央行对控制流动性过剩局面的决心。

3. 发挥利率杠杆的调控作用

自 2007 年 3 月 18 日起，中国人民银行上调金融机构人民币存贷款基准利率。金融机构一年期存款基准利率上调 0.27 个百分点，由 2.52%提高到 2.79%；一年期贷款基准利率上调 0.27 个百分点，由 6.12%提高到 6.39%；其他各档次存贷款基准利率也相应调整。这是央行自 2007 年以来首次上调银行基准利率。上调金融机构人民币存贷款基准利率，有利于引导货币信贷和投资的合理增长；有利于维护价格总水平基本稳定；有利于金融体系稳健运行；有利于经济平衡增长和结构优化，促进国民经济又好又快的发展。

4. 加强“窗口指导”和信贷政策引导

针对贷款扩张压力较大的势头，中国人民银行加强对金融机构“窗口指导”和信贷政策引导，要求商业银行高度重视贷款过快增长可能产生的风险，合理控制信贷投放规模和进度。引导商业银行转变过分依赖信贷业务的发展模式，增强持续盈利能力。

央行表示，人民银行将继续执行稳健的货币政策，加强银行体系流动性管理，引导货币信贷合理增长。人民银行会继续运用存款准备金率这一“常规化”的手段，同时还需要增发“定向票据”，与银监部门配合运用“窗口指导”等工具，综合运用，形成合力。

(资料来源：中国人民银行货币政策分析小组. 中国货币政策执行报告(2007 年第一季度). 金融时报网(http://www.financialnews.com.cn)，2007.5.11)

第三节　财政政策与货币政策效应

财政政策和货币政策是政府进行总需求管理的两大基本经济政策，二者是相互影响、相互渗透的。它们是政策抑制通货膨胀或克服经济衰退的主要手段，当经济过热时，各国普遍采取紧缩性的财政政策和货币政策，以抑制经济增长；当经济萧条时，各国一般会采取扩张性的财政政策和货币政策。扩张性的财政政策和货币政策能产生增加国民收入的效果，而紧缩性的财政政策和货币政策则产生减少国民收入的效果。因此，在宏观经济政策的实施过程中，应该使财政政策和货币政策相互协调，寻求理想的政策组合。

一、财政政策效应

(一)财政政策的挤出效应

财政政策的挤出效应是指政府开支增加所引起的私人支出减少，即以政府开支代替了私人开支，因而扩张性财政政策刺激经济的作用就被减弱。财政政策产生挤出效应的重要原因是政府支出增加引起了利率上升，而利率上升会引起私人投资与消费减少。

挤出效应是如何发生的呢？政府支出增加使社会总需求增加，价格上涨，在非充分就业的经济中，总需求增加导致国民收入增加，实际货币供应量减少，货币需求大于货币供给，因而引起利率上升，利率上升会使私人投资水平下降。因此，在非充分就业的经济中，政府支出会部分挤出私人投资支出，但不会完全挤出私人投资支出。在充分就业的经济中，长期内，政府支出增加会完全挤出私人投资支出。在 IS-LM 模型中，若 LM 曲线不变，右移 IS 曲线，两种市场同时均衡时会引起利率的上升和国民收入的增加。但这一增加的国民收入小于不考虑货币市场的均衡或利率不变条件下的国民收入的增量，这两种情况下的国民收入增量之差，就是利率上升而引起的“挤出效应”。然而在经济未达到充分就业状态之前，挤出效应并不明显，此时政府增加支出的财政政策仍然有效。

财政政策挤出效应的大小取决于多种因素，其中，投资的利率敏感程度和货币的利率敏感程度是决定挤出效应大小的关键因素。①投资需求对利率变动的敏感程度。挤出效应与投资的利率敏感程度正相关。投资需求对利率变动越敏感，一定量的利率水平的变动会引起投资需求更大幅度的变动，因而挤出效应就越大；反之，投资需求对利率变动越不敏感，则挤出效应就越小。②货币需求对利率变动的敏感程度。挤出效应与货币的利率敏感程度负相关。货币需求对利率变动越敏感，货币需求较小的变动会引起利率更大幅度的变动。所以政府支出增加引起货币需求增加所导致的利率上升会越多，因而对投资支出的挤出也越多，挤出效应就越大；反之，则挤出效应越小。此外，挤出效应的大小还取决于货币需求对收入变动的敏感程度、政府支出乘数的大小等。

在实现充分就业的情况下，挤出效应最大，接近于 1，即政府的支出增加等于私人支出的减少，扩张性财政政策对经济没产生刺激作用。在非充分就业的情况下，挤出效应大于 0 而小于 1，其大小主要取决于政府支出增加所引起的利率上升的大小。利率上升高，挤出效应就大；反之，利率上升低，则挤出效应小。一般来说，从 LM、IS 曲线的斜率也可以判断挤出效应的大小。

不同的西方经济学派对财政政策挤出效应的大小持不同观点。凯恩斯主义者认为，财政政策的挤出效应不大，因为货币需求会对利率变动做出反应。由于货币投机需求的存在，因而当利率上升时，货币需求会减少。在货币供给不变的情况下，当财政政策引起利率上升时，货币需求减少。这会抑制利率的进一步上升，甚至会使利率下降，从而利率上升有限，挤出效应小。货币主义者认为，财政政策挤出效应大，甚至是 1，因此财政政策的效应不大，甚至无用。货币需求只取决于收入，而不是取决于利率，即货币需求对利率变动没什么反应。利率上升并不会使货币需求减少，从而利率的上升就会引起挤出效应，使财政政策起不到刺激经济的作用。

(二)财政政策的效果

政府通过调节财政收入和支出的变动影响宏观经济活动的水平，实现既定的经济目标。财政政策效果是指政府收支变化(包括税收变动、政府购买和转移支付等)使 IS 变动(IS 曲线移动)，对国民收入变动的影响。财政政策的效果大小主要取决于财政政策对国民收入变动的影响程度的大小。这种影响的大小与 IS 曲线和 LM 曲线的斜率有很大的关系。

若 LM 曲线不变，财政政策的效果会随着 IS 曲线斜率的不同而不同。IS 曲线的斜率绝对值越大，即 IS 曲线越陡，它的移动就使国民收入的变化越大，亦即财政政策的效果越大；反之，若 IS 曲线比较平坦，则它的移动就使国民收入的变化较小，即财政政策的效果就小，如图 12.1 所示。

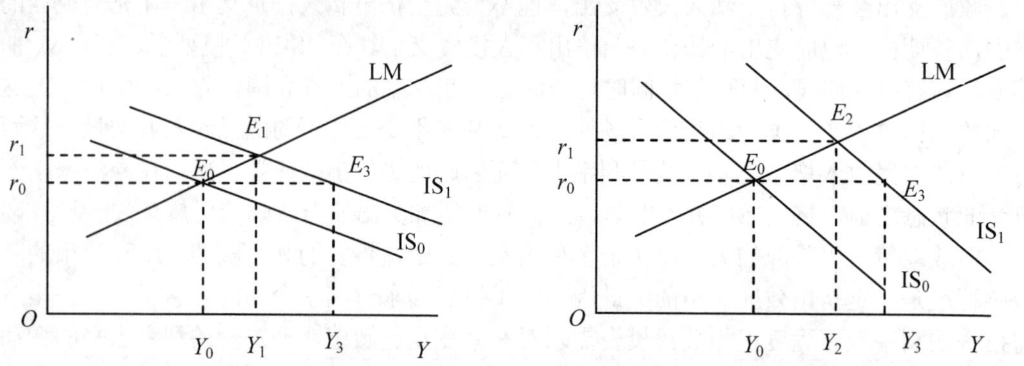

(a) 财政政策效果小　　(b) 财政政策效果大

图 12.1　财政政策效果因 IS 曲线斜率而不同

假定 LM 曲线相同，初始均衡国民收入为 Y_0，利率为 r_0，为实施扩张性财政政策，假定政府增加的支出相同，则导致 IS_0 曲线右移至 IS_1，右移的距离相等，但是国民收入并没有按乘数原理增加到 Y_3，而是仅增加到了 Y_1 和 Y_2。原因在于 IS 曲线右移，国民收入增加，因而对货币的交易需求增加，但货币供给没有变化，所以用于投机需求的货币必须减少，从而使利率上升。利率上升抑制了私人投资，即所谓的“挤出效应”，其中减少的国民收入部分称为挤出效应。由于政府“挤出”了私人投资，所以新的均衡点只能位于 E_1 和 E_2，国民收入不能从 Y_0 增加到 Y_3，而只能增加到 Y_1 和 Y_2。

若 IS 曲线的斜率不变，财政政策的效果会随着 LM 曲线斜率的不同而不同。LM 曲线的斜率越小则其形态越平坦，IS 曲线的移动就使国民收入的变化越大，即财政政策的效果越大；反之，若 LM 曲线比较陡，则 IS 曲线的移动就使国民收入的变化较小，即财政政策的效果就越小，如图 12.2 所示。

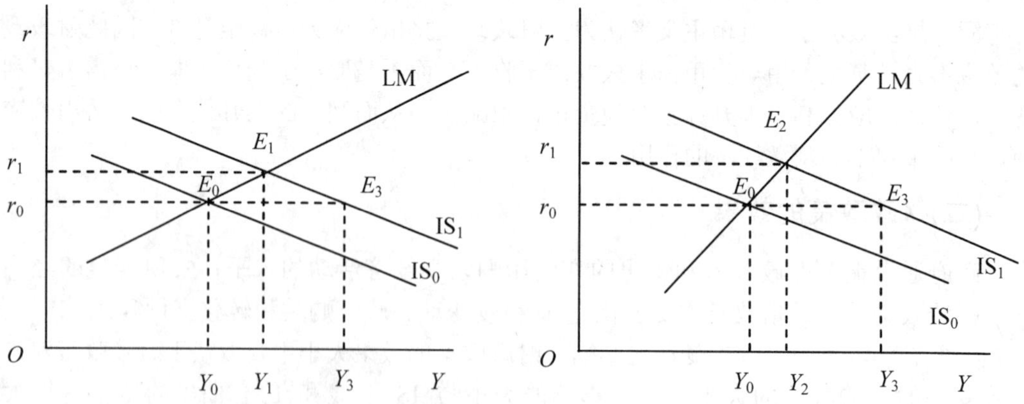

(a) 财政政策效果大　　(b) 财政政策效果小

图 12.2　财政政策效果因 LM 曲线斜率而不同

假定 IS 曲线的斜率相同，LM 曲线的斜率不同，初始均衡国民收入为 Y_0，利率为 r_0。以政府实行扩张性财政政策为例，假定政府增加同样的支出，则导致 IS_0 曲线右移至 IS_1，右移的距离相等，它等于政府支出乘数乘以政府支出增加额。然而由于政府支出“挤出”私人投资，所以新的均衡点只能位于 E_1 和 E_2，国民收入不可能从 Y_0 增加到 Y_3，而只能增加到 Y_1 和 Y_2。

二、货币政策效应

货币政策的效果是指一国政府通过中央银行对货币供给进行调节，使 LM 曲线移动，对国民收入变动的影响。货币政策效果的大小主要取决于货币政策对国民收入变动的影响程度的大小，它同样取决于 IS 和 LM 曲线的斜率。

LM 曲线的斜率不变时，货币政策的效果会随着 IS 曲线斜率的不同而不同。IS 曲线斜率的绝对值越小，即 IS 曲线越平坦，LM 曲线的移动对国民收入变动的影响就越大，即货币政策的效果越大；反之，IS 曲线越陡峭，LM 曲线的移动对国民收入变动的影响就越小，即货币政策的效果就小，如图 12.3 所示。

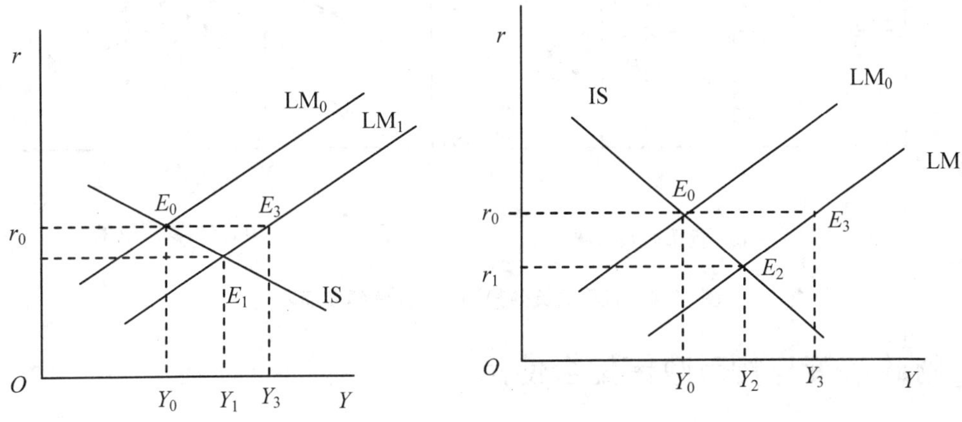

(a) 货币政策效果大　　(b) 货币政策效果小

图 12.3　货币政策效果因 IS 曲线斜率而不同

假定 LM 曲线的斜率相同，初始均衡国民收入为 Y_0，利率为 r_0，政府为了实行扩张性货币政策，假定中央银行增加的货币供给量相同，导致 LM_0 曲线右移至 LM_1，右移的距离相等(E_0E_3)。从图形看，当 IS 较陡峭时，收入增加到 Y_2，增加较少；IS 较平坦时，收入增加到 Y_1，增加较多。这是因为，IS 斜率主要决定于投资的利率系数，IS 较陡意味着投资的利率系数较小，当 LM 曲线右移货币供给增加而使利率下降时，投资不会增加很多，因而国民收入水平也不会有较大增加；反之，IS 曲线较平坦意味着投资利率系数较大，所以货币供给增加使利率下降时，投资会增加很多，从而使国民收入水平有较大增加。

在 IS 曲线不变时，货币政策的效果又会随着 LM 曲线斜率的不同而不同。LM 曲线的斜率越大，即 LM 曲线越陡峭，它的移动会使国民收入的变化越大，即货币政策的效果越大；反之，LM 曲线越平坦，它的移动对国民收入变动的影响越小，即货币政策的效果就小，如图 12.4 所示。

假定 IS 曲线的斜率相同，初始均衡国民收入为 Y_0，利率为 r_0，政府为了实行扩张性货币政策，假定中央银行增加的货币供给量相同，导致 LM_0 曲线右移至 LM_1，右移的距离相等(E_0E_3)。实际上由于对货币的投机需求的存在，货币供给的增加并未完全用于交易需求，所以实际国民收入没有增至 Y_3，而仅增至 Y_1 和 Y_2。原因在于，LM 曲线较平坦表示货币需求受利率的影响较大，即利率稍有变动就会使货币需求变动很多，所以货币供给量变动对利率变动的作用较小，增加货币供给量的政策对投资和国民收入的影响不大；反之，若 LM 曲线较陡，表示货币需求受利率的影响较小，因而货币政策对投资和国民收入有较大影响。

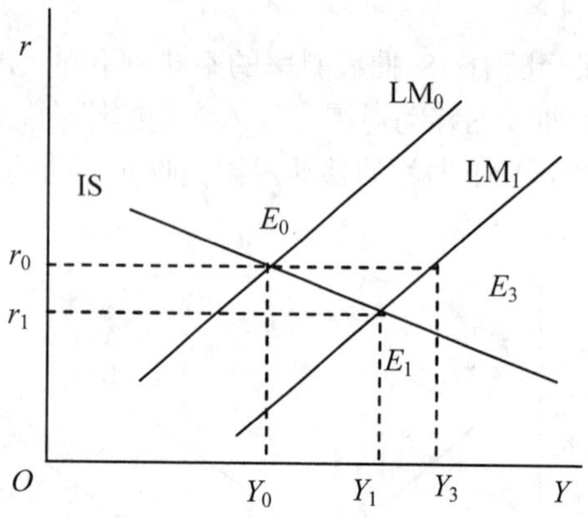

(a) 货币政策效果大

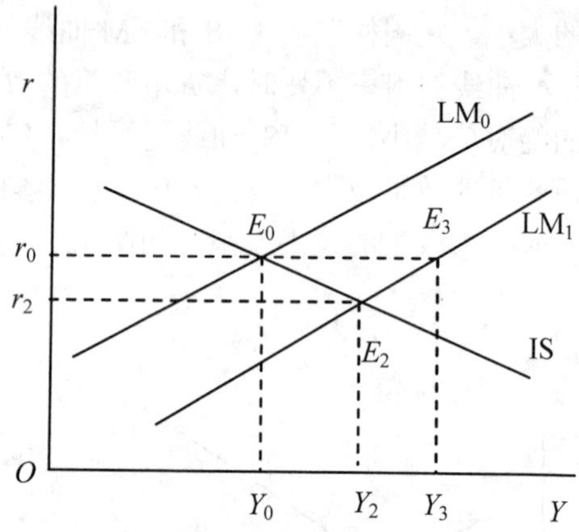

(b) 货币政策效果小

图 12.4　货币政策效果因 LM 曲线斜率而不同

三、财政政策与货币政策配合使用

由于宏观经济政策本身存在着时滞效应，加之经济运行情况的复杂性和政策实施中会遇到的诸多障碍，需要政府在具体运用宏观经济政策时，应该相机抉择和灵活搭配使用。“相机抉择”的政策协调是指政府在进行宏观经济调控时，应根据不同的实际情况灵活地决定和选择某项或某几项政策措施进行调节，使各项措施有效配合，成为首尾一贯的宏观经济政策，进而达到实施宏观经济调控的各项目标。

总体而言，财政政策和货币政策的调控目标是一致的，但二者各有其局限性，所使用的政策工具和作用不尽相同。首先，它们的强烈程度不同。政府增加支出和调整法定准备金率对经济的影响比较猛烈，而税收的变动与公开市场业务的操作的影响就比较缓和；其次，政策效应的时滞不同。从政策决定到其效果完全显示的时间称为政策时滞。政策时滞一般分两种：一种是从政策决定到实施的时期，称为内部时滞，它是由一些立法程序和行政协调、组织、管理等因素造成的；另一种是从政策开始实施到其作用完全发挥出来的时期，称为外部时滞，它主要是由政策到其结果的传导过程决定的，亦即社会经济系统对政策的反应方式和反应灵敏程度所决定的。财政政策的内在时滞长，外在时滞短；货币政策的外在时滞长，内在时滞短。再次，政策发生影响的范围不同。例如，政府支出政策影响面大一些，公开市场业务影响面小一些。最后，政策阻力因素不同。如增税与减少政府支出的阻力较大，而货币政策一般来说遇到的阻力较小。为了达到理想的宏观调控效果，政府通常需要根据具体情况和不同目标，将财政政策与货币政策配合使用，选择不同的政策组合。西方学者认为，相机抉择的政策协调包括以下几种方式(见表 12.1)。

表 12.1　财政政策和货币政策混合使用的政策效应

	政策混合	产　出	利　率
1	扩张性财政政策和扩张性货币政策	增加	不确定
2	紧缩性财政政策和紧缩性货币政策	减少	不确定
3	扩张性财政政策和紧缩性货币政策	不确定	上升
4	紧缩性财政政策和扩张性货币政策	不确定	下降

1. 紧紧配合

当经济中出现通货膨胀时，总需求膨胀，社会总供给严重不足，物价大幅上涨，抑制通货膨胀成为首要目标，此时应同时采取紧缩性的财政政策和紧缩银根的货币政策。在增加税收和减少政府支出时，同时减少货币供给量，提高利率，以更有效地减少总需求，抑制通货膨胀。1969—1970 年，美国政府采取了这种“双紧”政策的配合，以抑制当时严重的通货膨胀。

2. 松松配合

当经济出现衰退时，生产资源大量闲置，总需求不足，需要刺激需求，解决失业问题和刺激经济增长成为宏观调控的首要目标。此时应该同时采取扩张性的财政政策和扩张性的货币政策。在减少税收和增加政府支出的配合下，增加货币供给，减低利率，以更有效地刺激总需求的增加，抑制经济的衰退。20 世纪 60 年代，美国政府就是采用这种扩张性的财政政策与扩张性的货币政策的配合使经济迅速增长。

3. 松紧搭配

西方学者认为，运用宏观经济政策，既不能过紧也不能过松，而是要松紧结合，尽可能兼顾到各个政策目标。其一，当经济出现通货膨胀时，社会总需求不足，经济结构合理，但企业投资不旺，促进经济较快增长成为主要目标。政府既要防止通货膨胀的恶化，又要刺激总需求，把扩张性财政政策与紧缩银根的货币政策相结合，在利用货币政策抑制通货膨胀的同时，运用财政政策扩大总需求。其二，当政府开支过大时，物价基本稳定，经济结构合理，但企业投资不旺，促进经济增长成为主要目标。此时政府可以把紧缩性的财政政策与紧缩银根的货币政策结合起来，这样既可以减少政府支出以稳定物价，又可以降低利率鼓励投资。20 世纪 80 年代初，美国政府采用了紧缩性货币政策以抑制当时较为严重的通货膨胀，同时又运用减税及投资补贴等扩张性财政政策来刺激总需求，以摆脱当时的滞胀局面。

需要指出的是，西方学者认为，政府运用宏观经济政策来干预经济生活，并非在任何情况下都是必不可少的，只有当经济的波动超过一定限度时，才需要政府的矫正调控。此外，政府在考虑不同的政策组合时，需要顺应当时的经济形势，还需要考虑多方面因素，尤其是政治因素。因为不同政策的后果会对不同人群产生不同的影响。例如，增加政府支出可以用于教育，也可用于基础设施建设或环境保护，而不同的支出方向使人们的受益状况不同。所以，政府在运用政策组合时，还需要考虑不同行业和阶层的利益协调问题。

【专栏 12-3】回首中国的十年宏观调控

20 世纪 90 年代以来，中国政府有过三次引人瞩目的宏观调控。简要回顾与评价这三次宏观调控政策及其效果，将有助于政府新一轮宏观调控政策的改善。

第一次宏观调控始于 1993 年。1992 年我国经济出现了超高速增长，这一年 GDP 增长率高达 14.2%，而 1990 年仅为 3.8%。人们把 1992 年经济的突然启动归功于邓小平同志的“南巡讲话”。“南巡讲话”对经济的最大刺激在于激活了两大要素市场：一是以土地批租合法化所形成的土地市场，二是以股市为核心的资本市场。但土地市场化的一个最直接的后果就是提高了所有产出品的要素成本，资本市场的开放使众多融资者可以通过直接融资方式拿到巨额资金，而这些资金中的一大部分又转而投向土地市场，造成土地价格快速上涨，进而使产品成本普遍上升，同时刺激了与土地建设相配套的进口。到 1993 年，消费价格指数上升了 14.7%，1994 年上升了 24.1%，而外汇储备日益减少。为控制日益严重的通货膨胀，中央银行大幅调高了利率，并实行保值储蓄。为解决因通货膨胀所导致的出口企业大面积亏损，以及外汇储备日益减少的问题，从 1994 年 1 月 1 日起人民币大幅贬值，对美元汇率从 5.8∶1，一次性贬值到 8.7∶1，幅度达 50%。这种有力的调控措施使 1997 年的消费价格指数回落到 2.8%，外汇储备从 1992 年的 194 亿美元升至 1399 亿美元，经济增长率保持 8.8%。应该说这次宏观调控是成功而有效的。

1997 年的东南亚金融危机对我国的冲击不可小视。在周边国家货币大幅贬值的不利条件下，人民币顶住了贬值压力。但当时的背景是 1994 年人民币提前大幅度贬值。对国内经济来说，在人均收入水平还很低的情况下，第一次出现了以产品过剩为特征的通货紧缩，消费价格指数连续五年为负数或近于零。尽管仍保持 7%以上的经济增长率，但失业问题严重。因此从 1998 年开始，中央实施了以扩大内需为主的扩张性宏观调控政策。从调控措施上看，法定准备金率从 13%下调至 6%，连续大幅度降低利率，并开始实行赤字财政政策。从效果看，扩大内需的政策收效并不显著，资本市场持续走低，渐失晴雨表作用和融资功能。

从 2003 年开始，随着房地产价格的快速上升而引致的土地价格的上升，各地出现圈地、炒作地价的投机热潮，对重化工业的投资也开始加温。中央及时发现了问题，开始针对房地产和部分生产资料投资过热的政策调控，但在“非典”背景下，宏观政策仍偏向扩张。直至 2004 年 4 月，能源、原材料出现短缺，生产资料价格大幅上升，房地产价格进一步冲高，中央才开始实施较为严厉的紧缩政策，如中央银行利用公开市场业务、准备金率政策和窗口指导等措施进行紧缩。

(资料来源：赵英军. 西方经济学. 北京：机械工业出版社，2006，157 页)

四、政府失灵(含财政政策与货币政策的局限性)

自 20 世纪 70 年代起，西方国家出现经济滞胀之后，“政府失灵”(亦称政府失效)一词开始大量出现在经济文献中，进入 80 年代后，有关政府失灵的问题更是成为理论热点。虽然相关解释众多，但总括起来有以下三种：一是指政府干预经济活动未达到预期目标；二是指政府干预经济活动达到了预期目标，但效率低下，或者成本高昂；三是指政府干预经济活动虽然达到了预期目标，效率也较高，但却带来了事先未曾料到的副作用。此处主要探讨政府在实施财政政策与货币政策的过程中所出现的“政府失灵”的表现及成因，亦即财政政策与货币政策的局限性。宏观经济政策在具体的实施过程中，往往会遇到各种问题，从而大大影响政策的实施效果。

(1) 存在政府对经济形势判断的困难。因为经济形势是千变万化的，例如，当经济比较大地偏离充分就业产出水平时，这种偏离是长期性的还是暂时性的，在实践中很难判断出来。若是长期性的偏离，就应采取适当的经济政策；若是暂时性的偏离，则无须采取对策，经济会自动恢复到应有的水平。此时，如果政府干预经济，就会使经济本能达到产出水平的步骤打乱，使经济产生更大波动，失业率上升更多。

(2) 公众预期的影响，即政策作用的不确定性。在经济运行过程中，当政府采取某种经济政策时，公众会对此有预期并据此做出相应的动作。政策的效果如何，要受到公众对政策和经济形势预期的影响。例如，发生通货膨胀时，政府有意紧缩银根提高利率时，企业及商业银行不一定愿意配合；在经济萧条时期，政府采取放松银根增加货币供给量的措施来降低利率，以刺激消费和投资增长，但是企业可能出于并不乐观的经济预期而不愿意投资，因而无法起到刺激经济增长的作用。在减税时，企业和个人都很愿意；但在增加税收时，很可能会遇到普遍反对。这些因素都会影响政策作用的有效程度，当政策得不到公众配合时，政策就难以达到预期的目标。

(3) 会产生政策实施程度的测算困难。例如在经济衰退时，政府要采取增加购买支出的政策，需要测算到底需要增加多大购买量，因为，增加多了力度过大，也会对私人产生“挤出”太多；增加少了又达不到政策效果。但由于经济过程的复杂性，要准确测量，不易做到。事实证明，西方国家有时运用的政策并不能真正消除经济波动，反而会使经济变得更糟，主要是由于这种准确的测算源于全面的信息和正确的判断及分析，要做到准确测算，难度很大。

除了上述问题之外，无论是财政政策还是货币政策，从决定到实施，再到政策效果完全发挥出来都会产生政策时滞。任何经济政策的实施都需要一定的时间，从政策的颁布、实施到作用完全发挥要经过一定的过程。由于不同国家有不同的经济体制，其政策时滞往往不同；财政政策和货币政策的实施程序不同，起作用的传导机制不同，因此时滞的特点也不同。

(一)财政政策的局限性

20 世纪 60 年代末西方国家开始出现的滞胀局面，使人们对凯恩斯主义的相机抉择的需求管理政策产生了质疑，说明斟酌使用的财政政策同样存在局限性，在经济活动中存在各种限制因素影响其作用的发挥。财政政策的局限性主要体现在以下几方面。

1. 财政政策的时滞

财政政策在其决策与实施过程中所产生的时滞，主要是由内部时滞所造成的。例如，政府实施某个增税或减税的政策，需要通过一些立法程序、进行会议论证等过程。这种时滞的长短往往很难确定，它与当时的政治、经济形势等因素有关。当政策决定以后，还需要由行政部门制定实施细则，确定具体实施步骤并组织实施，这些过程还需要取决于行政部门的工作效率。财政政策的外部时滞短，政策一旦出台，见效快，且带有一定的强制性。一般来说，财政政策出现明显效果的外部时滞大约为6个月。

2. 政策作用的不确定性

当实行财政政策时，政府主要面临两方面的不确定性因素：其一，乘数效应的大小难以准确地确定；其二，必须预测总需求水平通过财政政策作用达到预期目标具体需要多长时间。而在此时间内(尤其是时间过程比较长时)，总需求特别是投资可能发生始料不及的变化，有可能导致决策失误而产生负面效果。

3. 财政政策与经济周期问题

从理论上讲，政府可以根据经济状况，采取扩张性或紧缩性的财政政策，实行逆经济周期的调整。但个人收入的刚性和社会集团的压力往往使税收易减不易增，财政政策只是需求的单向调节器，对控制通货膨胀和经济过热难有效果。而且，政府的财政预算还深受经济周期的影响。如在经济萧条时，税收减少，同时失业救济等支出增大，结果财政赤字更大。可见，财政政策的运作空间受经济周期的约束。

4. 外在随机因素的干扰

在实际经济运行过程中，随时都存在外在的不可预期的随机因素的干扰(例如1997年的亚洲金融危机)，可能导致财政政策无法达到预期效果。

此外，财政政策还存在“挤出效应”问题(前面已分析过)，政府增加支出会使利率提高，私人投资减少，即产生挤出效应，这是对微观经济的一个很重要的不良影响。因此，政府在实施财政政策时，必须综合考虑其局限性及相关因素的影响，尽可能使政策效果接近其预定目标。

(二)货币政策的局限性

西方国家通常是为了稳定经济、减少经济波动而实施货币政策，但在实际运作中往往存在着一些局限性。

1. 货币政策本身的时滞会影响政策效果

货币政策是由中央银行独立决策实施的，过程相对简单，因此，内部时滞的时间相对较短。中央银行变动货币供给量要通过利率来实施，影响投资，再影响就业和国民收入，因而货币政策的作用要经过很长时间才会充分发挥。货币政策的外部时滞比较复杂，根据美国经济学家的测算，货币供应量变动到总产量的变动的时间差一般是一个月到两个月。当调低利率时，企业因投资增多而扩大生产规模，这需要一段过程。当调高利率时，对企业的经营不利，企业要缩减生产规模也需要一段过程，在建工程难以立刻停止，已聘用的员工也很难立刻解雇。所以，货币政策从开始执行到产生效果需要一个较长的时间过程。货币供应量对于通货膨胀率的影响时间较长，因为通货膨胀率的变动涉及货币的流通速度以及人们的心理预期等各种复杂的因素，因此货币供应量变动最终对物价水平产生影响需要较多的传导环节和时间。根据弗里德曼的计算，这一时滞大约有两年。在此过程中，经济效果亦有可能发生与预期相反的变化。例如，经济萧条时中央银行会增加货币供给，但是还未到这一政策完全发挥出作用时，往往经济就已转入繁荣，物价上升，那么货币政策就不是反萧条，相反却加剧了通货膨胀。

2. 货币政策的效果在不同的经济时期明显不同

在通货膨胀时期实行紧缩性的货币政策可能效果会比较显著，而在经济衰退时期，实行扩张的货币政策效果不明显。虽然中央银行增加货币供给，降低贷款利率来刺激经济发展，而商业银行可能会因风险因素而惜贷；企业会由于投资边际效益递减，以及对经济前景预期的不确定性，不愿意增加投资。因此，货币供给的增加没有起到刺激经济的作用，货币政策作为反衰退的政策效果就很微弱。在经济繁荣时期，中央银行采用限制贷款的政策，如减少货币供给量，提高利率等措施。由于利率较高，商业银行会愿意多贷款，企业对经济前景的预期较乐观，也愿意增加投资。因此，难以用减少货币供给量的方式来抑制经济过热。从反通货膨胀来看，货币政策的作用主要是反需求拉动型通货膨胀，而对成本推进型通货膨胀，作用效果就很小。因为物价上升是因工资上涨超过劳动生产率上升幅度而引起或由于垄断厂商追求垄断利润而引起，那么中央银行要通过控制货币供给来抑制通货膨胀就比较困难了。再比如公开市场业务，在经济衰退时，中央银行要买进债券，以增加货币供应量；在经济繁荣时，中央银行要卖出债券，减少货币供应量，但公众都不一定卖出或买进债券。在此情况下，中央银行的公开市场业务不一定立刻奏效。因此，货币政策作用的大小要受很多因素的影响，在实践中难以落实。

3. 增加或减少货币供给必须以货币流通速度不变为前提

如果货币流通速度是变化的，调节货币供给对经济的影响作用就要打折扣。在经济繁荣期，中央银行为抑制通货膨胀而紧缩货币供给，而公众一般不愿意持有货币，所以增加支出，从而货币流通速度加快，此时中央银行即使减少了货币供给也无法使通货膨胀率下降。在经济衰退期，增加货币供给量也不一定会降低利息率。因为货币流通速度下降，增加货币供给对经济的影响可能被货币流通速度的下降所抵消。另一方面，根据灵活偏好理论，利息率的降低有个界限，超过这个界限，货币量无论如何增加也不能降低利息率，有时甚至还会提高利率。例如，政府增加货币供给量，公众会预测通货膨胀率即将上升，他们会用货币去购买大量耐用消费品，这比购买债券或存款更有利于保值或增值。因而，公众对货币的需求增多，利率有可能随货币供给的增加而提高。

可见，货币政策作为平抑经济波动的作用是有限的，而货币政策在实践中存在的问题还不止这些。

综上所述，无论是财政政策还是货币政策，都各有其优点，又都存在着局限性。因此，政府在进行需求管理的过程中，在实际运用经济政策时，应该根据不同时期的宏观经济状况和各种政策的特点，采取相应配套的财政政策与货币政策工具，以实现既定的经济目标。

第四节　其他宏观经济政策

自20世纪70年代以后，西方学者开始重视总供给对经济的影响，包括供给对通货膨胀的影响以及劳动市场结构失业等经济问题，根据这种分析，他们提出了供给管理政策，主要包括收入政策、人力政策(促进就业政策)、经济增长政策(投资政策、技术进步政策)。另外，在考虑对外交往的情况下，还有对外贸易政策。

一、收入政策

收入政策是政府通过控制工资与物价的上涨速度来抑制通货膨胀的政策。由于控制的重点是工资，所以称为收入政策。政府制定工资与物价的指导价和管理政策，防止工资的增加速度超过劳动生产率的增长速度，最终避免经济增长中出现严重的通货膨胀。西方学者认为，通货膨胀是由成本的提高，尤其是工资成本的提高而引起的。货币工资的增长率快于劳动生产率的增长率，会导致生产成本的增加，物价上涨，尤其是在不完全市场竞争条件下，发生通货膨胀时，企业和工会还利用自身的垄断力量提高货币工资和商品价格以维持自己的实际收入。这必然会引起更高的货币工资和物价。因此，有必要采取收入政策，限制工资增长率，抑制成本的提高，从而控制物价上涨，消除成本推动型通货膨胀。“二战”后，西方很多国家都实行过收入政策，所采取的收入政策主要有三种形式。

1. 工资——物价管制

政府采用行政手段禁止在一定时期内提高工资与物价。这种措施一般是在特殊时期(如恶性通货膨胀时期、战争时期)采用的，1971 年美国尼克松政府为了控制当时的通货膨胀，就曾宣布冻结工资和物价 3 个月。这种措施作用强、效力大，短期内可以有效控制通货膨胀，但副作用也大，如会引起黑市盛行、地下经济扩张等，破坏了市场机制的正常作用，在长期中不仅不能抑制通货膨胀，相反会导致资源配置失调，给经济带来更大的困难。因此，一般不宜采取这种措施。

2. 工资与物价指导线

政府为了控制通货膨胀，根据劳动生产率的增长率和其他因素，规定出工资与物价上涨的限度，其中主要是规定工资增长率(又称“工资指导线”)。工会和企业要根据这一指导线来确定工资增长率，企业也要根据这一规定确定物价上涨率。如果工会或企业违反规定，使工资增长率和物价上涨率超过了这一指导线，政府就要以税收或法律形式进行惩罚，这种做法比较灵活，1970 年以后被西方国家广泛采用。

3. 税收刺激计划

税收刺激计划就是以税收为手段来控制工资的增长，具体做法是：政府规定货币工资增长率，即工资指导线，以税收为手段来付诸实施。如果企业的工资增长率超过这一指导线，就课以重税；如果企业的工资增长率低于这一指导线，就予以减税。但这种计划在实施中会遇到企业和工会的反对，1978 年，美国卡特政府曾提出过这一政策，但被议会否决，未能付诸实施。

此外，还有一种收入政策是企业和工会自动限制价格和工资上涨，但这种方式对于企业和工会来说具有非强制性，主要取决于企业和工会的自觉性，因而这种措施比较软弱，在实践中收效不大。

也有一些西方学者反对实行收入政策，主要理由是：其一，在执行收入政策时，很难判定物价和工资上涨的原因，需要加以区别对待；其二，政府管制是否有效，值得怀疑；其三，即使政府管制有效，也仅仅是权宜之计，并非长期解决通货膨胀问题的根本之道，而且，一旦放松管制，物价可能会产生较大幅度的反弹。所以，西方国家还在努力寻求有效而持久的收入政策。

二、人力政策

人力政策又称就业政策或劳工市场政策，是一种政府改善劳动力市场结构，以减少失业、增加就业的政策。人力政策的实施主要是通过对劳动力培训等方式，提升人力资本，并提供就业信息，帮助他们找到工作从而增加就业量。西方学者认为，失业的存在不仅使社会付出巨大的经济代价，也存在巨大的非经济代价。因此，政府必须运用人力政策维护社会的安定。人力政策的内容主要如下。

1. 人力资本投资

对人力资本的投资和物质投资一样重要。人力资本投资是指由政府或有关机构向劳动者投资，以提高劳动者的文化技术水平与身体素质，适应劳动力市场的需求。改善资本或技术，完全取决于教育、训练和个人的专业技术水平提高的投资，如果没有对人力资本的投资，则物质投资对于促进经济增长的力度是有限的。人力资本投资主要包括两个方面：从长期来看，人力资本投资的主要内容是增加教育投资，普及教育；从短期来看，是对劳动力进行再培训，包括对失业者的培训和在职人员的培训，增强他们的就业能力。

2. 完善劳动力市场

造成失业的一个重要原因是劳动力市场的不完善，例如劳动力供求信息的不畅通，就业中介机构的缺乏等。因此，政府应该不断完善和增加各类就业中介机构，为劳动力的供求双方提供迅速、准确而完整的信息，使企业和失业者及时了解准确的就业信息，失业者能找到满意的工作，企业也能招到需要的工人，因而可以扩大就业人数，减少失业，降低自然失业率。

3. 协助工人流动

劳动者在地区、行业和部门之间的流动，有利于劳动力资源的合理配置与劳动者人尽其才，也能减少由于劳动力的地区结构和劳动力的流动困难等原因而造成的失业。协助工人流动的措施包括政府为社会提供充分的就业信息、为劳动力流动提供必要的物质帮助，鼓励劳动者在地区、部门之间和行业之间流动，以及制定有利于劳动力合理流动的优惠政策等。

此外，在经济增长政策中还涉及增加劳动供给的政策。劳动力是社会财富的源泉，劳动力的增加对于经济增长具有重要作用。劳动力包括数量与质量两方面，增加劳动力数量的方法有：提高人口出生率(在人口缺少的情况下)、鼓励移民入境等；提高劳动力质量的方法是增加人力资本投资，即大力发展教育并重视培训，最大限度地增强劳动者的就业能力。

为了减少和消除失业所造成的社会不安定，西方国家还大力推行社会保障制度的政策措施，政府给失业人员和贫困人员发放各种救济金，提供社会保险、社会福利等。

三、技术进步政策

技术进步对于促进现代经济增长日益起到重要的作用，它是内涵经济增长的最主要因素。在现代经济中，新知识创新、新技术发明在社会生产中的推广运用和组织管理的完善，会促进劳动力和资本效率的大大提升，使人均总产量提高，使人们的生活水平提高。所以，充分发挥和利用技术进步对于经济增长的贡献，不断促进技术进步成为各国制定经济政策的重要内容。技术进步可分为“具体化的”和“非具体化的”两类：具体化的技术进步是指直接采用新的更高效率的机器设备所体现出的技术进步，新的发明创造是这种技术进步的典型方式；非具体化的技术进步通常不是由新的机器设备引起，而是由对老机器设备的新的使用方法和组织方式所引起的。政府的技术政策主要体现在需求和供给两方面。

需求方面，政府应该促进对先进技术的需求。竞争是革新的动力，企业之间富有活力的竞争是促进创新的根本途径。竞争包括来自国内和国外的竞争。对于技术比较发达的国家，国内的竞争对于促进技术进步是必要的，政府应不断放松管制、鼓励竞争以推动技术创新。对于技术比较落后的国家，进口产品的竞争对于采取先进技术和促进产品竞争具有决定性的作用。

供给方面，政府应促进先进技术的有效供给，以满足经济增长对先进技术的需求。政府促进技术进步的主要措施如下。

(1) 国家对全国的科学技术发展进行规划与协调。研究与发展是技术进步最重要的来源，因此，要保证国家对研究与发展的投资。

(2) 国家直接投资于重点科学技术研究工作。例如，各国的航空航天工程以及关系国计民生的重要科研项目一般都是由政府直接进行投资的。

(3) 政府采取鼓励科学技术发展的政策和措施。如重点支持工业企业的科学研究，以取得直接经济效益；支持高校、科研院所与工业企业开展合作研究，促进产学研的结合，实行技术转让，加速科技成果的推广等。

(4) 政府应加强对科技人才的培养。其中包括加强与改革中小学基础教育、发展各种职业教育、发展与改革高等教育、加强对在职科技人员的继续教育、引进国外科技人才等。

对于发展中国家来说，还需要引进大量发达国家的原生技术，通过吸引具有先进技术的外国公司投资来促进国内技术进步；政府可以采取合理的宏观经济政策促进新技术的发展，包括较低的资本收益税和较低的公司资本成本。借鉴发达国家(如美国)的经验，运用政府基金等政策工具优先支持基础科学、基础工程与技术的发展；政府还可以采取促进技术进步的措施，现代技术如现代电子、计算机技术、重大的农业技术革新、生物工程等都需要政府进行全面规划并系统实施。

四、鼓励资本形成政策

资本是三大生产要素之一，也是促进经济增长的决定因素，资本存量的增加意味着外延的经济增长。资本的积累是净投资的结果，当资本存量因净投资而增长时，就会引起外延的经济增长。如果资本存量的增长率快于人口的增长率，就有可能带来劳动生产率和产量的增长，也可能会导致人均收入的提高。如果资本积累伴有技术进步，就会同时发生外延的经济增长和内涵的经济增长。鼓励资本形成政策也即促进投资的政策，可以通过以下方式实行。

1. 政府通过多种方式鼓励储蓄

资本积累是扩大再生产的源泉，生产的扩大必然会促进经济增长。资本的增加可以提高资本-劳动比率，即提高每个劳动力的资本装备率，发展资本密集型技术，利用更先进的设备，从而提高劳动生产率。实现资本积累，需要多种资源来制造机器、设备、厂房、公路、桥梁等，因而需要从每年用来生产消费品的资源中节省出一部分用于实际的资本积累。

资本积累的主要来源是储蓄。人们必须将每年收入的一部分储蓄起来，并将其用于投资，资本存量才会增长。而且储蓄中用于投资的数量越多，将来生产力的增长也就越大。因此，政府应该通过减少税收、提高利息率等方式鼓励人们储蓄，从而增加资本积累。例如，日本、德国等经济发展迅速的国家的储蓄率都是比较高的。

2. 积极吸引外资

对于发展中国家而言，资本存量和人均资本都比较少。在经济增长的开始阶段，资本增加的贡献是比较大的。所以许多经济学家把资本积累占国民收入的 10%～15%作为经济起飞的先决条件，把增加资本作为实现经济增长的首要任务。没有相当数量的资本积累，一个国家是不可能从欠发达状态迈向发达状态的，而那些不能保持人均资本现有水平的国家的生产率还会下降。因此，人口快速增长的发展中国家必须进行大量的投资。

在一个封闭经济中，投资水平由国内的储蓄水平决定。如果储蓄量不增加，则投资不会增加。但仅仅提高储蓄率并不能一定改变欠发达状态，由于收入很低，即使储蓄率很高也不能使资本存量迅速增加。因此，寻求国外援助或投资是一种增加资本的途径。

在一个开放经济中，投资与储蓄之间的联系是松散的，因为一个国家可以从国外借款来为其投资提供资金。世界银行每年向发展中国家的贷款超过 100 亿美元，发展中国家从发达国家得到的援助总额平均每年超过 500 亿美元。

五、对外贸易政策

对外贸易政策是指一国在一定时期内影响其进出口贸易的政策总和，是一国政府在经济发展战略的指导下，运用经济、法律和行政手段对国际贸易活动的方向、数量、规模、结构和效益所进行的一系列干预和调节行为。对外贸易政策可以分为两类：自由贸易政策和保护贸易政策。

当前国际贸易的主流是自由贸易。从总体上看，自由贸易有利于实现世界范围内的资源最优配置，从而达到全球的经济福利最大化。然而实际上，全球的经济福利最大化并不一定是各国本身经济福利的最大化。因此，自由贸易往往要受到限制。自由贸易产生于18 世纪中叶的欧洲，在长达 200 多年的历史过程中，欧美发达国家在大多数产业中都占有绝对优势，发展中国家没有条件与其竞争。发达国家极力倡导自由贸易，但是对自由贸易却实行双重标准，在要求其他国家实行开放的自由贸易的同时，却对发展中国家的一些有竞争力的产品实行贸易保护主义。在不同的时期，不同的国家都是实行自由贸易与保护贸易政策的交替，或者在不同程度上的结合。当前，许多西方国家都采取了保护贸易的政策，这种政策对本国而言，有利于实现国内的充分就业、经济增长以及改善国际收支状况。但是在经济全球化的潮流下，很多国家对外贸易政策的保护程度亦有所减弱。乌拉圭谈判以后，各成员国的加权平均关税水平大幅度下降，一般降幅在30%～40%之间。

国际贸易政策的自由化主要表现在关税水平的大幅下降，非关税壁垒的逐步取消。国际贸易保护主义则主要体现为：反倾销的滥用、技术性贸易壁垒、各种保护措施以及发展中国家保护政策凸显。在现代市场经济中，国际经济关系随着国际分工的发展日益紧密，一方面不允许高筑关税壁垒来阻碍国际贸易往来；另一方面，又要利用关税政策来调控对外贸易，以保护本国经济的发展。将这二者有机结合起来，是当今关税不同于以往关税的重要特征。保护贸易的政策主要包括以下几种。

1. 关税政策

关税是对通过一国国境或关境的货物所征收的一种税，它是一国用于调节本国对外贸易的宏观财政政策之一，它是贸易保护的主要工具之一。国境是一国的领土范围，关境则是一国关税法令完全实施的区域。当国境内设有自由港或自由贸易区时，关境小于国境。当几个国家结成关税同盟，组成一个共同关境，实施统一的关税法令和对外税则，彼此之间货物进出国境不需征收关税时，关境就大于其成员国的各自国境。

按照征收关税的目的进行划分，各国的关税主要分为两大类：进口关税和出口关税。通过征收进口关税可以提高进口货物的成本，以削弱其与本国同类产品的竞争力，保护本国生产，尤其是对国内能大量生产的或暂时还不能大量生产，但将来有发展可能的工业品及半制成品。进口关税除了有双方协定免征的以外，都要根据进口物品的种类课以不同税率的关税。进口关税的税率往往较高，通常所说的关税壁垒即指高额进口关税。出口关税是指对某些出口商品征收的关税，可以抵制这些商品的输出。出口关税往往只对少数国内供不应求的物品征收较低的税收，在需要保护本国自然资源并防止其大量外流时，可以利用出口关税这一手段。对于需要鼓励出口的商品，政府不仅不征收关税，相反还实行退还国内征收的间接税，以使本国的出口商品在国际市场上更具竞争力。这种利用关税调节出口的方式被世界各国所广泛采用。

需要注意的是，关税虽然是各国实行国际贸易保护主义的重要手段，但是一国在运用关税手段时，往往会招致其他国家的报复，因而不利于本国产品的出口。另外，关税虽然是独立的税种，但在调控对外贸易时，应同时结合国内的其他税种来运用，才会收到较好的效果。

2. 非关税壁垒

非关税壁垒是为了保护本国经济的发展，采用关税以外的行政手段和其他经济手段来限制进口。由于非关税壁垒作为贸易保护的手段比关税壁垒更为直接、有效，因此各国使用非关税壁垒的范围在不断扩大，措施种类也越来越多。目前，非关税壁垒的项目有日趋增多的趋势，歧视性程度不断加深。例如，进口配额、许可证、卫生检疫、技术性壁垒等制度。许多国家根据其与不同国家或地区经贸关系的性质和规模，采取了不同的非关税壁垒措施，受非关税壁垒损害的国家也日益增多。非关税壁垒措施主要如下。

(1) 配额。包括出口配额和进口配额，进口配额是指政府在一定时期内，对某些商品的进口数量或金额加以直接限制。进口配额又可分为歧视性配额和非歧视性配额，前者是指对不同国家制定不同限量的配额，后者是指对各国不加区分地进行外贸商品限量的配额。

(2) 进口许可证。其目的是限制进口，它可分为三种：进口数量型许可证，即对进口数量直接加以限制；外汇控制型许可证，即控制进口商品所需的外汇；统计许可证，以贸易统计资料为依据，对某些进口产品加以督导。

(3) 技术性壁垒。通过对商品的技术性能检验来限制进口，此类检验包括对机械设备的性能、零部件的通用性检验以及与卫生和安全有关的商品质量控制。

非关税壁垒这种政策工具对保护国内市场是比较有效的，但它也有副作用，一是会引致其他国家的报复；二是可能会引起主管官员的腐败，那些拥有配额分配权及其他权力的官员会利用这种权力接受贿赂，这种现象在发展中国家尤为突出。

3. 鼓励出口政策

鼓励出口政策包括以下措施。

(1) 出口补贴。又称为出口津贴，它是一国政府对出口商品的现金补贴或财政上的优惠待遇，目的在于提高本国产品的竞争能力。出口补贴可以分为直接补贴(直接对出口商的现金补贴)和间接补贴(出口退税、减免税、优惠汇率)。

(2) 出口信贷。出口信贷是一国为鼓励出口而由本国银行对本国出口商、外国进口商或外国进口方银行提供优惠贷款的一种融资方式，包括卖方信贷、买方信贷。买方信贷在出口信贷中应用很广泛，其中出口银行直接将款项贷给进口方银行的买方信贷形式使用得更普遍。

(3) 出口信贷国家担保制度。它是指由国家设立专门机构对本国出口商或商业银行向外国进口商或银行提供的信贷进行担保的制度。出口信贷担保制度的实施，需要确定担保项目与金额、担保对象、担保期限和费用等内容。

总之，无论实行哪一种贸易保护政策，在发挥其积极作用的同时，也会产生一定程度的副作用。在实施具体的对外贸易政策时，应兼顾到对国内经济的不利影响，这方面已经引起各国的广泛重视。

【专栏 12-4】美国战后财政政策的运用

美国在第二次世界大战以后长期运用财政政策刺激经济，研究这一问题可以加深我们对财政政策的理解。

“二战”后，美国政府加大了对宏观经济的调节。20 世纪 50 年代，美国的宏观经济政策以稳定为中心，运用的是补偿性财政政策。这种政策是在经济萧条时期增加政府支出，减少税收，使财政有赤字；而在经济繁荣时期减少政府支出，增加税收，使财政有盈余。这样可以求得长期的财政预算平衡。从 1952—1960 年，有 5 年财政赤字，3 年财政盈余，赤字最多时也只是125亿美元。但与此相应，经济处于缓慢增长状态。这一时期美国总统是艾森豪威尔，因此这一时期被称为"艾森豪威尔停滞"。

20世纪60年代以后，为了实现充分就业与经济增长，财政政策以扩张性政策为基础，强调通过增加政府支出与减税来刺激经济。特别是在1962年肯尼迪执政时期，曾进行了全面减税，个人所得税率减少了20%，最高税率从91%降至65%，公司所得税率从52%降至47%，此外，还采取了加速折旧、投资减税优惠等变相的减税政策。这些措施对经济增长起到有力的刺激作用，造成20世纪60年代美国经济的繁荣。但与此相应，美国的财政赤字大幅增加。

20世纪70年代是美国经济的停滞时期，面对高通货膨胀和高失业，赤字财政的运用有所控制。同时，财政政策在运用中又强调了微观化，即对不同的部门和地区实行不同的征税方法，制定不同的税率，个别调整征税范围，以及调整政府对不同部门与地区的拨款、支出政策，以获得经济的平衡发展。

20世纪80年代里根上台后，制定了以供给学派理论为依据的经济政策，其中最主要的一项是减税。供给学派的减税不同于凯恩斯主义的减税。凯恩斯主义的减税是为了刺激消费与投资，从而刺激总需求，而供给学派的减税是为了刺激储蓄与个人的工作积极性，以刺激总供给。减税政策刺激了经济，但由于减税的同时无法大量减少政府支出，这就使财政赤字大幅增加。

1981—1992年间12个财政年度，赤字总计达到22 724亿美元。同期，国债从9085亿美元猛增至39 700亿美元。国债与国内生产总值的比例，从1981年的26.5%上升到1992年的51.5%。1992年赤字达2920亿美元。如果不采取得力措施，今后每年的赤字都会达到3000亿美元。正因为如此，消灭赤字实现财政收支平衡是每一届美国政府的愿望，但没有一届政府实现这一目标。里根上任时，曾讥讽他的前任使美国的国债达到了这样的程度：如果以每张面值为1000美元的钞票摞在一起，其高度可达67英里。里根一再声称要解决这一问题。但实际上到1983年底，里根已把这一记录加高到近100英里。

1992年克林顿上台后，更多地运用货币政策刺激经济。为了减少财政赤字，采取了有限度的紧缩性财政政策，增加税收并减少政府支出。这种政策使赤字减少，甚至在1997—1998年度实现了当年财政收支略有盈余。

2000年小布什上台后为了刺激经济，又实行减税，对经济亦起到刺激作用，使美国经济走出20世纪80年代以来的衰退。

(资料来源：李成，何善华，林宙. 西方经济学. 广州：暨南大学出版社，2006，207～208页)

本章小结

经济政策问题在宏观经济学中占有重要的地位，本章主要介绍了财政政策和货币政策的理论，并对其在实践中的应用问题进行了评述。

宏观经济政策目标包括充分就业、稳定物价、经济持续增长和国际收支平衡四个目标。

财政政策的内容主要包括财政收入与财政支出。调整支出与收入的主要财政政策工具有：改变政府转移支付、变动政府购买支出、调整税收和公债等。在经济繁荣期，政府要采取紧缩性财政政策来抑制总需求；在经济萧条期，政府要采取扩张性财政政策来刺激总需求。

货币政策是中央银行改变货币供给量以影响国民收入和利息的政策，货币政策工具主要有公开市场业务、再贴现率和法定准备金率政策。在经济繁荣期，政府采取紧缩性货币政策以减少货币供给量，提高利率，抑制总需求；在经济萧条期，政府采取扩张性货币政策以增加货币供给量，降低利率，刺激总需求。

无论是财政政策还是货币政策，都是通过影响消费、投资进而影响总需求，然后使就业和国民收入得到调节。财政政策和货币政策的效果与 IS 曲线和 LM 曲线的斜率有很大关系。扩张性财政政策和货币政策都能产生增加国民收入的效果，而紧缩性财政政策和货币政策则产生减少国民收入的效果。在考虑财政政策的效果时，要考虑到挤出效应，财政政策有较长的内部时滞和较短的外部时滞，而货币政策则相反。财政政策和货币政策在经济实践中各有其优势，亦有其局限性，因此政府需要将二者相机抉择，配合运用。

20 世纪 70 年代以后，西方经济学重视了总供给对经济的影响，分析了“滞胀”等经济问题，提出了供给管理政策，主要包括收入政策、技术进步政策、人力政策、对外贸易等。

复习思考题

1. 名词解释

财政政策、货币政策、自动稳定器、公开市场业务、法定准备金率、再贴现率、挤出效应、政策时滞、摩擦失业、自愿失业、非自愿失业

2. 简答题

(1) 简述宏观经济政策目标的内容及其相互关系。
(2) 试述财政政策及其主要手段。
(3) 财政制度的自动稳定器是怎样发挥作用的？
(4) 中央银行的货币政策工具主要有哪些？
(5) 财政政策与货币政策的不同组合运用会产生怎样的经济效果？
(6) 公开市场操作这一货币政策工具具有哪些优点？
(7) 论述财政政策与货币政策的局限性。
(8) 供给管理政策有哪些？

第十三章　开放的宏观经济模型：IS-LM-BP 模型

本章导读

当前，世界经济已经进入了全球一体化的时代。随着通信、交通和金融贸易政策等领域发生的革命性进步与发展，各国的经济发展已被紧密地联系在一起。在这种开放的经济条件下，国民收入、就业、物价水平、利率、经济周期和经济增长等宏观经济的诸多问题都会与封闭经济体系下，在决定和变动上有很大的不同。本章将着重分析开放经济条件下，国际贸易和国际金融活动对国民收入、就业、物价水平、利率、经济周期和经济增长的影响，并论述国际经济条件下的宏观经济政策。

学习目标

通过对本章的学习，重点掌握开放经济条件下的国民收入决定和国际收支平衡理论的核心内容；掌握国际收支失衡的原因和国际收支调节的政策。在此基础上掌握调整国内均衡与国外均衡的政策，及其在不同汇率制度和资本流动程度的各种情况下财政政策和货币政策的作用机制和效果。

关键概念

外汇(Foreign Exchange)
汇率(Exchange Rate)
国际收支(Balance of Payments)
国际收支平衡表(Balance of International Payments)
BP 曲线(BP Curve)
国内和国外均衡(Domestic and Foreign Equilibrium)

第一节　汇 率 理 论

在开放经济中，汇率是一个十分重要的概念，汇率理论是分析开放经济条件下宏观经济运行与调节的重要理论基础。汇率理论主要研究汇率决定、汇率变动、汇率制度、汇率政策这四个问题。本节将介绍汇率理论的基本知识。

一、外汇与汇率

外汇(Foreign Exchange)是指外国货币或以外国货币表示的能用来清算国际收支差额的

资产。

外汇不等同于外币，能作为外汇的外币必须具有以下特征：第一，自由兑换性，即这种外币能自由地兑换成本币；第二，普遍接受性，即这种外币在国际经济往来中能被各国普遍地接受和使用；第三，可偿性，这种外币资产是可以保证得到偿付的，可以兑换成其他支付手段的货币资产。

汇率(Exchange Rate)又称汇价(Exchange Price)，是一个国家的货币折算成另一个国家货币的比率，也就是用一国货币单位所表示的另一国货币单位的价格，是外汇买卖的折算标准。

从定义来看，汇率是一种特殊的价格。这里所说的特殊有两种含义：第一，汇率以特殊的方式，使一国货币取得了用另一国货币单位来表示的价格。汇率作为两国货币之间的交换比例，客观上使一国货币等于若干数量的另一个国家货币，从而使一国货币的价值通过另一国的货币表现出来。这里要注意，在一国范围内，货币是没有价格的，但在国际范围内，一国的货币却有了用别国货币表现的价格，这正是汇率作为价格的特殊性之一。第二，汇率作为一种价格指标，对经济中的其他价格变量，具有特殊的影响力。汇率作为货币的特殊价格，作为本国货币与外国货币之间价值联系的桥梁，在本国物价和外国物价之间起一种纽带的联系作用。汇率会影响资源在出口部门与其他部门之间的配置，从而会影响国际贸易与国内经济结构。同时，汇率也会影响国际间货币资金的流动，以及国内货币供求。作为一种特殊的价格，汇率这种既影响实际部门又影响货币部门的能力是其他各种价格所不具有的，这也是其特殊性之一。

由于汇率是一种特殊的价格，所以，汇率理论既是国际经济学的一个组成部分，也是货币经济理论在国际上的延伸，它对开放经济下的宏观经济运行与调节具有十分重要的意义。

确定两国货币之间的比价，首先要确定用哪个国家的货币作为标准，由于标准不同，就产生了两种不同的外汇汇率标价方法。

一种是“应付市价表示法”，又称直接标价或支付汇率。这种标价法用一单位的外国货币作为标准，折算为一定数额的本国货币来表示其汇率。用这种标价法时，汇率的上升与下降都以相对的本国货币数额的变化来表示。一单位外币折算的本国货币量减少，表示汇率下降，即外国货币贬值或本国货币升值，而一单位外币折算的本国货币量增加，表示汇率上升，即外国货币升值或本国货币贬值。目前世界上绝大多数国家都采取这种标价法来表示外汇汇率，我国的汇率也是采用这种标价法。

另一种是“应收市价表示法”，又称间接标价或收入汇率。这种标价法用一单位的本国货币作为标准，折算为一定数额的外国货币来表示其汇率。用这种标价法时，其汇率的涨跌都以相对的外国货币数额的变化来表示。一单位本国货币折算的外国货币量增加，表示汇率上升，即本国货币升值或外国货币贬值；而一单位本国货币折算的外国货币量减少，表示外汇汇率下跌，即本国货币贬值或外国货币升值。目前，只有少数国家采取这种标价法来表示外汇汇率，比如英国。

值得注意的是，某种货币的汇率下降虽然与这种货币的贬值有联系，但两者并不完全相同，汇率下降表示一单位某种货币所能交换的另一种货币的数量有所减少，而贬值则意味着一单位某种货币所代表的购买力或能够购买的黄金数量有所减少。可见，汇率下降是相对于另一种货币而言的，而贬值则是相对于黄金或实际购买能力而言的。

外汇交易按照买卖交割的期限不同可以分为即期交易和远期交易，相应的汇率称为即期汇率和远期汇率。即期汇率是指在买卖双方成交后立即或在两日内实现交割的汇率；远期汇率是指事先约定的在未来一定时期内进行交割的成交汇率。一般情况下，远期汇率与即期汇率并不一致，两者的差额称为远期差价，如果远期汇率高于即期汇率，其高出的差额称为升水；如果远期汇率低于即期汇率，其差额称为贴水；如果两者相同，则称为平价。

在世界市场上，一国货币的汇率通常会基本趋于一致，否则就会为套汇创造机会。所谓套汇是指在一个外汇市场上以低价买进外汇，再到另一个外汇市场上以高价卖出外汇的活动。

二、汇率的决定

在浮动汇率制度下，汇率是由市场的供求关系决定的，正如完全竞争市场上商品价格的决定一样。在固定汇率的情况下，汇率由政府或货币当局决定。但这些都只是汇率决定的形式，决定汇率的因素到底是什么？经济学家提出了各种理论。例如，用外汇供求数量来解释汇率决定的国际借贷论；把货币的国内购买力同汇率直接联系起来的购买力平价论；以个人对外汇的主观评价作为汇率决定因素的汇兑心理论；以外汇的不同效用来解释汇率决定的汇总评价论；以不同金融市场上的利率差异和投资收益的差异来解释汇率决定的利率平价论等。其中影响最大的是购买力平价理论。

购买力平价理论最早是在 1802 年由英国经济学家 H. 桑顿提出的，以后又成为李嘉图古典经济理论的一个组成部分。但使之正式成为一种完整的汇率决定理论的则是瑞典经济学家卡塞尔，这一理论主要体现在他 1922 年出版的《1914 年以后的货币与外汇》一书中。

购买力平价可以分为两种形式：绝对购买力平价和相对购买力平价。绝对购买力平价是指，在一定时点上“两国间的汇率，取决于两国一般物价水平之比”。卡塞尔认为，汇率应根据购买力的对比关系来确定，而购买力表现为一般物价水平的倒数，因此，从两国物价水平的比例中，就可以得出两国的汇率。根据绝对购买力平价，那么，汇率 R 为

$$R=\frac{\sum p_{\mathrm{A}}}{\sum p_{\mathrm{B}}} \tag{13-1}$$

式中，$\sum p_{\mathrm{A}}$ 代表 A 国的一般物价水平，$\sum p_{\mathrm{B}}$ 代表 B 国的一般物价水平。

相对购买力平价是指，“当两种货币都发生通货膨胀时，它们的名义汇率等于其过去的汇率乘以该两国通货膨胀率之商”。根据相对购买力平价，新的汇率 R_1 为

$$R_1=R_0\times\frac{\pi_{\mathrm{A}}}{\pi_{\mathrm{B}}} \tag{13-2}$$

式中，R_1 为通货膨胀后两国的新汇率，R_0 代表过去的汇率或基期汇率，π_{A} 代表 A 国的通货膨胀率，π_{B} 代表 B 国的通货膨胀率。

综合以上两种购买力平价形式，这种理论的基本观点可以概括为如下几点：第一，汇率在本质上取决于货币的购买力。这就是说，人们购买外币是由于这种外币在该国有对产品和劳务的购买力，而本国货币之所以可以购买外币是因为本国货币在本国有对产品和劳

务的购买力。因此，两国货币的汇率取决于这两种货币在这两个国家的购买力之比。第二，汇率始终趋向于等于两国货币购买力之比。因此，当两国或一国发生通货膨胀时，汇率就要随通货膨胀率而变动。第三，汇率的变动使贸易条件保持不变。也就是说，汇率的潜在作用是抵消国内外价格水平变动对贸易条件的影响，即两国之间价格水平变动引起的汇率变动会使贸易条件保持不变。

这一理论可以解释不兑换纸币流通条件下汇率的决定与变动，从而为稳定汇率提供了政策依据，即要稳定汇率先要稳定国内物价水平。但这一理论也有其不完善之处，因此，有些经济学家认为应作几点补充：第一，货币的变动在长期内可以通过汇率的调整而使贸易条件不变，但在短期内对贸易条件是有影响的，因为汇率变动比价格快，从而汇率会引起贸易条件的短期变动。第二，除了货币之外，非货币因素也会影响汇率的变动。例如，出口的增加或贸易条件的改善会在国内价格不变时使货币升值。

在外汇市场上同时公布即期汇率与远期汇率，这两种汇率的决定因素是不同的。即期汇率又称现期汇率，是由外汇的需求与供给所决定的汇率。在自由的外汇市场上，某种外汇的需求量与供给量相等时所决定的汇率就是即期汇率。影响即期汇率的主要因素有进出口贸易商品价格的变动，国际间短期与长期资本的流动等因素。远期汇率是现在签订买卖合同并于未来规定日期交割时所依据的汇率，主要取决于人们对外汇市场未来变化的预期。

三、影响汇率变动的其他因素

在外汇市场上，汇率是经常变动的，影响汇率变动的因素十分复杂，既有经济因素，也有非经济因素。

从长期来看，影响汇率的因素主要是一国货币的购买力与国际收支中经常项目的变动以及实际经济增长率的差异。根据购买力平价理论，决定两国货币汇率的关键是货币购买力，因此，货币购买力的变动就要影响汇率的变动。一般来说，一国如果发生通货膨胀，货币购买力下降，则其汇率也就会下跌。但是，货币购买力变化对汇率的影响要通过其他渠道才能发生实际作用。例如，它会削弱 国商品和劳务的竞争能力，从而影响经常项目；它会影响实际利率，从而影响国际资本流动；它会影响人们的预期，从而影响对外汇的需求；等等。因此，货币购买力对汇率的影响要经过一定时期(例如，一般认为是半年以上)才能显示出来。国际收支变动对汇率变动有直接影响，而在国际收支中经常项目的变动更为重要。这是因为国际产品和劳务的贸易构成外汇交易的基础，从而也就决定了汇率变动的基本趋势。当一国的经常项目发生逆差时，该国对外汇的需求增加，从而使该国货币的汇率下跌；反之，当一国的经常项目发生顺差时，国外对该国货币的需求增加，从而使该国货币的汇率上升。经常项目的这种变动对汇率的影响在长期中十分重要。最后，一国实际经济增长率与别国的差异也会对汇率产生长期影响。一般而言，如果一国实际经济增长率高于别国，则会由于进口增加较快而使本国货币汇率下跌。但是，如果经济增长率高的国家出口增加也快，那么，就会使汇率保持不变，甚至上升。

从短期来看，影响汇率的因素主要包括以下几种：第一，货币供给量。货币供给量变动在短期内会影响货币购买力，从而影响汇率。在一国货币供给量增长较快时，该国的货币量超过了本国的需求，从而会由于本国商品价格下跌或资本外流而使该国汇率下降。第二，利率。利率会影响国际间资本的流动，从而影响汇率。一国利率的上升会使资本流入，导致汇率上升；而利率的下降会使资本流出，导致汇率下降。第三，心理预期。在外汇市场上，人们持有某种货币的多少与对该国经济与货币购买力变动的预期密切相关，从而心理预期的因素就非常重要。而影响预期又有一国的经济增长、货币供给量、利率、国际收支与外汇储备等经济因素，以及一国的政治状况、国际形势等非经济因素。第四，政府干预。一般来说，政府可以通过买卖外汇或外汇管制等直接或间接手段来影响外汇市场的短期汇率。此外，短期中汇率还受季节性因素等变动的影响。

四、汇率变动对经济的影响

汇率变动的经济效应主要表现在对进出口贸易、国内物价、国内资源配置、外汇储备等方面的影响。

1. 汇率变化对进出口贸易的影响

先举一个例子。假设中国生产并出口某品牌服装，每套售价为 800 元人民币。美国生产并出口某品牌电器，每件售价为 200 美元。如果人民币与美元的汇率为 8∶1，那么，每套服装在出口到美国时，按美元计价应该为

$$800\div8=100(\text{美元})$$

每件电器出口到中国时，按人民币计价应该为

$$200\times8=1600(\text{元})$$

现在如果美元汇率贬值 50%，即美元与人民币的汇率为 1∶4，那么，每件某品牌电器在出口到中国时，按人民币计价应该为

$$200\times4=800(\text{元})$$

每套某品牌服装在出口到美国时，按美元计价应该为：$800\times0.25=200$(美元)。这样，在美元汇率贬值之后，美国的某品牌电器尽管美元价格并没有变，但在出口到中国时按人民币计价时价格下降了 800 元，这样，美国出口到中国的某品牌电器就会增加。相反，中国的某品牌服装尽管人民币价格并没有变，但在出口到美国按美元计价时价格上升了 100 美元，这样，美国从中国进口的某品牌服装就会减少。

由此可见，本币汇率下降，起到限制出口和刺激进口的作用，因为本币汇率下降意味着用一单位外币可以兑换更少的本币，那么，以外币标价的出口商品的价格会上升，竞争力下降，而进口商品的国内销售价格会下降，从而增加对进口商品的需求；另一方面，当本币汇率上升时，起到限制进口和刺激出口的作用，因为，本币汇率上升意味着用一单位的外币可以兑换本币的数量比原先多了，以外币标价的出口商品的价格会下降，从而增强本国出口商品的国际竞争能力，而进口商品则由于价格上升而被削弱了竞争力。正是由于上述原因，进口商期望汇率下降，以扩大经营，增加利润；出口商则希望汇率上升，以扩大出口，增强竞争力。对于各国政府而言，则要从本国的整体利益出发，往往采取提高汇率的政策，牺牲进口商的局部利益，来维护本国的经济地位和实力。

汇率变动导致的进出口的变动首先影响国际收支中的经常项目。也就是说，一国货币的汇率上升之后，由于出口增加进口减少，会改善经常项目收支状况，即减少经常项目的

赤字，或增加盈余。但是，这里有两个问题值得注意。

(1) “时滞”问题。在汇率贬值、出口商品的外币价格下跌以后，国外对其出口商品的需求不会马上增加，从而一国的出口量不会马上扩大。这样，在贬值的初期，一国的出口收入反而可能减少。但同时，进口量却不会马上减少，因为进口合同早已签订，贬值对进口的抑制作用要过一段时间才能发生作用。所以，在贬值初期，一国的贸易收支情况不但很难迅速改善，而且有可能趋于恶化。只有经过一段时间后，贬值国的经常项目才会好转。这就是贬值先使经常项目收支状况恶化，而后又使之改善的“J 曲线效应”。

(2) “商品的需求弹性问题”。贬值后一国出口量的增加能否使外汇收入增加，还要取决于该国出口商品在世界市场上需求弹性的大小。只有出口商品的需求弹性大，贬值所引起的出口商品量增加的幅度才能大于外币价格下降的幅度，从而使外汇收入增加；否则，只会使外汇收入减少。此外，进口商品的减少能否使外汇支出减少，还要取决于该国国内市场对进口品的需求弹性的大小。只有进口商品的需求弹性大，贬值所引起的进口商品量的减少幅度才能大于进口品价格上升的幅度，从而使外汇支出减少；否则，只会使外汇支出增加。所以说，贬值能否改善一国的经常项目收支状况，取决于出口商品的需求弹性和进口商品的需求弹性。如果两者之和的绝对值大于 1，则贬值可以改善一国的经常项目收支状况，这就是著名的“马歇尔-勒纳条件”。

根据国际货币基金组织的专家对 1973 年 1 月至 1978 年 4 月间美国、加拿大、英国等 10 个国家汇率变动对经常项目收支状况短期影响的研究，在贬值初期会使经常项目收支状况恶化，但不久就会好转。其原因在于：①经过一段时间后出口增加，进口减少；②出口价格的变动快于进口价格；③当对进口价格的影响结束时，对出口价格的影响仍然存在。

2. 汇率变动对国民收入的效应

该效应是双向的。一方面，本币贬值会提高进口商品的相对价格，有利于出口商品的部门及进口替代品工业部门的销售，从而推动这些部门生产规模的扩大，这种扩大是通过国外和国内的价格刺激需求增加来实现的。开始时，对国民收入的影响相当于出口的增加量加上进口的减少量(被国内产业取代)，这种扩张逐步波及整个经济并以乘数方式引起国民收入增加。另一方面，汇率变动对国民收入的长期影响也有逆转因素，即在国民收入增加后，按照进口倾向会增加进口，抑制出口。

3. 汇率对国内价格水平的影响

汇率下降，会使本国进口的商品价格下降，进口原料的价格也会下降。如果是一个对原料进口依赖性很强的国家(如日本)，会因汇率下降而使进口商品价格及国内整个物价水平下降。汇率上升，一方面有利于本国商品出口，但出口数量增加会加大国内商品供给缺口；另一方面，进口商品价格因汇率上升而提高，导致整个物价水平提高。一般为解决恶性收支不平衡和经济不景气，政府往往采取牺牲消费者利益，使本币汇率上升来促进出口，改善国际收支。

4. 汇率变动的国内资源配置效应

汇率变动改变了国内外的供求关系，改变了进口商品价格和进出口比例，引起国内资源的重新分配。贬值带来的商品出口增加，造成国内有关产品的价格上升趋势，而出口工业和进口替代品生产工业有可能比其他部门有更高的价格，这会吸引资源投入，在大多数情况下，会使国内优势更好地发挥，带来更大的效益，使国际收支得到改善。

5. 汇率变动对外汇储备的效应

首先，储备货币汇率变化会使以该货币为储备的资产的那部分外汇储备的实际价值发生变化。储备货币汇率上升时，外汇储备实际价值增加；反之则减少。因此，储备货币是一种国际购买能力的储备，汇率下降，外汇储备货币增值，其所代表的资产也就增加了。其次，储备货币汇率不稳定会影响和削弱储备货币的地位和作用。因为一国的外汇储备代表着该国的外债清偿能力，而选择储备量时必须衡量汇率对储备的影响，汇率不稳定，风险就大，储备就可能遭受损失，所以并不是储备越多越好。最后，本币汇率变动会通过资本转移和对外贸易影响外汇储备的增减。因为本币汇率变化引起资本的流入或流出，从而引起储备所代表的资产量变化，汇率下降，保值性和投机性资本会大量流入，外国投资者也会因获利而投资，从而使外汇储备增加。

可见，汇率变动对经济具有深刻的影响，正因为如此，各国政府对汇率的变动给予高度重视，并从本国的经济利益出发，在不同情况下采取相应的政策措施加以干预。

五、汇率制度

世界上的汇率制度主要有固定汇率制与浮动汇率制两种。

固定汇率制是一国货币与某种参照物的比价固定，其波动限于一定的幅度之内的汇率制度。在这种制度下，中央银行固定了汇率，并按这一水平进行外汇买卖。中央银行必须为任何国际收支盈余或赤字按官方汇率购进或提供外汇，当国际收支有盈余时购入外汇，当国际收支有赤字时售出外汇，这样才能维持汇率固定。实行固定汇率有利于一国经济的稳定，也有利于维护国际金融体系的稳定与国际经济交往的正常进行。但是，实行固定汇率制要求一国的中央银行有足够的外汇或黄金储备。如果不具备这一条件，必然会出现外汇黑市，黑市的汇率要远远高于官方汇率，反而不利于经济稳定与外汇管理。

浮动汇率制是一国中央银行不规定本国货币与他国货币的官方汇率，听任汇率由外汇市场的供求关系自发地决定的汇率制度。浮动汇率制又进一步分为自由浮动与管理浮动。自由浮动又称“清洁浮动”，指中央银行对外汇市场不采取任何干预措施，汇率完全由外汇市场的供求关系自发地决定。管理浮动又称“肮脏浮动”，指实行浮动汇率制的国家，对外汇市场进行各种形式的干预活动，主要是根据外汇市场的供求状况售出或购入外汇，以通过对供求的影响来影响汇率。实行浮动汇率有利于通过汇率的波动来调节经济，也有利于促进国际贸易，尤其是在中央银行的外汇与黄金储备不足以维持固定汇率的情况下，实行浮动汇率对经济较为有利，但浮动汇率不利于国内经济和国际经济关系的稳定，会加剧经济波动。

从第二次世界大战以后的情况来看，西方各国在 20 世纪 70 年代之前是实行固定汇率制，而在此后相继实行了浮动汇率制。对这种汇率制度的演变，应该有所了解。

1944 年 7 月，美、英、法、中、苏等 44 国代表在美国新罕布什尔州布雷顿森林举行了联合国货币金融会议，这一会议通过了《国际货币基金协定》，由此形成了以美元为中心的国际货币体系，又称“布雷顿森林体系”。在这一体系下，西方各国实行了黄金—美元本位制，又称“国际黄金汇兑本位制”。这一制度的基本内容是：第一，美元与黄金挂钩，国际货币基金组织各国确认美国在 1934 年 1 月所规定的美元与黄金比价，即 35 美元兑换一盎司黄金。各国有义务协助美国维持美元官价，美国承担准许各国中央银行按官价向美国兑换黄金的义务。第二，其他各国货币与美元挂钩，即其他国家的货币与美元保持固定汇率。只有在一国国际收支出现“根本性不平衡”时才能调整汇率。市场汇率波动超过 1%时，各国政府有义务进行干预，而汇率调整超过 10%时，须经国际货币基金组织同意。这就是 20 世纪 70 年代之前西方各国所实施的固定汇率制。

20 世纪 60 年代之后，由于多次发生美元危机，这一货币体系被动摇了。1971 年 8 月 15 日，美国宣布停止美元兑换黄金。同年 12 月，根据西方“十国集团”达成的“史密森协定”，美元贬值 7.89%，即从每盎司黄金兑换 35 美元，改为兑换 38 美元，并将汇率波动幅度从 1%扩大为 2.25%。1973 年 2 月，美元再度贬值 10%，即每盎司黄金上升为可兑换 42.22 美元。由这时起，西方各国相继放弃固定汇率制而采用了浮动汇率制。目前，各国主要是采用管理浮动汇率制。

【专栏 13-1】人民币升值对我国出口的影响

中国政府宣布自 2005 年 7 月 21 日起开始实行以市场供求为基础，参考“一揽子”货币进行调节，实行有管理的浮动汇率制度；人民币汇率不再盯住单一美元，形成更富弹性的人民币汇率机制，旨在增强人民币汇率灵活性的改革。近来，人民币对美元升值 2%。

在过去十年中，中国出口平均年增长率达到 20%。加入 WTO 后我国出口增长明显加快。出口增长主要受外部需求和实际有效汇率的影响。外部需求的增长促进了中国出口，而实际有效汇率的提高在假设其他条件不变的情况下将会抑制出口。其实，外部需求是影响中国出口增长的最重要因素。

在短期，人民币升值将只会影响依靠低价格优势出口的行业，对具有非价格方面的核心竞争力强的产品出口并不受影响。由此可见，人民币升值对中国出口在短期持续增长提出了挑战，但从长期上也带来了机遇。它要求我国改善出口产品结构，提高技术含量，实现出口的产业升级。普遍受汇率变动影响较大的出口主要是制造业产品的出口，原因就在于我国制造业出口产品多集中在低端，竞争优势弱，竞争方式也主要通过价格手段。

第二节　国际收支与国际收支平衡表

国际收支(Balance of Payments)是一国与其他各国之间，在一定时期内所有的经济交往的记录，也是国民收入核算的扩大与发展。具体来说，它是反映由于国际贸易和国际金融交往，一国从国外收进的全部货币资金和向国外支付的全部货币资金的对比关系。

英国著名经济学家 J. 米德(J. Meade)对国际收支含义的解释是：“当一个国家向世界其他地方出口等项目的总收入超过从世界其他地方进口等项目的总支付时，其国际收支就是‘顺差’或‘有盈余’。相反，其国际收支就是‘逆差’或有‘赤字’。当它与其他国家进行交易而收支两抵时，其国际收支可以说是平衡。一个国际收支有盈余或赤字的国家，简称为‘盈余’国或‘赤字’国。当一个国家既无盈余又无赤字时，称为‘对外平衡’国。”

国际收支的状况反映在国际收支平衡表(Balance of International Payments)上。国际收支平衡表是把一国的国际收支按照一定的项目编制出来的报表，是对于一国与他国之间进行的一切经济交往的记录。它用于说明：

(1) 一国与他国之间的商品、劳务和收益方面的交易；

(2) 该国货币、特别提款权、对世界其他地区要求权和债务的变动；

(3) 为保证会计平衡要求而不能相互抵消的上述交易和变化的任何账户所需要的无偿转移和对应项目。

所谓国际收支平衡表，是指国际收支按照特定账户分类和复式记账原则表示的会计报表。国际货币基金组织已经出版了第5版的《国际收支手册》，对在编制国际收支平衡报表时所采用的概念、准则、管理、分类方法以及标准构成都作了统一说明。以下对国际收支平衡表进行简要分析。

一、特定账户分类

国际收支账户可以分为三大类：经常账户；资本与金融账户；错误和遗漏账户(见表13.1)。

表13.1 国际收支平衡表简表

单位：

	借方	贷方
经常账户		
1. 货物		
2. 服务		
3. 收入		
4. 经常转移		
资本和金融账户		
1. 资本账户(含资本转移及非生产、非金融资产的收买与放弃)		
2. 金融账户(含直接投资、证券投资、其他投资、官方储备)		
错误和遗漏账户		

(一)经常账户

经常账户(Current Account)是进行记录实际经济资源在国际间的流动行为的账户，它包括货物、服务、收入和经常转移几个项目。

货物(Goods)。货物包括一般商品、用于加工的货物、货物修理、各种运输工具、在港口购买的货物和非货币黄金。在处理上，货物的出口和进口应在货物的所有权从一国居民转移到另一国居民时记录下来。一般来说，货物按照边境的离岸价格(FOB)计算。

服务(Services)。服务是经常账户的第二个项目，它包括运输、旅游以及在国际贸易中的地位越来越重要的其他项目(如通信、金融、计算机服务、专有权征用和特许以及其他商业服务)。

收入(Income)。将服务交易同收入交易明确区分开来是《国际金融手册》第 5 版的重要特征。收入包括居民和非居民之间的两大类交易：一是支付给非居民工人(例如季节性的短期工人)的职工报酬。二是投资收入项下有关对外金融资产和负债的收入和支出。第二大类包括有关直接投资、证券投资和其他投资的收入和支出以及储备资产的收入。最常见的投资是股本收入(红利)和债务收入(利息)。应注意的是，资本损益是不作为投资收入记载的，所有由于交易引起的现已实现的资本损益都包括在金融账户下面。将收入作为经常账户的独立组成部分，这种处理方法与国民账户体系保持了一致，加强了收入与金融账户流量、收入与国际收支和国际投资头寸之间的联系，提高了国际收支账户的分析价值。

经常转移(Current Transfers)。当一经济体的居民实体向另一非居民实体无偿提供了实际资源或金融产品时，按照复式记账法原理，需要在另一方进行抵消行记录以达到平衡，也就是需要建立转移账户作为平衡项目。在《国际收支手册》第 5 版中，将转移区分为经常转移与资本转移。这一处理方法的变化是，经常转移仍包括在经常账户中，而资本转移包括在资本与金融账户中。经常转移排除了下面三项所有权转移(即资本转移)：①固定资产所有权的资产转移；②固定资产收买/放弃相联系的或以其为条件的资产转移；③债权人不索取任何回报而取消的债务。经常转移包括各级政府的转移(如政府间经常性的国际合作、对收入和财政支付的经常性税收等)和其他转移(如人工汇款)。

(二)资本和金融账户

资本和金融账户(Capital Account and Financial Account)是指对资本所有权在国际间流动行为进行记录的账户，它包括资本账户(Capital Account)和金融账户(Financial Account)两大部分。

资本账户包括资本转移和非生产、非金融资产的收买和放弃(资本转移的含义已经在上面进行了说明)。非生产、非金融资产的售卖或者放弃是指各种无形资产如专利、版权、商标、经销权以及租赁和其他可转让合同的交易。

金融账户包括了引起一个经济体对外资产和负债所有权变更的所有权交易。根据投资类型或功能，金融账户可以分为直接投资、证券投资、其他投资、储备资产四类。与经常账户不同，金融账户的各个项目不按借贷方总额来记录，而是按净额来记入相应的借方或贷方。

直接投资(Direct Investment)。直接投资的主要特征是，投资者对另一经济体的企业拥有永久利益。这一永久利益意味着直接投资者和企业之间存在着长期的关系，并且投资者对企业经营管理施加着相当大的影响。直接投资可以采取在国外直接建立分支企业的形式，也可以采用购买国外企业一定比例以上股票的形式。在后一种情况下，《国际收支手册》中规定这一比例最低为 10%。

证券投资(Portfolio Investment)。证券投资的主要对象是股本证券和债务证券。对于债务证券而言，它可以进一步细分为期限在一年以上的中长期债权、货币市场工具和其他派生金融工具。

其他投资(Other Investment)。这是一个剩余项目，它包括所有直接投资、证券投资或储备资产未包括的金融交易。

储备资产(Reserve Assets)。储备资产包括货币当局随时可以动用并控制在手的外部资产。它可以分为货币黄金、特别提款权、在基金组织的储备头寸、外汇资产和其他债权。作为国际储备，其目的是货币当局能随时用来干预外汇市场、支付国际收支差额，使货币汇率保持一定的稳定性。

(三)错误和遗漏账户

国际收支账户运用的是复式记账法，因此所有账户的借方总额和贷方总额应相等。但是，由于不同账户的统计资料来源不一，记录时间不同以及一些人为因素(如虚报出口)等原因，会造成结账时出现净的贷方或者贷方余额，这时就需要人为设立一个抵消账户，数目与上述余额相等而方向相反。错误和遗漏账户(Errors and Omissions Account)就是这样一种抵消账户。简单地说，由于从事国际交往的行为主体成千上万，统计时难免发生错误，因而，一切统计上的错误均归入错误和遗漏账户。

二、国际收支平衡及其曲线

国际收支平衡表由经常账户、资本与金融账户和错误和遗漏账户三项内容构成。实际上，错误和遗漏账户是抵消和调整统计上的错误，并不构成国际收支平衡的实质。构成国际收支平衡的实质内容是经常账户和资本与金融账户的净余额问题。因此，通常把净出口与净资本流出的差额称为国际收支差额。如果这种差额为零，则称国际收支平衡，否则，就是国际收支不平衡。进一步地，如果差额为正，则是国际收支顺差；反之，则是国际收支逆差。

(一)净出口函数

假定经常项目仅由进出口组成，撇开其他因素。出口减进口就是净出口。净出口 NX 表示通过经常交易最终流到本国的收入。由于进口是收入的减函数，出口为一常数，这样一国的净出口是该国收入的减函数，即

$$NX=X-M=X_0-(M_0+my) \tag{13-3}$$

式中，X 为一国的出口额；M 为该国的进口量。由于出口与本国经济无关，所以为一常数，用 X_0 表示，M_0 为自发进口量；m 为边际进口倾向；y 为一国实际收入水平。该式表明，一国的净出口为其实际收入的减函数。如图 13.1 所示，净出口曲线向右下方倾斜，表示净出口与一国的收入负相关。

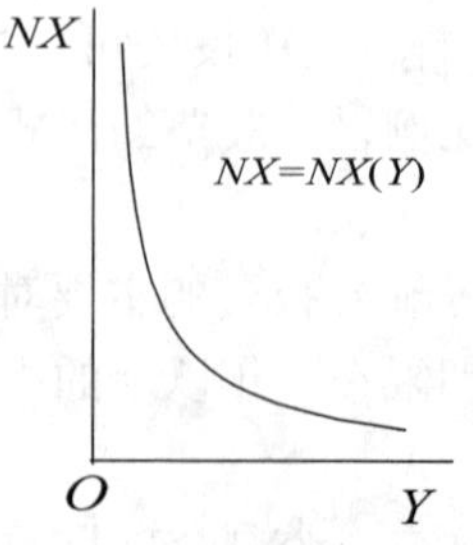

图 13.1　净出口曲线

(二)净资本流出函数

资本项目仅涉及资产的买卖和资本的流动，因此，它不进入国民收入的核算，但却影响国际收支平衡。资本国际流动是指资本跨越国界，在国际间从事生产方面或金融方面的投资或投机活动所产生的资本转移。资本国际流动具有极强的灵活性，尤其是在国际资本市场高度发达的今天，国际资本在流动方式上更加隐蔽，在流动渠道上更加多样，在流动速度上更加迅速，在流动规模上日趋庞大。国际资本的流动已经有足够的力量渗透到世界的各个角落，对各国经济产生重大影响。国际资本流动有两种基本形式。其一是对外间接投资(FII)，其主要形式是证券投资；其二是对外直接投资(FDI)。国际资本流动的原因主要是：

(1) 为了获得较高的利益。

(2) 由于风险因素，投资者尽管乐意于取得较高的利益，但更倾向于取得有保障的利益。

如果把国际经济交往中从本国流向外国的资本量与从外国流向本国的资本量的差额定义为资本项目差额或净资本流出，用 F 表示。那么，净资本流出的公式为

F=流向外国的本国资本量−流向本国的外国资本量

净资本流出表示经过资本交易最终流出本国的收入。影响资本流动的因素有很多，其中最重要的一个因素是利率(r)，这里我们仅考虑利率对资本流出的影响。因此，净资本流出函数通常被写为

$$F = F(r) \tag{13-4}$$

假定其他国家利率水平既定，则国内利率水平越高，流出的资本就越少，流入的资本就越多，净资本流出减少。故而净资本流出是国内利率水平的减函数。净资本流出曲线如图 13.2 所示。

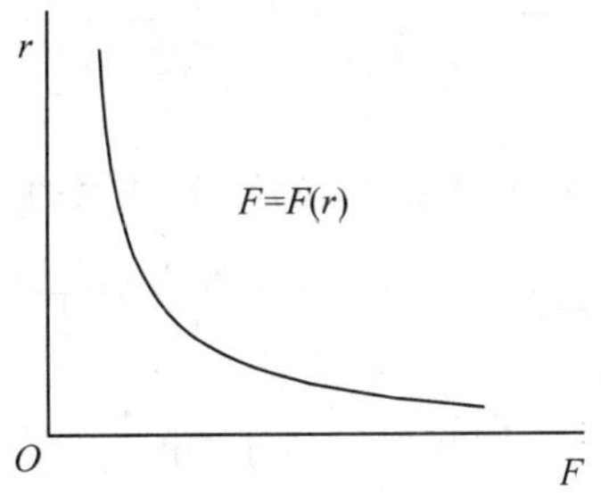

图 13.2 净资本流出曲线

(三)资本有限流动下的国际收支平衡曲线

通常把净出口与净资本流出的差额称为国际收支差额，用 BP 表示。国际收支差额是本国收入与利率的函数，表示为

$$BP - NX(y) - F(r) \tag{13-5}$$

当国际收支差额为零，即 $BP = 0$ 时，称为国际收支平衡；否则，就是国际收支不平衡。当国际收支差额为正，即 $BP > 0$ 时，称为国际收支顺差或国际收支盈余；当国际收

支差额为负，即 $BP<0$ 时，称为国际收支逆差或国际收支赤字。

这样，若一国的国际收支要达到平衡状态，需满足以下条件：

$$\begin{cases} NX = F \\ NX = NX(y) \\ F = F(r) \end{cases} \tag{13-6}$$

简单地概括起来，国际收支平衡就是一国从经常项目和资本项目上的余额总和为零。根据式(13-6)，可以推出一条反映国际收支平衡条件下的国民收入与利率相互关系的BP曲线，如图 13.3 所示。

从图 13.3 中可以看出，BP 曲线向右上方倾斜，较低的利率对应较低的收入，较高的利率对应较高的收入。其基本原因在于：收入水平上升，则进口增加，导致净出口减少，为了实现国际收支平衡，就必须提高利率，减少资本外流。因此，在BP 曲线上，收入与利率是同方向增减的。

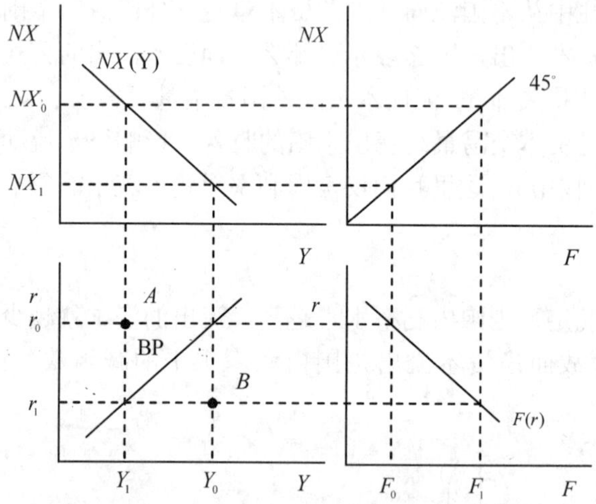

图 13.3　有限资本流动下 BP 曲线的推导

BP 曲线上各点都满足净出口等于净资本流出的国际收支平衡条件，位于BP 曲线左上方的点所描述的是净出口大于净资本流出的不平衡状态，即存在国际收支顺差($NX>F$)，如图 13.3 中的 A 点；相应地，位于BP 曲线右下方各点所描述的都是净出口小于净资本流出的不平衡状态，即存在国际收支赤字($NX<F$)，如图 13.3 中的 B 点。

(四)资本完全流动和完全不流动条件下的 BP 曲线

在国际间资本可完全流动条件下，如果本国利率低于他国利率，在本国国土上，无论是本国国民资本，还是外国国民资本，都会像兔子一样瞬间跑得无影无踪，资本流出为无穷大；相反，如果本国利率高于他国利率，资本流入本国为无穷大，即资本流出为 0。一个极小的利率差异就会引起无限的资本流动，最终使得本国利率与他国利率水平一致，那么，在资本完全流动下，净资本流出曲线 $F_1(r)$ 是一条水平线(如图 13.4 所示)。在这个与他国一致的利率水平上，本国没有必要提高利率，因为在水平的净资本流出曲线上，利率既定，资本流出是任意的，本国可以得到它需要的资本数量。否则，无限流入的资本，也会使利率下降至与他国利率一致的水平。相反，本国不能降低利率，否则资本完全流出，不利于投资，而对经济产生危害。所以，资本在完全流动时，由于净资本流出曲线是一条水平线，利率既定不变，可以得出，资本完全流动时，BP 曲线是一条水平线，如图 13.4 所示 BP_1。

在国际间资本完全不能流动时，即使本国利率不同于他国利率，资本在两国间不能流动，使得国与国之间的利率差异得以持续存在。本国的利率变动不影响国际间资本流动。资本不能流动也就不能对本国的利率产生影响，那么，本国的利率只由本国国内经济运行的状况而定，可以说，利率变动与净资本流出无关，资本不能流动，则资本流出是一个既定的量，可得本国的净资本流出曲线是一条垂线，进一步可得，资本不能流动时，BP 曲线是一条垂线，如图 13.4 所示的 $F_0(r)$ 和 BP_0。

BP 曲线上各点都满足净出口等于净资本流出的国际收支平衡条件，否则，就是国际收支不平衡状态。在图 13.4 中，在 BP_0 的左侧和在 BP_1 的上方，国际收支是处于顺差($NX > F$)的不平衡状态；相应地，在 BP_0 的右侧和在 BP_1 的下方，各点所描述的都是净出口小于净资本流出的不平衡状态，即存在国际收支赤字($NX < F$)的不平衡状态。

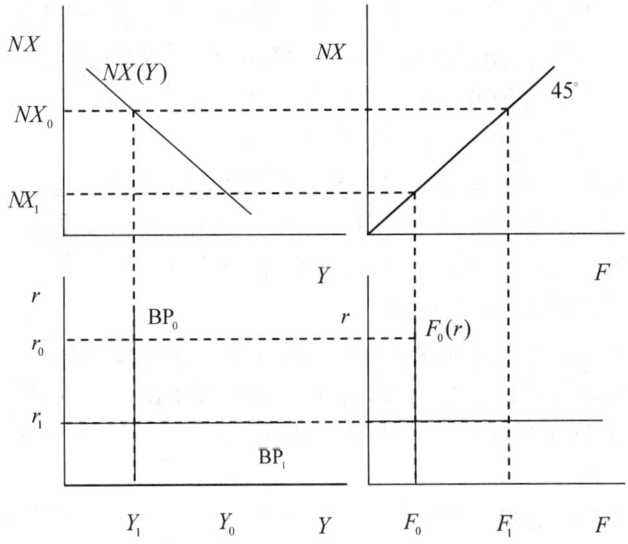

图 13.4　资本完全流动和完全不流动下的 BP 曲线的推导

(五)BP 曲线的移动

BP 曲线是根据净出口曲线与净资本流出曲线且净出口额与净资本流出额相等的原则推导出来的，研究的是开放经济条件下，利率与国民收入之间的依存关系。利率和国民收之间相互引起的变化状态必然表现在 BP 曲线，即点在 BP 曲线上的移动。如果不是利率(国民收入)而是其他因素导致了国民收入(利率)的变化，那么必然是整条 BP 曲线的移动。具体来说，在利率既定时，净出口的自身变动或者是净资本流出的变动必然使国民收入变动，这种变动一定导致 BP 曲线的整体移动。如果在收入不变条件下，净出口增加，为了保持国际收支平衡，净资本流出量也必须增加，从而要求利率降低。在既定的收入条件下，利率降低，意味着 BP 曲线右移；反之，净出口减少，则 BP 曲线左移。

如果在利率既定条件下，净资本流出增加，为了保持国际收支平衡，净出口也必须增加，从而要求收入减少。在利率既定条件下，收入减少，意味着BP曲线左移；反之，若净资本流出减少，则BP曲线右移。

三、国际收支失衡原因及其影响

虽然在一般情况下，国际收支差额不为零时，可以断定国际收支不平衡。但对于国际收支不平衡的具体定义，目前还没有定论，主要是由于国际间衡量国际收支不平衡的口径不一致。定义国际收支不平衡的方式主要有以下几种。

(1) 按照交易发生的动机或性质，交易可以被分为自主性交易和补偿性交易。自主性交易是指个人和企业为某些自主性目的(如获得利润、赡养亲友、外出旅游等)而从事的交易。经常项目和长期资本项目的经济交易属于自主性交易。自主性交易一般受汇率影响，但不成为调节和影响汇率的手段。补偿性交易是指在自主性交易出现差额时为弥补国际收支不平衡而发生的交易，如弥补国际收支逆差时向国外的借款和动用官方储备等，大多数短期资本和官方储备项目都属于补偿性交易，它是影响汇率的交易，也是政府实现政策目标的手段。这种识别方法从理论上看是有一定道理的，但在统计上却存在很大困难。

(2) 以贸易收支的不平衡(进出口收支不相等)来定义国际收支的不平衡，即把贸易收支作为国际收支的代表。这种方法对于那些贸易收支在全部国际收支中占有绝对比重的国家而言，出于简便和某些特殊的目的而被使用。

(3) 以经常项目收支不平衡定义国际收支不平衡。经常项目包括贸易收支、无形贸易收支和单方转移收支三个基本方面，其中贸易收支和无形贸易收支是经常项目的主体。经常项目可以用于反映一国的进出口状况，因此，被许多国家视为制定国际收支政策和产业政策的重要依据，并以此代表国际收支。

(4) 以基本账户收支不平衡定义国际收支不平衡。基本账户包括经常项目和长期资本项目。长期资本项目通常是以市场或利润为目的进行投资的资本项目，因此，把经常项目与长期资本项目合并用于反映国际收支基本状况，对于那些长期资本规模较大的国家而言，具有较强的代表性。

(5) 把短期资本项目也纳入判断国际收支不平衡的标准。采用这种方式的国家主要是那些金融市场特别发达、国内金融市场和国际金融市场联系特别紧密的国家。

在国际收支中，贸易收支、经常收支和基本账户经常出现不平衡。这是由于国际交往中的主体成千上万，影响因素复杂多变，因此国际收支的不平衡是绝对的，而国际收支的平衡则是相对的，是理论研究的一种理想状态。引起国际收支不平衡的原因主要有以下几方面。

(1) 结构性不平衡。结构性不平衡主要是指一国的国内经济、产业结构不能适应世界市场变化而产生的国际收支不平衡。其产生的主要原因可能是由于经济和产业结构变化滞后所引起的，也可能是由于国内产业结构单一，或出口需求的收入弹性低，或出口需求的价格弹性高而进口需求的价格弹性低所致。一般来说，结构性不平衡与经济增长率引起的国际收支不平衡都具有长期性和持久性，因此又被称为持久性不平衡。

(2) 货币性不平衡。引起国际收支不平衡的货币因素主要是指一定汇率下的国内货币成本与一般物价水平上升引起出口货物相对昂贵、进口产品价格相对下降等因素，汇率、利率、价格、成本等货币性因素都可能引起国际收支不平衡。当一国的货币对外价值被高估时，本国出口品的外币价格提高，将抑制该国商品的出口，同时，外国出口到本国的产品折合本币价格将下降，刺激进口；当一国的货币对外价值被低估时，情况正好相反。如果一国的物价水平普遍上升，该国商品在国际市场上的竞争力将下降，商品出口就会受到抑制，而进口会增加，导致国际收支出现逆差；反之，则可能使国际收支出现顺差。

(3) 周期性不平衡。周期性不平衡是指由于经济的周期性波动而造成的国际收支不平衡。随着经济周期性循环(危机、复苏、繁荣、萧条)的演变，这种不平衡现象会交替发生。在繁荣阶段，进口和消费的增加导致国际收支由顺差转为逆差；而在经济萧条阶段，由于进口和消费的萎缩又将导致国际收支由逆差转为顺差。随着经济一体化进程的加快，国际经济关系越来越密切，一国的经济受到世界其他国家经济的影响越来越大，特别是发达国家的经济周期性波动所产生的影响，会更加广泛地影响世界其他国家的国际收支出现不平衡。

(4) 收入性不平衡。国民收入性不平衡主要是指由于国民收入的增长而造成的国际收支不平衡。国民收入的变动主要受两方面因素的影响，其一是经济的周期性波动；其二是经济增长率的高低。当一国的经济迅速发展，经济增长率提高时，国民收入也相应增加，并进一步引起投资、消费等方面的增加，需求扩大。当国内总需求超过国内总供给时，就会导致进口增加，造成国际收支逆差。但是，如果一国的经济增长主要是依靠出口来推动的，收入性失衡也有可能表现为国际收支的顺差。

国际收支是否平衡对一国的宏观经济影响很大，如果连续出现大幅度国际收支逆差，就会造成一国外汇储备的外流和减少，本币贬值，从而削弱本国经济实力，严重时可能诱发国际收支危机。而连续出现大幅度的国际收支顺差，虽然能够提高本币的地位，但却不利于出口，而且，由于顺差流入还会引起国内通货膨胀压力，诱发国际间的矛盾和摩擦。正因为国际收支对一国的经济、政治等会产生重大影响，保持国际收支平衡作为世界各国宏观经济政策的主要目标之一受到高度、广泛的重视。

四、调整国际收支失衡的政策

国际收支失衡有时并不需要政府采取一些政策措施予以调节。经济体系中的某些机制就具有自动调节国际收支恢复均衡的功能。这些机制往往通过影响利率、汇率、物价、国民收入等方面因素，改变货币供求，以使国际收支恢复平衡。但这些机制并非适用于所有情况下的国际收支失衡。在某些情况下，仍然需要政府采取相应的措施加以干预。我们把此类调节称为国际收支的政策调节，是指一国从本国国民经济发展的需要出发，或出于对来自世界其他国家压力的考虑所采取的经济或行政的手段，干预或管理对外经济活动和外商在本国的经济活动，从而改变本国国际收支的规模和结构。特别是在国际收支不平衡出现长期性、持久性、巨额性以及自动调整机制失效时，采取政策调节就显得尤为重要。当然，国际收支不平衡是经常发生的，如果短期不平衡程度不严重，也就不需要采取政策调节。调节国际收支失衡的一般政策如下。

1. 货币政策

紧缩性货币政策适用于国际收支逆差的情况。当出现国际收支逆差时，通过提高中央银行贴现率、提高存款准备金比率、紧缩信贷和在公开市场上出售有价证券等措施促使投资减少，物价回落，失业率上升，引起国民收入和进口减少，缩小国际收支贸易项目逆差，并进而缩小国际收支逆差，直至实现国际收支平衡。同理，如果一国的实际利率水平高于其他国家的同期利率水平，则会引起国际短期资本的流入，或使本国资本外流减少，同样可以起到调节国际收支逆差的作用。而当一国出现国际收支顺差时，则适宜于采取扩张性货币政策加以调节。

2. 财政政策

紧缩性财政政策适用于发生国际收支逆差的情况。当国际收支逆差出现时，通过采取削减公共财政支出，增加税收等紧缩性政策，能够有效抑制国内投资和消费需求的扩张，降低物价水平，改善本国贸易条件，扩大出口，限制进口，进而改善国际收支状况。当出现国际收支顺差时，则适宜于采取扩张性的财政政策。

在实际中，财政政策和货币政策往往是许多国家政府同时搭配使用的两大政策措施，在具体的国情下，可以采取“双紧”、“双松”或“一紧一松”的政策搭配，这样能够起到更加有效的作用。

3. 外汇政策

外汇政策是一国政府为实现特定的宏观经济目标而采取的外汇汇率、外汇交易、外汇信贷和外汇转移的管理措施。

外汇汇率政策主要是通过调整本币外汇汇率(本币贬值、调低本币汇率，本币升值或调高本币汇率)来消除顺差或逆差的措施。在固定汇率制度下，本币法定贬值可以起到增加出口和限制进口的作用，有助于消除国际收支逆差；相反，本币法定升值可以有效地鼓励进口和阻碍出口，有助于消除国际收支顺差。外汇管制措施则主要是通过政府法令对各项外汇收、支、存、兑、外汇买卖和国际结算业务等进行管理，从而达到节约外汇支出、增加外汇收入和改善国际收支的目的。此外，还可以通过设立外汇基金的方式，在国际收支出现短期不平衡时，在外汇市场上买卖外汇来调节外汇供求关系。

4. 国际信贷

国际资金的融通政策简称为融资政策，包括对官方储备和国际信贷便利的使用。官方储备除了可以用作清偿国际收支差额、维持对外支付能力外，还可用于干预外汇市场、调节本币汇率和作为信用保证。国际信贷则为各国政府和跨国银行在国际资本市场上从事长期资金融通业务提供了有效的融资工具，成为各国获得政府贷款和银行贷款的有效途径。

5. 外贸政策

外贸政策包括汇率政策、进出口贸易的财政政策(关税、补贴、出口退税、出口信贷等)以及直接管制政策(即通过改变进口品和进口替代品的相对可获得性来达到指数转换的目的，包括外汇管制、进口许可证管制等)和贸易管制(配额等)政策。经常性贸易顺差是各国政府首选的贸易政策目标，也是改善国际收支状况的基础，“奖出限入”的贸易保护政策历来以繁多复杂而为世人瞩目，往往是从根本上改善国际收支状况的措施。

6. 加强国际经济和金融合作

一国的国际收支顺差往往体现为另一国的国际收支逆差。当一国采取对改善本国的国际收支有利的政策时，也意味着在一定程度上给其他国家造成了不利的影响。因此，在世界范围内解决各国国际收支不平衡问题的根本途径，还是要进行国际间广泛的合作，通过国际经济一体化，促进国际间商品的自由流动，从国际分工和提高劳动生产率中获得利益，从而根本上改善国际收支。

第三节　IS-LM-BP 模型及其应用

开放经济中的均衡包括国内和国外两方面都要同时达到均衡，国内均衡是指国民经济处于充分就业状态，一般用 IS-LM 模型来描述。国外均衡是指一国国际收支的平衡，由 BP 曲线描述。在开放经济条件下，宏观经济的最理想的均衡状态是追求国内与国际收支的同时均衡，当 IS 、LM 和 BP 三条曲线相交于一点时所确定的利率与收入组合就是国内外同时均衡的政策目标。

一、IS-LM-BP 模型

充分就业和国际收支平衡是宏观经济管理的四大政策目标中的两个。当引入国际经济部门后，要进一步研究包括国外部门在内的四部门经济的一般均衡，只要在原有的国内均衡模型基础上，引入国际收支平衡曲线，就可以建立分析国内外都实现均衡的 IS-LM-BP 基本模型。

在该模型中，产品市场的均衡、货币市场的国内均衡和国外均衡分别用 IS 曲线、LM 曲线和 BP 曲线表示，同时，实现国内均衡和国外均衡的一般均衡状态一定在三条曲线的交点处。如图 13.5 所示，IS 曲线、LM 曲线和表示国际收支均衡的 BP 曲线相交于 E 点，Y_0 和 r_0 分别表示均衡状态时的收入和利率。

但是，三个市场并不是在任何情况下都能同时达到均衡状态的，在绝大多数情况下三个市场都不可能同时达到 E 点。当出现非均衡状态时，可以通过改变某些影响市场的因素来调整现有的 IS、LM 和 BP 三条曲线的状态，使其发生移动，从而向着均衡方向运动，最终实现三大市场的国内与国际的一般均衡。当然，在不均衡状态能否回到，以及如何回到均衡状态的问题上，古典理论和凯恩斯理论存在截然不同的观点。古典理论认为，在国内外市场不均衡时，市场机制会自动加以调节使其走向均衡；而凯恩斯主义者则认为仅仅依靠市场机制，国内、国外市场的一般均衡不能自动地实现，强调宏观经济政策的调节作用。

古典理论认为，经济体系内部具有自动调节国内外市场不均衡的机制，并使之趋于均衡。如图 13.6 所示，假设在固定汇率制度下，国内价格水平为 p_0 时，IS_0 、LM_0 和 BP_0 三条曲线恰好相交于 E_0 点，相应的收入水平为 Y_0，利率水平为 r_0 。若此时均衡收入 Y_0 并非国内充分就业收入，由于此时国内劳动市场并未达到充分就业状态，就业竞争将导致货币工资率下降，引起商品市场价格水平下降，价格水平的下降必然使得国内实际货币供给增加。在货币需求不变的情况下，LM_0 曲线向右移动至 LM_1。同时，价格水平下降的实际余额效应还会引起国内需求增加，从而导致 IS_0 曲线向右移动至 IS_1。此外，国内价格水平下降的国际效应引起本国货币的实际汇率上升，导致出口增加、进口减少和资本净流出，促使 BP_0 曲线向右移动至 BP_1，当三条曲线均移动至充分就业产量下的 E_1 点时，恰好实现充分就业状态下的国内、国外的一般均衡。由于这一调节过程中不存在汇率压力，不需要外汇干预政策，因此，当实现长期均衡时，就业竞争消除，货币供给不再变动，各条曲线均处于相对静止的状态，并成功地完成了对国内充分就业的适应。可见，在古典理论假设下，凭借市场自身机制的调节，经济体系能够消除国内失业和非均衡状态，使经济最终恢复均衡。

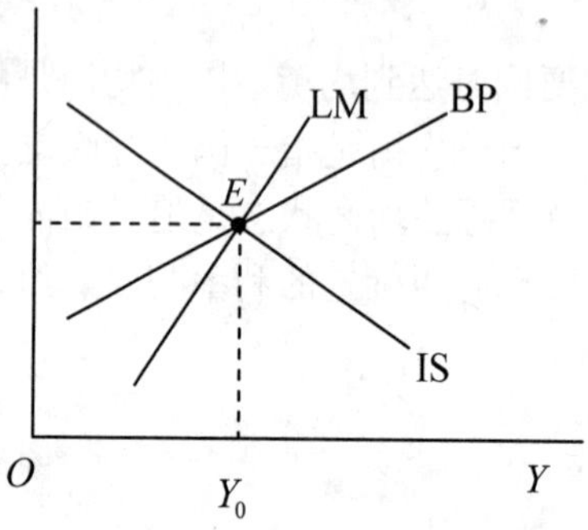

图 13.5 国内与国外同时均衡

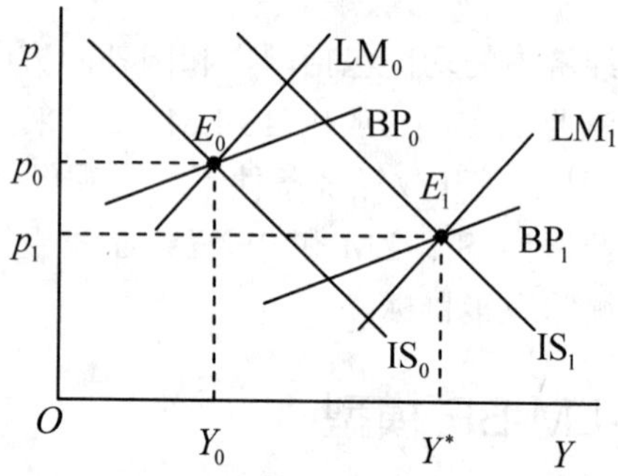

图 13.6 古典理论的国内外均衡

然而，凯恩斯主义者认为，IS、LM 和 BP 曲线都是在某种既定的价格水平上导出的，不同的价格水平对应于不同的 IS、LM 和 BP 曲线，如图 13.7 所示。

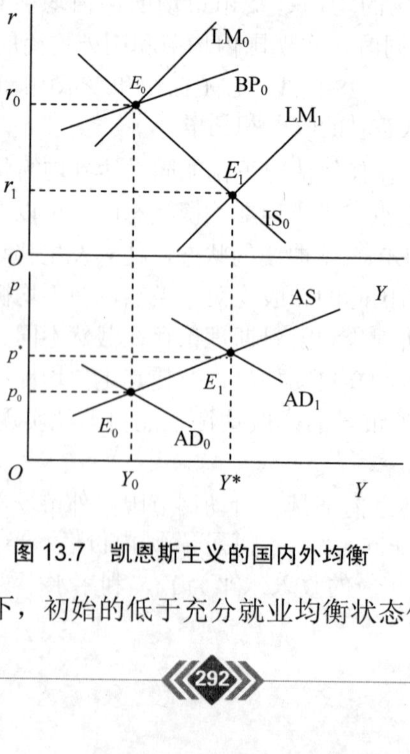

图 13.7 凯恩斯主义的国内外均衡

假设在汇率不变的情况下，初始的低于充分就业均衡状态位于 IS_0、LM_0 和 BP_0 三条

曲线的交点 E_0。假设在价格水平为 p_0 时，对应的 IS_0、LM_0 和 BP_0 曲线相交于 E_0 点，并由此决定的均衡产量或国民收入为 Y_0，这一均衡产量和均衡价格就对应于总需求曲线上相应的 E_0 点。如果在价格水平 p_0 上，总供给也恰好是 Y_0，那么，点 $E_0(Y_0, p_0)$ 就是 AS 曲线和 AD 曲线的交点，表示国内总供求的均衡状态。但是，图 13.7 中也明确显示出 E_0 点是处于低于充分就业状态。由于这一点既然是均衡点，那么，在不存在外来因素影响的情况下，这种均衡将维持下去。显然，一个没有达到充分就业的均衡仍然不能算得上是真正的均衡，这正是古典理论带给我们的困惑。为此，凯恩斯主义者认为，要想实现国内的充分就业均衡，使国民收入水平达到 Y^* 的状态，就必须依靠政府的政策干预，可以考虑采取适当的财政政策和货币政策，以使 IS_0 和 LM_0 曲线移动，最终促使 IS_0、LM_0 和 BP_0 曲线在收入水平 Y^* 上相交，实现充分就业均衡。

为了实现充分就业的国内、国外的一般均衡，通过采取积极的财政政策和货币政策，政府干预就能使 IS 曲线向右上方和 LM 曲线向右下方移动，直至到 IS_1 和 LM_1，最终就能在 E_1 点实现充分就业的一般均衡如图 13.8 所示。

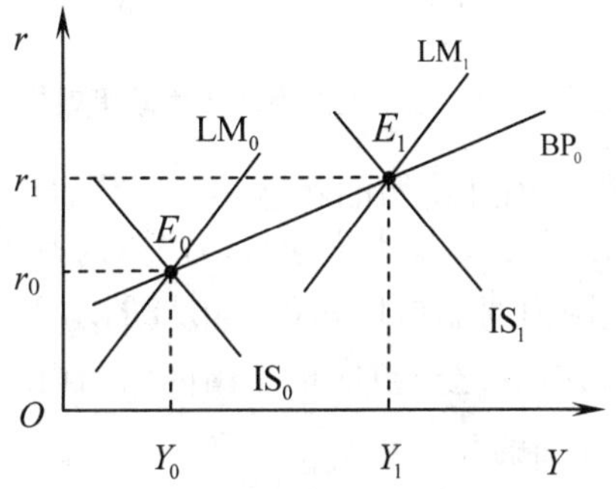

图 13.8 IS-LM 曲线移动的影响

显然，凯恩斯主义的经济学家们提出了在政策干预下实现国内外均衡的政策主张，如果这种设想能够成立，政策干预就将有助于国内充分就业均衡的实现。那么，政策调节对于实现一国经济的均衡增长究竟能有多大的作用呢？可以通过对政策效应的分析得到答案。

二、IS-LM-BP 模型的应用：财政政策与货币政策效应

(一)固定汇率制度下的货币政策和财政政策的效应

哥伦比亚大学教授罗伯特·蒙代尔和英国经济学家 J. 马科斯·弗莱明，在浮动汇率制度还没有出现的情况下，就已经对高度资本流动下的宏观经济政策进行了深入的研究，并提出了蒙代尔-弗莱明模型。

如果资本是完全流动的，在固定汇率情况下，中央银行无法执行独立的货币政策。究其原因，如果我们假定某个国家想提高利率，它实行紧缩的货币政策，利率就上升了。很快，全世界的证券持有者会重新安排其财富以利用这一新的利率，随着巨额的资本流入，该国国际收支平衡呈现大量的盈余；外国人力图购买该国的资产，这倾向于引起货币升值，并迫使中央银行进行干预以保持汇率稳定。中央银行将购买外国货币，提供本国货

币。这种干预引起本国货币存量增加。结果，最初的货币紧缩被抵消了。这一过程在国内利率被降低到最初水平时才告结束。

在固定汇率和资本完全流动情况下，BP 曲线是一条水平线，可得出这样的结论：一国无法实行独立的货币政策；利率无法摆脱世界市场通行的利率水平，任何谋求独立货币政策的尝试都会引起资本流动和必然的干预，直到利率恢复到世界市场的利率水平(见图 13.9)。

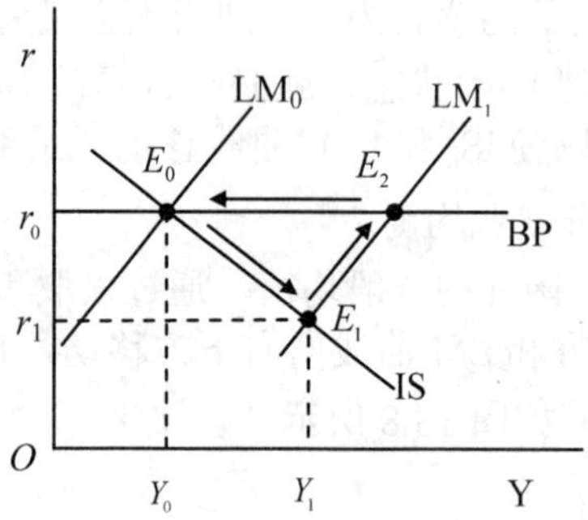

图 13.9 固定汇率下的货币政策效果

在图 13.9 中，假设一种国内外均衡的状态，使得代表国内商品市场均衡的IS 曲线、LM_0 曲线和BP 曲线相交于 E_0 点。如果中央银行增加国内货币供给量，则必然导致LM 曲线从 LM_0 移动至 LM_1，引起国内商品市场和货币市场的均衡从 E_0 点移动到 E_1 点，对应的收入水平也从 Y_0 增加到了 Y_1，并在这一点实现了国内商品市场和货币市场的均衡。但是，由于利率水平下降到了低于外国的利率水平上，必然导致国际资本的大量外流，甚至引起国际收支的官方储备项目出现巨额赤字，在外汇市场上产生对本币贬值的压力。为了维持固定的汇率，中央银行只能以卖出外汇、买入本币的方式对外汇市场进行干预，从而使本币供给减少，LM_1 曲线左移，这种干预直至 LM_1 曲线再次回到 LM_0 的位置上为止。此时，均衡状态再度恢复到 E_0 点。由于国际资本是在完全自由的条件下充分流动的，因此，上述过程会在瞬间完成，几乎看不出偏离均衡点 E_0 的波动。由此可见，在固定汇率和资本充分流动的条件下，货币供给基本上不受中央银行的控制，货币政策是无效的。

固定汇率制度下的财政政策(税收和政府支出政策)变化将引起IS 曲线的移动，通过分析发现，在资本完全流动的情况下，财政政策是有效的。图 13.10 就显示了IS 曲线两次不同原因的全部移动过程。

由于固定汇率和资本完全流动，所以BP 曲线是一条水平线。当政府执行扩张性财政政策时(如减少税收或增加政府支出等)，IS 曲线向右移动至 IS_1，国内均衡从点 E_0 移动到 E_1 点，导致利率水平从 r_0 上升到 r_1，国内收入从 Y_0 增加到 Y_1，国际收支出现盈余，也就是利率上升能够增加资本项目盈余。外汇市场上产生本国货币升值压力，为了阻止本币升值，维持固定汇率，中央银行必须增加货币供给，用本币购买外汇。货币供给增加，使 LM 曲线向右移动至 LM_2，均衡点在 E_2 重建，利率回归至 r_0，收入水平进一步增加至 Y_2。可见，扩张性财政政策在影响国民收入和产量水平方面起到了积极的效果。扩张性财政政策可以用来有效地刺激国内经济增长。

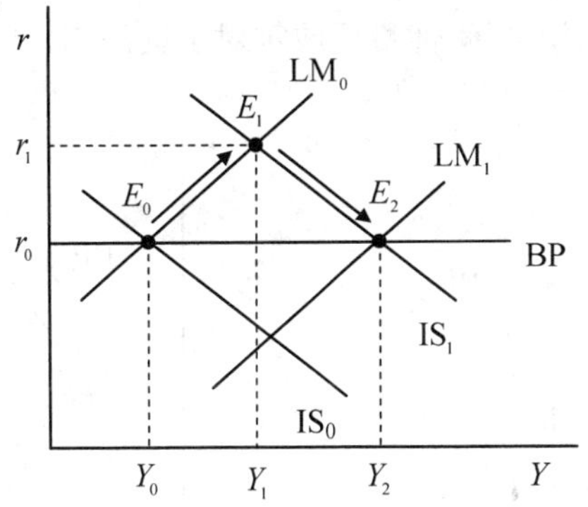

图 13.10 固定汇率下的财政政策效果

(二)浮动汇率制度下的货币政策

在自由浮动汇率制度下，本国对外汇的需求、外国对本国货币的需求以及本国对本币的供给、外国对外汇的供给始终能够通过汇率变动的调节而保持相等。因此，国际收支平衡总意味着经常项目的赤字额始终等于资本净流入额；同样，经常项目盈余额也总是等于资本净流出额。汇率由外汇市场供求决定，并通过汇率变动保持外汇市场和国际收支的最终均衡。

经过后来者的不断改进，就资本在国际间流动的受限制情况，蒙代尔-弗莱明模型的货币政策、财政政策分析分别有三种不同情况。

(1) 资本完全不流动下的货币政策效应。在资本完全不流动的情况下，BP 曲线是一条垂直线，如图 13.11 所示。在初始状态，IS、LM 曲线与BP 曲线相交于 E_0 点，国内、国际市场均处于均衡状态。如果采取扩张性货币政策，国内货币供给增加，推动 LM 曲线向右移动到 LM_1。宏观经济状态由 E_0 点变动到 E_1 点。在该点，国内市场均衡，但国际市场不均衡，存在国际收支逆差。但是，E_1 点所造成的国际收支逆差却对汇率产生影响，引起汇率下跌，从而进一步引起 IS 曲线和 BP 曲线向右移动，这一过程直至 IS、BP 曲线持续移动到形成新的均衡点为止，如图 13.11 的 E_2 点所示。此时，由于汇率自身变动的调节，国民收入在实行货币政策的基础上从 Y_1 增加到了 Y_2。显然，在浮动汇率制度和资本完全不流动的情况下，扩张性货币政策在提高收入水平方面是有效的。需要注意的是，新均衡的利率不一定保持在原有的水平，因为在开放经济条件下，一国利率的变动来自于国内市场和国际市场的变动。当资本不能完全流动时，利率只能由国内财政政策、货币政策和进出口影响。由于资本不能流动，与他国之间的利率可以存在差别。扩张的货币政策使利率下降，但是国民收入的增加也使货币需求增加，使利率上升。利率最终是增加还是下降据这两方面的变动而定。

(2) 资本有限流动下的货币政策效应。在资本有限流动的情况下，BP 曲线向右上方倾斜，如图 13.12 所示。当扩张性货币政策推动 LM 曲线由 LM_0 向右移动到 LM_1 时，在 E_1 点国内市场均衡，但位于BP 右侧，那么国际收支不平衡，且存在逆差，对汇率产生上升的压力，从而引起IS、BP 曲线向右移动至IS、BP_1，并在 E_2 点再次达到均衡。均衡收入水平增加到 Y_1，并且，增加的幅度大于固定汇率制度下增加的幅度。这表明在浮动汇率制度和资本有限流动的情况下，扩张性货币政策对于提高国民收入水平的效果较为显著。

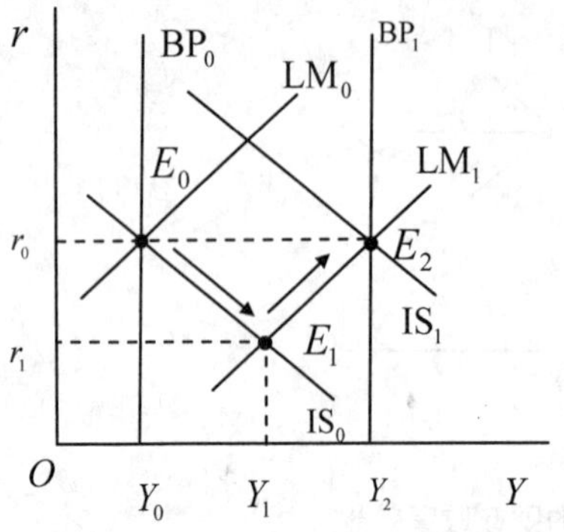

图 13.11　资本完全不流动下的货币政策

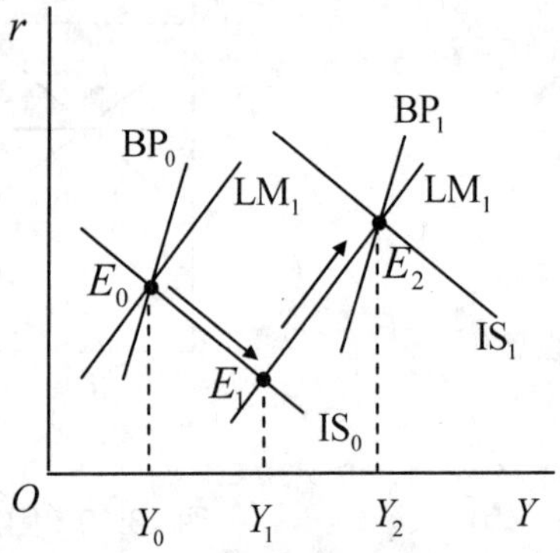

图 13.12　资本有限流动下的货币政策

(3) 资本完全流动下的货币政策效应。资本完全流动时，BP 曲线是一条水平线，如图 13.13 所示。当采取扩张性货币政策时，货币供给增加，LM_0 曲线移动到 LM_1，在 E_1 点与 IS_0 曲线相交，实现了国内市场均衡。当该点位于 BP 下方时，国际收支不平衡，存在逆差，对汇率产生上升的压力，导致本币贬值，在浮动汇率制度下，净出口增加，IS 曲线向右移动，直至国内市场和国外市场同时实现均衡，如 E_2 点所示。

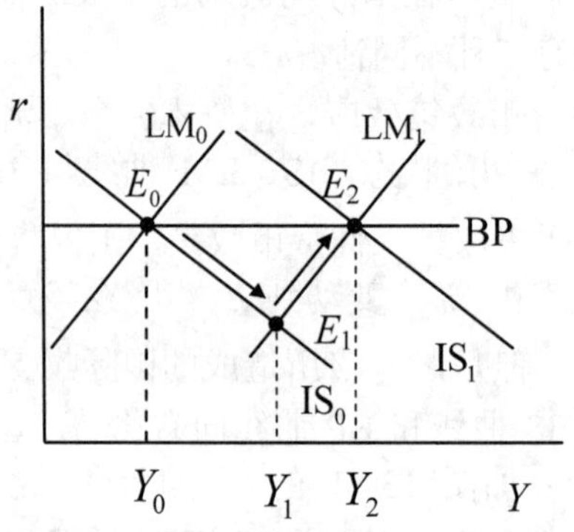

图 13.13　资本完全流动下的货币政策

(三)浮动汇率制度下的财政政策效应

在浮动汇率制度下，对于财政政策的影响同样可以采用上述方法。

(1) 资本完全不流动下的财政政策效应，如图 13.14 所示。在没有资本流动的情况下，BP 曲线是一条垂线。扩张性财政政策引起 IS_0 曲线向右移动到 IS_1，收入增加到 Y_1，并在 E_1 点形成存在国际收支逆差的国内均衡，但存在汇率上升的压力。在浮动汇率制度下，汇率上升的压力推动出口增加，引起 IS 曲线和 BP 曲线向右移动，直至与 LM 曲线形成共同的交点 E_2，实现新的均衡。显然，浮动汇率制度下的扩张性财政政策不仅能够促使收入增加，而且，这种引起收入增加的效果要比固定汇率制度下扩张性财政政策来得更为显著。

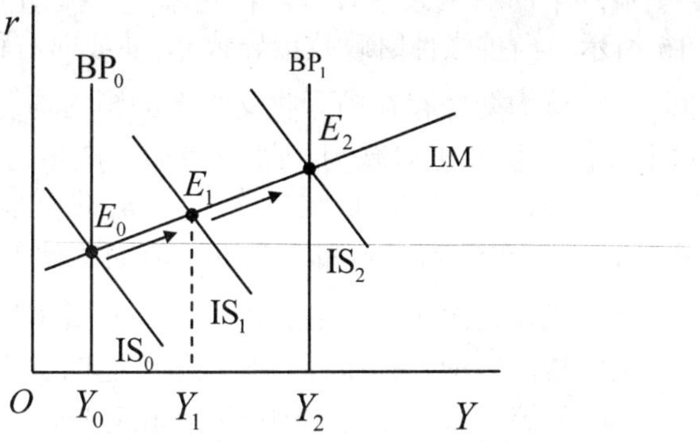

图 13.14　资本完全不流动下的财政政策

(2) 资本有限流动下的财政政策效应。在资本有限流动的情况下，BP 曲线是一条向右上方倾斜的直线。在这种情况下，要分两种情况考虑，BP 曲线的弹性小于 LM 曲线弹性和大于 LM 曲线的弹性。BP 的弹性大小取决于资本流动性程度的大小。资本在国际间流动的程度越大，BP 的弹性就越大；反之，BP 的弹性就越小。

当 BP 的弹性小于 LM 时，如图 13.15(a)所示。积极的财政政策，使 IS_0 移动至 IS_1，在 E_1 点，实现国内市场均衡，国民收入增加至 Y_1，但国际收支不平衡，存在逆差，汇率上升，本币贬值，本国商品价格相对便宜，本国的净出口增加。由此，在 E_1 的基础上，带动 BP 和 IS 右移，直至形成新的国内和国外市场的同时均衡，如图 E_2 点所示。可见，财政政策有直接增加国民收入和净出口递进增加的双重累加效果。这种情况下的财政政策如上述的效果一样。

当 BP 曲线的弹性大于 LM 时，如图 13.15(b)所示。假设，扩张性财政政策引起 IS_0 曲线向右移动到 IS_1，并在 E_1 点形成国内均衡，同样，国际收支不平衡。由于 BP 曲线比 LM 曲线有更大的利率弹性，E_1 点在 BP 曲线的上方，国际收支处在顺差的状态下，意味着汇率存在下降压力，进而推动 IS_1 向左移动至 IS_2，同时，在这一过程中，BP_0 曲线也随之移动直至 BP_1，并与 IS_2、LM 相交与新的均衡点 E_2。显然，扩张性财政政策有助于促使收入增加，但政策效果明显小于固定汇率下财政政策对收入的影响。

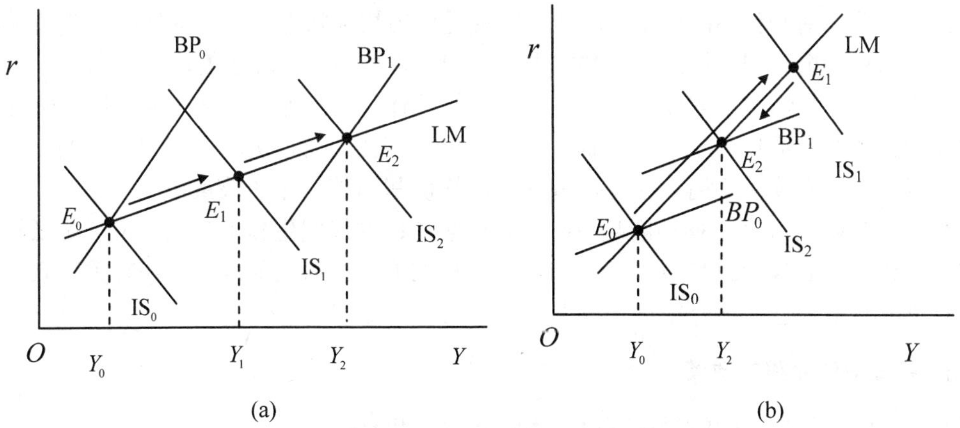

图 13.15　资本有限流动下的财政政策

(3) 资本完全流动下的财政政策效应。在资本完全流动的情况下，BP 曲线是一条水平线，如图 13.16 所示。当扩张性财政政策导致IS_0曲线向右移动到IS_1时，国内经济在E_1点建立一个过渡均衡，该均衡是存在国际收支盈余的国内均衡。在浮动汇率制度下，国际收支盈余导致本币升值，引起出口减少，进口增加，产生对国内投资的抑制作用，导致IS_1曲线向左移动，这种移动直至IS_1曲线再次回到IS_0的原来状态为止。最终，均衡状态仍然恢复到E_0点。可见，在浮动汇率和完全资本流动条件下，财政政策在对收入的影响方面是完全无效的。造成这一结果的主要原因在于：在资本完全流动的情况下，浮动汇率使财政政策产生完全的挤出效应，扩张性财政政策引起的货币升值对收入的影响恰好与净出口减少对收入的影响相等，方向相反，因此两者相互抵消。

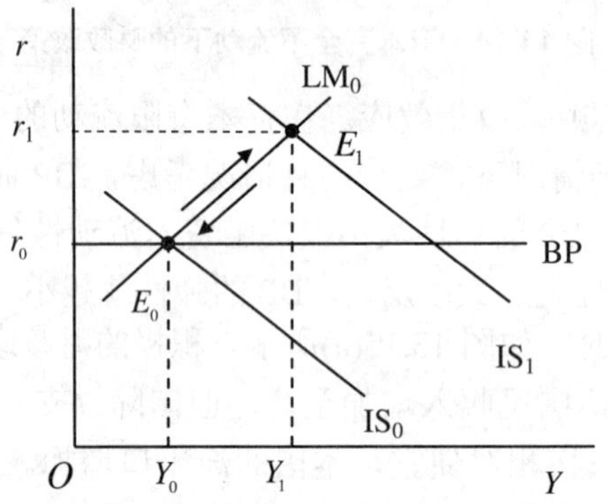

图 13.16　资本完全流动下的财政政策

三、调整国内均衡与国外均衡的政策

同时实现国内均衡和国外均衡是理想的政策目标，但是现实中经常出现的却并非理想的状态。均衡是偶然的，而非均衡(失衡)的情况却是经常性的。其主要形式有以下几个方面。

(1) 国内经济和国际收支同时处于非均衡状态。

(2) 国内经济处于均衡状态，而国际收支是失衡的。由于国内均衡又有充分就业均衡和非充分就业均衡两种不同类型，因此，即使是国内均衡状态也存在两种不同的情况。

(3) 国内均衡和国外均衡虽然都实现了，但国内均衡并非理想的均衡状态。

上述三种不同情况都需要进行调整，调整的总体思路是通过实施影响 IS、LM 和 BP 曲线移动的政策，促使处于非均衡状态的经济因素发生变动，进而引起相应的曲线发生移动，直至经济体系恢复均衡。因此，调整国内均衡和国外均衡的政策措施主要有三类：一是影响 IS、LM 曲线发生移动的政策；二是影响 BP 曲线发生移动的政策；三是抵消国际收支顺差或逆差的政策。其中，影响 IS 曲线和 LM 曲线移动的政策，在有关财政政策和货币政策的章节中已详细介绍过，这里仅对后两种情况作简单介绍。

1. 移动 BP 曲线的政策

对国际收支产生影响的措施可以分为经济政策和直接干预。

经济政策包括改变汇率、调整国内价格和利率。降低本币汇率和提高国内价格水平都能起到抑制出口、鼓励进口的作用；降低利率则能促使资本净流出增加。两方面的作用都有助于减少直至消除国际收支顺差，即引起BP曲线向左移动，直到同时实现国内均衡和国外均衡。

如图 13.17(a)所示。当国内均衡处于IS、LM两条曲线的交点 E_0 时，该点处于 BP_1 曲线左上方，表示存在国际收支顺差。为消除国际收支不平衡状况，政府采取降低汇率、提高国内价格水平和降低利率等措施，促使 BP_1 曲线向左上方移动，直到 BP_0，实现国内外同时均衡 E_0 点为止。相反，如果汇率提高和国内价格水平下降，则起到抑制进口、鼓励出口的作用；提高利率则造成资本净流入增加。两方面都有助于减少或消除国际收支逆差，即引起 BP_1 曲线向右下方移动，直到同时实现国内均衡和国外均衡时为止。

如图 13.17(b)所示。当国内均衡处于 IS、LM 两条曲线的交点 E_0 处时，该点处于 BP_1 曲线右下方，表示存在国际收支逆差。为消除国际收支不平衡状况，政府采取提高汇率，降低国内价格水平和提高利率等措施，促使 BP_1 曲线向右下方移动，直到 BP_0，实现国内外同时均衡 E_0 点为止。当然，也应当意识到，汇率和价格发生变动并不只对BP曲线产生影响，也对IS曲线产生影响并使其移动；同样，利率变动也并非只对BP曲线产生影响，也引起IS曲线和LM曲线发生移动。这些影响除会在一定程度上小幅度地增加或减少BP曲线移动的幅度和改变均衡状态外，还会产生其他方面的经济效应。但是，这些方面进一步的分析超出了研究影响BP曲线移动的政策的范畴，这里不再赘述。

政府的直接干预手段主要包括进口关税、出口补贴和进出口限额等方面的措施，这些措施都会对进出口产生强大的影响力，也同样影响 BP 曲线使其发生移动。由于其作用与汇率变动和价格变动对BP曲线的影响原理相似，在此不再论述。

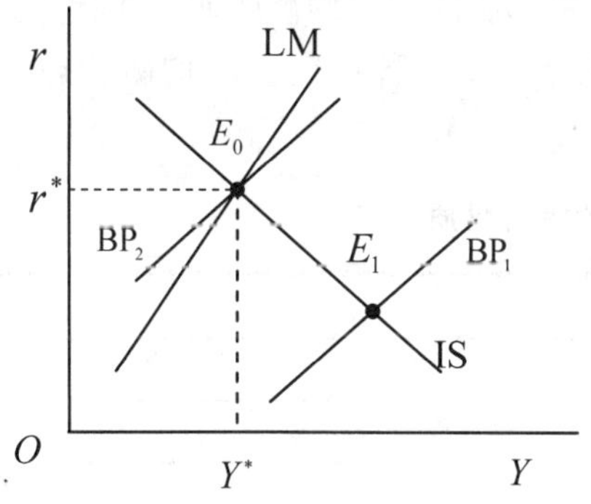

(a)

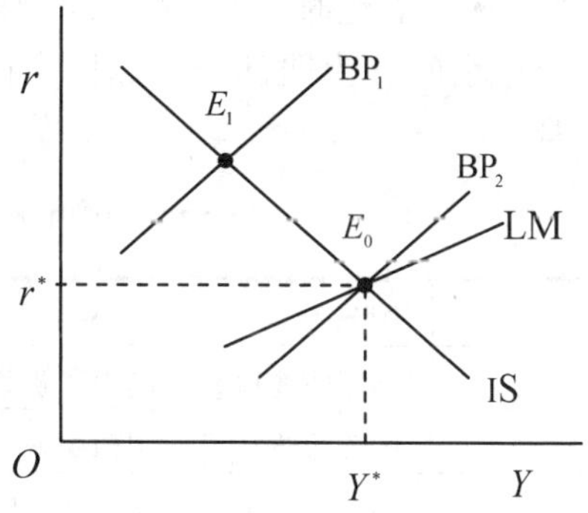

(b)

图 13.17 BP 曲线的移动

2. 调整国际收支盈余或赤字的政策

调整国际收支顺差或逆差的主要目的是减小国际收支失衡可能对国内经济产生的影响，从这方面看，调整国际收支盈余或赤字的政策效果应当与实现国外均衡的政策效果是完全相同的。这类政策参见本章第一节第三部分中的国际收支调节政策部分。

3. 调整国内均衡和国外均衡的各种政策的协调使用

宏观经济政策目标，既要实现国内充分就业均衡，又要实现国际收支平衡。要同时实现上述目标，就需要把各种措施协调起来配合使用，为此，要制定一个协调使用各种政策措施的方案，首先必须弄清楚该国所处的具体国情。我们一般都使用一个简单的模型来描述该国的具体情况，如图 13.18 所示。

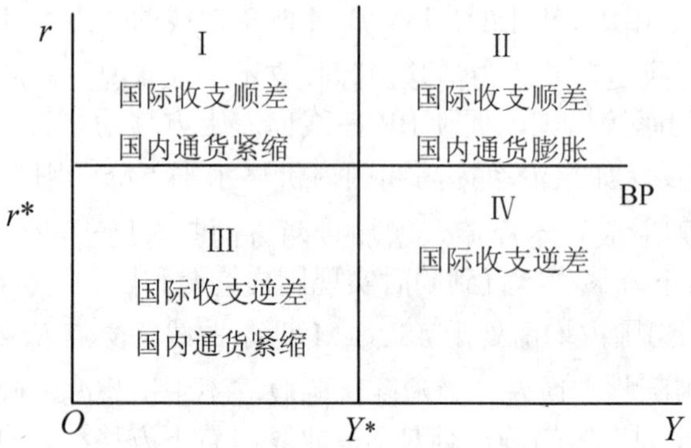

图 13.18　斯旺图

横轴表示总产量 Y，纵轴表示利率 r，平行于横轴的 BP 曲线表示国内利率水平与国外利率水平相等时的国际收支平衡状态，即 $\mathrm{BP}=0$，垂直于横轴的直线表示实现国内充分就业时的总产量或收入水平 Y^*。两条直线的交点表示同时实现了国内充分就业均衡和国际收支平衡的内、外部均衡状态。处于交点以外的 BP 曲线上任意一点都表示国外均衡而国内不均衡的状态，处于交点以外的 Y^* 线上的任意一点都表示国内均衡而国外不均衡的状态。当状态处于 BP 曲线上方时，$r>r^*$，表示国际收支顺差；处于 BP 曲线下方时，$r<r^*$，表示国际收支逆差；处于 Y^* 线左边的时，$Y<Y^*$，表示存在失业的国内均衡或非均衡状态；处于 Y^* 线右边时，$Y>Y^*$，表示存在通货膨胀的国内均衡或非均衡状态。两条直线交叉将坐标空间分为四部分，这四个区域各自表示一种特定的不均衡状态，可用表 13.2 加以概括。

表 13.2　国内外不均衡的具体性质

I 区域	国际收支顺差，国内失业
II 区域	国际收支顺差，国内通货膨胀
III区域	国际收支逆差，国内失业
IV区域	国际收支逆差，国内通货膨胀

根据一国的经济所处的具体情况，就可以针对非均衡的性质采取相应的政策组合加以调节。比如，在第III区域中的任意一种状态下，表示该国的经济处于国际收支逆差和国内失业的双重不均衡状态，就应当采取提高汇率措施，也就是本币贬值和通货膨胀政策，这样，一方面可以刺激出口，限制进口，消除国际收支逆差，另一方面也有利于克服经济衰退，减轻就业压力。其他不同区域中各种性质的非均衡状态所应采取主要政策依此类推。

在一个开放的经济中，虽然宏观经济政策所依据的基本原理没有改变，但是，由于国际经济部门的存在，使得财政政策和货币政策的影响能力和效果都发生了很大变化。更何况现实经济社会中的各种因素错综复杂，这就要求我们在掌握基本原理的基础上，要清醒地认识现实，结合实际，灵活运用各种政策措施，协调方方面面的经济关系。

本章小结

本章主要介绍了开放经济条件下国民收入决定的各种理论，并在此基础上给出相应的政策及其效果。

外汇是货币当局以银行存款、长短期政府债券等形式所保存的在国际收支逆差时可以使用的债券。外汇具有以外币表示，在国外能得到偿付和可兑换等基本特征。外汇汇率的标价有直接和间接等方法。长期汇率取决于两种货币自身实际价值的比较及其他长期性因素的影响。短期汇率取决于外汇供求关系。汇率变动的影响是广泛而深刻的，表现为对进出口贸易、国民收入、国内价格水平、资源配置、本国外汇储备等重大方面的影响。正因为如此才引起各国政府的高度重视。

国际收支平衡表是一定时期内，对一国与他国之间进行的一切经济交易加以系统记录的报表。它遵循两项基本原则：一是区分本国居民和外国居民；二是采用复式会计记账法。

国际收支不平衡的原因有结构性因素、货币性因素、周期性因素、收入性因素等。调节国际收支不平衡，政府通常以财政政策、货币政策、外汇政策、国际信贷和外贸政策等措施加以实现。

IS-LM-BP 模型被用于研究产品市场、货币市场和国际收支三大均衡的实现情况。蒙代尔-弗莱明模型对高度资本流动下的宏观经济政策控制进行了深入研究，结论为：完全资本流动的条件下、固定汇率制度下财政政策有效，货币政策无效；浮动汇率制下货币政策有效，财政政策无效。而在有限资本流动条件下，两种政策均有效，但浮动汇率制下的效果大于固定汇率制。

复习思考题

1. 为什么本国货币升值使进口增加，出口减少？
2. 汇率变动和净出口变动互相有什么影响？
3. 对进口商品征收关税和实行进口限额对本国经济分别会产生什么影响？
4. 国际收支平衡表为什么总是平衡的？既然国际收支平衡表总是平衡的，为什么还存在国际收支顺差和逆差？
5. 在市场经济中，如何使国际收支自动得到调整？
6. 当一国经济既有通货膨胀又有国际收支逆差状况时，应当采取什么样的政策措施？
7. 试分析一国资本流动、通货膨胀、利率变化对本国汇率的影响。

第十四章　宏观经济学流派

本章导读

20 世纪 30 年代，凯恩斯在西方国家经济大危机的背景下，创立了国家干预经济的宏观经济理论体系，受到西方国家的普遍欢迎并纷纷付诸实践，而且取得了很大成效。其后，萨缪尔森、托宾等凯恩斯主义者，进一步发展凯恩斯的经济理论，形成了新古典综合学派。从第二次世界大战到 20 世纪 60 年代，这一学派在西方宏观经济理论中占主导地位。

但是，20 世纪 60 年代中后期，西方国家出现了“滞胀”的新现象，凯恩斯主义无论是从理论上还是从政策上都无法给予合理的解释，加之凯恩斯主义政策的负面效应，使经济学界对凯恩斯主义倍加怀疑。于是一些以自由主义为主要特征的新经济学流派相继兴起，他们反对凯恩斯主义关于国家干预经济的理论和政策主张。这些新的经济学流派主要包括货币学派、理性预期学派、供给学派。但这些经济学派的理论和政策主张并未使西方国家迅速摆脱“滞胀”局面，在这样的情况下，凯恩斯主义的继承者沿袭凯恩斯理论的基本框架，并加入凯恩斯理论中缺失的微观经济分析基础，建立了新凯恩斯主义经济学，主张重新回到国家干预经济的政策中来。

本章重点介绍对货币学派、理性预期学派和供给学派，以及新凯恩斯主义学派的产生、基本观点和政策主张。

学习目标

通过对本章的学习，重点掌握货币学派、理性预期学派、供给学派和新凯恩斯学派的基本理论和政策主张，并对各学派能作以简要评价。

关键概念

货币学派(Monetary School)
现代货币数量论(Modern Quantity Theory of Money)
理性预期(Rational Expectations)
自然率假说(Natural Rate Hypothesis)
供给学派(Supply-side Economics)
价格粘性(Sticky Price)
工资粘性(Sticky Wages)

第一节 货币学派

货币学派(Monetary School)又被称为货币主义，是20世纪50年代至60年代在美国出现的自由主义经济思潮中的一个重要学派。

货币主义的领袖是米尔顿·弗里德曼(Milton Friedman)，他于1956年发表的“货币数量论的重新表述”一文，标志着现代货币学派的产生。1968年货币主义的另一代表人物美国的卡尔·布伦纳(Karl Brunner)在“货币与货币政策”一文中提出“货币主义”(Monetarism)名称。除此之外，著名的货币主义经济学家还有美国的艾伦·梅泽尔(Allan H Meltzer)，英国的艾伦·沃尔特斯(Alan A Walters)、戴维·莱德勒(David Laidler)、迈克尔·帕金(Micharl Parkin)等。

一、货币学派的产生

20世纪20年代末30年代初西方国家的经济大危机使凯恩斯主义应运而生。第二次世界大战后，凯恩斯的扩张主义财政政策和货币政策使资本主义各国在经济上迅速走出萧条并走向繁荣，但同时也引起了长期持续的通货膨胀。20世纪60年代至70年代，随着通货膨胀的加剧，美国甚至出现了经济增长停滞和通货膨胀并存的“滞胀”(Stagflation)局面。面对“滞胀”这种经济现象，凯恩斯主义者无能为力。在这一背景下，以美国经济学家米尔顿·弗里德曼为代表的货币主义迅速兴起，他们强调货币的重要性，主张采取控制货币数量的政策以消除通货膨胀，从而使经济有秩序地运行，并以此理论与凯恩斯主义相抗衡。正如经济学家布赖恩·摩根所说：“财政政策的失败和便宜货币的灾难性后果加重了某些经济学家关于货币理论发展得过于狭窄的说法的分量，结果出现了另一种替代的学派，他们对当前问题提出了不同的解决办法。这些解决办法的基本概念比作为凯恩斯学派体系的基础的货币过程更为广泛。它以货币数量的变化为中心。这一学派被称为货币学派或现代数量学派。”

二、货币学派的理论渊源

现代货币主义的理论基础——现代货币数量论，是由弗里德曼对传统的货币数量说修补而来的。

货币数量说的基本论点是：商品的价格水平和货币的价值是由货币的数量决定的。如果其他条件不变，商品的价格水平和货币数量成正比例变化，货币价值与货币数量成反比例变化。

货币数量说的创始人是法国重商主义代表波丹(Jean Bodin)。他把16世纪后期法国物价上涨的原因归于金银数量过多，而金银数量的增加会使人们降低对金银的估价，因而与金银相交换的商品的价值就相对上涨，用货币表示的商品的价格也就上涨。之后，英国的大卫·休谟(David Hume)进一步发展了货币数量说。他认为，金银作为货币只是代表商品价值的符号，当交换中的商品数量不变时，货币数量的增加会导致物价上升。19世纪，古典政治经济学代表大卫·李嘉图(David Ricardo)也信奉货币数量说。

20 世纪初，货币数量说在英美得到进一步的发展。美国经济学家欧文·费雪(Irving Fisher)在 1911 年出版的《货币购买力》一书中提出著名的“交易方程式”，系统地阐述了货币数量说。“交易方程式”的公式为

$$MV = PT\text{或}P = \frac{MV}{T} \tag{14-1}$$

式中，M 表示货币数量，V 表示货币流通速度，T 表示社会总交易量，P 表示一般物价水平。

费雪认为，在充分就业状态下，决定社会总交易量 T 和货币流通速度 V 的因素相对稳定，而且社会总交易量和货币流通速度都独立于货币数量之外，即货币数量对二者都无影响，也就是 V/T 为常数，那么一般物价水平 P 的变化将随着货币数量 M 正比例变动。由于费雪的交易方程式强调货币作为流通手段和支付手段的作用，故称为“现金交易数量说”。

与此不同的是英国剑桥学派的创始人马歇尔(Alfred Marshall)强调货币与一般物价水平的关系取决于人们手中保存的货币数量，提出“现金余额数量说”。据此，1917 年，马歇尔追随者英国剑桥大学经济学教授庇古(Arthue Cecil Pigo)在马歇尔货币学说的基础上，提出了“剑桥方程式”

$$M = KPy \tag{14-2}$$

式中，M 表示手边保存的货币数量(人们对货币的需求)，K 表示手中保存的货币数量占名义国民收入的比例，y 表示用实物形态表示的真实的国民收入，Py 表示名义国民收入。

剑桥方程式可变形为

$$\frac{M}{P} = Ky \tag{14-3}$$

由于人们对货币的需求量 M 取决于货币量所能支配的实物资产，故 M/P 就表示人们对实际货币余额的需求。这样，剑桥方程式就是实际货币需求函数方程。因为 K 实际上是现金交易方程中 V 的倒数，即 $K=1/V$，所以，人们对货币的需求量就取决于货币流通速度和国民收入两个因素。假定货币流通速度 V 和国民收入不变，那么，一般物价水平同货币数量的变化成正比例变化，“货币数量论”因此得名。

实质上，交易方程式和剑桥方程式的基本观点是一致的，都认为一般物价水平和货币数量成正比例变化。不同之处在于：交易方程式强调货币在流通和支付过程中的作用，而剑桥方程式强调人们手中保存现金的作用。

1936 年凯恩斯在《就业、利息与货币通论》一书中以流动偏好为基础把利息率引入货币需求函数。凯恩斯的货币需求函数为

$$\frac{M}{P} = L(y,r) = L_1(y) + L_2(r) \tag{14-4}$$

式中，L 表示货币总需求，L_1 表示货币的交易需求，它是收入 y 的函数，L_2 表示投机需求，它是利率 r 的函数。凯恩斯的货币需求函数方程突出了利率的作用。

凯恩斯认为，增加货币数量 M 会导致利率 r 下降，利率 r 的降低会刺激投资，从而增加总产量 y，直到 y 达到充分就业水平。此后，继续增加货币数量 M，不会引起 y 的增加，只会导致一般价格水平 P 不断上升。在 20 世纪 20 年代末 30 年代初的经济大萧条时期，西方国家只注重用凯恩斯扩张的财政政策和货币政策来扩大总产量水平，却忽视了货

币供给数量的增加可能带来通货膨胀的恶果，以至于对 20 世纪 70 年代的“滞胀”局面束手无策。

1956 年货币学派的代表弗里德曼在吸收凯恩斯流动偏好理论的基础上，从剑桥方程式中提出现代货币数量论，提出要从控制货币数量方面来治理通货膨胀。

三、货币学派的基本理论

(一)现代货币数量论

现代货币数量论是以 1956 年弗里德曼发表的《货币数量论——重新表述》为标志的。弗里德曼认为，“货币数量论首先是对货币的需求理论。它不是产量或货币收入的理论，也不是物价水平的理论。关于这些变量的任何论述，需要把货币数量论同有关的货币供应条件及其他一些变量的详细说明结合在一起。”在货币供给方面，弗里德曼认为是由法律或货币当局决定。在实际的货币需求方面，他认为，影响因素很多，货币需求函数可以表示为

$$\frac{M}{P}=f(y,w,r_{\mathrm{m}},r_{\mathrm{b}},r_{\mathrm{e}},\frac{1}{p}\times\frac{\mathrm{d}p}{\mathrm{d}t},u) \tag{14-5}$$

式中，M 表示财富持有者手边保存的名义货币量，P 表示一般物价水平，$\frac{M}{P}$ 表示财富所有者手中的实际货币量。y 表示以各种形式持有的总收入(永久性收入)；w 为非人力资本的收入在永久性收入中所占的比例，r_{m} 表示预期的货币收益率；r_{b} 表示预期的债券收益率，r_{e} 表示预期的股票收益率，$\frac{1}{p}\times\frac{\mathrm{d}p}{\mathrm{d}t}$ 为预期的实物资产收益率，即预期的通货膨胀率，u 为除收入外影响货币需求的其他因素。

弗里德曼的货币需求函数表明，人们对货币的实际需求量取决于以下几个因素。

(1) 以各种形式持有的总财富 y。弗里德曼的总财富不仅包括物质财富，还包括人力财富，所以总财富的量值无法统计得到。因此，他用总收入代表总财富，因为总收入可以用来表示总财富的资产化价值。但是，弗里德曼是用长期收入，即永久性收入的概念，而不用现期收入作为财富的代表，因为他认为，现期收入在短期内很容易受无规律的经济波动的影响。弗里德曼在他的《消费函数理论》一书中提出永久性收入，即需求函数公式中的 y 是以不变价格计算的“永久性收入”。他指出“永久性收入”是指个人在一个较长时期内过去、现在和未来的收入的平均数，这个平均数与个人的预期收入或正常收入是完全适应的。

(2) 非人力资本与永久性收入的比率 w。弗里德曼认为：“大多数财富持有者的主要资产是他们个人的赚钱能力，但是人力财富变为非人力财富，或者相反，由于制度上的约束，都受到范围狭小的限制。这种变换可能办到的是利用现时收入去购买非人力财富，或利用非人力财富去为技能的获得提供资金，但不是通过财富的买卖。”而且，人力财富是很不易变现的。例如，当存在失业，从而对劳动力的需求很少时，就很难把人力财富变为收入。因此，人力财富在总财富中所占的比例越人，或者说非人力财富在总财富中所占的比例越小，对货币的需求就越大。

(3) 货币与其他资产的预期收益率。弗里德曼认为，人们保存财富的形式包括货币、债券、股票和非人力资本(包括生产资料和耐用消费品)以及人力资本。在各种财富中，货

币与其他资产之间以何种比例分配，取决于其他资产的预期收益率。其他资产的预期收益率越高，人们愿意持有的货币量就越少，对货币的需求就越小。因此，货币需求函数中预期的债券收益率 r_b、预期的股票收益率 r_e、预期的物质资产收益率 $\frac{1}{p}\times\frac{dp}{dt}$ 都是影响货币需求的因素。

(4) 影响货币需求的其他因素 u。例如财富持有者的偏好、经济的稳定性预期等因素都会影响实际的货币需求。

从弗里德曼的现代货币需求函数可以看出，现代货币数量论和传统的货币数量论在本质上是一样的。传统的货币数量论的公式为

$$M = KPy\text{或}\frac{M}{P} = Ky\text{或}MV = Ky$$

式中，$V=\frac{1}{K}$。如果把 V 或 K 看作是由 w，r_m，r_b，r_e，$\frac{1}{p}\times\frac{dp}{dt}$ 等因素共同决定的，那么，弗里德曼的货币需求函数与剑桥方程式的实质是一致的。

当然，现代货币数量论和传统的货币数量论也有不同：传统的货币数量论中把 V 或 K 看作是由制度因素所决定的一个常数，而现代货币数量论则将货币流通速度看作是 r_b，r_e，$\frac{1}{p}\times\frac{dp}{dt}$ 等各变量的稳定函数；传统货币数量论中的 y 代表的是现期收入水平，而现代货币数量论方程中的 y 则代表永久性收入，它是包括人力财富和非人力财富的总财富水平的代表；传统的货币数量论假定货币流通速度 V 或 K 是常数，国民收入处于充分就业均衡时固定不变的常数，所以认为货币供应量的增加会直接使物价同比例上涨。但现代货币数量论则认为货币供应量的变动在短期内既可表现在物价水平的变动上又可表现在产量水平的变化上，在长期内(10 年以上)则全部表现在物价水平的变动上。

(二)名义收入货币理论

弗里德曼在 1970 年发表的“货币分析的理论结构”一文中，以货币数量论为基础提出了他的名义收入货币理论，进一步发展了货币理论。名义收入货币理论考察的是名义收入和货币存量之间的直接关系。

弗里德曼在分析名义收入货币理论时，提出了一个简单的模型。假设在一个封闭的经济社会，不考虑对外贸易，也不考虑政府的财政支出和各种随机扰乱，则货币分析的模型由以下六个方程构成。

$$\frac{C}{P} = f\left(\frac{Y}{P}, r\right) \quad \text{消费函数}$$

$$\frac{I}{P} = g(r) \quad \text{投资函数}$$

$$\frac{Y}{P} = \frac{C}{P} + \frac{I}{P}\text{或}\frac{S}{P} = \frac{Y-C}{P} = \frac{I}{P} \quad \text{收入恒等式}$$

$$M_d = P \cdot L\left(\frac{Y}{P}, r\right) \quad \text{名义货币余额需求函数} \qquad (14\text{-}6)$$

$$M_s = h(r) \quad \text{名义货币供给函数}$$

$$M_d = M_s \quad \text{均衡方程}$$

式中，Y——货币收入，即名义国民收入；

P——物价一般水平；

r——利息率；

C——消费；

I——投资；

S——储蓄；

M_d——货币需求，也就是名义货币存量；

M_s——货币供应量。

消费函数表示实际消费量 C/P 是实际收入 Y/P 和利息率 r 的函数；投资函数表示实际投资 I/P 是利息率 r 的函数。收入恒等式，即收入(Y)=消费(C)+投资(I)，表示在均衡条件下，实际收入等于实际支出，或者说投资等于储蓄。

消费函数、投资函数、收入恒等式这三个方程表明，投资量与储蓄量是随收入和利息率而变化的，当投资和储蓄相等时，产品市场均衡下的国民收入就被决定。

名义货币余额需求函数表示实际货币余额的需求 M_d/P 是实际收入 Y/P 与利息率 r 的函数。名义货币供给函数表示货币供给量是利息率的函数。均衡方程表示在市场均衡条件下，货币需求量等于货币供应量。

名义货币余额需求函数、名义货币供给函数、均衡方程这三式表明，货币的供求是通过国民收入与利息率的变化来调节的。当货币供求相等时，货币市场均衡下的国民收入被决定。

弗里德曼认为，以上六个方程共有七个未知变量：C、I、Y、r、P、M_d、M_s，因此，这些变量中必有一个变量由上述方程组以外的关系确定。

传统的货币数量论和凯恩斯收入-支出理论之间的主要不同在于哪一个变量被放在模型外来决定。在短期内，传统的货币数量论和凯恩斯收入-支出分析都认为货币供应量的增加会导致名义国民收入($Y=Py$)的增加。但是，由货币供应量增加引起的名义国民收入的增加，有多少部分表现为物价水平的提高，有多少部分表现为实际产量的扩大，对这一问题，传统的货币数量论是假定实际产量为既定，货币供应量的增加全部由物价水平的提高而吸收；凯恩斯的收入-支出理论是假定物价水平是既定的，货币供应量的增加全部被实际产量的扩大而吸收。

弗里德曼指出，他的货币数量理论将重点放在经济的长期均衡分析，在长期中，所有的实物变量(如实际产量、实际利息率、就业和失业率)都是由非货币因素或者说实际因素(如人的事业心、节俭和勤奋程度、产业结构等)来决定。货币的作用只是决定物价水平，决定以货币表现的名义收入和名义利息率。

(三)通货膨胀理论

弗里德曼的名义收入货币理论说明：在较长的时期，货币供应量的增加只能引起一般物价水平的普遍持续上涨。因此，弗里德曼认为，货币供应量的变动是物价水平和经济活动发生变动的最根本的决定性因素。他强调，通货膨胀在任何时候、任何地点都是一种货币现象；当货币量的增长速度大大超过产量的增长速度时，就会发生通货膨胀。货币量增长的越快，通货膨胀率就越高；如果货币增长速度不超过产量的增长速度，就不会发生通货膨胀。

他在分析通货膨胀的原因时认为，虽然像垄断、政府赤字和工会等原因都可能导致通货膨胀，但这些因素只能在通过货币政策影响货币供应的范围内起作用，只可能使个别物品的价格上涨，而不能使物价普遍上涨。这些因素所导致的是通货膨胀的短期波动，不能产生持续性的通货膨胀。他进一步指出，个别物价以及一般物价这两者的短期波动都可能有很多原因，但长期、持续的通货膨胀则始终且普遍地是由于货币数量的扩大更快于总产量增长而产生的一种货币现象，即长期通货膨胀的原因只能是货币供应量的增长过快。

他根据 1964—1977 年间美国、日本、英国和西德四个国家逐年单位产量的通货量和消费物价的对比研究发现，通货膨胀确确实实始终伴随着货币供应量的增加，通货膨胀和货币数量的变化趋势完全一致。他把这种现象形象地比喻为“经济脸盆里的货币溢出太多”，认为只要“关闭货币水龙头，就可以制止在浴室中流溢满地的通货膨胀”。

(四)自然失业率

货币主义者认为，在控制通货膨胀方面，货币政策有效，而财政政策无效。在此观点下，弗里德曼提出“自然失业率”的概念。他认为自然失业率是指在没有货币因素干扰的情况下，让劳动力市场和商品市场的自发供求力量发挥作用时处于均衡状态的失业率。弗里德曼指出，在自由竞争的市场中，由于工资具有完全的伸缩性，故工资和物价总可以调节到使市场供求均衡，从而任何时点上都存在他所说的“自然失业率”，此时对应着整个经济的“充分就业率”。按照弗里德曼的观点，只要对劳动市场及时加以改进，如减少寻找工作的时间，提供关于工作空位的信息等，就会降低“自然失业率”。

弗里德曼在阐述通货膨胀与失业之间的关系时认为，像菲利普斯曲线描述的通货膨胀与失业的替代关系，只有在特定条件下才能实现。他认为，如果政府试图通过扩大货币供给把现期失业率降到自然失业率之下，一般物价水平的变化就会高于预期水平，工人实际工资下降，企业成本降低，增加生产，就业就会增加。但物价水平的变化同时会影响预期，使预期随之上升，从而刺激名义工资上升，使实际工资恢复到原来的水平，这样失业率就被拉回到与一个较快的价格增长率相对应的自然率水平。也就是说，菲利普斯曲线所表示的通货膨胀与失业之间的替代关系只在短期内存在，这种短期交替关系不是通货膨胀本身造成的，而是因为价格预期暂时落后于通货膨胀造成的。一旦价格预期赶上通货膨胀，菲利普斯曲线就失灵了。弗里德曼指出，自然失业率或充分就业的大小是随时间的变化而变化，很难预测，若以实现此难以预测的自然失业率或充分就业为目标，结果必然会造成突然的通货膨胀或通货紧缩。所以，如果把社会经济稳定在充分就业上，必然会破坏经济稳定。相反，如果实施不变的货币供应政策，无论可变的自然失业率处于何种水平，社会经济总能自动地达到它。

可见，弗里德曼的自然失业率理论的前提是自由竞争的市场经济，目标是主张稳定的货币供应，反对其他一切政府干预措施。

四、货币学派的政策主张

以弗里德曼为代表的货币学派在理论基础上强烈反对凯恩斯主义的经济政策，并提出了自己的政策主张。

(一)主张经济自由

货币学派反对国家过多地干预经济，主张经济自由。货币主义者认为，市场的自发力量会使经济自动趋于平衡。战后西方社会经济之所以会出现大的波动，都是因为政府采取了干预市场经济的财政政策和货币政策。

货币主义者一方面批判凯恩斯主义的财政政策，认为政府通过增减开支和税收等措施来调节经济活动的财政政策会造成经济的不稳定。另一方面还批判了凯恩斯主义的宏观货币政策，认为凯恩斯主义通过公开市场业务、再贴现率和改变法定准备率等手段来调节经济运行的货币政策，在短期内可以限制利息率和失业率，但在长期内由于货币政策“时滞”效应，只能导致通货膨胀率、利息率的提高，从而使经济生活更加动荡。因此，货币主义者强烈主张经济自由，认为只有经济自由的市场经济才能实现资源的最佳配置，促进社会经济更好地发展。

(二)提倡“单一规则”的货币政策

弗里德曼认为，通货膨胀和经济波动之所以发生，最根本的原因在于货币这个重要的因素在起作用，因此，必须用货币政策来应付。他提倡使用“单一规则”的货币政策。所谓“单一规则”的货币政策是指排除利息率、物价水平等因素，把控制货币供应量作为唯一支配因素的货币政策。

因此，弗里德曼指出，要抑制通货膨胀，实现经济稳定，最根本的方式就是控制货币供应量的增长率，使之与经济增长率大致相一致。因为“在美国和其他国家中，记录在案的事实是，货币增长率相对稳定的时期也是经济相对稳定的时期，而货币增长率波动很大的时期也是经济活动波动很大的时期。”

弗里德曼根据美国经济发展的状况，年平均产量的增长率为 3%，劳动力年平均增长率为 1～2%，计算出美国货币供应量的年增长率应该固定在 4%～5%，这样就可以保持物价稳定，从而使经济稳定运行。

(三)提倡收入指数化

“二战”后，尤其是 20 世纪 60 年代以后，为消除日益严重的通货膨胀，西方各国都不同程度地推行了对工资和物价进行管制的收入政策。但是，这种政策不仅没有制止通货膨胀，相反却干扰了经济的正常运行，造成经济的低效率和不公平。

弗里德曼反对这种政策，他认为通货膨胀是由于货币供应量过多造成的，不控制货币供应量只管制工资和物价是不可能解决通货膨胀的。所以，他提出用“收入指数化”政策来取代“收入政策”。收入指数化是把工资、利息、政府债券收益和其他收入同消费物价指数紧密联系起来，对各种收入实行指数化，使之随物价指数的变动而调整。弗里德曼认为，实行“收入指数化”可以消除通货膨胀所带来的收入不平等现象，还可剥夺政府从通货膨胀中所获得的非法利益，从而杜绝搞通货膨胀的动机。

当然，弗里德曼也看到，由于不可能使社会经济中所有的合同契约都随物价变动而调整，所以，收入指数化并不能完全医治通货膨胀，而要彻底根治通货膨胀，只能控制货币供应量的增长率。

(四)主张实行浮动汇率制

“二战”后，国际金融体系实行的是布雷顿森林会议制定的固定汇率制度，即美元与黄金直接挂钩，规定每盎司黄金为 35 美元，各国都以美元为基础来确定各国货币的汇率。这样，各国的货币与美元就建立起固定的汇率关系。弗里德曼在 1950 年发表的“汇率：它们应如何变动”一文中详细分析了固定汇率制度的弊端，提出用浮动汇率制取而代之。他认为，固定汇率制会使通货膨胀通过国际贸易和国际资本流动传递到世界各国，这样，即使某国的货币增长率很稳定，而其他国家货币供应量的过快增长所引起的通货膨胀就会使该国也陷入通货膨胀的漩涡，从而使世界通货膨胀加剧，造成世界经济的不稳定。而浮动汇率制是一种自动调节机制，它有利于国际贸易和国际收支的自动均衡，减轻国际收支失衡时对国内经济的不良影响。

20 世纪 60 年代末 70 年代初，当西方各国普遍发生严重的通货膨胀时，弗里德曼等一些货币学派的代表认为，主要原因之一就是各国实行固定汇率制，都从美国输入了通货膨胀。1971 年“美元危机”的爆发宣告了以美元为支柱的战后国际金融体系和国际货币体制的破产。此后，西方各国陆续实行了不同程度的浮动汇率制。这证实了弗里德曼等人的预见，使货币主义的浮动汇率制的政策主张得以实施。据说，一贯坚持浮动汇率制是弗里德曼 1976 年获得诺贝尔经济学奖的原因之一。

以弗里德曼为代表的货币学派对传统货币数量论进行了一些修正和补充，分析了货币数量对经济的影响，分析了西方各国的通货膨胀与失业问题，目的是为了解决战后西方各国出现的新的经济危机，也就是“滞胀”危机。20 世纪 70 年代中后期，货币主义开始在英美逐渐取代了后凯恩斯主流经济学的地位，成为西方各国政府制定经济政策的理论依据。英国首相撒切尔夫人实施了控制货币供应量、改革税制、反对国家干预、工资政策等一套完整的现代货币主义政策。美国总统里根也曾声称他的经济政策的“指导理论来自米尔顿·弗里德曼”。但是，这些经济政策虽然在某一方面取得成效，却并没有消除西方各国经济中的通货膨胀和失业，相反，以紧缩经济为核心的货币主义政策使经济衰退得更加严重，大大加深了经济危机，一些西方经济学家也不得不承认这是货币主义的失败。

第二节　理性预期学派

理性预期学派(School of Rational Expectations)又称为新古典宏观经济学，是西方自由主义经济学中一个新的学派。它沿袭货币主义的思路，特别是依据弗里德曼关于经济本身具有强有力的自动稳定趋势的命题，提出其理论观点和政策主张，因此它与货币主义有着千丝万缕的联系，甚至可以说它是货币主义的引申，故有经济学家认为它是货币主义的分支，并把它称为“新货币主义”。

理性预期学派的先驱是美国的约翰·穆斯(John Muth)。20 世纪 70 年代初美国经济学家罗伯特·卢卡斯(Robert Lucas)发表论文将理性预期假说作为抨击凯恩斯主义和货币主义经济政策的工具，后来托马斯·萨金特和尼尔·华莱士(Neil Wallance)也提出和卢卡斯相似的观点，形成了以他们三人为核心的理性预期学派。此后罗伯特·巴罗等经济学家也加入这个学派，使西方经济学的发展进入一个崭新的阶段。

一、理性预期学派的产生

理性预期学派产生于 20 世纪 60 年代，形成于 70 年代。理性预期的概念是由美国经济学家约翰·穆斯在美国《经济计量学》杂志上发表的“理性预期和价格变动理论”一文中首次提出的。他指出：“由于预期是对未来事件有根据的预测，所以它们与有关的经济理论的预测在本质上是一致的，我们把这种预测叫‘理性预期’”。按照他的理解，在不发生反常扰乱时，人们在进行经济决策时依据当时所取得的信息，能够对有关变量的未来变动作出正确的预测，即经济主体的主观概率分布的期望值与客观概率分布的期望值是一致的。

由于 20 世纪 60 年代，凯恩斯主义在西方盛极一时，所以穆斯的理性预期概念提出后，并未引起西方经济学界的关注。进入 20 世纪 70 年代，西方各国都陷入了严重的通货膨胀和经济停滞的困境，而凯恩斯主义经济理论和经济政策对治理“滞胀”问题无能为力。此时，货币学派与凯恩斯主义就短期的宏观需求管理政策的有效性争论不休，但以弗里德曼为代表的现代货币主义所主张的货币供应量稳定增长的对策对“滞胀”同样没有奏效。而理性预期的分析被认为能解决双方的争论，也能为解决“滞胀”问题提供出路，因此才备受重视。到了 70 年代末 80 年代初，在经历了十多年的通货膨胀的现实后，人们不得不去关注政策的变化和通货膨胀的效果，非常需要对未来进行预测，以便不断地采取应对措施来消除不利影响，从而抵消政府政策的作用。在此情况下，理性预期学派理论比其他经济学理论更符合公众的需要，它的影响也进一步扩大。直到目前，这个学派越来越受西方经济学界的重视。

二、理性预期学派的两个假说

理性预期学派阐述其观点的两个依据是理性预期假说和自然率假说。

(一)理性预期假说

理性预期也被称为合理预期，是指经济主体在决策过程中，会有效利用他所获得的信息来形成对于未来接轨的信息，在相同的条件下，经济主体关于未来结果的主观概率分布和客观概率分布相一致。也可以这样来理解，当对某个经济变量的主观预期等于基于同样信息条件的数学期望值，这种预期就是理性预期。

理性预期假设用数学形式表述为：

$$X_{t+1}^{e}=E(X_{t+1}\mid I_t) \tag{14-7}$$

式中，X 是经济变量，如价格、利率等。X_{t+1}^{e} 是在 t 期对 $t+1$ 期的经济变量的主观预期值。I_t 是 t 期经济过程所反映的信息集合。$E(X_{t+1}\mid I_t)$ 是 $t+1$ 期的经济变量 X 在 t 期信息集合条件下的条件期望值。所谓理性预期是指，只要经济主体的预期是理性的，那么，t 期预测的 $t+1$ 期的经济变量的值 X_{t+1}^{e} 将与 t 期 X_{t+1} 的条件期望值 $E(X_{t+1}\mid I_t)$ 是一致的。

(二)自然率假说

理性预期学派赞同货币主义对自然率假说的论述，并将其进一步引申。

理性预期学派认为，自然率假说的基本观点是，市场经济本身的自由竞争属性会使整个经济最终趋于充分就业的状态。经济活动中所出现的大于或小于充分就业的情况，不是因为市场、制度本身，而是由于外界的干扰或人们对经济变量所作的预期出现误差而导致的偶然、暂时的现象，长期中经济仍会处于充分就业的均衡状态。

依据自然率假说，理性预期学派进一步指出，就业量大于或小于自然率的幅度取决于实际通货膨胀率和预期通货膨胀率之间的差距。如果实际通货膨胀率大于预期通货膨胀率，就业量就大于自然率；如果实际通货膨胀率小于预期通货膨胀率，就业量就小于自然率；如果实际通货膨胀率等于预期通货膨胀率，就业量就等于自然率。但是，就业量不等于自然率的情况只在短期内存在，在长期中，由于经营者和劳动者将发现物价上涨或下降的错觉，一切将恢复到就业量等于自然率的状态。

三、理性预期学派的主要观点

理性预期学派以理性预期假说和自然率假说为基础，提出了该学派的主要理论观点。

(一)附加预期变量的总供给曲线

附加预期变量的总供给曲线是相对于传统总供给曲线而言的。传统总供给曲线是以完全竞争和货币工资、价格水平的完全伸缩性为前提，因此，传统总供给曲线是位于充分就业产量 y^* 的一条垂线，如图 14.1 所示。

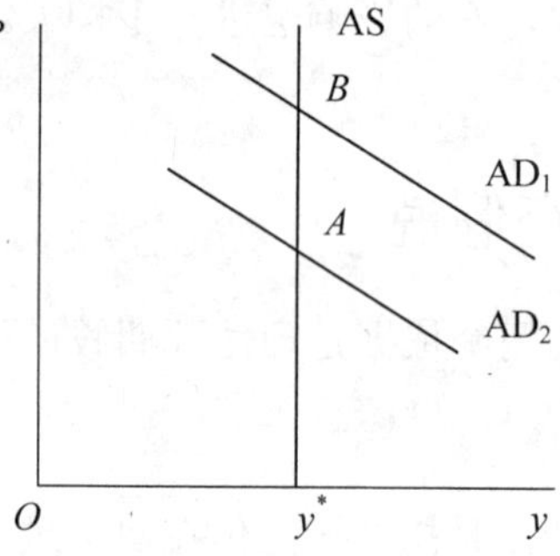

图 14.1　传统总供给曲线

图 14.1 是传统总供给曲线，它表示无论价格 P 如何变，经济社会的总产出或总收入始终处于不变的 y^* 水平。也就是说，无论经济社会的总需求如何变动，社会总供给量始终不变，经济社会的生产总是处于自然失业率状态，不会出现大的波动和大量失业。然而，对于西方国家经济的剧烈波动和大量失业的存在，传统总供给曲线无法解释。对这一现象，凯恩斯主义曾以非理性预期的假定作为解释，而理性预期学派试图对传统总供给曲线进行修补，增加了预期的因素，提出新的附加预期变量的总供给曲线。

根据传统经济学的总供给曲线理论，劳动的供给和需求都是实际工资 W/P 的函数。理性预期学派很赞同这一点。但是，理性预期学派认为，劳动供给方(企业)和劳动需求方(工人)在计算实际工资时所采用的方法是不同的。由于企业熟知自己和本行业产品的价格，故企业是用实际存在的价格水平 P 来计算实际工资的；而工人并不熟知各行业的现行价格，只能用预期的价格水平 P_e 来计算实际工资。把企业所使用的实际价格 P(即劳动的

需求曲线方面的 P)和工人使用的预期价格 P_e(即劳动的供给曲线方面的 P)的差别考虑进去，就得到附加预期变量的总供给曲线，如图 14.2 所示。

在图 14.2(a)中，N_{d1} 曲线是根据实际价格水平 P_1 的劳动需求曲线，N_s 曲线表示当劳动者的预期价格 P_e 等于实际价格 P_1 时的劳动供给曲线。当劳动需求方所依据的价格和劳动供给方所依据的价格相等，N_{d1} 与 N_s 曲线相交于 E_1 点，对应的就业量为 N^*，产量为 y^*，从而在图 14.2(b)中得到点 $A_1(y^*，P_1)$。假设实际价格由 P_1 上升到 P_2，而工人的预期价格 P_e 不变，仍等于 P_1，此时，由于 $P_2>P_1$，故劳动的需求曲线由 N_{d1} 右移到 N_{d2}。因为 P_e 不变，所以 N_s 的位置不改变。此时，N_{d2} 与 N_s 曲线相交于 E_2 点，对应的就业量为 N_2，产量为 y_2，从而又得到(b)图中的点 $A_2(y_2，P_2)$。同理，可得到一系列的点，将这些点连接起来，就得到图(b)中的附加预期变量的总供给曲线 $ES(P_e=P_1)$。它表示当预期价格 P_e 为一定值 P_1 时，一个社会在不同实际价格 P 下所提供的产量或国民收入 y。

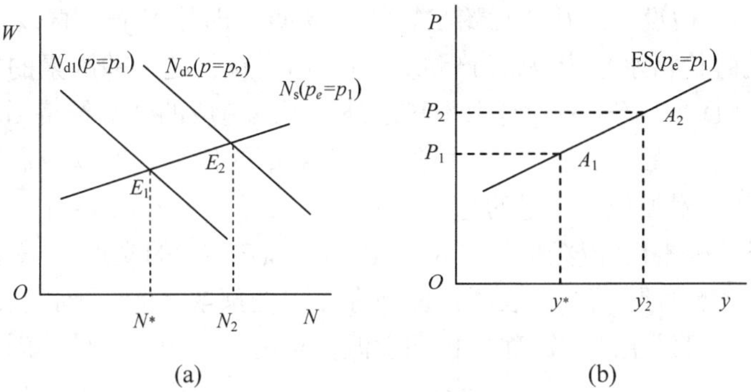

图 14.2 附加预期变量的总供给曲线的推导

P_e 可以有许多不同的数值，而对应每一个数值，都存在一条相应的附加预期变量的总供给曲线 ES。因此，从理论上，ES 曲线有无数条，其中每一条与传统的总供给曲线都相交于一点，并且在交点上预期价格与实际价格相等，如图 14.3 所示。

在图 14.3 中，AS 为传统总供给曲线，ES 为附加预期变量的总供给曲线，其中 $ES(P_e=P^*)$是预期价格 P_e 等于 P^*时的 ES 曲线，$ES(P_e=P_0)$是预期价格 P_e 等于 P_0 时的 ES 曲线。E、B 分别为 AS 曲线与这两条 ES 曲线的交点，E 点代表预期价格 P_e 与实际价格 P^*相一致，B 点代表预期价格 P_e 与实际价格 P_0 相一致。

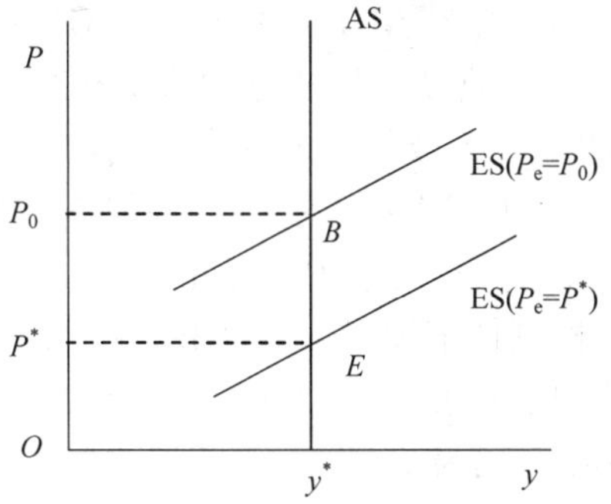

图 14.3 附加预期变量的总供给曲线与传统的总供给曲线

(二)理性预期学派的经济模型

在理性预期前提下，由附加预期变量的总供给曲线 ES 和总需求曲线 AD 构成了理性预期学派的经济模型，此模型用来解释理性预期下价格和产量的决定，对这一问题的分析构成了理性预期学派的基本思想。

理性预期学派首先把影响总需求曲线 AD 移动的所有因素分为两类：一类是预料之外的因素，如地震、气候的突然改变等；一类是预料中的因素，如政府的财政政策、货币政策等。当不同类型因素改变 AD 曲线的位置时，价格和产量应如何决定。

1. 总需求曲线 AD 受预料之外因素影响的情况

理性预期学派认为，总需求曲线 AD 受预料之外因素影响的情况可以通过图 14.4 来分析。

在图 14.4 中，假设经济社会初始状态处于 A 点，即处于 y^*垂直线、ES(P_e=P_0)和 AD_1 曲线的交点，此时价格水平为 P_0，产量为 y^*。由于预料之外的因素的影响，总需求曲线由 AD_1 右移到 AD_2。由于 AD_2 是由预料之外的因素造成的，故经济活动的当事人并未觉察到这一事实，而误认为总需求曲线仍然处在 AD_1 的位置，所以他们对价格的理性预期 P_e 只能是 P_0，从而附加预期变量的总供给曲线也只有一条 ES(P_e=P_0)。但事实上，总需求曲线因预料之外的因素已经移到了 AD_2。AD_2 与 ES(P_e=P_0)的交点 B 决定了价格由 P_0 上升到 P_1，产量由 y^*增加到 y_1。这表明，即使存在理性预期，但由于预料之外因素的影响，价格和产量水平仍可发生波动。理性预期学派正是用这种预料之外的因素来解释西方国家经济波动的原因。

2. 总需求曲线 AD 受预料之中因素影响的情况

如果 AD 曲线位置的改变是由预料之中的因素影响的，那么，根据 ES-AD 的经济模型，价格和产量水平的决定可以用图 14.5 来解释。

在图 14.5 中，假设经济社会初始状态处于 E 点，即处于 y^*垂直线、ES(P_e=P_0)和 AD_1 曲线的交点，此时价格水平为 P_0，产量为 y^*。由于预料之中的因素，总需求曲线 AD_1 右移到 AD_2。按照凯恩斯主义的理论，总需求曲线由 AD_1 增加到 AD_2，ES(P_e=P_0)与 AD_2 相交于 A 点，此时价格上升为 P_1，产量增加到 y_1。但是，理性预期学派认为这一结论违反了理性预期的假设。因为理性预期假设提出：经济变量的理性预期值必须等于经济理论推算出来的值。但在 A 点，根据经济模型 ES(P_e=P_0)和 AD_2 曲线的交点推算的价格是 P_1，预期价格 P_e 是 P_0，两者不相等，故 A 点所决定的价格和产量不符合理性预期的前提。

由于 AD_2 是预料之中的因素造成的，即在有效利用一切信息的条件下，AD_2 的位置众所周知，则人们会根据 AD_2 的位置调整对价格的预期，也就是说，此时的 P_e 不再等于 P_0，图中的 ES(P_e=P_2)是根据预期价格 P_e=P_2 得到的另一条总供给曲线，它与 AD_2 和 y^*垂直线相交于 B 点。在 B 点，根据经济模型 ES(P_e=P_2)与 AD_2 的交点推算的价格是 P_2，而预期价格也是 P_2，说明此时的预期是理性预期。B 点和原来的 E 点相比，价格水平由 P_0 上升到 P_2，产量却没有发生变化，仍为 y^*。

所以，理性预期学派认为，由于预料之中的因素造成的总需求的变动只能引起价格水平的变动，并不能导致整个经济社会的产量和就业量发生变化。

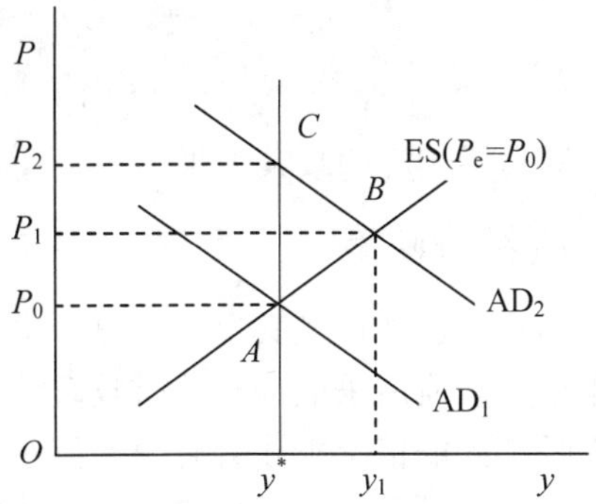

图 14.4 预料之外因素影响的理性预期模型

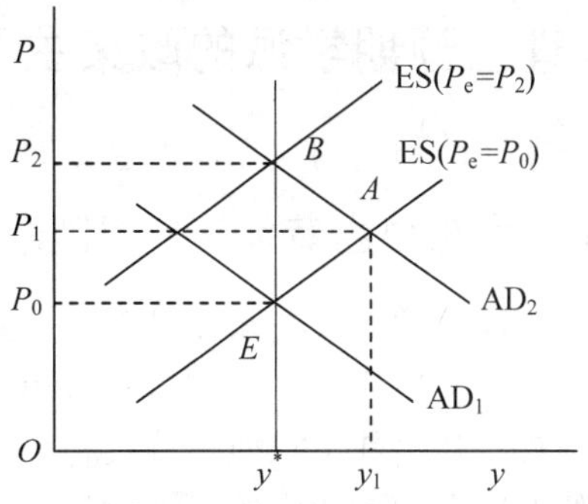

图 14.5 预料之中因素影响的理性预期模型

(三)卢卡斯的经济周期理论

卢卡斯在 1977 年“对经济周期的理解”和 1978 年“失业政策”等文章中，系统地阐述了他对经济周期问题的看法，提出他的经济周期理论。

卢卡斯认为，经济周期理论是建立在西方国家长期的各经济周期过程中出现的一些共同特点的基础之上。他提出的这些特点包括：第一，各部门产量的波动具有很高的同步性；第二，耐久资本品和耐久消费品的波动幅度大于非耐久产品的波动幅度；第三，农产品和自然资源的产量和价格的波动具有较高的一致性；第四，与其他经济变量相比，企业利润率表现出较高的一致性；第五，价格显示为超前循环波动；第六，短期利息率也是超前循环波动，而长期利息率不太明显；第七，货币总量和货币流通速度也是超前循环波动。

根据经济周期过程中的上述特点，卢卡斯认为，由于价格的波动和货币总量的波动发生在产量波动之前，那么经济周期性波动就应从价格波动和货币总量波动方面寻找根源。价格波动有两种类型：一般物价水平的变动和相对价格的变动。一般物价水平的变动就是由通货膨胀或通货紧缩引起的价格总水平的变动，其变动是由货币总量的变化引起的。相对价格的变动是不同产品价格之间比例关系的变化，是由生产技术条件和消费者偏好的变化引起的。卢卡斯指出，在物价水平经常变化的经济中，生产者经历着名义价格的变化，他需要推测这种变化中多少是由通货膨胀引起的，多少是由相对价格变动引起的。对生产者而言，相对价格的变化至关重要，因为它长久持续，可调节资源配置。一般价格水平的波动相对短暂，如果一般物价水平的变动按均衡的成比例的方式作用于商品的价格，而且这种价格水平变化是在人们预期到的情况下发生，则它不会影响实际产量和实际就业量，这就是“货币中性”。

卢卡斯认为，由于信息的不完全性，经济主体在市场活动中经常混淆一般价格水平的变动和相对价格水平的变动。如果政府在人们没有预期到的情况下突然增加货币供应量，一般物价水平就会上升，生产者会将没有预期到的一般物价水平的上升误认为他们所生产的产品的相对价格上升了，于是增加投资、扩大生产，使经济进入繁荣。但是，当生产者掌握了充分的信息，意识到预期的错误时，就会调整生产，减少投资，结果经济又开始萧条，爆发周期性的经济危机。当然，政府不会经常采取出人预料的行动来制造经济繁荣或萧条，但当政策的效果一旦被人们完全预期到，政策就无效了。

四、理性预期学派的政策主张

根据理性预期的观点，理性预期学派经济学家提出了相应的政策主张。

(一)主张自由竞争，反对凯恩斯主义的宏观经济政策

理性预期学派反对政府过多干预经济，崇尚自由竞争。他们尤其反对凯恩斯主义所主张的干预经济生活的财政政策和货币政策。他们指出，政府所采取积极的财政政策和货币政策只有在其出其不意地实行某种政策，公众并未预期到的情况下才会有效。但在理性预期条件下，人们对政府的经济政策及其实施后果早已充分预测到，并采取了相应的预防措施和对策，此时，政府的经济政策就不会有任何效果。例如在经济萧条时，政府采取减税的财政政策来刺激总需求。当政府第一次减税时，人们可能增加消费和投资。但再次减税时，人们就会预期政府不得不更多地举债，将来的赋税会更重。因此人们就不会像第一次减税时那样去增加消费和投资。这样，财政政策就失去了其有效性。政府实行有计划的货币政策，也会由于人们的预期而无力影响产量和就业量。

理性预期学派在政策主张上有一个重要原则就是："经济如果不反复遭受政府的冲击，就会基本上是稳定的。"相反，如果政府对经济实行过多干预，只能引起经济体系的混乱。因此，保证经济稳定唯一的办法就是减少政府对经济的干预。就像卢卡斯所指出，政府干预越少，经济效率就越高。卢卡斯主张，最好制定公开宣布且长期不变的规则，比如规定固定的货币供应量的年增长率、财政预算平衡等。理性预期学派的这些主张和货币主义大致相同，人们常认为它是比货币主义更彻底的经济自由主义学派。

(二)否定降低通货膨胀对产量和就业所付出的代价

凯恩斯主义和货币主义的经济理论都认为，降低通货膨胀必须以牺牲一部分产量和就业，即增加失业率为代价。但理性预期学派对此却有分歧，他们认为提高货币增长率只能加剧通货膨胀，但并不一定会降低失业率。相反，用降低货币增长率的办法能使通货膨胀降低，而并不一定会提高失业率。因为理性预期学派认为，由于追求效用最大化的经济主体能够观察到政府政策并预期到结果，一旦发生通货膨胀，政府降低可信的货币增长率将使得有理性的经济主体立即修改他们的下降方向的通货膨胀预期。如果货币供应事实上真的按照政府所宣布的减速度来增长，那么宣布的货币紧缩将引起通货膨胀率的下降，而没有连带的产量和就业的下降。也就是说，在一个存在理性预期的经济社会里，实行紧缩政策可以快速降低通货膨胀率，而就业和产量方面的损失则很小甚至没有。

(三)信誉重于规则的经济政策

理性预期学派在对宏观经济政策低效率的分析中，隐含着一种信誉重于规则的经济政策，这一政策含义是由巴罗等人集中阐述的。

理性预期学派认为，经济政策的效果具有"时间不一致性"。如果政府根据这种不一致的效果相机对政策规则进行不断变化，虽然一方面有利益，但同时也有损失。例如，政府在决定工资增幅前，公布了紧缩的货币政策希望有助于节制工资上升。如果政府一直坚持这么做，工人最有利的选择就是要求与低通货膨胀相一致的低幅度的工资增长，这样的

结果就是低通货膨胀率和低失业率。但是，如果政府在工资协议确定后，转而采取以高通货膨胀率刺激经济增长，工人就会遭受实际工资下降的损失。在进行工资谈判时，工人就不会相信政府会坚持紧缩的货币政策，而会正确地预期政府很可能会放弃原来的紧缩政策，这样，低通货膨胀政策就难以实行了。

理性预期学派的分析表明，只有当政府按既定规则行事，例如宣布中期或长期的政策目标，才能减少经济的不确定性，经济政策才会有可信度，政策的效果才会更好。在政策规则的效果具有“时间不一致性”的情况下，建立人们对规则信任比规则本身更为重要。

总之，理性预期学派的政策含义可以归纳为：私人经济主体能够预期政府的货币政策和财政政策，并采取相应的预防措施来抵消这些政策的作用，将其限制在十分有限的范围内。因此，稳定经济最好的办法就是政府不干预经济，只把焦点集中在防止或减少通货膨胀上。他们认为，重要的不是像货币学派主张的调节货币供应量，而是不让公众采取各种预防性措施，使政府取信于民。

作为西方经济学派中新出现的一个流派，理性预期学派还处于继续发展的阶段。到目前，这个学派已经拥有一些有影响的经济理论和经验性的研究成果，这些成果对于经济政策的研究，特别是从长期和供给方面对经济政策的研究，具有非常重要的意义。尽管如此，有许多经济学家仍对理性预期的一些理论持有异议。例如，他们认为经济主体会根据其对经济结构的了解形成自己的“预期”的假设值得怀疑；他们也认为理性预期学派在攻击凯恩斯主义干预经济生活的政策主张是假定政府占主动地位，个人和企业处于被动地位，但事实上，政府搜集和处理信息的能力并不比个人和企业弱。

第三节 供 给 学 派

供给学派(Supply-side Economics)是20世纪70年代末在美国兴起的新自由主义经济学流派。它是针对当时美国经济出现的“滞胀”现象，强烈反对凯恩斯主义经济学的强调需求方面的理论，而特别着重供给方面的一个思想派别。

供给学派内部分为两派： 派是以美国的罗伯特·蒙代尔((Robert Mundell)、拉弗(Arthur B Laffer)、万尼斯基(J.Wannidki)、罗伯茨(P.C.Robers)、吉尔德(G.Gilder)等为代表的“极端供给学派”；一派是以马丁·弗尔德斯坦(Martin Feldstein)等为代表的“温和供给学派”。通常，供给学派都是针对“极端供给学派”而言的。

一、供给学派的产生

“二战”后，西方国家长期推行凯恩斯主义的需求管理经济政策，促进了经济繁荣，同时也带来了财政赤字、通货膨胀等一系列问题。尤其是20世纪70年代，伴随着石油危机，西方国家经济普遍出现了生产增长缓慢，失业人数增多，通货膨胀也日益严重，即所谓的“滞胀”局面，对此，凯恩斯主义束手无策。在这样的情况下，原有的反凯恩斯主义的呼声一浪高过一浪，许多新的学派应运而生，供给学派就是其中之 一。

蒙代尔最初提出增加供给、提高生产率以促进经济增长的观点，并同时反对凯恩斯主义的政府通过刺激总需求政策干预经济的主张。拉弗、万尼斯基等人非常赞同蒙代尔的看法，并在蒙代尔提出的理论的基础上进一步论证通过大幅减税、刺激储蓄、投资来促进生产和抑制通货膨胀。由于他们着重于经济的供给方面，反对凯恩斯主义着重于需求方面，所以经济学界把他们称为供给学派。

在供给学派的发展过程中，美国政府的重视和支持起了至关重要的作用。供给学派的观点不仅受到当时国会议员的推崇，就连里根总统也信奉供给经济学，并在他当选总统后将供给学派的观点付诸实施，从而使供给学派的声势与日俱增。

二、供给学派的基本理论和政策主张

供给学派兴起的时间不长，也没有像凯恩斯学派、货币学派那样建立起严密的理论和政策体系，甚至有些观点和主张，连学派内部都没有达成一致。但他们对当时西方国家和美国的经济机制和“滞胀”的原因提出自己的看法，并给出了对策。

(一)大幅减税

减税是供给学派政策主张的核心。供给学派认为既然美国经济的主要问题是供给不足，那就需要通过一定的手段来刺激供给，减税就是促进供给增加的基本手段。

1. 降低税率能促进个人和企业投资和储蓄的增加，从而刺激供给

供给学派认为，美国长期以来奉行凯恩斯主义刺激需求的政策，使消费膨胀，储蓄下降，生产率增长缓慢，所以增加供给、促进生产迫在眉睫。而增加供给就需要促进资本的形成和增加劳动的投入。

资本的形成取决于投资和储蓄的报酬率，即税后利息率。供给学派认为，20 世纪 70 年代的通货膨胀与税收制度的相互作用降低了投资和储蓄的报酬率，抑制了个人和企业投资与储蓄的愿望。因为投资者和储蓄者的所得是按照名义收益率来纳税，通货膨胀使个人和企业的名义收入上升，因此在累进税率下纳税人就不由自主地进入更高的纳税等级，人们多交了“通货膨胀税”，降低了投资和储蓄的真实报酬率，造成投资和储蓄的不足，资本形成放慢，从而劳动生产率增长放慢。

劳动的投入在短期内受边际税率的影响较大。边际税率是指在累进税制度中，对超过一定纳税等级的那部分收入所规定的税率。每超过一个等级，税率就提高一些，即边际税率是递增的。劳动的供给是由收入和闲暇的替代关系决定的。实际工资越高，收入越高，人们越愿意提供劳动。但由于闲暇的制约，劳动供给的增长受到抑制。正是由于收入和闲暇之间的相互替代效应，故人们究竟是选择劳动还是选择闲暇，取决于增加一小时劳动给人们所带来的收入与增加这一小时闲暇所带来的满足。当边际税率提高，前者会小于后者，人们就会选择更多的闲暇，提供更少的劳动，从而劳动的供给减少。

所以，供给学派认为，只要降低边际税率，提高投资和储蓄的真实报酬率，相应的增加劳动的供给，自然会促进整个社会供给的增加。

2. 减税可以增加政府收入

供给学派认为，由于降低边际税率，可以促进个人和企业的投资和储蓄，从而增加企业收入，所以，在某种程度上，虽然税率降低了，但税收总额却有可能增加了。

3. 减税可以抑制通货膨胀

供给学派强烈反对通货膨胀，认为通货膨胀将严重损坏供给，从而妨碍经济增长。在他们看来，通货膨胀不仅会削弱人们投资和储蓄的能力，而且还会导致工资收入者提高工资，从而造成工资—物价的循环上升，危害极大。所以他们提出从增加供给出发实施全面减税，以刺激储蓄和投资。同时还主张政府实行削减开支和紧缩的货币政策，认为依照其减税的主张，自然会抑制通货膨胀。因为减税增加了供给，就可缓和需求过度的矛盾，而且减税使政府收入增加，同时伴随政府支出削减，可减少和消除赤字。拉弗指出：“税率降低不是通货膨胀性的，因为税率降低所增加的供给至多能使政府实际收入增加而不是减少。因此，减税降低政府赤字，而这就帮助解决了通货膨胀。”

4. 拉弗曲线——减税的依据

为了说明税率和税收之间的关系以及减税在刺激经济增长中的作用，供给学派的代表拉弗提出了著名的“拉弗曲线”，这一曲线成为供给学派解释减税理论的依据和工具，如图 14.6 所示。

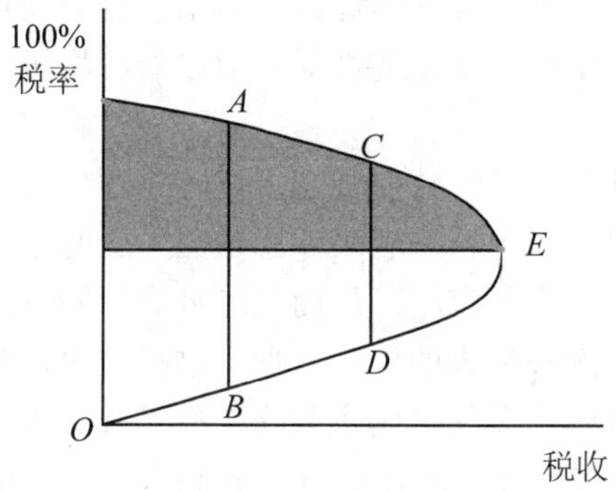

图 14.6 拉弗曲线

在图 14.6 中，曲线横坐标表示收入，纵坐标表示税率。当税率为 0 时，政府收入也为 0。当税率为 100%，生产的全部收入都被政府征收，也就是无生产，故税收收入也为 0。当税率下降到 *A* 点，生产开始恢复，政府开始有了一部分收入；再降到 *C* 点，生产进一步扩大，政府收入继续增加。同理，当税率由 0 上升到 *B* 点，再由 *B* 上升到 *D* 点，都使政府税收收入增加。*A* 点和 *B* 点表示相同的政府收入，但 *A* 点表示很高的税率和很低的生产，而 *B* 点表示很低的税率和很高的生产。只有 *E* 点为最佳税率，此时税收收入和产量都达到最大。在 *E* 点，如果政府要降低税率，产量将增加，但税收收入会下降；如果政府提高税率，产量和税收收入都会下降。对于政府而言，图中的阴影区域是禁区，在这个区域内，只有降低税率，产量和税收收入才能增加，故政府不应超过此税率。图中的下半部分税收收入较少，也不可取。政府的责任就是找出最佳税率点。

供给学派认为，美国“滞胀”时期的税率已经升入禁区，因而降低税率会增加生产，同时会增加政府的税收收入。

供给学派不仅从理论上论证减税会刺激供给，还在历史现实中找到了验证，最典型的就是 20 世纪 20 年代的梅隆减税和 60 年代的肯尼迪减税都取得了良好的效果。

(二)主张减少政府对经济的干预

供给学派作为反凯恩斯主义的学派，它反对政府过多的干预经济生活，倡导经济自由。他们认为，在自由竞争的市场条件下，只有让企业自主经营，自负盈亏，取消不适当的干预和限制，私人经济的运行才更有效率。相反，凯恩斯主义国家干预经济的政策，例如政府制定的某些不合理的公司制度提高了企业所得利润的真实税率，同时也加大了企业的生产成本。这些限制性的规章条例都会使资本的形成放缓，使劳动生产率下降，从而妨碍供给的增长，制约经济的增长。

供给学派的代表劳伦斯·萨莫斯就曾做过这样的估算，在 1970 年的净投资中，总计约有 20%被投入在控制污染方面。因为政府的规章制度太多，增加了投资项目未来收益的不确定性，所以妨碍了投资。所以，供给学派强烈主张减少政府对经济的干预，取消限制性的规章条例，恢复企业的自主经营，这样才能刺激企业生产经营的积极性。

(三)主张减少社会福利开支

供给学派认为，减少社会福利开支是促进供给增长的一项重要措施。他们认为，政府的所有开支都具有挤占私人生产性支出的性质，故政府应尽可能地减少支出，尤其是政府庞大的社会福利支出。

供给学派指责社会福利政策的弊端非常之大。吉尔德指出：“失业保险制度，鼓励人们失业；丧失劳动能力的保险，患轻病者装作患重病，暂时性残废装作永久性残废；抚养儿童家庭补助造成更多的无父亲的家庭。”而且“社会保险制度削弱个人储蓄；社会福利会抑制人们工作的积极性，滋长穷人的依赖心理。这样一来，政府实施社会计划，不仅不能减轻反而会加重和扩大贫困乃至使贫困永久化。”尤其是庞大的社会计划支出，会造成严重的财政赤字，使资金市场紧张，利率会处于较高水平，会增加通货膨胀的潜在危险。

因此，供给学派极力主张削减社会福利开支，包括降低保险津贴和福利救济金额，严格限制领受条件。政府只兴办救济老年贫困、赤贫等必需的福利设施，停办多余的计划，从而鼓励更多的人就业，增加生产性投资，减轻政府的财政负担。

(四)主张紧缩货币，恢复金本位制

供给学派认为，凯恩斯主义扩张性的货币政策导致了西方国家的通货膨胀，因此，他们提出实行紧缩性的货币政策，控制货币发行量。拉弗、万尼斯基、雷诺兹(A. Reynolds)等人又进一步指出，必须恢复金本位制，才能有效地控制货币供应量。

他们认为，世界各国相继实行的浮动汇率，使金融市场极不稳定，美国国内通货膨胀日益严重，财政赤字连年增加。而恢复金本位制可以限制委员会管理货币的权力，同时消除人们的“通货膨胀心理”，恢复对美元的信心，从而使物价稳定、利率下降，刺激储蓄和投资，促进经济增长。至于要恢复什么形式的金本位制，供给学派没有提出一致的方案。

事实上，恢复金本位制根本是行不通的，金本位制并不能避免经济危机的发生，20 世纪 30 年代的经济大危机就是在金本位制下发生的。而且，实行金本位制，对美元的地位是否能起到积极作用很值得怀疑，因而这一主张并没有被里根政府采纳。

三、供给学派的理论实践及其后果

美国20世纪70年代面临的“滞胀”局面，使得当时在任的卡特总统不得不放弃凯恩斯主义的某些做法，转而接受供给学派的一些政策主张，将重点放于经济的供给方面，并实施了一些减税方案。1981年，里根继任美国总统后，更是全面接受了供给学派的理论，并将其付诸实施。他提出了“经济复兴计划”，这些计划具体包括：第一，削减个人所得税和企业税率，其中将个人所得税率自1981年7月1日开始每年削减10%，3年削减30%，以刺激工作、储蓄和投资的积极性；第二，削减联邦开支，减少预算赤字，逐年平衡预算；第三，放宽和取消政府对企业的一些限制性规章条例；第四，控制货币信贷，推行有节制的、稳健的货币供给政策。这些改革的推行，使美国经济逐渐摆脱“滞胀”的局面，经济得到缓慢增长。可见，供给学派的理论起到了一定的作用。

但是，“滞胀”的摆脱是以高赤字、高国债、高贸易逆差、高利率为代价的。1985年美国的国债已达2万亿美元，1992年超出4万亿美元，人均国债1.6万美元。因此，当里根的继任者布什上台时，里根实施的政策的弊端暴露无遗，尤其是巨额的财政赤字问题。1990年布什签署了以增税、节支为核心的削减联邦赤字法案。然而，即便如此，美国经济仍从1991年陷入衰退，到1992底也未能摆脱。最根本的原因就在于里根时期遗留下来的问题实在难以解决。到克林顿上台时，为克服高额的财政赤字，他采纳了新凯恩斯主义的某些政策主张，重拾被供给学派反对的国家干预政策，彻底否定了以供给学派理论为基础的“里根经济学”。

供给学派的政策最终走向失败，原因在于过分片面地强调供给。供给学派单纯地认为经济的总产量、就业和经济增长速度取决于总供给水平的微观因素。在中长期，总需求的任何变化对总供给都不起作用，只有总供给的变化才会引起总产量的变化。这种供给决定一切的理论是供给学派的最大缺陷。事实上，在长期内供给水平决定产量的最终增长，但在短期和中期，决定增长的既有需求也有供给。而供给学派通过减税措施增加储蓄和投资，以达到刺激供给和抑制通货膨胀的核心理论也是有缺陷的。现实证明，供给学派所倡导的减税并未达到增加劳动供给、促进企业投资的目的，因而他们希望通过减税促进资本形成、提高劳动供给的初衷并未实现。加之，削减社会福利开支、取消政府规章的做法都没有收到预期的效果。所以，供给学派最终走向失败是必然的。

当然，也应该肯定供给学派的经济理论和政策主张，它毕竟在某一时期适应了经济实践发展的变化，有一定的合理成分。而且，正如前所述，在某一时期，对经济的发展也成积极的作用。

第四节　新凯恩斯主义

众所周知，凯恩斯主义由于无法解释20世纪70年代西方国家出现的“滞胀”现象而备受攻击。在20世纪80年代，当凯恩斯主义陷入无法摆脱的困境时，一些年轻的经济学家一方面沿袭凯恩斯主义的传统理论，另一方面又弥补了凯恩斯主义理论的不足，发展成新凯恩斯主义(New Keynesianism)。

新凯恩斯主义的主要代表有：哈佛大学的格雷戈里·曼昆(Greogory Mankiw)和拉

里·萨墨斯(Lawrence Summers)，麻省理工学院的奥利维尔·布兰查德(Olivier Blanchard)和朱利奥·罗泰姆伯格(Julio Rotemberg)，哥伦比亚大学的艾德蒙·费尔普斯(Edmund Phelps)，斯坦福大学的约瑟夫·斯蒂格利茨(Janet Stiglitz)，威斯康辛大学的马克·格特勒(Mark Gertler)以及普林斯顿大学的本·伯南克(Ben Bernank)等人。新凯恩斯主义理论集中反映在格利戈里·曼昆和戴维·罗默(David Romer)主编的《新凯恩斯主义经济学》两卷本的论文集中。

一、新凯恩斯主义的产生

理论来源于现实，新凯恩斯主义的产生也是如此。20 世纪 30 年代经济大危机背景下，凯恩斯主义应运而生。后经希克斯、汉森和萨缪尔森等人的发展，形成了完整的凯恩斯主义理论体系。他们认为，工资和价格是刚性的，市场是非出清的，产品市场存在过剩产品，劳动力市场存在超额劳动供给，故失业和生产过剩是经济的常态。而导致失业和生产过剩的原因是有效需求不足。市场本身无法解决此问题，只有政府出面进行经济干预才能使失业和生产过剩消除。凯恩斯主义的主张被政府采纳、实施，收到了良好的效果。但是，20 世纪 60 年代中后期开始出现了“滞胀”局面，凯恩斯主义理论无法作出解释。于是 20 世纪 70 年代开始，新自由主义理论和政策又纷纷登上经济学舞台。但是，经济实践证明，新自由主义的市场连续出清假设与现实不符，而新自由主义政策的实施也并未消除“滞胀”。在这样的情况下，有些经济学家开始对新自由主义产生怀疑。正如格林沃尔特和斯蒂格利茨指出：“失业是普遍的市场失灵的最好见证，它起因于信息不完全和不完全竞争市场的弊端，既然市场这只‘看不见的手’已经不大灵便，那么政府这只‘看得见的手’可能不是最坏的选择……我们生活在一个不那么完善的世界，我们必须学会应付这种不完善。不限制政府的干预作用以修正包括失业在内的市场失灵的消极作用，可能是聪明的政策思想。”在新自由主义流行 10 年而未解决经济的本质问题后，凯恩斯主义开始“复活”，以新凯恩斯主义面貌出现。新凯恩斯主义理论在凯恩斯主义宏观理论基础上加入了微观基础，促进了西方经济学经济理论的向前发展。

二、新凯恩斯主义的基本假设

(一)非市场出清假设

新凯恩斯主义继承了原凯恩斯主义非市场出清的假设。他们认为，在市场经济中，当需求和供给发生波动时，工资和价格不可能通过市场机制迅速作出调整，以至于在相对短期内不可能出清市场。如果通过缓慢的工资和价格调整使经济恢复到自然产出水平，则需要一个很长的过程，而在这一过程中，经济处于持续的非均衡水平。

(二)工资和价格粘性

凯恩斯主义以名义工资和价格刚性为基础来建立非市场出清模式，而新凯恩斯主义的观点则不同，他们认为市场出清模式应该假定工资和价格粘性，即工资和价格是可以调整的，只是调整得比较缓慢，需要很长时间。

(三)经济主体利益最大化原则

众所周知，传统微观经济学假设厂商追求利润最大化、居民追求效用最大化，新凯恩斯主义借用这一经济主体利益最大化假说，分析了在微观层次上，工人和厂商在追求各自利益最大化时，会使制度在微观层面上协调失灵，造成严重的社会后果，即资本主义制度下微观层次上协调失灵。

(四)理性限制性预期

新凯恩斯主义借用了理性预期学派的“理性预期”概念，但又有所不同。理性预期学派认为，公众的预期会使政府政策无效。而新凯恩斯主义使用的是限制性理性预期，认为限制性理性预期会使政府政策的效力大于与传统静态预期相联系的政策效力。例如，现期政府支出的扩大生产溢出效应将提高下期的国民收入；如果预期均衡也是凯恩斯主义的需求约束均衡，那么预期的劳动需求必将增加，接着这种劳动需求增加的预期将减少当期总需求。总的来看，理性限制性预期概念的引入会增加而不是减少政府政策的效力。

三、新凯恩斯主义的主要经济理论

新凯恩主义理论的核心是围绕工资和价格粘性(Sticky)的微观基础展开的，并对工资和价格粘性作了深刻的理论解释。新凯恩斯主义的工资和粘性价格指的是总需求发生变化时，工资和价格不是不变，而是缓慢地进行变动和调整。工资和价格粘性最主要的特征就是工资和价格的调整是缓慢的、滞后的、小幅度的。

(一)产品市场的价格粘性分析

新凯恩斯主义对产品价格分析时，是以市场的不完全竞争和厂商利润最大化的假设为前提，认为产品价格具有粘性，从而以这种微观的经济分析来说明宏观经济的产量和就业变动的原因。

新凯恩斯主义在分析价格粘性时，提出了名义粘性和实际粘性。名义价格粘性是指商品价格不能按照对商品以货币来计量的名义需求的变动而发生相应的变动。实际价格粘性是指一种商品价格相对于另一种商品价格不发生相应及时的变动。新凯恩斯主义用菜单成本理论解释名义价格粘性，用成本加成定价理论解释实际价格粘性。

1. 菜单成本理论

格雷戈里·曼昆首先提出了菜单成本来解释价格粘性。菜单成本是指一个厂商每次调整价格所要花费的成本，这些成本包括研究和确定新价格、开会协商、与人谈判、重新印制价目单等所用的成本。这些调价的实际成本类似于餐厅重印菜单所需的成本，故称“菜单成本”。菜单成本中还包括厂商调整价格的机会成本，它虽不是厂商的实际成本，但同样也妨碍厂商调整价格。新凯恩斯主义者认为，厂商只有在调整价格后的利润大于菜单成本时，才会调整价格，否则，厂商将保持价格不变。菜单成本的存在，使厂商不愿意经常变动价格，故价格呈现粘性。因此，当商品的需求变动时本来可以变动价格，但考虑到菜单成本，价格存在粘性，厂商宁可变动产量，而不变动价格。这样，微小的菜单成本就会使总产出随总需求的变动而变动，导致宏观经济中出现较大的波动。

2. 成本加成定价理论

关于价格粘性，新凯恩斯主义还认为，通常产品价格的确定是长期价格协议，并提前定价。这个价格的确定最常用的方法就是成本加成定价，即按照生产成本加上一个固定的百分比来确定价格。这种定价策略一般对成本的反应较大，对需求的变动反应较小。原因在于成本中劳动成本即工资所占比重较大，工资成本由于长期合同存在不易变动；而其他成本因素如原材料等是由厂商之间的价格协议来确定，这样，总成本也就相对稳定。从而无论产品的需求是否减少，产品的价格存在粘性。

总之，新凯恩斯主义认为，上述微观价格粘性导致了宏观经济的波动。在市场不完全竞争的情况下，当需求不足时，按照市场机制的要求，本来可以自动降价来出清市场，但由于价格粘性就只能减少产量，必然导致失业增加，形成宏观经济的波动。

(二)劳动市场的工资粘性分析

凯恩斯提出了货币工资即名义工资刚性的观点，用以解释失业的原因。但是，凯恩斯只是简单地通过工人反对降低工资来解释工资刚性，说服力不是很强。新凯恩斯主义在继承凯恩斯工资刚性理论的基础上，进一步解释形成工资刚性的原因，同时用工资粘性代替工资刚性的说法，说明工资并不是完全不变的，而是缓慢变动的。

新凯恩斯主义对于工资粘性的原因作如下分析。

1. 长期固定劳动合同论

这种理论认为，对于一些厂商而言，工资是由劳资双方谈判签订合同而固定下来，一定 3 年不变。但各厂商合同起止时间是错开的，一些合同到期的厂商的工资，因受到其他未到期厂商工资不变的影响，新签订合同时便不轻易变动。再者，如果调整工资进行谈判，劳资双方都需要付出很大代价，故双方都不轻易变动，从而使工资存在粘性。

2. 效率工资论

新凯恩斯主义认为，工资和劳动生产率有一定的联系，即劳动生产率是工资的函数。故厂商可以通过提高工资以减少工人怠工、提高失业的机会成本、吸引优秀的熟练工人，来刺激工人工作的积极性，从而提高劳动生产率。因此，厂商宁愿以高工资雇用现有工人以提高劳动生产率、降低成本，也不愿降低工资去雇用低效率的工人。

3. 劳动隐性合同论

隐性合同是指风险中性的厂商和厌恶风险的工人之间没有正式的工资合同，但有工资相对稳定的协议和默契。隐性合同论者认为，厂商因企业有众多分散的股东，不太在意企业的风险，对风险是中性的；经理由于不能分享利润不在乎风险；而工人希望有稳定的工作和稳定的收入，对风险是厌恶的。故劳资双方在确定工资时就可达成默契，使工资稳定下来，把风险转移到厂商的利润中去，而工人则宁愿接受低于市场出清的工资水平以作为转移风险的代价。所以，隐性合同使工资具有粘性。

综上所述，新凯恩斯主义认为，正是因为工资具有粘性，因此，当有效需求减少，从而劳动需求减少时，社会不可能用降低工资的办法来减少失业，从而导致失业的增加。

(三)资本市场的信贷配给论

新凯恩斯主义的资本市场的信贷配给理论，坚持非市场出清假设，阐述了非出清信贷市场的无效性。该理论认为，在不完全信息的信贷市场上，利率机制和配给机制都会起作用，不能只单纯地考虑利率机制而忽视配给机制。实际信贷市场是非出清的，通常处于无效状态，需要政府干预。

信贷配给是指即使在市场运行得很好的时候，借款者也不能得到他希望借到的那么多的资金，而对贷款者而言，他们是用信贷配给而不是提高利率去出清市场。具体而言，金融机构对企业的贷款利率一般都定得低于市场出清水平，这样，信贷资金的需求就会远远大于供给，导致银行不得不采取信贷配给的方法，致使企业的信贷资金只能获得有限的满足。新凯恩斯主义认为，由于银行考虑到道德风险，即考虑到提高利率会刺激企业进行风险投资，因为一旦企业进行风险投资失败，银行将损失惨重，同时高利率会使诚信企业不愿支付高成本而减少借款，银行只能将款项贷给敢冒风险不诚信的企业，再者银行信息不完全，很难辨明企业的诚实性和投资风险性。所以，银行宁愿采取低息贷款，在信贷资金供不应求时实行信贷配给也不提高利率，从而导致利率存在粘性。

新凯恩斯主义认为，正是由于利息率粘性而引起的信贷配给会使企业资金不足，从而导致投资需求不足，市场不能出清，最终使经济陷入衰退之中。

四、新凯恩斯主义的政策主张

新凯恩斯主义的基本政策主张是政府必须干预经济。他们认为，市场是低效率的，依靠微观市场机制必然会带来失业和经济波动，因此，必须进行国家干预。新凯恩斯主义主张从供给方面进行干预，而且从强调工资、价格粘性出发，还认为国家的干预力度不宜过急，过急过猛都会与经济缓慢的变动脱节，从而造成经济秩序混乱。

(一)价格政策

新凯恩斯主义价格粘性理论指出，当市场总需求不足即小于总供给时，由于价格存在粘性，价格不会迅速下降，从而导致产品积压，市场不能出清。此时，厂商只好降低产量，结果必然导致失业增加，经济出现较大幅度的波动。

因此，新凯恩斯主义提出抑制价格粘性的政策，使价格可以灵活变动，以修复失灵的市场机制，稳定总产量。但是，新凯恩斯主义提出的这一政策过于原则化，没有具体的政策措施，不利于政策执行者的实际操作。

(二)就业政策

新凯恩斯主义在工资粘性理论的基础上，提出了若干关于工资、就业的政策。新凯恩斯主义的就业政策的核心在于增加工资弹性，减少失业。该学派认为，政府的就业政策应更多地考虑长期失业者的利益，为他们提供更多的就业机会。国家应通过干预劳动工资合同、相应的货币政策来使工资具有弹性，以提高就业率。和价格政策相类似，新凯恩斯主义就长期失业工人权益的维护也没有提出具体的措施，使政府难以操作。

(三)货币政策和信贷政策

新凯恩斯主义认为，货币供应量的变动会影响经济，在经济衰退时期，货币供应量的增加会引起总需求增加，并通过总需求对产出的决定作用而增加产量，增加就业。因此，他们指出，为实现稳定产出的目标，政府最优的货币政策是货币供应量的调整与影响价格的实际扰动相适应，与引起价格的名义扰动反向行事。

新凯恩斯主义的信贷配给论指出，在信贷市场中，利率机制和配给机制都起作用。由于利息率存在粘性，银行通常不采用提高利率的方法，而是运用信贷配给的方式使信贷市场达到均衡。所以，政府应该干预信贷市场，利用贷款补贴或提供贷款担保等方式去降低市场利率，使有社会效益的项目能够获得贷款，顺利进行生产。

1993 年美国克林顿总统上任后，提出了振兴美国经济的“综合经济发展计划”，即采取大幅削减财政赤字，加强对未来的建设、对高科技产业实行倾斜政策和以扩大就业为核心的短期刺激计划等一系列措施，从这些措施的内容和特点来看，可以说是新凯恩斯主义政策的实践。

20 世纪 80 年代以来，新凯恩斯主义以市场非出清为假设前提，把宏观经济分析和微观经济分析结合在一起，一方面继承了凯恩斯主义理论的基本框架，另一方面弥补了凯恩斯宏观经济理论中微观分析的不足，得出了与凯恩斯主义国家干预经济的相同结论。当然，新凯恩斯主义在国家干预政策上主张重视供给管理，缓慢调解，这和凯恩斯主义注重需求管理有一定的区别。

本章小结

20 世纪 60 年代，西方国家出现了通货膨胀和失业并存的“滞胀”现象，凯恩斯主义无论从理论上还是从政策上都无法给出合理的解释，而且长期推行凯恩斯主义政策的副作用也逐渐显露。在这样的背景下，一些新的经济学流派兴起，他们强烈反对凯恩斯主义关于国家干预经济的理论和政策主张，其中影响最大的学派是货币学派、理性预期学派和供给学派。但这些学派的理论和政策主张并未使西方国家摆脱“滞胀”局面，因此，新凯恩斯主义适时兴起。本章主要介绍货币学派、理性预期学派和供给学派，以及新凯恩斯主义学派的理论观点和政策主张。

货币学派指出，货币供应量的变动在短期内可以影响实际国民收入和就业量，而在长期内，货币供应量的增加只能引起一般物价水平的普遍持续上涨。因此，货币供应量的变动是物价水平和经济活动发生变动的最根本的决定性因素。当货币量的增长速度大大超过产量的增长速度时，就会发生通货膨胀。市场经济具有自身的稳定性，凯恩斯主义的财政政策和货币政策的干预会使这种稳定性遭到破坏。在此理论基础上，货币学派反对国家干预经济，主张经济自由，并提出“单一规则”的货币政策，主张实行收入指数化和浮动制汇率的政策。

理性预期学派在理性预期假说和自然率假说的基础上提出其理论观点。他们认为，正因为经济主体在决策前，会根据已知信息对经济变量在未来的变动方向和变动幅度上作出和期望值相一致的预期，因此，经济社会的价格水平和产量是由附加预期变量的总供给曲线和总需求曲线共同决定的。在此理论基础上，理性预期学派全面否定了凯恩斯的宏观经济政策的有效性，主张自由竞争，提出政府应坚持不变的政策，重视信誉。

供给学派认为西方国家经济的主要问题是供给不足，而减税是促进供给增加的基本手段。减税是供给学派政策主张的核心。他们还提出政府应减少社会福利支出，减少对经济的干预，主张应紧缩货币，恢复金本位制。

新凯恩主义在继承凯恩斯理论基本框架的基础上，从微观的角度分析由于劳动工资、商品价格和资本利息率存在粘性，导致供求失衡时不能及时调整价格，因此，只有调整产量、就业量去恢复市场均衡，才能避免经济出现较大的波动和失业增加。新凯恩斯主义依据其理论，提出政府应从供给方面干预经济，抑制工资和价格及利息率粘性的政策，以保证经济稳定。新凯恩斯主义和凯恩斯主义最大的不同在于它弥补了凯恩斯主义宏观经济理论缺乏微观分析的不足，提出国家应从供给方面而不是需求方面来干预经济的政策主张。

复习思考题

1. 名词解释

货币主义、现代货币数量论、“单一规则”的货币政策收入指数化、自然率假说、附加预期变量的总供给曲线、拉弗曲线、边际税率、非市场出清假设法、价格粘性、工资粘性、菜单成本、信贷配给

2. 简答题

(1) 简述现代货币数量论的基本内容并进行评论。

(2) 概述货币学派的政策主张。

(3) 简述理性预期假说的含义和特点。

(4) 简述传统供给曲线和附加预期变量总供给曲线的区别。

(5) 理性预期学派是怎样解释产量与价格的决定的？这种解释的政策含义是什么？

(6) 简述拉弗曲线的基本含义及运用。

(7) 简述供给学派的政策主张。

(8) 新凯恩斯主义是怎样产生的？

(9) 简述新凯恩斯主义与凯恩斯主义的异同。

(10) 简要评述新凯恩斯主义的政策、主张

参 考 文 献

1. [美]爱德华·夏皮罗著；杨德明，王文钧，闵庆全，李荣章等译. 宏观经济学.北京：中国社会科学出版社，1985
2. [美]保罗·萨缪尔森和威廉·诺德豪斯著；萧琛等译. 经济学. 第 16 版. 北京：华夏出版社，麦格劳·希尔出版公司，2000
3. [美]R. 多恩布什，S. 费希尔. 宏观经济学. 麦克劳·希尔出版公司，1987
4. 联合国编. 国家统计局国民经济核算司译. 国民经济核算体系. 北京：中国统计出版社，1995
5. [美]克莱恩. 凯恩斯的革命. 北京：商务印书馆，1962
6. [英]梅纳德·凯恩斯著. 就业、利息与货币通论. 北京：商务印书馆，1963
7. [美]N. 格里高利·曼昆著；梁小民译. 经济学原理(宏观经济学分册). 第 4 版. 北京：北京大学出版社，2006
8. [美]斯蒂格利茨. 经济学. 第 2 版. 北京：中国人民大学出版社，2000
9. [美]N. 格里高利·曼昆著；张帆，梁晓钟译. 宏观经济学. 第 5 版. 北京：中国人民大学出版社，2004
10. 陈胜权. 宏观经济学名校考研真题与习题解析. 北京：对外经济贸易大学出版社，2005
11. 丁冰. 现代西方经济学说. 北京：中国经济出版社，1995
12. 段进明. 宏观经济学. 北京：中国政法大学出版社，2005
13. 范金，朱强，王艳. 中级宏观经济学. 北京：经济管理出版社，2004
14. 冯金华，徐长生. 后凯恩斯主义理论的发展. 武汉：武汉大学出版社，1996
15. 冯涛，李树民，高觉民. 宏观经济学. 第 2 版. 西安：陕西人民出版社，2003
16. 高鸿业. 西方经济学(宏观部分). 第 3 版. 北京：中国人民大学出版社，2005
17. 管德华，黄邦根，刘兴维. 西方经济学. 海口：南海出版公司，2002
18. 胡代光. 西方经济学说的演变及其影响. 北京：北京大学出版社，1998
19. 胡振华. 宏观经济学. 第 2 版. 长沙：中南大学出版社，2004
20. 姜波克. 国际金融新编. 上海：复旦大学出版社，2005
21. 蒋自强等. 当代西方经济学流派. 上海：复旦大学出版社，1996
22. 经济学教材编写组. 宏观经济学. 北京：科学出版社，2006
23. 李成，何善华，林宙. 西方经济学. 广州：暨南大学出版社，2006
24. 梁小民. 宏观经济学. 北京：中国社会科学出版社，1996
25. 梁小民. 高级宏观经济学教程(下册). 北京：北京大学出版社，1996
26. 李晓西. 宏观经济学. 北京：中国人民大学出版社，2005
27. 李晓西. 宏观经济学案例. 北京：中国人民大学出版社，2006
28. 刘裔宏，罗丹桂. 西方经济学. 长沙：中南大学出版社，2004
29. 李致平. 现代宏观经济学. 合肥：中国科学技术大学出版社，2006
30. 刘涤源，谭崇台. 当代西方经济学说. 武汉：武汉大学出版社，1983

31. 宋承先. 现代西方经济学(宏观经济学). 第 2 版. 上海：复旦大学出版社，1998
32. 孙斌艺. 现代经济学(宏观经济学部分). 上海：立信会计出版社，2005
33. 孙敬水. 宏观经济学. 合肥：安徽大学出版社，2001
34. 王根良. 西方经济学. 北京：科学出版社，2006
35. 王海滋. 西方经济学. 武汉：武汉理工大学出版社，2006
36. 汪祥春. 宏观经济学. 大连：东北财经大学出版社，2004
37. 魏埙，蔡继明. 现代西方经济学教程(下册). 天津：南开大学出版社，2001
38. 徐康宁，张宗庆. 宏观经济学. 北京：石油工业出版社，2003
39. 杨培雷. 当代西方经济学流派. 上海：上海财经大学出版社，2003
40. 叶航. 宏观经济学. 杭州：浙江大学出版社，2005
41. 尹伯成. 西方经济学简明教程. 上海：上海人民出版社，1995
42. 余永定. 西方经济学. 北京：经济科学出版社，1997
43. 余永定，张宇燕，郑秉文. 西方经济学. 第 2 版. 北京：中国经济出版社，1999
44. 赵英军. 西方经济学. 北京：机械工业出版社，2006
45. 曾国安. 政府经济学. 武汉：湖北人民出版社，2002
46. 中华人民共和国国家统计局. 中国统计年鉴(1997). 北京：中国统计出版社，1997
47. 周军. 宏观经济学. 武汉：武汉理工大学出版社，2006
48. 张曙光. 宏观经济学 50 年的发展与争论，经济学驿站，2007.3.5
49. 陈东琪，张亚斌. 中国宏观经济学的理论构架与创新发展(J). 社会科学战线，2002(4)
50. Phelps:The Modern Equilibrium Theory of Unemployment，Interest and Asstets, Harvard University Press:1994
51. Romer,David:Advanced Macroeconomics,McGraw–Hill:1996

清源 QING HUA WEN YUAN

读者回执卡

欢迎您立即填妥回函

您好！感谢您购买本书，请您抽出宝贵的时间填写这份回执卡，并将此页剪下寄回我公司读者服务部。我们会在以后的工作中充分考虑您的意见和建议，并将您的信息加入公司的客户档案中，以便向您提供全程的一体化服务。您享有的权益：

★ 免费获得我公司的新书资料；
★ 寻求解答阅读中遇到的问题；
★ 免费参加我公司组织的技术交流会及讲座；
★ 可参加不定期的促销活动，免费获取赠品；

读者基本资料

姓　名＿＿＿＿＿＿ 性　别 □男　□女 年　龄＿＿＿＿

电　话＿＿＿＿＿＿ 职　业＿＿＿＿＿＿ 文化程度＿＿＿＿

E-mail＿＿＿＿＿＿ 邮　编＿＿＿＿＿＿

通讯地址＿＿＿＿＿＿＿＿＿＿＿＿＿＿＿＿

请在您认可处打✓（6至10题可多选）

1、您购买的图书名称是什么：＿＿＿＿＿＿＿＿＿＿＿＿＿＿＿＿

2、您在何处购买的此书：＿＿＿＿＿＿＿＿＿＿＿＿＿＿＿＿

3、您对电脑的掌握程度：□不懂 □基本掌握 □熟练应用 □精通某一领域

4、您学习此书的主要目的是：□工作需要 □个人爱好 □获得证书

5、您希望通过学习达到何种程度：□基本掌握 □熟练应用 □专业水平

6、您想学习的其他电脑知识有：□电脑入门 □操作系统 □办公软件 □多媒体设计 □编程知识 □图像设计 □网页设计 □互联网知识

7、影响您购买图书的因素：□书名 □作者 □出版机构 □印刷、装帧质量 □内容简介 □网络宣传 □图书定价 □书店宣传 □封面，插图及版式 □知名作家（学者）的推荐或书评 □其他

8、您比较喜欢哪些形式的学习方式：□看图书 □上网学习 □用教学光盘 □参加培训班

9、您可以接受的图书的价格是：□ 20元以内 □ 30元以内 □ 50元以内 □ 100元以内

10、您从何处获知本公司产品信息：□报纸、杂志 □广播、电视 □同事或朋友推荐 □网站

11、您对本书的满意度：□很满意 □较满意 □一般 □不满意

12、您对我们的建议：＿＿＿＿＿＿＿＿＿＿＿＿＿＿＿＿

请剪下本页填写清楚，放入信封寄回，谢谢！

1 0 0 0 8 4

贴邮票处

北京100084—157信箱

读者服务部　　收

邮政编码：□□□□□□

技术支持与课件下载：http://www.tup.com.cn　http://www.wenyuan.com.cn

读 者 服 务 邮 箱：service@wenyuan.com.cn

邮　购　电　话：62791864　62791865　62792097-220

组　稿　编　辑：李春明

投　稿　电　话：62788562-332　13810193890

投　稿　邮　箱：book_8844@163.com